徐
复
观
全
集

追怀

徐复观全集

九州出版社

图书在版编目（CIP）数据

追怀 / 余纪忠等著. -- 北京 ：九州出版社，
2013.12（2018.7重印）
（徐复观全集）
ISBN 978-7-5108-2564-4

Ⅰ．①追… Ⅱ．①余… Ⅲ．①徐复观（1903～1982）
－纪念文集 Ⅳ．①K825.4-53

中国版本图书馆CIP数据核字(2013)第304275号

追怀

作　　者	余纪忠等　著
出版发行	九州出版社
地　　址	北京市西城区阜外大街甲 35 号（100037）
发行电话	(010)68992190/3/5/6
网　　址	www. jiuzhoupress.com
电子信箱	jiuzhou@jiuzhoupress.com
印　　刷	三河市九洲财鑫印刷有限公司
开　　本	650 毫米 ×950 毫米　16 开
插页印张	0.5
印　　张	35
字　　数	378 千字
版　　次	2014 年 3 月第 1 版
印　　次	2018 年 7 月第 2 次印刷
书　　号	ISBN 978-7-5108-2564-4
定　　价	79.00 元

徐复观（后排右四）师友合影

生前替自己預立之墓碑：

這裡埋的，是曾經當過
政治，卻萬分輕眼政治的一個農
村的兒子——徐復觀。

遺囑

余自四十五歲以後，乃漸悟孔孟思想為中華文化命脈所寄。今以未能赴曲阜親謁孔陵為大恨也。死後立即火化，決不開弔，骨灰寄於何處，由世高及子女決定，望子女善養其母也。

徐復觀

一九八二年二月十四日晨七時
口述於台灣大學附屬醫院
九七病室
曹永洋記錄

徐复观先生遗嘱

出版前言

徐复观先生的著作散见于海内外多家出版社，选录文章、编辑体例不尽相同。现将他的著作重新编辑校订整理，名为《徐复观全集》出版。

《全集》共二十六册，书目如下：

一至十二册为徐复观先生译著、专著，过去已出版单行本，《全集》基本按原定稿成书时间顺序排列如下：

一、《中国人之思维方法》与《诗的原理》

二、《学术与政治之间》

三、《中国思想史论集》

四、《中国人性论史·先秦篇》

五、《中国艺术精神》与《石涛之一研究》

六、《中国文学论集》

七、《两汉思想史》（一）

八、《两汉思想史》（二）

九、《两汉思想史》（三）

十、《中国文学论集续篇》

十一、《中国经学史的基础》与《周官成立之时代及其思想性格》

十二、《中国思想史论集续篇》。编辑《全集》时，编者补入若干文章，并将原单行本《公孙龙子讲疏》一书收入其中。

十三至二十五册，将徐复观先生散篇文章分类拟题编辑成书：

十三、《儒家思想与现代社会》

十四、《论智识分子》

（二十一至二十三册是按《学术与政治之间》的题意，将作者关于中外时政的文论汇编成册，拟名为《学术与政治之间续篇》。）

徐复观先生的著作，以前有各种编辑版本，其中原编者加入的注释，在《全集》中依然保留的，以"原编者注"标明；编辑《全集》时，编者另外加入注释的，以"编者注"标明。

为更完整体现徐复观先生的思想脉络，编者将个别文章，在不同分类的卷中，酌情少量选取重复收入。

《全集》的编辑由徐复观先生哲嗣、台湾东海大学徐武军教授，台湾大学王晓波教授，武汉大学郭齐勇教授，台湾东海大学薛顺雄教授协力完成。

九州出版社

二〇一三年十二月

编者前言

徐复观教授，始名秉常，字佛观，于一九○三年元月卅一日出生于湖北省浠水县徐家坳凤形塆。八岁从父执中公启蒙，续在武昌高等师范及国学馆接受中国传统经典训练。一九二八年赴日，大量接触社会主义思潮，后入日本士官学校，因九一八事件返国。授身军职，参与娘子关战役及武汉保卫战。一九四三年任军令部派驻延安联络参谋，与共产党高层多次直接接触。返重庆后，参与决策内层，同时拜入熊十力先生门下。在熊先生的开导下，重启对中国传统文化的信心，并从自身的实际经验中，体会出结合中国儒家思想及民主政治以救中国的理念。年近五十而志不遂，一九五一年转而致力于教育，择菁去芜地阐扬中国文化，并秉持理念评论时事。一九七○年后迁居香港，诲人笔耕不辍。徐教授于一九八二年四月一日辞世。他是新儒学的大家之一，亦是台、港最具社会影响力的政论家，是二十世纪中国智识分子的典范。

我们参与《徐复观全集》的选编工作，是以诚敬的态度，完整地呈现徐复观教授对中华民族的热爱和执著，对理念的坚持，以及独特的人生轨迹。

九州出版社出版《徐复观全集》，使得徐复观教授累积的智慧，能完整地呈现给世人，我们相信徐复观教授是会感到非常欣慰的。

王晓波　郭齐勇
薛顺雄　徐武军　谨志

目 录

情 谊

追 怀

附 录

情　谊

徐复观先生传略

余纪忠

徐复观先生，民国前九年（一九〇三）国历一月三十一日，生于湖北省浠水县贫农家庭。自幼深体国族之积弱，同胞之苦难，终其一生，无时无刻不以天下苍生为念；关怀国族之前途，文化之存续。巨笔如椽，等身著作，俱不离此旨，有虽千万人吾往矣之气概。

先生于八岁发蒙读书，二十岁毕业于武昌第一师范，二十三岁投考湖北省立武昌国学馆，在三千余名考生中，名列榜首。其天资卓越，于斯可见。

先生于二十四岁前，沉潜我国古典群籍，既博且邃，涵濡至深。二十五岁任教职，二十六岁受省方资助赴日留学，乃涉猎政治、经济、哲学论著，洞明世界思潮之所趋，视野为之开拓。迨至四十一岁，在重庆北碚金刚碑勉仁书院拜谒大儒熊十力先生，深悟熊氏"亡国族者常先自亡其文化"之言，遂复回归于中国文化之研究。亦因其新观念、新知识及治学方法上之造诣，于我国古代典籍，搜剔发明，时具卓见，固不仅饾饤獭祭已也。

先生在日留学时，曾入陆军士官学校步兵科就读。九一八事变发生，乃返国任军职，以抒执干戈以卫社稷之志。抗战期间尝历娘子关等战役，并率军驻防湖北老河口，清除地方流匪。旋得先总统蒋公识拔，参与高层机要，多所献替。民国三十五年，抗战胜利，先生志愿退役，致力写作、教学及学术研究工作。先后主持《学原月刊》及《民主评论》编务，知识分子，闻风景从，一时称盛。民国三十八年，先生四十七岁，自大陆来台，定居于台中，任教省立台中农学院及东海大学，凡二十载。春风化雨，言教身教，师生情谊，教睦逾恒。先生病中门生侍奉汤药，无间夙夜；谢世时悲泣失声。教泽之深，为近世罕见。一九六九年，先生离东海大学赴港。临别发表《无惭尺布裹头归》一文明志。

先生于四十九岁后脱离现实政治，致力写作。三十年中，焚膏继晷，殚心竭虑者，一为学术研究，以古代思想为主，旁及文学艺术；一为时事评论及杂文。先生自言："虽对象有古今之殊，其出于对族类不忍人之心则无二致。"先生学识渊博，观察深入，故议论风发，谈言微中，影响至巨。其裒为专书者近三十种，都数百万言。

一九八〇年，先生年七十八岁，来参加国际汉学会议，作健康检查发现胃癌，接受手术。在港在美，疗养中仍写作不辍。一九八二年初疾加甚，再度入台大医院，终告不治。于四月一日逝世，享年八十岁。先生以一农家子，本其禀赋及力学，蔚为一代大儒。临终遗言："余自四十五岁以后，乃渐悟孔孟思想为中华文化命脉所寄，今以未能赴曲阜亲谒孔陵为大恨也。"一生志节，概见于此。

余纪忠　谨识

一九八三年四月一日

百日致亡夫徐复观先生　　　　　　　　徐王世高

老爸：

　　自从您与人世别离，瞬息间竟已百日。明知道死别人人都会有的，但临到自己，却好难承担！毕竟同您朝夕相依，相持着过了五十个寒暑啊！

　　您走了。自您走后，我的整个生命，仿佛一下子失去了重心，觉得两条腿不听使唤。走路得用手杖，不扶着点东西，就觉得站不稳当。我想起从前我们在香港海边散步，您常常会突然拉着我的手。我就问您为什么拉着我的手，您说："脚有些发抖，好像站不稳当似的，拉着手，您好扶我。"

　　现在，可谁来拉着我的手，谁来扶搀我呢？

　　您是四月一日那天走的。本来是应该遵照您的嘱咐在四十八小时内火化，但是孩子们赶回来要一点时间，他们又一再打越洋电话一定要见他们爸爸最后一面，四月三日大清晨我在如梦似幻的恍惚中，看见您责备我没有依您的遗嘱火化。我便立刻打电话给杨乃藩社长和陈淑女等几位学生，商定四日设灵，五日火化。适巧五日是清明节，大家就安排在台大医院太平间设灵位，让您的朋友、学生向您告别。许多爱您、景仰您的年长、中年和年轻的旧同事、朋友和学生都来了。我们在悲凄的雨中，乘着大车送您到火化场。这些真挚的情感，我和孩子们都会怀着最深的感激，牢记在心里的。

六日，我们收了您的遗灰。七日，孩子们就陪我先回香港去了。回港那天，我有刀切锥刺一般的悲情，真是难以自抑啊。一路上，我喃喃地唤着："老爸，您若有灵，要跟着我来啊，要陪着在我身边，不要离开我。"回到香港，我暂住在武儿家。每天早晨打开窗子，看见窗外缥缈的云雾，我便在那雾中看见您的身影。太阳出来了，云雾散逸，我又真切地感觉您就住在那山上的小树丛里。每次窗外下起雨来，我就赶忙推开窗子，唤您进屋里来躲雨。就那阵子，夜里老是梦到您。在梦里，几次哭着向您诉说我好苦的思念和心中的忧疑。还有一次，我看见您躺在床上，一脸灰白。我上前去摸您那一张安睡的脸，跟您说："我知道您已经不在了，但是对您一点也不觉得害怕。"然后我看见一滴清泪从您紧闭的眼中悄悄地沿着您的面颊流下来。我哭了，老爸，醒来才知道又是梦境。

五月初，您的学生在台北的善导寺为您做了"五七"。五月中，帅儿跟我赶到台北，同您的学生和《中华杂志》的朋友为您做"七七"。我也乘便在台大做一次健康检查。所幸的是，除了一些老毛病，我的身体还没大碍，这您一定要安心才好。

住在台北侄女仲莹家，夜里躺在床上，不知不觉地就一个人跟您说起话来。知道您早不在了，我便拉拉枕头，拍拍床，让眼泪去流个够。几十年来，您总是忙着工作，尤其是来台湾开过刀以后，您的工作就更加勤奋，连过去偶尔陪着我看电影，参加一些文化活动的事也一概免除了。您虽然知道时日不多，但这次到台湾，您原只准备住两个礼拜就回港工作的，花一个礼拜治好肩痛的病，再花一个礼拜做健康检查。有谁想到这竟是您的最后呢？

记得您在自知难以出院以后，有一回，您告诉我要我比您在生时更为坚强。您说您一生漂泊，天地虽大，竟无栖息的根土。您说朝露人生，但求能把数十年研究和思考的结果，留在世上。因此，您要我打起精神，在您的身后，把您的一字一纸，都要收辑付印，希望在此去无尽的历史中，留下一鳞爪；也希望此去绵延不绝的中国，听见您曾为中国的民主与自由椎心呼求的声音。

这，在儿女和您几个心爱的学生的协力下，我一定一一为您办到，您是尽可以放心的。至于您的骨灰，我决定在我的余年中，我在哪里，就跟着我在哪里罢。既是一生漂泊，您就陪着我走完我的时日，我会指定一个所在让我们永远相守的。

在台北的几天，偶然拿起书报，都还会读到您那些老年、中年和年轻的朋友悼念您的文章。涂先生说您"敢说敢为一身硬骨撑天地。何失何得百卷遗书贯古今"。有人尊崇您是伟大的教育者，说您的典型长存，薪尽火传；您的学生说您是知识与道德的标杆，狂狷精神的典型。……老爸，我深深知道您并不以受人揄扬为乐。但是，在台湾，您并不是显赫或是讨得庙堂喜爱的人，因此这些陆续表达出来的对您的怀念与礼敬的声音，应该是您数十年勤勉工作后应有的安慰罢。

幽冥百日，可能转瞬就过。人间百日，却叫人不知流了多少思念的眼泪。这百日来，有许多我们的亲朋、故旧、您的学生写信来安慰我，问我的起居。但我因为一直在心情上无法平复，一日又一日把回信的事耽搁了，想来真不应该，深觉抱愧。您的学生计划要把您的著作再加一番整理，以全集的形式再刊。关于著作的整理，或已不难。惟独您的书信，收辑编次，恐要花些时间与人力。因此，我希望保有您的书信的同僚、故旧和门生，在全集未曾刊出之前，暂时不发表您给他们的信函。

端午节，我踅去停厝骨灰的善导寺，准备了一点水果，替您烧了点纸钱，我一边抚摸着镶嵌有您照片的大理石盒，我心中不觉舒坦了许多……百日我还要和您几个学生再来看看您的。

过了您的百日，我打算暂时到美国新墨西哥州的梓儿住了去。因为她不上班，白天也有个人说话。老爸，就安息罢！

世高　挥泪拜启

一九八二年七月九日《中国时报》

友情默默感时光

徐王世高

　　屈指一算，您离开这个苦难的国家，您热爱的人世，已经七百三十个日子，比起我们厮守过的四十七个年头，两年的时间也许只是电光石火一般短暂倏忽。可是对我来说，这是全然不同的况味，从您辞世那一顷刻开始，与我生命相伴随的、无法言喻的偎依之情，也与您的形体相偕俱去。这么多年来，我的生活只为照顾您，培育四个儿女而生，如今孩子们都长大成家，远在异地，突然在生活的核心中失去您，这种岑寂是何等难耐。无论天涯海角，不管我住的是香港武儿家，或者寓居在美国均儿、梓儿、帅儿家，或者是您心爱的学生家，甚至是我们挚爱的第二故乡台湾。任何独处的时刻，浮现萦绕在我脑海中的总是您在书斋里埋首研读、撰述的影像；您留下的那些历经岁月，累积酝酿的研究成果。那些文字有的我不十分懂，有的则全然不能了解，然而我知道为了学术，为了坚持自己的原则，您的确得罪过不少人。您秉性虽然刚烈耿直，可是从来不记仇，从来不暗地里算计人，您生前常说，历史和时间终究会揭开飘忽不定的迷雾，显示它凝定清晰的面貌。

　　常常，我回忆的焦点会不期然地落到台大医院九〇七病房的门扉上，那个您用坚强的意志力、生命力战斗过五十二个日夜的地方。[那些我们家人感戴的医生、护理人员，他（她）们已尽了全力]。我知道您并不是贪恋俗世的生命，而是惦记着未竟的志业，如果上苍肯再赐给您两三年的时光，您一定会奋力写完那部耗费多年心力的《两汉思想史》（共出三卷）。每当我想起那段日子，前来探视您的亲朋、故旧、您寄望至深的门生、青年学子，他们有的远从日本、香港专程赶来，还有那些未受您亲炙，但读过您著作的学生围绕在您的床侧，看到他们对您的康复怀抱着那样深的关注，那样诚挚的真情，我有椎心的痛楚，也有温暖的安慰。入院不到一个星期——二月十四日那个清晨，照射过"钴六十"，您发现双腿瘫痪了，这使您意识此次的病情来得很凶猛，那天早上您在床上口述《中国思想史论集续篇》一书未竟的序文，同时也预立了遗嘱，我还责怪您为什么要在此时此刻做这些身后事。过了几天，您的病情急遽恶化，武儿不时从香港赶来，均儿、梓儿、帅儿轮流从美国赶回来，可是由于他们本身的工作加上路程的遥隔，最后照顾的工作就落在您几位心爱的学生身上。……最后您走了，放下那枝您勤写不辍的笔，留下您为祖国的文化、民主、自由发自肺腑的呼声。八十年的岁月，对您来说应该没有什么憾恨，大半辈子在国难和动乱中度过，您也曾几度进入权力的核心，但从来不抱持私心去追求荣名利禄。年届知命毅然脱离现实政治，从此埋首钻研学术。您自知起步太晚，为了这个，您比别人更珍惜寸阴，思考、读书、写作成为您生活的全部，几乎到了废寝忘食的程度。我说您比自己的任何一个儿女都要用功，这是真心话！

　　自从您离开之后，我常常回想我们在一起共度的岁月，您本来是一个爱热闹的人，您的生活圈子，除了单纯的研究工作、读书写作之外，就是您挚爱的友人、学生了。每当我路过昔日有过您踪迹的地方，这种思念格外凄切，看到别人俪影双双，老爸，您现在到哪儿去了呢？

还记得您写完那篇最后的论文《程朱异同》，您坐在那儿重重地松了一口气儿。您说接下来要为《两汉思想史》的第四卷着手准备工作。（已刊印三卷，全部计划共计五卷）当时您只是右肩偶尔作痛，其他健康状况都和常人无异，走路行动皆称便捷。万万想不到住进医院，就没有出院的机会了。

如今，您生前最后一年写下的杂文集就要付印了，回想在世时，每一次文章在报章杂志刊登出来时，我总会把文章剪下来，摆放在一个固定的抽屉里，等到要搜集成册的时候，我把文章分别再贴到一张白纸上，四周留下约莫两寸的空白，以便在刊印前再作最后的增删修订——这项工作是这么多年来我习惯替您做的。这回筹印《徐复观最后杂文集》，去年三月回台以前，我把一九八一年您陆续刊登在《华侨日报》及其他杂志剪下来的文章，仍然像往常一样，用同样的方法，一张一张贴到白纸上，四周还是留下约莫两寸的空白。但是这空白上现在连一个标点都没有。此刻，我才意识到您是真的离开人世了。这时，我的眼前蓦然浮现您满头蓬松零乱、灰白的头发，您形容瘦削困倦的模样，那个写完稿子时我熟悉的侧脸，此时一阵心酸，不禁潸然泪下——这眼泪固然是伤怀的泪水，但也是安慰和感激的眼泪，老爸，您最后留下的文章终于要刊印了，您应该感到安心了吧。……

明知您已辞别了人世，却有久久一段时间我始终无法接受这个事实。然而我必须打起精神，面对自己的许诺，把您生前所写的文字收辑付印。多亏大家的鼎力帮助，您留下的著作，终于能够一部一部陆续刊行，我想这该是您最大的安慰了。在这里，我要借这个机会向刊印您著作的学生书局负责人冯爱群、丁文治、张洪瑜诸先生、时报文化公司董事长余纪忠先生、扬乃藩社长、高信疆、柯元馨伉俪表示衷心的谢意。一九七八年夏天，您东海执教的第一届学生萧欣义君远从加拿大返乡，您们在香港见面，他花费许多宝贵的时间，为您整理了杂文四册（①《论中共》②《看世局》③《记所思》④《忆往事》）、《文录选粹》、《儒家政治思想与民主自由人权》及重阅《学术与政治之间》（甲、乙集）使您早年及晚期的作品得以完整地和读者见面。封面则请您的好友台静农教授、程沧波先生题署。杂文集分成四大类，这是杨社长的匠心独运，这个分类编排使全书层目井然有序，实在感谢他的云情高谊，欣义君编次的几部书由陈淑女独负校对之劳。

您卧病期间排版的《中国思想史论集续篇》由乐炳南、蓝吉富二君负责校对，《中国文学论集续篇》由薛顺雄君，《中国经学史的基础》交由廖伯源君，《论战与译述》、《徐复观文存》二书交给曹永洋君安排付梓，这些人世的深情，我不但要铭感在心，而且不管到那里，我会永远珍惜它。……

现在就要付印的《徐复观最后杂文》是您最后一年断续写下的文字，一九八〇年九月你回国参加"国际汉学会议"，在台大医院检查时发现胃癌，接受一次大手术，您似乎预感来日无多，研究著述的工作一点也不肯稍作停歇，不久，又开始孜孜矻矻地勤写起来。正如您自己在《春蚕篇》里所写的一样——要吐尽最后一根含着生命血液的银丝啊！还有同时付排的《徐复观教授纪念文集》是您辞世后，您的许多亲朋、门生以及识与不识的读者所记叙有关您的种种，这些文字分别在台湾、香港、美国搜罗汇编，现在得以都为一集，这个工作纵然花费许多心神。可是相信仍有不少遗珠之漏，这点只有请执笔的先生多宽谅，多包涵。二书编排期间尤得时报公司杨乃藩社长、柯元馨总经理、张守云女士、廖仁义先生鼎力相助，三书编排校对多由曹永洋君偏劳，并此申致谢忱。

我也要衷心感谢香港华侨日报社长岑维休先生、岑才生先生、欧阳百川先生三十多年来恒久不变的友谊，对我们一家人的照顾。这提供了我们在现实权势之外的立足之地，使您的声音透过文字传播到有中国人的地方！同时也得谢谢刘述先教授把您的论文《程朱异同》摘译成一篇完整浓缩的英文稿。这些年来他在美国、加拿大、夏威夷参加国际性的文哲会议，为您所做的译介工作，这真花费他不少宝贵的时间和精力，在香港期间安云也分心照顾我，这份情意我怎么能忘怀呢？还有您在新亚书院的门生，也跟您在东海昔日所教的学生一样对您怀着无限的敬爱，这些使我觉得温慰。……您生前好友所写的那本字画《翰墨缘》，也请陈映真君制版影印，印得十分精致典雅，实在太感谢他了，我也把这本您十分喜爱珍惜的《翰墨缘》分送给您的老友、门生。您手边的三千五百多册藏书及字画捐给东海大学图书馆，梅校长也特别辟一纪念室专柜珍藏。

今天是您的二周年祭日，早上我们在台北善导寺举行了简单、庄严的诵经仪式，您的老友、学生也分别由各地赶来。领受大家这份深挚的友情，我除了默默地感激，我还能说什么呢？

老爸，现在您生前留下的文字，除了书札（您写给学生杨牧君的书信三十多封已在《时报》美洲版刊出）和您生涯中最后一年所写的日记以外，都已整理刊印，我们就让它在历史的长流中，印证什么是随风飘散的细沙，什么是硕大无朋的巨石吧！

一九八四年四月一日台北旅次

大地的儿女
——悼念我的父亲徐复观先生

徐均琴

> 大伯大概大我四五岁。我上学，他挑柴挑米送到学校时，他大概是十四五岁；每次压得他肩颈都是红色带紫，汗透了破布衫。这情形，我怎样也不能忘记。

> 小时候，你祖母放声哭喊的两句话，早上好像又听见了："给我点亮儿吧！给我条路吧！"

> ——父亲病笃辞世前在病床上的话

父亲出身自贫苦的农村。儿时举家在乡土上辛勤求生的经历，在父亲生命中留下了刻骨铭心的记忆。让父亲了解到，"我们的人民，及人民所活动的河山岁月，才是祖国的实体；而不限于某些权势"。

此一认定，植下了父亲一生在现实社会的政界、学界中，踽踽独行的根源。

父亲是中华大地的儿女。双脚一生踏实在大地的泥泞中。在"本枝百世，瓜瓞绵绵"的情怀下放眼四望；与现世依附在大地之上的人民共呼吸；跟历代孕育自大地之中的子民通脉络。古往今来，世世代代，一切在此山河大地的怀抱中生活的儿女，在权势下常被煎熬成没有面目的群众，在父亲生命中都是有血有泪，有魂有魄，不容诬蔑，不容践踏的生民。

父亲在病床上，忽然提及"天下为公"的思想，他自己过去没有谈到。立足于"天下为公"精神之上的民主体制原是父亲心中、笔下，延续民族命脉的唯一路途。随侍在父亲身畔的最后几天，父亲在昏迷中总是连声呼唤着祖母，神情凄然。

是否濒临生命的终点，父亲回顾平生，觉得对祖母的哭喊交了白卷呢？

然则，我们民族真正得以生存的力量，来自人众社会中胼手胝足、终岁勤苦的儿女。而我们民族在暗夜中的一点光，该就是父亲一生所代表的一声声"以百姓之心为心"所呼唤出的历史上的真是真非吧！

一九八二年四月五日父亲大殓火化之日

我的父亲徐复观先生
——一位成长于忧患之中的中国人

徐武军

在二〇〇九年十二月五日和六日于台湾大学中举行的"徐复观学术思想中的传统与现代"国际学术研讨会中所发表的论文,即将收集成册。干春松教授要家属写些话。我们这一代学的都是供糊口之需的科技;在我们的下一代中,也只有长女元音研究美国华侨史。是以并不能对先父的学术思想做任何补充,而只能说出我们心目中的父亲。

对父亲的首次记忆,是在一九三九年的春天,父亲骑着一匹深栗色的马从外地回到浠水乡下来看母亲。中日战争开始,父亲是带兵参战的团长,母亲带着我和我的奶妈回到浠水家乡下,在约有四年的时间中,那是父母亲唯一的一次见面。对故乡的第一次记忆,只有零星的片段。家中来了客人,饭桌上会多一盘炒蛋放在爷爷和客人的面前,爷爷和客人会相互对着炒蛋说:"请!请!"饭吃完了,炒蛋一般是完完整整地剩下来。母亲在团陂小学教书,我有时有半个咸蛋配饭,一口蛋白、一口蛋黄,吃得开心得很。

父亲在担任荆宜师管区司令时,派一位李副官,将母亲和我,经由豫鄂边境，接到湖北建始，我们住在一位刘姓地主的家中。师管区撤销，父亲改任高级参谋在重庆的复兴岗担任教官，母亲和我也到了重庆，住在南岸黄桷垭的茅草屋中。大妹均琴出生于红十字医院中，出生费用是父亲卖了一支手枪来支应的。少将的薪资，那时约为每月一千五百元，雇人将配给物资从复兴岗挑到黄桷垭约需支付三百元左右的脚钱，家用的水也是要雇人从江边挑上来；在记忆中，隐约听到母亲说豆渣和萝卜叶子可以如何做菜。很多年之后，才知道做过师管司令的人是可以完全不虞匮乏的。

父亲以联络参谋的名义去延安，母亲带着我和大妹再一次寄住在建始刘姓地主家中，然后再回到重庆。从重庆到建始是先坐船到巴东，再从巴东乘车到建始；车票和船票是母亲在人群中挤着买来的；我抱着均琴看行李，行李约有两个行李卷、两个箱子和一个网篮，网篮中装的是锅和碗盘之类的。提到这一段经过，母亲总会说我很乖，很懂事，帮得上忙。第二次到重庆，分住在一座两层楼的屋子中，楼上和楼下各有一间。家中的生活比上一次好，有一位勤务兵。父亲身体不好，每星期会烧一锅排骨汤给他进补。大妹均琴出生在很窘迫的时候，父亲对她最为怜惜，会分几块排骨给她。那时住的地方和雷震雷伯伯的家不远，雷伯伯有一位和我年龄相仿的公子，我们见过面，并没有玩在一起。

抗战胜利，我们回浠水住了两个月，然后到南京，先租屋住在小西湖，然后在蓝家庄蓝园12号建了一户两层楼，外加有厨房等后厢房的住所。父亲的职务是"党政军联合秘书处"的副秘书长，那应该是处理情报和资讯的作业单位。记忆中，陈立夫先生曾到家中来过；祖父到南京小住，无法将父亲的工作和他心目中清朝的官位做连结，非常生气。熊十力公公也曾在家中小住，牟宗三牟伯伯住的时间比较长，殷海光先生会和我偶尔聊聊天。浠水和邻近乡亲到南京来人不少，热闹得很。

我们是在一九四八年底离开南京，先乘船到上海，然后原船到武汉，停留了半个多月后，再到广州；然后在一九四九年四月底乘船到台湾，五月三号在基隆上岸，在台北停留不到一个礼拜，乘火车到台中，住了一个多月的旅馆，然后迁往旧称大和村的模范西巷。一九五〇年初，全家迁至香港，那是父亲最后一个和党政相关的职务；半年后全家迁回台中，住在向上路 20 号的自购房子。

向上路 20 号是日式建筑，我们全家连同慧表姊共七人共住在二十席，约 33 平方米的空间中。日式房屋进门的空间叫做玄关，家中竹制的饭桌即放在玄关。孙立人伯伯担任陆军总司令时，如果到中部巡视，会到家中小坐，他和父亲就坐在饭桌边聊天。孙伯伯穿着布草绿军服，完全看不出总司令的样子。其后，我们搬到模范东巷 58 号，同样是日式建筑，房子和院子比以前大了一倍，买新房的钱是向孙伯伯借的。一九五四年我到台南念大学；一九五五年父亲至东海大学任教，家搬到东海的宿舍；一九七一年我返台教书时，父亲和母亲住在台北，其后迁至香港美孚新村直到父亲辞世。

从香港回到台中之后，林一民伯伯担任中兴大学前身台中农学院的校长，他约父亲去教一门"国际组织与现势"的课，这门课一般是排给有一点党政经历又能写一点时事评论的人来教。两年之后父亲要求改教大一国文，这是父亲从"政治"走向"学术"关键的第一步。关键的第二步是东海大学的首任校长曾约农先生，在乡前辈沈刚伯先生的推荐下，聘父亲到东海大学中国文学系任教，使得父亲可以将教学和对中国文化的研究合而为一，真正的开启了到学术之路。

从要热血救国的青、中年，到要在文化和思想上成为"继往开来"的"中国人"，是父亲长期在不同的社会阶层中蹲点和苦思后所得出来的方向。具体地体现他在一九五〇年代前、中期的论述中，集为《学术与政治之间》一书。父亲一方面抗拒"全盘西化"；一方面说明以孔孟思想为主的中国传统文化中，包含有分量极重的人权和民主思维，这些思维在长期的专制残暴统治之下，受到了扭曲和变形，父亲在这一方面的努力，在实质上是要肯定"中国人"不需要"全盘西化"，即具有成为"现代人"的人权、资格和条件。在这个过程中，父亲一方面和以胡适先生为首的西化派学者们论战；同时更为了坚持人权和民主自由的原则引发国民党内"谋士"和"文胆"的报复。《与程天放先生谈道德教育》，程先生是当时的教育部长；《释〈论语〉"民无信不立"》的对象是张晓峰先生，张先生是五十年代至六十年代初台湾教育界的教父。在这两篇文章中，父亲直斥他们曲解中国文化的本义，来为"政策"服务的荒谬不当；而《悲愤的抗议》和《为什么要反对自由主义》是对国民党内的"谋士"和"文胆"们打压自由和民主的做法提出直接而正面的质询。

对读过几天书、机巧且不具有任何价值上坚持的"智识分子"，父亲曾不只一次地为文批判。蒋中正先生辞世，国民党的"文胆"写了一份虔诚基督徒式的遗嘱：蒋中正先生打了八年的抗日战争，将台北近郊的"草山"更名为"阳明山"，在关键时刻严守中国人的立场；生前为了现实的限制，不得不上上教堂、做做礼拜，父亲说，难道在身后仍不能还他一个正统中国人的身份？

一九四七年成立"国民代表大会"和立法院，"国大代表"和"立法委员"基本上是依照国民党内外各势力范围分配的。父亲不是国大代表或立法委员，这说明了在一九四七年，父亲与各派系没有渊源，在国民党中的排名应该在四五千名之后。一九四九年父亲在溪口，蒋中正先生的左右不超过十五人。到了台湾，我们自始即住在台中，而不在权力中心的台北；说明了即使在短时间之内得到蒋中正先生高度的眷顾，父亲在到台湾之初，或是更早，即有告别政坛的决心。一九四九年在香港的工作，父亲和蒋经国先生之间产生了严重的矛盾。一九五五年秋天，我的一位同学告诉我，成功大学的国民党区党部通令不可吸收我为国民党的党员；臆测应该是在那一时段中，国民党开除了父亲的党籍（一九五七年三月），父亲从来没有向我们提过这件事，我也从没有告诉他我是一个没有资格做国民党员的人。策动东海大学要求父亲退休的，是一位文辞流畅的彬彬学者，他所建的功，使他做到了国民党的副秘书长。

父亲和孙立人伯伯的交情不是秘密，我相信是蒋经国先生决定不将父亲涉入到孙立人伯伯的案子中。一九八二年父亲卧病台北，蒋经国先生要台北的政要们到医院中来探视，王昇将军一露面，父亲即挥手要王将军离去；我们尊重父亲的意愿，没有接受由党或政来安排后事的好意。蒋家父子理解到父亲的耿直，故而可以容忍父亲的直言；国民党的"谋士"和"文胆"们则认为父亲的直言威胁到他们存在的价值，必须除之而后快。蒋家父子对父亲最大的宽容，表现在容许《民主评论》的存在；一九五〇年代的《民主评论》是父亲表达意见的主要管道，奠定了父亲在学术上发展的基础。

父亲的另一助力来自香港的《华侨日报》。由于在一九四七年化解了《华侨日报》不能内销到广东的问题，岑才生和欧阳百川两位先生长期提供了一份可以糊口的特约撰稿工作。稿费在父亲未至东海大学任教之前和离开东海大学之后，帮助极大。也为此，父亲遗留下来大量的"时论"，这些"时论"是从传统中国文化的观点来讨论发生在廿世纪的事；或者是说明儒家的价值观在今日变化万千的社会中的适用性。

　　从追寻传统的价值，到说明秉持儒家思想的人在廿世纪要如何为人处世，父亲终生所追求的是做一个堂堂正正、顶天立地的中国人。他给我们的家训是"刚毅忠恕"四个字；从父亲的身影中，我们看到的是中国人的尊严与骄傲。

徐武军　敬志

二〇一〇年元月二十八日

我所知道的徐复观先生

涂寿眉

我与徐先生相交快六十年，初以文字交，嗣为患难交。彼此休戚相关，从未发生过争执。兹将我所知道他的事情，分述于后。

在湖北国学馆求学时期

徐先生名秉常，字佛观，以后由熊十力先生更名为复观。民国十四年我俩同时考入湖北省立国学馆，因而相识。国学馆大致沿袭张文襄公所办的两湖书院之制度，有内课生、外课生。馆长为罗田王季芗（葆心）先生。我与徐先生均为内课生。内课分经、史、理、文四科。徐先生原毕业于湖北省立第一师范学校，在国学馆文科肄业，我在经科肄业。湖北宿学之士，多在馆内讲授一门功课，惟黄季刚（侃）先生，既在经科讲说文，又在文科教《昭明文选》。

外课生为武汉三镇学人，其中有前清举人、选拔等，参加一次甄别考试录取。国学馆每月合内课、外课生考试一次，规定三日三夜作文二篇，或一文一诗。凡考取第一名者，发奖金三十银圆。徐先生考取两次第一名，我不及徐先生。上项月课，由黄翼生（福）和李希如两先生轮流主考，汇送馆长复核。徐先生之文利于李，我文利于黄。盖李先生当时在馆内讲授诸子，取文重在刻厉；黄先生当时讲授《伊川易传》，取文重在浑厚。

我与徐先生当时境遇颇相同，彼此父亲都在本县以教书为业，两家均清寒。徐先生长年穿一件深灰布长褂，我亦经常穿一件深蓝布长袍。所不同者，徐先生天资过人，任何繁复文字，看过一遍，即能道出其中要领。常放言高论，压倒群伦；有时举止脱略，自校门进入，手持甘蔗，且走且啃，旁若无人。我则谨饬沉默，力求中规合矩。个性虽殊，而用力读书则一。我的自习室在楼上，徐先生的自习室在楼下，夜间多高声朗诵。

初入仕途及在重庆抗战时期

徐先生离开国学馆后，出任小学校长半年，即参加第十八军某团任记室，因得陶军长子钦（钧）之器重，保送日本士官学校习军事。九一八事变，徐先生返国，奔走南北。最后投效于浙江省主席黄绍竑幕下。

余离开国学馆，两参县政，继而参加军武，从事军法。与徐先生不通音问者，将近十年。二十五年冬，因川局不稳，余奉调至重庆行营工作，路过武昌，于双柏庙赁屋安置家眷。某日早，徐先生来访，彼着全副武装，时任湖北省保安处科长。我亦有戎装，很少着用。于是相顾而笑曰：当年在国学馆同是文质彬彬的君子，今则均为雄赳赳的武夫。越日，他又与其新婚夫人王世高女士来访。于是内人胡懿芳与徐夫人始见面矣。不久，余即离鄂至重庆行营办公。

次年，日寇于卢沟桥肇衅，蒋委员长发动全面抗战，军委会由南京移驻武汉，又移驻重庆，行营始结束。我奉调军委会参议，在"慈居"机要室楼上办公，另于营外设一会客室，取名"简庐"。某日，徐先生来访，余立即至简庐把晤。承告近年曾任朱怀冰军之参谋长，在山西作战，受到日寇与共党两面夹攻，以后在恩施任师管区司令，因与陈（辞修）长官相处不洽，俟改制时，离鄂来渝，就中训团兵役班少将教官。第三日，余请徐先生来简庐午餐，自是两家眷属颇有往来。时陶子钦先生居在南岸弹子石，在重庆市开一南方印书馆，目的在阐扬中国文化。徐先生常出入印书馆，余亦常去晤谈。旋在报上看见徐先生所撰《汉武帝战时的经济政策》一文，余佩其博古又通今。

不久，徐先生来告：奉命至延安第十八集团军担任联络参谋工作，为时较长，拟将家眷送回恩施。过了一年多，徐先生又来简庐晤谈，对共党分析甚详。据告以某次共党集会，曾有侮辱蒋委员长之言论，彼绝食抗议。结果，毛泽东派叶剑英等道歉始了事。又谓：毛泽东口称革命，在窑洞里仍抽大炮台香烟，专讲享受。我问其回来复命之书面报告已否写就。徐先生说：日内即可草就。其后加抄一份送来，我即转送侍从室呈委员长核阅。蒋公对此一报告，能透彻了解共党整体实情，而且对策中肯，大为激赏。经逐项批示后，立即召见，委为军委会高级参谋，派在参谋总长办公室工作，专门研究对共党策略。嗣后复调侍从室第六组服务。

第六组主任为唐乃建先生，与余为旧同事，徐先生与唐约定，勿拘限其工作范围。于是徐先生得以常向委员长条陈意见。日寇投降之夜，即条陈十余项。如电召毛泽东来渝协商，即是其中之一。因此，陈布雷先生亦器重其才识与文章。委员长更令其参加官邸会报（多为党政军首长），甚至中央党部开中委全会及代表大会，均令其随从参加，以备咨询。徐先生暇则来访，余谆谆劝其应缜密、勿粗疏。嗣后组设党政军联席会报秘书处，秘书长一职，由萧赞育、潘公展等先生任之，徐先生始终任副秘书长，实际负责。

斯时熊十力先生亦在渝，时住北碚，时住南岸陶子钦先生家，徐先生得以从游。三十三年农历正月初三下午，徐先生忽陪熊先生来我家（在壶中春药店四楼），余甚窘。熊先生当问：过年时有无鸡汤、鸡蛋？内人答：有。熊先生说：我只要这两样为晚餐。熊先生谓我的气质可以读书，比即为我两人开讲。我恭听，徐先生则逗我刚满一岁的四儿玩耍，熊先生面斥其不专心，徐先生只好敬谨听讲。自是经常随处讲授。熊先生更命我出力筹办中国文化研究所。及抗战结束，熊先生回武汉，仍常驰函嘱托。我因系由重庆直飞南京，不能到武汉面谒商洽，至今引以为憾。以后熊先生由武汉赴浙江大学，过南京时，曾在下关上岸，接受我与徐先生等之欢宴（指定炖甲鱼烧鸭肾脏，均不放盐）。彼将政府赠送之一百二十万元，悉数退回。

在南京戡乱时期

日本投降，中枢还都。徐先生仍任联秘处副秘书长，我任交通部交通警察总局主任秘书。假日各携眷属同游玄武湖、中山陵等处。时北平有大批线装书出卖，我托人代购二十五史两套，他书亦多。徐先生去北平公干，自己选购之书更多。以后皆运来台湾。

其后，徐先生一面在联秘处工作，一面呈准创办《学原》杂志，经费由中枢支持。于是徐先生渐渐结识中央、金陵等大学教授，走入文化圈子里。熊十力、柳诒徵、钱穆、朱光潜、沙学浚、洪谦、唐君毅、缪凤林、杨树达、岑仲勉、徐炳昶、王叔岷、牟宗三诸先生，咸有文章在《学原》上发表，价值甚高。

共军进犯徐州，国军渐渐失利，南京秩序渐乱，中枢要员眷属，多已他迁。我和徐先生，均尚未计及。某日，我住处附近发生抢米纵火风潮，更形紧张。当日下午我派一卡车先至蓝家庄装运徐先生之行李书籍，再来莫愁路桃源载运我家的书柜和行李，天色已黑，卡车离开我家附近巷道，曾有歹徒阻挠。幸司机加足马力冲走，得与两家眷属之车，会合于下关招商局码头上船。当由徐先生伴送上海，我即返原寓。船经镇江下游，曾有散匪鸣枪骚扰。抵达上海，徐先生待其眷属于次日乘轮赴武汉，再转广州，即回南京工作。我的眷属，迟几日，亦循徐嫂的路线赴广州。

徐蚌战局日紧，首都人心惶惶。徐先生忧心如焚，奔走呼号，联络一批有血性的男儿，日夜开会，商议如何抢救大局，而以巩固蒋总统领导中心的权力为急务。台湾的蔡培火先生亦常参预会议。继而人心涣散，国家组织日渐解体，徐先生已无能为力。我与交警总局局长相处不融洽，即辞去主任秘书一职，与徐先生同走上海。时中央政府已决定迁广州。我们眷属初次到穗，人地生疏，须前往看看，遂同轮赴穗。

三十八年初，蒋总统引退，回浙江奉化原籍休养，电召徐先生赴奉化备咨询。迨武汉失守，广州震动，徐先生眷属先来台湾，我亦遣砚儿坐差船押运书籍至高雄。随后，我和全家大小乘"华联"轮船来台湾。

在港创办《民主评论》时期

徐先生眷属居台中模范村。余携眷自基隆上岸，乘火车径赴台中，与徐先生共购一栋木屋，中隔一泥墙，分成两家，结邻而居。徐先生的书籍，运至高雄，即售予高雄市政府。我则将带来的一副殿本二十五史，让与彰化银行。我两人均以此所得，兑付房价。

卅八年夏秋之间，李代总统宗仁对于国事，多不负责，大陆西南各省，岌岌可危。蒋公于是在台北草山（后改称阳明山）成立中国国民党总裁办公室，研究改造党务、政治、军事等方案，派我为第七组秘书，命徐先生协助万耀煌先生筹设革命实践研究院。徐先生以志趣不合，未就。时大陆将全部沦陷，香港为一国际港，其报章杂志整个一面倒向共党阵营，影响全世界视听甚大。徐先生呈准至香港创办《民主评论》杂志，纠合钱穆、唐君毅、牟宗三、张丕介诸先生，在香港赤浪滔天之中，竖起宣扬中国固有文化之大纛，从人性根本上挖去共产主义的毒素。

徐先生生平喜周人之急，其办《学原》时，我常见其对于学人有困难时，预支稿费甚多。在广州时，如钱穆、牟宗三先生等，在颠沛流离中，状亦甚窘，徐先生均尽力照顾。《民主评论》于香港设总社，台湾设分社，大陆沉沦后，逃难至港、台人士，先在民主评论社落脚者亦不少。当时主管文化教育机关，很少想到为保存中国文化而积极抢救学人。譬如熊十力先生逃至广州，仅赖其学生黄某向中山大学借一住宿地点。我与徐先生前往谒候，熊先生因素患肝疾和高血压，不耐广州之湿热，亟想迁至四川，要我同行。我鉴于西南各地终将不保，决定携眷至台湾，劝熊先生亦来台。熊先生嘱先为其解决住屋问题。我来台之初，不知向何处为熊先生呼救，只好函恳居觉老为之设法。得复函，嘱向台中地方法院院长池滦洽。池答："熊先生来后，可借一住所。"我询其面积和地点。他说："来了再说。"所答很不具体。我飞函向熊先生报命。正往来函洽中，而广州陷共，即移熊先生至北平，并于广州、武汉、北平大开其欢迎会。先总统以复兴文化来打击共党，倘使当年能将熊先生抢运来台，对于复兴中国文化，不是更有帮助吗？

《民主评论》选载的文章，对于共党的暴政，力予批评。对于台湾各方面，有时亦有所评论，无非想使台湾将民主、自由推进到最理想的境界，以争取大陆上多数的人心，且博得世界上爱好自由民主国家的同情。徐先生的言论，有时失之过激，因而引起国内一部分人士的误解。幸先总统始终爱护徐先生，虽曾召见面责，终认为是书生之见，置之而已。蒋公如此爱才，曲予宽容，徐先生在私人言谈中，常表示衷心感激。

其后，《民主评论》经费被削减一半，尚能勉强支撑一段时间。以后，则难以为继。徐先生因我对该杂志从旁协助不少，一度嘱我接办，以期打破经费之困局。我因不善于与人周旋，不易开辟稿源，予以谢绝。于是《民主评论》宣告停刊。此在对共党斗争中，不能不说是一种损失。言之可惜！

在东海、新亚教学时期

徐先生在《民主评论》后期，不常到香港，住在台中时间较多，其生活尚赖香港《华侨日报》稿费维持。余经常在台北从公，每周回台中一次。某次，徐先生语余曰：我现在党、政、军三方面无靠，柴米油盐俱无，处此逼人环境之中，只有改弦更张，另谋生路。我劝他教书，将当年在国学馆所得的门径，埋首用功去推求，不愁无出路。徐先生欣然采纳。最初在台中省立农学院（后改中兴大学）兼任教授，每周授国文课二小时，收入虽其微，但促使他发愤读书。对他后来的成就，助力甚大。

当时他的书卖光了，我的书尚留有一部分。某日我说：在江西时，我函王馆长论学诗的门径，王馆长函示谓：学诗宜从宋诗入手，宋诗优点在真切，比较学盛唐不成，徒得其空腔高调为优。我选读宋诗，酷爱陈简斋、陈后山两家；尤爱简斋之诗。徐先生立将我所藏的陈简斋、陈后山诗集借去评阅，常闻其高声吟哦。徐先生近年为文讨论宋诗，其中有若干处，即系当年彼此所谈述者。又有一次，我谈《伊川易传》的简明，能使人不将《易经》视为玄学，望之却步。他立即将我的《二程遗书》借去详细阅读，并为文以阐述之。从此可见徐先生对学问一途，能从善如流，并不自以为是。

徐先生已著有文名，东海大学成立之初，由于沈刚伯先生的推荐，曾约农校长立聘为国文教授。东海大学环境清幽，是一最好读书地点，徐先生一面教，一面读，真是教学相长。文章功力日进。徐先生更沿熊十力先生的路线，以探求中国圣哲之思想，学问日益广大。据徐先生面告："我做学问也惹是非，幸曾校长有担当，不顾外来阻力，始终维护我在东海的立足地。"迨东海校长易人，教授中人事日杂，徐先生离开东海来台北。某日，徐先生来告："又有人阻挠，使我在台北各校不能插足。"我笑说："你不要神经过敏，你现在是一尊大菩萨，非大庙宇，供奉不起。"恰好，唐君毅先生来台，请他至香港中文大学新亚研究所讲课。于是徐先生举家迁往香港。徐先生在新亚教研究生，自己愈用力研究，著述亦多，使学生受益者众。

徐先生从过政，也从过军，均不得志。我常劝他说："做官如点蜡烛，油烧尽，光自灭。纵然侥幸爬上高位，在热烘烘中要猴戏，不知自己是昙花。等到年老要退休，或者流年不利遭贬斥，才感昔日威风凛凛，是人家给我的权势，不是我固有的。今日门前冷落车马稀，是我失去了借来的虎威，谁还来捧你。做学问如砌千层塔，今日堆一层，明日又堆一层，如有毅力，堆起一千层，只要基础稳固，一定可以永久矗立人间。老兄来台后，如果不遭遇许多挫折，决不会伏案读书。现在老兄读破万卷书，完成许多巨著如《中国思想史论集》、《两汉思想史》等，不是可以永垂千古吗？何者为真失，何者为真得？是很显明的。依我看来，你要感谢当年给你挫折的人们才对。"徐先生深韪余言，大笑不已。

彼此私情多于公谊

在重庆、南京、台中时，徐先生是我家经常的座上客，喜食我内人手煮之菜，且常带好友临时前来共餐。徐先生喜欢我的四个儿子能读书。我的大儿子砚诒原在台中省立农学院习农经，第三年考取台大农经系插班生。徐先生自日本飞香港，约我于台北机场见面，他说："看报知道砚诒已考取台湾大学插班生，什么时候来台北上学？"我说："他在台中读书，可以回家膳宿，伙食好些，也经济些，我正考虑中。"他说："不要考虑，应速入台大。"

又说："我和你如系北大出身，今日不致久困下寮，仰人鼻息。"我亦喜爱他的两儿两女。我的第四儿书诒出生时，因母奶缺乏，颇为脊瘦，徐嫂竟将喂其长女公子的奶，分喂我的四儿。徐嫂又因内人无女儿，命其次女梓琴拜内人为干妈。

我有困难时，徐先生常表示关切。徐先生有缺失时，我必规劝，出之以委婉，彼亦能听纳，均未红脸过。去年，我们均赴美国看儿女，他的长女均琴家，和我的二儿经诒家，都在普林斯顿附近，常相聚晤。我以他前年开过刀，体气不免受损，劝他注意节劳。他说将《两汉思想史》写完，可休息一下。彼于去年秋初即返国去香港，我于去年冬初返台湾，彼此又未通音问。

十二月下旬，我接洛杉矶汪锡钧亲家来信说：佛观兄自台返港，健康极为良好，堪以告慰。今午二月廿一日。我复汪亲家的信时，将原信一再阅读，欣喜万状，讵料刚将信写完，接朱若愚兄电话："复观兄现住台大医院，病情颇重。"我立赴医院探视，彼之下半身已不能动。他说了几句话，我劝他静养即退出。次日，内人蒸一只鸡，相偕送去，他嘱其夫人将他扶起，取其所著《中国文学论集续篇》，题字致送我的二儿。以后我每隔一天或两天前往探视，见其病情日重，痛苦不堪，徐嫂疲困已极。好在有一些学生日夜在院轮流看护。徐先生终至不起，我心实悲！

总之，徐先生在学术界已形成一位巨人，名满天下，有许多大著，可以永垂百世，"此去应无遗恨在"。所可惜者，其丧礼虽能遵嘱不开吊、火化（此系去年在美时我们戏谈身后事所商定者），以完成其高风亮节之人格。但入殓时之家祭，未能成礼，是一大缺点。事前一日，我屡向孝家及经办之人叮咛，应有家祭之礼，且须有一篇祭文。冯爱群君当托在场张佛千先生代拟。次日，我又提家祭之事，大家说已办妥，有一秩序单，我颇放心。我之所谓家祭者，应备香楮、酒馔，孝子三跪九叩以上献之。乃司仪者喊家祭开始，孝子趋至灵前，不喊"跪"，幸孝子能自动跪下。司仪者复大喊"鞠躬"，徐晴岚先生不以为然。余立纠正曰：应喊"叩首"。司仪者又不喊"兴"，孝子只好自己站起来。徐先生生平以卫护中国固有文化为己任，而慎终之礼，在孔门是何等重视！？现徐先生既穿长袍马褂入棺，而竟不能享受其子女跪献之礼，未必满意。此非孝子之罪也，乃经办人太草率之过也。真是"论私我更感怀多"，不知不觉的热泪忽然盈眶！就此搁笔。挽曰：

敢说敢为一身硬骨撑天地；
何失何得百卷遗书贯古今。

一九八二年六月号《中华杂志》第二十卷总二二七

回忆徐复观先生

胡秋原

去年四月一日徐复观先生逝世。四月四日，我在美国圣荷西进医院施行开心手术，十一日出院后，尚须静养。虽伤老友之逝，但不能写文，只寄回挽联，文曰：

> 论学不尽相同。然以孔孟为国脉所系，则吾人一致信念。死生是天命，唯心血未尽而去，遂使圣贤文士多长恨；
>
> 乱世长相睽隔。每遇小人逞奸佞之谋，必不约同张挞伐。祸福本难言，懔弘道在人之语，毕竟无畏护义是真儒。

原想在一两月后写一篇文章，解释挽联所说，一直延搁下来。现在他已辞世一年多了，朋友们为他编一本悼念文集，交卷时间只有两三天，我便只能择要一说。

一

民国十九年，复观兄在日本进士官学校，我住早稻田，曾经一面。以后直到抗战中期，我在重庆南岸回家路上，看见高叔康兄与一人同行，似曾相识，叔康再郑重介绍他，曾在路上谈天甚久。以后他到延安当联络参谋，直到三十四年胜利之年，我们在南方印书馆再见。南方印书馆是陶子钦先生开的，他是陶当湖北清乡会办时派到日本留学的，我那时办《民主政治》月刊在南方印书馆印刷。他说我们在这里曾为军人可否当省政府主席问题大大抬杠，但我已不记得了。

我们开始长谈，在日本投降前夕。那时因我反对中苏谈判，成为"问题人物"。一位院长说：只有共产党才反对中苏条约！甚至谣传我已到了土桥（军牢）。最好的批评不过是"书生之见"。此时复观兄任联秘处副秘书长，是情报集中之地，地位很重要了。有一天他来看我，问我为什么反对中苏条约。

我说：家父藏书中有一箱《小方壶斋舆地丛钞》，少年时候在家翻翻，对边疆有点兴趣。五三以后，我的一位中学老师鼓励我研究满蒙问题，写了我的处女作。以后到日本，看了一些西域考古的书；以后到欧洲和苏俄，看了一些蒙古考古的书。又看见俄人地图已将外蒙古画入俄国版图，这是我反对苏俄之开始。以后到美国，在图书馆中看了俄人微特的回忆录以及清末民初的边疆交涉文件，我才充分知道满蒙新疆的重要性。其实左宗棠也说得很简明："保新疆所以卫蒙古，保蒙古所以卫京师。"无奈今日主持外交的人其识见竟不如左宗棠，不知没有蒙古、北京、满洲和新疆都危险了。我只是想就我所了解的问题之严重性，唤起朝野之注意罢了。他静静地听我讲了很久之后似乎很动容。他在对我祝寿的文章（《人生道上突破中的友谊》，原载一九八○年《中华杂志》五月号）中曾说为此事"劝过"我，则大概是同时另一件事之混同。

那便是八月底毛泽东到重庆后，九月初参政会同仁欢迎毛泽东的茶会中我讲了一番话。毛泽东来重庆不久，他的《沁园春》就传遍重庆茶余酒后的场面。他以超秦皇汉武成吉思汗的英雄自命。我当时讲话的大意是：

> 胜利以后，全国的厚望是和平建国，要求政治民主化、军队国家化。有人说这是书生之见，没有军队还有什么革命？其实这是错误的。英雄革命的时代过去了，英雄革命最好的结果，不过一将功成万骨枯。今天中国要建国必须和平，要和平必须民主，民主政治就是书生政治。毛先生原是书生，今后如能致力于书生政治，成就一定比过去更大，云云。

我的话一半针对毛的《沁园春》而发，一半是对说我反对中苏谈判的声明是书生之见的批评而发。但毛泽东的"枪杆子出政权"的话，当时不仅我不知道，其他的人恐怕也很少知道。于是我在参政会茶会上的话被认为别有所指，再与反对中苏条约之事合起来，便有人认为尤其"居心叵测"了。于是复观兄又来看我，表情相当严肃，问我的话用意安在。我以实告，即一半对毛之《沁园春》，一半为我反对中苏条约辩护。他说："原来如此！他们都以为别有所指。""老兄，我要为你辩白。不过这种话以后似以少说为宜，要说，就索性说清楚一点，以免误会。"但不到半月，中苏友好条约的祸害便开始显了，苏联拒绝我军在大连登陆，继而还"要求"我政府"要求"他延迟三月撤兵！于是在一次中央全会开会我上台讲话时，大家鼓掌。至于政府来台之初，于右任先生有句，"江山代有英雄出，各苦生民数十年"，有谁怀疑别有用心呢？

到了三十七年，政府情况日非。他约我参加他发起的一个会，这就是他所说的"我曾有意发动一个新组织以支持当时困难日增的蒋公"，而我"也乐于参加"。我现在要稍加补充的，是我应邀到会以后，才知道这是准备要成立一个新的党（因国民党不足资号召，新党还是维护国民党的），到会者约百余人。我很老实说，三十四年到三十八年这五年间，有不少青年，乃至党务人员、封疆大吏，希望我出来作新党运动，我都婉谢。我当时认为，此事可由一种学会做起，这也还是受英国费边社的影响。三十四年罗贡华先生与我商量，以我的《民主政治》杂志为基础，成立"民主政治学会"，在立法院中成立一个国民党的革新派。由于他在国民党的历史甚久，在立法院召集时，"民主政治学会"的会员在立法院中居然有一百五十人左右之多了。可是，为一个极小的人事问题立刻陷于分裂。诸如此类经验，我知道在中国谈组织是困难的，我也便决定除了思想运动外，不作任何政治运动。常常有人传说我弄什么党，都是谣言。

就复观兄召集的这一个会而言，我到了并签了名，也许说过几句话，但我是不会参加组织的。也许第二次集会我就没有去，当时我听说他甚为不快。他在文章中说我"乐于参加"，不是事实；"不久他便去湖北办中学"则一半确实，因民国三十五年我恢复家父所办，亦我出身的中学，不过当时要准备结束了。他说"我也把原来的企图放弃了"，更是事实；因这组织在当时虽以蒋故总统为后盾，也时移势异，不能成功的。

二

大陆变色后，三十八年他由台湾到香港办《民主评论》，不久我也到香港。此时他常来往台港之间，因此我们常常见面。如他在谈我的那篇文章中所说，他对我写的《中国之悲剧》甚为推许。他还请陈石孚兄将它译为英文，一时在外国学界流传甚广。至于他到赤柱看我，那是次年我的家小由北平逃到香港以后的事。

有一事他在那篇文章没有提到的。大陆沦陷之初，熊十力先生住在广州的一位学生家中，复观兄到港时，曾过广州拜别，以后熊先生将《十力语要》的稿本寄香港民主评论社，托他代印。我看见了，谈起来才知道他是在民国三十二年师事熊先生的，而且他的名字是熊先生替他将佛观改为复观的。由此我与熊先生通了最后一两次的信，并任熊先生《语要》之校对。如复观兄所说，我们的友谊由《中国之悲剧》奠立。而友谊之加强，则又因熊先生的渊源。

三

一九五一年我来台北，住青潭一小而破的房屋中。有一天他与涂寿眉兄来看我，不知怎样，话题转到中西文化上。如大家所知，他的思想接近传统派，而我是在传统、西化、俄化三派之外的，便抬起杠来。但毕竟他是客人，事后我觉得不好。也如他所说，从此我们很少抬杠。

他所说我们两人之事到此为止。我想补说一点以后的事。

以后他先后在台中农学院和东海大学教书。有时他来台北，许多朋友请他，而他也常请客还席，我都常敬陪末座。我的大女采禾进了东海，是他的学生，我过台中，也一定看他。他也介绍我认识许多朋友，本省作家张深切先生即是其一。

　　到了一九六一年，因胡适先生有一演讲，说中国文化缺乏灵性，他写文章批评，开始了在台湾的中西文化论战。《文星》杂志主编陈立峰君要我写文章参加讨论。该志我投稿数年，也在那上面谈过这问题，但我无意参加论战。因主编陈君固请，我才写了《超越传统派、西化派、俄化派而前进》，而这是四年前我曾在该志说过的意思。

　　此文一出，我成了当时西化派，实即文星派的目标。我对他们的批评再作答复。复观、学稼两兄也写了文章。

　　一九六三年二月二十四日，胡适先生在中央研究院讲话时倒地，我当时在座，故亲眼目击。我立刻入城到文星书店，看我那篇答复文中有无对胡先生不礼貌之处。我告诉文星主人以胡先生的情形，这时我第一次看见文星主人的大将。他们不约而同地大呼："我们出纪念专号。"我说这怎么可以？我看完文章，有所删改。回到家中，听见广播说胡先生过世了。正感叹间，文星主人及其大将来商量追悼专号的事。他们并说到徐复观在听到胡先生去世消息后，自台中来电话说他的文章暂不要印，等他来台北再看后再说。郑学稼也有电话要撤回他的文章。这表示我们这一代的人不愿在胡适死时对他有不礼貌的文字，也甚愿在他死时休战。然文星主人及其大将则相反。他们正是要利用胡适之死来赚钱或扩大声势。

　　他们再对我发动进攻。他们还来看我，希望我在《文星》上答复。我不理他们，另借《世界评论》答复。他们沉默了两个月，我以为无事了。

不料到九月间，他们借闽变之事对我戴红帽子。同时也对学稼兄戴红帽子。这显然是有一种政治的诡计在内。我派一人去问复观兄的看法，他也说其中可能有政治阴谋。我与学稼兄商量后决定打官司。老实说，这是防止政治陷害的自卫措施。这时复观兄来台北时，一定来看我们。

而此时有一雷某为了帮助《文星》，诬我做过《文汇报》主笔。事涉匪谍，我在警总告他，警总不理。而此时龚德柏先生写文骂雷某招摇撞骗，雷某在法院告龚。龚德柏找不到律师，前来问我。我想了一下说，恐怕只有一个人可做你的律师，但他还得先取得律师资格。他问是谁？我说："就是我！"我便申请律师证书，并为他出庭。

此时复观兄为我声援，称文星大将为"小疯狗"。此名一出，人皆乐于使用。那人便以此控复观于台中地院。复观请我当律师，我也为他出庭。

自我当律师以来，只为三人出过庭：龚德柏、徐复观外，还有郑学稼。那便是我们两人控文星案到高院时，问到郑案，我便由原告身份改穿法衣，为他辩护。

复观兄有他认真的一面，也有他游戏人间的一面，这一点与我不同。他一面与文星大将打官司，一面也与他上咖啡店。至于殷海光本人与官司无关，不过在所谓文化论战中，他也是幕后之一人。复观与他经常相争，然也来往不绝。我亦无意与殷海光论战。一九六三年，他的两位学生谈"调解"，并希望我去看殷海光，我也答应了。但临时海光派一女生来通知我不要去，据说是出于他的另一高足，即所谓"小疯狗"之意。以后我才写文批评他（即《逻辑实证论与语意学》）。一九六七年，复观兄由东海打电话给我，说海光来看他，希望他能出来调解我和他的事，我亦答应，不过我说刚才看到香港有人寄来罗业宏在《明报月刊》上的文章，我答复以后随时见面。惜乎以后复观未再提及，以致海光去世前未得一见。现在这高足一再宣传殷海光在台大解聘，是由于我的关系。我想我没有这种威权！如我有这种威权，那位高足敢戴我红帽子吗？而我又想殷海光晚年的种种困扰，恐怕多是这位高足拖他下水造成的。

以上所说，是复观引起的文化论战变为我与郑学稼的官司，以及他的官司，而我又作他的律师。

四

至一九六七年，他遭遇梁某之事。

复观兄是东海大学中文系主任，是他聘梁某到东海执教的。后来两人关系弄得不好，我因事不干己，全不知道。这一年梁某以其《文学十家传》得中山奖学金五万元，而此人是在昭和十五年（民国二十九年）在日本人武力占领下的北平以《日本文化与支那文化》为题歌颂日帝，得日本特务机关奖金三万元的，所以很多人不平。

有一位张先生以张义军之名写了《中国文化与汉奸》一文寄来《中华杂志》，刊于十一月号。文中并未提及梁某之名。梁某打电话给我问是否复观所写，我说不是，我还说可否为他们两人尽调解之力。继而梁某写《给胡秋原先生的信》，责我不当刊出那封信，并且说我"不喜欢有人谈闽事"，云云。我将梁信刊出，声明他尽管谈闽事，我不在乎；一如他以前批评"超越不免夸大"，"交棒（对西化派）下台不是悲哀"云云我不在乎一样。不过闽事与他的事是不能相比的。梁又另将他的信送刊《台湾日报》，复观看见，来信反驳，我也照刊于《中华》。

梁某得奖事以及他在信中所表现的那种态度，引起台湾文学界公愤。高阳、赵滋蕃、刘心皇、徐高阮诸先生均有文在《中华》发表，皆谴责梁某，声援复观。心皇兄说许多人依然觉得《文学十家传》写得不错，希望我作一批评，我写了《杜甫与韩愈》，是就其"十家"提出"两家"，证明梁某对中国文学外行，完全不懂两人在文学史上的价值。刘心皇兄特为此案编了一本文集。

徐梁之事在中国人看是一种"私人恩怨"，于是一九六九年东海大学将梁某解聘，迫复观退休，两人同时离开东海。

在他离开东海后，我曾写《贺徐复观教授离职书》安慰他。此后他即到香港"新亚研究所"任教去了。

五

在此前后，他都曾在《中华》写了若干短文。他怕我经济困难，还想拿点钱来与我合办《中华》，我说还不需要。他到香港后，短文多发表于《华侨日报》。如他所说，有许多意见是与我不约而同的，但他在香港写比我在台湾写容易得多。

一九七九年，在大陆上魏京生被判处十五年徒刑之时，在台湾有两种相反的势力同时攻击《中华杂志》的民族主义。这年末，高雄事件发生。一九八〇年一月号《中华》社论希望政府从宽处理，不以此事而有损反共救国之大谋，引起两个杂志之攻击与恶骂。我只有诉诸法律。这一年也是我七十岁之年。也许此讯外传，他们觉得应乘机"斗"我，并效法共党以"臭"斗人之策略。

于是有他们在《中央日报》上的臭广告。复观兄看见后甚为愤怒，来信劝我将杂志交与别人，停止官司，到海外子女处休息半年，然后返台，彻底采"天下事管他娘"之态度。又云："若弟能再活五年，则兄可再活十年；以十年时间为挽救中国文化命脉而著书，实较与一群失去理性之人争政治上之是非，有更大之之意义。""弟不能坐视老友暮年重陷入此精神之困扰。"但他旋接大女采禾请他为我七十岁写文章的信，他即写了前述《人生道上突破中的友谊——祝胡秋原先生七旬大庆》。他明知我不会接受他的劝告——我后来出国是为了治可怕的心脏病，不是因为有人恐吓——他这信不是给我看，而是给若干人看，可否如此对待一个年老读书人的。不久，他来台参加国际汉学会议。他对我说，在许多朋友宴会中，颇有许多老友为某杂志对我的攻击愤愤不平，他也对许多人谈到此事。不日，他到台大作健康检查时，竟发现有胃癌了。

他的亲友已知此恶病，唯未告诉他。但他察言观色，无有不知之理。我也常去看他，谈到许多流氓对我的诬害时，他常自己哭起来。他是军人出身，何以有此儿女态？这不是预感我有何危险（那些人还害不到我），而是为世道人心悲，而也想到自己的健康不能为我声援而自伤耳。我还多方安慰他，笑说这是命中注定。不过当年在重庆时一位参政员，号称半仙的李仙根曾说我前世是佛，逢凶化吉，可以不躲警报的，劝他不要为我担心。

而在医院中，访问他的朋友如有认识我的，他一定为我表示不平。有一天晚上他在病床上打电话给我，说某先生看他，谈起我，说着又在电话中哭起来。我只好安慰他，次日也去看他。

这就是他所谓"人生道上突破中的友谊"。我们相识甚早，但原不算相知，而且有时见面不免抬杠。我们的友谊是逐步建立起来的。他在病中对我如此关切，自然使我感激，也使友谊加深。等到他病愈出院，我与内人到林肯大厦去看他时，他对我说：

> 我在宋人书中看到两句话，书名已忘，原文还记得是："圣人俯而自卑，不卑则道不亲。贤者仰而自高，不高则道不尊。"我在台北数月，许多人谈到老兄，都很佩服，并无不好批评，不过言外之意，总觉得你有些骄傲。这是那些流氓敢于挑衅的原因，因看准你没有有力的朋友。希望兄能为圣人自卑之道。至于官司，务必设法解脱。无论如何，这是于兄形象有损的。老友之言，务请考虑。

我想了一下，回答他说：

> 这两句话甚好，希望能查明出处告我。不过，即有圣人之德而无其位，自卑也不能使道能亲。我不敢希圣，只能希贤，所以平日不敢不为道自尊。此亦不过象山不识一字亦须堂堂做人之意而已。但骄傲之说全是误会。我无非因为穷忙，对朋友疏于问候，生平无蓄积，家无名厨，很少请客，常吃而不报，才有此误会。即以周公之才之美，骄且吝亦不足观，我何至浅薄至此？还望兄为我解释。官司之事，乃不得已而自卫，我曾宣布，他们不进攻，我亦不

计较。但他们一定要加害，要恃势欺人，我必须为人权而自卫。不为势利屈，是我生平的主张。

但他说的圣人贤人之语甚有意趣，常常使我想念起来。他回港前夕，我再去看他，还对那两句话讨论了一下。

他回港后，我还在《华侨日报》上看见他写文章谴责对我诬害之徒。这交情真是不可忘的。

一九八一年三月，我到香港看我的兄弟，抽空约复观、式一、鲸文三位老友谈天，晚上还到他在九龙寓所谈了很久。

不久他去美国，而我回台后，初次与学稼兄访问金门。归来以后，大概是四月十九日，与几位朋友上山玩玩，忽感胸部有一种压迫感。这压迫感发生两三次，五月初，以急性心脏病进医院。回想起来，那天在山上就可送命。

刚刚病初好时，复观兄又由美国路过台湾回港，约定一天早上到我家吃烧饼油条早餐。他与李幼椿先生同来，我们谈了很久。最后，他问，他想到台北定居是否适宜。李先生与我不约而同地主张他既在香港有房子，仍以住香港为宜。李先生走后，他还在我家中停了一点多钟。他说，他还是想将香港的房子卖掉，迁到台北方便得多。我说：老兄大概忘记过去在台湾时之是非，何尝比我少？"现在兄是远来和尚，但在此住到一年，必定贬值。于是，无论兄做圣人贤人，流氓必不饶你。"他这时拍桌大叫说，因兄言，我现在决定住港了。

而这竟是我们的永诀。两月后，我赴美就医，并作开心手术。一九八二年，他因背部觉痛，二月飞台，在台大就医。据说癌已扩散。我在美国写一短信给他，希望他要以天生德于予，病魔其如予何之气概，叱走病魔。他在纸片上写了一句话，"希望还能活两年"，交《中华》同仁转我，而字迹已甚凌乱。八十二岁，总算高寿。如有遗憾，即尚有未完之著作耳。

六

以上三、四、五节之所说，即是我吊他的挽联之下联所说"每遇小人逞奸佞之谋，必不约同张挞伐"等语之注解。

至于上联所说"论学不尽相同"云云，则因已无时间细述，而这还要再重翻一下他的许多学术论著，更非随记忆所及与信手写来之事了。

不过就我们平日谈话所及，有三、四点可得而言。一是我们都以孔孟儒学为中国思想之正宗，不过他尊重宋学，亦即程朱，因此他批评清代的汉学。而我对中国学术思想的看法，从前曾在上熊十力先生书中谈及，以后在立法委员竞选中有两句话自道："文宗汉晋，学主阳明。"我不一定主张清人的汉学，但我更不喜清人之宋学，因此不赞成汉宋之争。

其次，有一时期，他推尊中国文化过甚。到香港后，又常批评中国专制政治，而又多少认为西方人在主张个性或个体价值方面一为中国文化所不及，因为儒家缺乏个体自觉阶段，这也是我不同意的。孔孟所谓"匹夫"，即是个人。在中国社会史论战时，我认为秦汉以后，中国不是封建社会而在经济与文化上相当于西方十五至十八世纪之专制主义社会。但西方专制王政是绝对的，中国专制还是相对的。"朕即国家"、"王权神授"是法国英国专制王的话，中国专制皇帝还无此狂妄观念。此十八世纪启蒙（开明）

派尊重中国儒学及"开明专制"之故。然则中国何以没有能突破国会制度而立民主之制？西方国会原亦由国王之咨询制度而来。汉人想恢复古代明堂议政之制，其后尚有盐铁讨论。然我们只到考试参政，御史、廷议、经筵为止，到黄梨洲才有学校议政，天子听讲之主张。然则西洋人何以能由国王咨询制度发展为国会制度？我以为此由于欧洲都市、资本主义、资产阶级有较迅速之发展之故。其原因最重要者：（一）近世欧洲诸国分立，外有皇帝、教皇、国王之对立，内有国王、诸侯之对立，都市容易取得自由之地位。又国家甚小，巴黎、伦敦之商业可以控制法英全国。中国则国境甚大，非一二都市可以操纵。（二）欧洲之长子承继制使资本易于集中，而中国之诸子均分制则使财产分散。（三）中国儒家知识分子以政治为第一出路，不愿与商人及工匠合作，不利于资本及技术之发展。（四）因土耳其隔东西交通促进成新大陆之发现，尤其是现代西方资本之空前未有的推进力。

第三点是，在中共已造成中国最悲惨的现实以后，在反共过程中，为减少中国人之牺牲，是否可经由修正主义而渐入正轨？讨论这问题时，他与学稼兄均在我家。学稼与我均以修正主义是共产主义之一种，中国文化中亦无此物。中共的一套由俄国特殊历史来，在中国历史中并无基础，虽不能一下去掉，在原则上总是应该彻底改变，不可令其存留的。如加以正确的解释，三民主义确是中国之前途。

还有最重要的一点。新文化运动以后，佛学也一时流行起来。当时有一个看法，以佛学代表印度文化，于是以为印度人一定是慈悲、平等、向后、禁欲或清高的。我渐知其不然，然直到我到了印度，才充分了解此是绝对错误。印度不仅已经没有佛教，同时我看见印人生活亦颇与佛教相反或大不同。由此我才悟到一个道理：正因原来印度尤其是婆罗门教徒生活多欲而"动进"，阶级森严，荒淫好杀，才有佛敌对抗之而起。基督教起来之背景亦相同。由此可以想到不要以为孔子提倡中庸、和平就以为中国人天生讲中道，爱和平。假如中国人从来就是中道而和平的，何需孔子提倡？不要说桀纣之徒，孔子同时的诸侯们如何？所以不要以为孔子代表当时中国人，他是矫正当时中国人的。不过孔子以后，二千多年的教化，多少改变中国人，而且使中国人有一是非标准而已。这才是孔子伟大之处。然而还是有无道暴君、无耻官僚和流氓，种种伤风败德之事，于是中国也便有政统与道统之区别了。

我说这一段话的意思，是认为人类文化在本质上是有共同性的。传统派与西化派的争论是认为中西文化有根本的不同。这也是希望大家不要将孔子的思想与中国的现实同一化。传统派与西化派的争论，也往往由此同一化而来。

现在查阅《中华》一九七七年六月号、七月号有我们讨论汉宋学术及中国学术路向的文章，还有杨家骆、胡哲齐两先生的来信，及我写的《中国学术思想史备忘录》，唯未完成。翻阅旧文，无任感叹。

七

最后，我想略论复观兄之人，并略志知己之感。

复观先生原是军人出身。在大陆变色中从蒋故总统于溪口，来台后应可飞黄腾达。然而不然。这可说是由于官有别才，亦有别趣，而且除了一定才能之外，还要有籍贯、学历、师友、亲戚等条件；除此以外，还有曾国藩所说的"运气"。他的条件不合者多，于是他在一九五六年出《学术与政治之间》的文集了。

端木恺先生常说复观兄在中年由仕途转入学术，而成就如是之大，是难能可贵的。但也可说他并非没有基础，而且他是很用功的。即以他辩驳孔子杀正卯的一篇文章而论新文学运动前，中国文学界是桐城派世界。他在湖北师范与国学馆读书，对桐城文有修养，所以他的文章有简练揣摩之功。不过此处我也顺便说到一事。新文学运动以来，大家以"的"字表形容词，"地"字表副词，他用"地"字则甚奇怪（如《一个伟大地中国地台湾人之死》）。有一次周弃子兄与我谈到，我对他提起。但他坚持己见，而此实是他的误会，我也就不再提了。此是小事，不过他的学生甚多，我想这一点是决不可学的。（此点我与他相反。我从前也用"地"字，但一九三四年到英国看了耶士柏孙论英文法的书因而对中国文法有所了解后，从此我只用"之"、"的"二字，不用"地"字。因英文及其他屈折语之语法有两大原则，即语尾变化及字之次序。中国语法根本无语尾变化，故只当研究字的次序，即韩愈所谓"文从字顺"。我们之"地"乃效英语语尾变化之 –ly 而来。我们根本无此变化，亦无特殊之读法，实多此一举。这只是我个人的主张。《中华杂志》上文章仍多用"地"字也。

我要说到我对他有知己之感之由来。他长我八岁，在军界、政界、党与情治机关、大学都经历而且生活过，所谓人情世故，我们社会丑陋险恶的一面，当然都了解得比我多而且深。我在我的一般朋友中，是较年轻者，大家知道我的生活很单纯，不大懂人情世故，甚至不免像个呆子，这是年纪大一点的朋友对年轻者常有的看法。复观兄亦是如此。如上所述，他虽讲宋人理学，有其严肃认真的一面，亦有其游戏人间的一面，而后一点，他对我毫不掩饰地说出，但我必说，"你不可如此说"，如此者也有几次了。他知道我虽不谈宋人理学，但实在一生生活清苦，他常说我没有享受过，而且受的波折甚多。他也知道我从不在朋友面前道他人之短。我不为已甚，但对横逆之来，一定反抗。由于他逐渐地了解这一切，所以在流氓事件发生后，他多少觉得我老不更事，或行方有余而智圆不足。大概又听说文化流氓势力不小，而我势单力薄，怕我吃亏上当，才婉转劝我"俯而自卑"。又知道我难于照办，于是八十老人为我的遭遇，为世道险恶而大哭了。

不过，我的社会经验虽然不多，但由历史，由小说，由《聊斋》（我的社会经验多由此书来！），也知道世间种种的古怪。我何所恃而无恐？我有我的以简驭繁之法，这就是先父告诉我的四字诀或一字诀，"不讨便宜"，或一个"拙"字，一个"诚"字。无论任何情势，任何友敌，皆以正道对之，所谓正道，即孔孟之道。我不用甚至鄙弃所谓权谋、策略。如果孔孟之道只教人做善人而不能应付恶人，亦不足为道。我想在乱世，孔孟之道自不保证成功，但可保证不致失败。我七十年的试验正证明为此。

复观兄知道我为人处世的态度，他觉得不大安全，为我担心，当然可感。正因他知道我对朋友是诚实的，他也曾对我说了许多真心的话，并说是不曾对人提过的。

此外，他也曾对若干聪明人说，不要轻于对胡秋原挑战，他用过苦功的。他也曾对若干人批评我的文章说：有名家之文，有大家之文。名家之文，修辞造句，均经锻炼。胡秋原之文是大家之文，不冠不履，自然理足气盛而壮观。这是由别人传达到我的。我虽不敢当，毕竟有知己之感。

而此相知，不是偶然的。他所谓"人生道上突破中的友谊"，乃表示我们五十年之相处中，也许在个性上不无相斥之处，开始并无友谊。然在国家大乱中，世道衰微中，由于日久见人心，才逐渐相知，且日深相知之感，他明说这一点，也是他的真诚之处。

　　于今这样一个朋友离开这世界一年将半了。回想最后一次相见，正是现在夜气初凉、蕉红犹艳之时。于今国事世事有的比当时更好，有的又似乎更坏。我的情况，除心脏病的危险已告解除以外，一切是老样。"文章憎命达，魑魅喜人过。"然再想烧饼淡酒，与老友无忌地畅谈古今永不可能了，永不可能了。

一九八三年九月号《中华杂志》第二十二卷总二四九

中国文学教授徐复观作古挽辞

吴寿彭

一九八二年四月二十一日收到徐武军自香港寄来，徐复观教授著《中国文学论集续篇》，我随即开卷，先读下半"诗文旧稿"，再读上半"文学诸论"。到黄昏已读完全书，即拟作复。可是，这才翻到了，封里扉页上，乃有"遵先严命奉寄"六字。我感觉惶惑，"先严"必"家严"之误。经历了几乎一个小时的惶惑，终于明白了复观兄确确实实地业已长逝，而这书的印成，正是他自己及时所作的"善后"，书前的"自序"，已是他的"自挽"诗篇了。历经八十年的辛勤劳苦，终究这样从容地离别这个一直想与之为善而毕竟还未能善成的世界，我祝福他归静于宇宙（造化）的永恒，一切平安。

复观智德清修，值世艰难，投身抗敌，救亡自强，拯溺援饥，志存宏济。勤劳凡六十年，世道波澜，未能显称其事功。晚迁海外，讲学著书，既传习这么多的后生，印行了这么多的典册，他的本善与积学，遂将长留人间，有补斯文。文字实际比金石更寿长，于此而言，应是已无遗憾。

但今日闻讣，于我是有遗憾的。一九三五年，与初相识于浙江杭州，始得见其一九三三年从役西陲，兵车前驰，至居延海而折返，乃有塞上杂诗，慷慨沙尘，真国士也。一九三七年初，同在武昌。是年七月同在庐山。中日战作，余返武昌，复观从役于第二战区。是年十一月，复观自保定太原后撤，还到武昌，得见其《石家庄与长律》"覆巢·击楫"之句，盛传于侪辈。是冬余迁浙江，从役婺越，与敌久相持于天目山东。战争历八年，胜利结束。四海干戈，天地流血。复观行役荆鄂，移渝州，戎马倥偬，不废吟咏。时虽邮驿多阻犹由数得承教益。一九四一年秋，余自西浙专程至福建崇安，观日全蚀后，游武夷，尽九曲之胜。五曲处朱晦庵祠堂，有文公石刻像，乃援笔题曰：

老彭述古处，夫子遂开家。仁智多回合，溪山会有逢。
当年徒补缀，没世见从容。长日注书歇，生涯对晚峰。

录呈复观重庆，附加《武夷》二首：

独自披榛去，南游陟武夷。瑶花着处在，溪水信如斯。
仙路残虹断，人间遗蜕遗。层岩亦老坏，松鹤倘能知。
奇峰蜿百里，山水此中分。曲意崖前起，荣歌天际闻。
丛兰能沉郁，孤嶂作氤氲。魏晋飘零后，王孙谁与群。

朱晦庵诗言及武夷多猢狲，称猴为"王孙"先见于柳子原《憎王孙文》，又先，见于汉王延寿王孙赋。

复观复云：诗人多感，此值崎岖；可以兴，可以观矣。爰赠长律二首，余藏之至一九四九年冬而竟失之。今仅能记其中"格律行从兵里健"一句。

胜利后，余自杭州区，移秀州区，复观在南京。余因事至南京，重得把晤。临别有赠曰：

尝恐铜驼棘子寻，喜看棘子未成林。
城头试认无情柳，停艇湖边就午阴。
骨朽其人若所求，师曹传习肯全休。
相逢虫跃花飞候，心绪使君懒上楼。

几而复观因事过嘉兴，余仁之南湖烟雨楼上：

莲苦菱香仔细认，沿堤杨柳欲成阴。
才清冠氛樱花落，便有词人水槛临。
稍待楼台瀛海月，久同风雨暮山峰。
艰虞剩话茶烟歇，共此湖光柳外吟。

一九四八年秋，余已谢时务，营春晖农场于嘉兴之双桥。复观又因事过嘉兴，访之农舍中，别后来函，则已发自孤岛。余乃以《赠别》邮奉：

关梁今一别，何日再来过。避地谁同语，登楼乖独哦。
殊方异气候，去矣慎风波。恨黯千行泪，春寒万里艖。

一九四九年秋，余移家上海，转徙胶澳（青岛）。遂寐音问者，匆匆三十余年矣。
一九五七年以后，中国知识分子，于国内国外，已鲜通音问。

一九六六年以后，几于隔绝。虽同处一市，而不敢通庆吊。一九七六年十月，顿然解禁，海内辈旧乃得互访死生。厥至一九七九年，灾劫残存，又得相往来。然秋林黄叶，枝头渐稀。邻笛伤逝，旧好余几耶！若海外故人，犹杳无消息。乃有"雪压"绝句：

> 苦吟直不补风骚，雪压通尘酒价。
>
> 万里严寒音讯绝，低天争耐寸心仞。

"雪压"，思海外故友也。

一九八一年暮春，旧友萧兄自汉皋至青岛，始得知复观在港，曾患胃癌，于一九八〇年夏割除，愈后良好。萧兄返鄂，为报平安于复观。复观复之书云，"得知寿彭尚在人间，惊喜之情，非言可喻。日内赴美检查胃癌愈后情况。期于冬日返港，即谋同祖国一行，必与兄及寿彭兄，偕谒孔林，尽此夙心"。余于十二月十八日函港曰："一九七六年十月以来，文革结束，狂悖骤熄。国内政治、社会、文化、思想，焕焉更新。在文革期间，被破坏之'孔林'，现已修复。《史记·孔子世家》附《弟子列传》，子贡庐墓一节，师传之感，百世愈深。兄去国卅载，执旧经而开生面①交重时贤，绩富新知，而不忘其本；千载而下，拳拳服膺者如此！彭亦知所勉矣。春服既成，舞云咏归，必追陪杖履，从之洙泗之间。"

一九八二年一月三日，复观自美国返抵九龙，复余前缄云："顷阅手教与尊什，吾兄静穆从容，本神如在目前。一周前，因故友唐君毅身没，友生为编印其《全集》，因检旧箧笥，将以与君毅

---

① 王夫之《姜斋诗》："六经责我开生面，七尺从人乞活埋。"

往来书札，交付征集，竟于四五十年来所存极少数友朋翰墨中，得兄书札数通。由此直感文字因缘之不浅也。风残烛年，计日待尽，所写数百万言，恨不得即与兄一相商略。今夏将参加夏威夷所召开'国际朱熹学术讨论会'，刚写成《程朱异同》一文。弟返祖国旅行事。现在考虑胃癌治愈后，须少食多餐，如何安排途中饮食。今秋冬间，拟可与兄在曲阜握手。"从此萦回在我脑神经中的，就专是与阔别三十五年的旧友在洙泗之间，班荆道故的期待，这就是我收到《中国文学论集续篇》时，久久不曾领悟，"这已是复观的遗著了"的缘由。迨我见到了扉页的字样，这才慢慢感到这书的一九八一年五月一日在美国休斯顿客次所作《自序》中所说这书是为自己没世预办的"善后"，和一九八二年一月三日复缄中的"残年待尽"，正同样为"哲人其萎"的沉痛语。我的抱憾，就在悭此一面。

这书的末篇，有东海大学中国文学系教授薛顺雄的《编后小记》，他说："徐师诗人多感，深衷悲悯，遭遇这样的时代'内心正不自由'。（薛君引证了元人徐津的诗句，云：'江州哭后又神州，未必诗人得自由。'）"这陡然引起了我的臆想。甲寅感时，有《承平虚想》之作：

> 已颓阳城绝凤俦，莫须昭代叹鳞游。
> 假仁五霸威终熄，可意诸侯乐小休。
> 现实当前都恶作，理知犹拟砖精修。
> 夏深列族将焉往，虚想此身得自由。

《隋书》中初见有"不得自由"，这样的措辞，唐人杜甫诗句，"送客逢春可自由"，应用的"自由"，显然异乎上学的含义。学者或诗人，不管遭遇怎样的艰难，总护全着自心"内心的自由"。"潜存的"自由意识，异乎世间现实的自由行迹。薛教授承上文的"悲悯"，而出徐师下文的"内心"，只能是"现实"的互文。现实世界已不可还复为虚想的未实现前的宇宙。授生于现实世界中的学者与诗人理应接受不自由的现实；所贵的只在操持自己内心的自由。隋唐人说自由，二十世纪人说自由，时间不隔古今的自由；海内人说自由，海外人说自由，海水不隔区域的自由。那么在海峡西岸所说的虚想自由，不正可作复观三十年来"文心"的笺注么。

自一九七九年以来，祖国以"三通"号召，我竟得以旧仿鼓章，于一九八一年达于海外复观兄左右，远承过奖，许以"从容"。"从容"恰正是"自由"的同义辞，而是"不自由"的对反辞。实际上，生今之世、户籍列在第九等的老知识分子，何处能容许他们从容生活、从容为学，我虽没犯什么致命的疾病，在一九五七至一九七七的二十年间，平居也晨夕警惕于前贤的告诫（王夫之，姜斋绝句，"目力既有穷，生平不久稽。苟守规中见，安能无笑啼"。）也岁岁年年都打算着为自己作"善后"，下笔总是像准备撰写自己的"行状"。时序奔轮，老既及之，而壬子不死，癸丑还在。甲寅（一九七四），"批孔批周公"的浪潮，宇宙激荡，直至于念出"圣跖、盗丘"的咒语，那么，四海之内，举凡向善之人，将谁能免于这番！？于是作《逸响》：

> 东方有吉士，居静安积阴。充饥是薯类，履边弘远任，警木霜被阪，慷慨肃索隙。拂试千载桐，逸响激高音，列

族多贤圣，冥默祈神歆，达人会众志，美善通其谋。狷彼东方士，忠恕自规箴。闾阎犹同俗，困学兀似喑。

即物还诸已，久尔息蓬心。天地有时坼，山川亦异今。钻燧艺薪传，举燋袚灾祲，珍斯爝火微，持照夜深沉。琴声转低咽，恻怆动辈侪。

复观兄于三十年间撰成三百万字。于中国思想哲学传统，已尽两汉，于中国文学传统，卓著儒家，于中国四千年来民族精神，真已尽了他的心力。管宁避地，学开东海。当年我在峡西的《逸响》这二章，不期而发遣了峡东的心声。我既甲寅不死，乙卯还在，甚至于度过了又一个灾祸，而且至今活着。然复观往矣！让我把这篇的题目改为对于峡东《徐复观教授逝世挽词》。

无锡　吴寿彭
一九八二年四月二十三日于胶澳

徐复观与陶子钦、熊十力
交往的点滴回忆

陶一贞

徐复观是我的父亲，陶子钦是我的外祖父，我将妈妈讲的一些关于他们的故事记叙下来，这些事情都是真实的，都是妈妈亲眼见到的，或在家亲耳听到的，或亲身经历的，没有参考任何资料，在年代等细节上可能会有误，请老师们指教。

我的外祖父陶钧，字子钦，毕业于保定军校，从军桂系，北伐后期任十八军军长，在北阀中，指挥了著名的龙潭战役、丁泗桥战役，办了武汉随营军校，其后经商，办了南方印书馆、泰裕银行、金元钱庄等企业，四九年到台湾闲居。现在保定军校纪念馆二百名将军中有他的纪念碑。北京文史资料中有关于他指挥的龙潭战役的记录文章。

我母亲陶玉育是外祖父的长女，三七年参加学生运动，并加入共产党，毕业于复旦大学银行系，解放后因为我的父亲而受到不断的审查，"文革"后事情得到澄清。他的领导讲："陶大姐，我看您的档案时掉泪了，我们每个党员能为党做到的，您都做了，我们做不到的，您也做到了。"我妈妈实在很平凡，但我妈妈人品很高尚。我把妈妈尘封多年的历史介绍出来的原因是为了"尊重历史，提供研究"。

徐先生系湖北省浠水县黄泥集徐家坳村人，我姥姥是上徐湾人，他们两家同一个祠堂，是远亲。我的外祖父家在陶家嘴村，距我的祖父家仅两里地，我的曾祖父与我的曾外祖父是拜把兄弟，我的爷爷及我的曾外祖父又都是当地的私塾教师，徐先生在家称我外祖父为六叔，称我姥姥为六婶，两家是世亲又是世交，来往密切。

徐先生与陶子钦先生的交往可分几个阶段记录。

一、北伐前后

一九二六年北伐军进到江西漳州，徐先生赶到漳州见陶钧，陶先生让徐先生随军进武汉，徐先生不听，先行到汉，与十几位进步人士组织了××联络队，当时正值宁汉分裂，开始镇压革命。当徐先生正和联络队的十多名成员在一起开会时，被公安人员闯入，全部被捕，准备送阅马场，执行枪决，幸好这时有人认出徐先生，当即给陶先生打电话，陈汝怀主任根据陶钧的指示，立即放徐先生，但徐先生不走，坚持要同陶先生直接通话，要求将被抓的十几位队员统统释放，陶钧答应了他的要求，释放了全体人员，其中包括胡风先生。

徐先生被释放后，要求到卫戍司令部作军法官，陶先生满足了他的请求，但徐先生执行任务时，见到枪杀人的惨状，不肯再干，于是对陶先生说："我是师范学校毕业，最好让我当小学校长。"于是，陶钧任命徐先生为武昌水陆街七小校长。

胡宗泽和陶钧的部队进驻武汉后，成为桂系新湖北派，掌握了湖北的党政军大权，当时最迫切需要解决的是人才，他们当即成立了随营军校，培训军官，徐远举就是该校的毕业生。同时胡、陶共选十名知识青年赴日本士官学校学习，记得其中的七位是：胡天一、陶钟（陶钧之弟）、徐复观、蔡子静、高叔康、闻永之（红军首长，东渡黄河牺牲）、潘仲素。徐先生极珍惜这次留学机会，满怀信心希望学成回国有所作为，他是十名学生中最后一个离开日本的，他每次回国探亲，总是先到陶钧家看望，对我外祖父亲切、尊敬，在一般情况下，称陶钧为子公，单独和陶、徐家人在一起则称六叔，我外祖父家在北京，徐先生就先到北京，家在上海，就先到上海，总要住几天后再回浠水自己家，在东京留学每年都需一笔开支，徐先生每次到陶家都不用开口，这笔钱陶钧就会主动给徐先生。

二、抗战时期

徐先生从日本回国后职业不好找，陶钧推荐他到广西李宗仁、白崇禧处，叶参谋长给安排工作。

三十年代初国民政府内政部长黄绍竑奉命到新疆一带开发工作，在北平组织人马，黄邀请陶钧同往，陶钧经黄同意，又带上徐复观先生，但此项工作开展时间不长，国民政府下令撤销，调黄担任浙江省主席。陶钧拒绝了黄主席同往浙江省政府任职的邀请，却要求黄主席带徐先生到浙江工作，徐先生随黄主席到杭州后任省政府秘书。

一九三六年初，黄调任湖北省主席，徐先生和其他随员一同到湖北，分派在湖北省保安处任上校科长。

七七事变后，军事委员会成立军令部，黄调任军令部长，黄当即调陶钧到军令部工作，陶钧到军令部办公后，经黄同意，调徐先生到军令部升任少将高级参谋，并同黄部长同赴二战区指挥对敌作战，但时间不长。

黄调离军令部，又任浙江省主席，陶钧拒绝黄同往浙江工作的邀请，带徐一同回武昌，此时何成浚任湖北省主席，经陶推荐，徐先生被任命为保安团长，在随县一带驻防，剿匪打了大胜仗，徐先生给李春初的信写道：战局变化快，不知子公迁居何处，请将弟近况详告子公，以慰多年对我的培养。

随战局变化，第五战区成立鄂豫边区游击司令部，徐任参谋长，记不清原因，游击司令将徐关押起来，处境十分危险，所幸徐的好友立即通知陶钧，请其火速设法营救，当时第五战区司令长官李宗仁是陶钧的老长官，亲自过问了此事，命鄂豫边区司令释放了徐先生。徐先生释放后悲愤交集，到重庆谋出路，在重庆见到老朋友就说：我在前方抗战，没有死于敌人之手，几乎死于嫉妒者之手，若非子公营救及时，你们就见不着我了。

徐先生从鄂豫边区回重庆后，在陶钧家落脚。经几个月奔走，终于进入战地党政委员会，担任少将指导员，李济深为主任。主要任务为考察战地和敌后工作，在去华北敌后校阅游击队期间担任组长。在归途中遇见了被打败的军长朱怀冰，朱任命徐为军参谋长。

朱怀冰到重庆后，被调到第六战区任参谋长，朱到任后邀徐到第六战区任少将高级参谋，徐将此事征求陶钧的意见，陶希望他去第六战区工作，目的是希望他用智谋（主要写文章、报告）接近陈诚，又不让朱觉察，以图在上层发展。徐听从了陶的意见，在第六战区担任荆宜司管区司令的职务，由于徐先生锋芒外露，陈诚并不欣赏徐，徐也对陈不满，目的未达到。

　　一九四三年春节后，军事委员会军令部次长刘维章突然来到我外祖父家，对外祖父讲："今天来不仅是看望钦兄，实有要事相商。"刘、陶均原属桂系，抗战初期，在南京政府各机关纷纷迁往武汉时，刘及军政部其他工作人员都住我外祖父家，直到迁往重庆。刘、陶是老朋友，但不常来往，因此，陶对刘的到来感到突然。刘介绍说："抗战以来，共产党的势力日益发展，委员长深感不安，政府先后派过不少工作人员前往延安地区进行了解共产党各方面的真实情况，但收效甚微，委员长很不满意，决定要找一个中央组织系统以外的人，能忠于党国，有学问，有思想，懂军事，懂政治的人，去延安，能透彻了解共产党。委员长让我们放开眼界，扩大范围放手找。下了命令，催得很紧，我和部长及其他人都研究过，就是找不着这么个人，情急中特找钦兄帮忙。"陶先生听后认为佛观是合适人选，定能出色完成任务。于是向刘介绍了徐的情况，刘听后形喜于色，说："钦兄帮大忙了，请尽快通知徐先生到部里见我。"陶先生为徐能得到此机会非常高兴，认为通过延安之行，出色完成任务，可以得到蒋介石的重视，并进入中央系统，有用武之地。从而结束多年拿着履历表，带着介绍信四处求职的奔波生涯。可以开始政治的新生命。并向徐解释了去延安对他发展的重要性，解除徐对去延安的顾虑。徐先生同意到延安并与刘次长见面后，被委任为军事委员会军令部驻十八集团军少将高级联络参谋。从延安回来后，他的报告由军令部转陈蒋介石。徐先生在军事委员会参谋总长办公室任高级参谋（何应钦负责），半年后调入侍从室唐纵组内当高级幕僚，从此徐佛观进入了蒋的统治集团，开始了新的政治生活。

三、最后三十年

解放战争中，徐先生在南京，陶先生在上海，徐先生到上海后凡见到陶先生，他们之间都是在谈政治形势、时局的发展。外祖父晚年到台湾后，他们也是有一些交往，外公从不同徐说家庭的任何私事，只讨论学问，尤其是谈论《民主评论》的文章，外公只记住他的学问，外公始终站在中国文化的高度，站在国家发展强盛的层次上，器重他，尊重他学问上的功绩。一九七三年外公去世，父亲为外公写了碑文，父亲以此来怀念他们几十年的情谊。

父亲去世前，在台大医院，我的二舅常抽空到医院送鸡汤、牛肉汤，父亲说："行力呀，你的汤为什么这么好喝。"父亲去世后，我的二舅、三舅都来信说熊儿的父亲去世了，我们再也听不到他用乡音讲述国家兴亡的道理了。

从此陶、徐几代的友情结束。

四、徐先生初识熊十力

抗战时，陶家住重庆黄桷垭，有一段时间，陶希圣、胡秋原、牟宗三、陈济成、陈铭枢、高尚熊、黄义人等都常在我外公家，讨论国学，熊十力也常去，当时陶希圣、陈济成、陈铭枢等还拜熊十力的门，大家十分熟悉。同时熊十力与王梦荪是连襟，双方感情甚深，王梦荪曾是湖北省银行行长，与陶钧十分熟悉，熊十力的养女王育光，是我二姨陶育明同班同宿舍的好友。大约一九四二年夏天，徐先生到北碚让我妈妈陪他去金刚碑看望熊十力，徐先生身穿灰纺绸衬衣，手背搭着中山装，同我妈妈一起到了熊十力住宅门外，熊先生身穿白纺绸裤褂，黑布鞋，手拿芭蕉扇，徐先生见到熊先生，深深鞠了一躬并说："学生徐佛观特来拜见先生，我是浠水团陂人，和梦苏兄多年好友。"熊先生听后微笑点头，用右手拿着芭蕉扇指向大门，示意让他们进去。进屋后，熊夫人热情接待，徐先生忙称师母，并指着我妈妈说，这是陶子钦先生的大小姐，熊夫人高兴地说："是大小姐呀，育明是你二妹吧。"于是大家就感到熟悉亲切，拉了一个多小时家常，才告辞。一九四四年我妈妈住在北碚石院墙，有一天，熊老先生和他的两个学生摇着芭蕉扇来到我家，正好徐先生也在，熊老先生同徐先生谈了一个多小时。抗战前熊老先生同徐先生来往并不多。徐先生常说，一个人要立功、立言、立德，一个人一生总应从事其中之一，从政施惠于民，见效快，从政不成研究学问有何不好，徐先生成为熊十力的学生就十分自然。

徐先生青中年时代的生活，是多姿多彩的，是十分辉煌的，他在这一阶段的人生实践，为他日后研究学问打下了厚实的基础。故记录下来供了解徐先生其人其事参考。

二〇〇三年十二月六日至八日

"徐复观与二十世纪儒学发展"海峡两岸学术研讨会，武汉大学

悼念徐复观先生

牟宗三

抗战时期余在先师熊子贞先生家始识徐先生。一日得见一精悍透辟人物，熊先生告予曰此某某人也。徐先生原名佛观，熊先生为之改名复观。熊先生意观佛不若观复。老子云："万物并作，吾以观复。"徐先生敬谨领受。熊先生又告予曰：此人将来可以作学问。后果如熊先生言。徐先生思想大体方向皆熊先生有以启之也。

胜利后，返南京，吾常与徐先生来往。吾离中大后，一时无处住，暂住徐先生蓝家庄寓所。夜间无事，常与谈一些西方哲学之源流。徐先生涉世深，生活面广。触处警悟，透辟过人。那时徐先生主办《学原》杂志，吾与唐君毅先生多为之撰文。不久，南京撤退，吾由广州至台，暂住民主评论社。《民主评论》杂志亦为徐先生所主办。此刊在港发行，台北有分社。那时徐先生家住台中，吾到台中亦常住徐先生家。吾只身流浪，居无定所，多蒙友人如徐先生者照顾，终生不敢忘。一九五一年至一九六一年，十余年间是《民主评论》之时代。吾与唐君毅先生许多有关于中国文化之文字皆在《民主评论》发表。去障去蔽，抗御谤议，皆徐先生之力。那时新亚书院初成，极度艰难，亦多赖民主评论社资助，此亦徐先生之力。所谓新亚精神实以《民主评论》之文化意识为背景。人不知此背景，新亚精神遂亦漫荡而无归矣。

一九六一年吾来港任教港大，徐先生仍留台中东海大学。此后徐先生即集中其精力于思想史之研究。先写成《中国人性论史》，后继写《两汉思想史》，以及有关于西周春秋战国时代发展关键之诸大文，疏通致远，精辟入里，且有存在之实感，皆不朽之杰作，非徒泛泛无谓之考据也。其为考据也，必详核史实，即事以穷理，通理以解事。故观其文大体皆浃洽顺适，如情如理，而无刺谬不经之谈。

徐先生晚年益信中国文化之不可泯。其在《华侨日报》所写之诸短文，篇篇精警，字字皆从实感中流出。有人提议当辑为文集，作为青年训练中文之最佳读物。读此当知何为正，何为邪，何为本，何为末。舍正道而弗由，能成何事？孟子云："源泉混混，不舍昼夜，有本者若是。"无本则枯涸。天下事岂是耍花样者所能成办？

徐先生笃信孔孟之道终必光畅于斯世，无人能毁；笃信自由民主为政治之常轨，无人能悖；痛斥极权专制徒害人以害己，决不可久。他在《偷运圣经的意义是什么？》一文中有如下之痛切语：

> 中国共产党是在农村中吸收大量所谓贫农雇农而壮大起来的。取得政权后，凭借唯物史观的教条，否定了人类整个文化传统，尤其是中国的文化传统，把一切的精神力都集中在环绕着阶级斗争的几个简单口号上，通过庞大的、粗暴的组织力量，拔掉了一切文化的根。过去不识字的人，凭几句谚语，也可以得到一点做人的道理。这类谚语也被

视为毒草而扫荡光了。把所有的人由文化而来的教养都剥得光光的，使大家成为赤身露体的原始人。于是多数共党干部只知道以权力满足扩充自己的食色之性，而毫不知耻。一般人民精神上全无一物，原始迷信，落后习俗，一齐复活出来。这不仅是中共统治三十二年的大讽刺，也是我们国家人民多么可怜的反映。但他们还毫无觉悟，不了解文化教养与科技是同样重要；而文化教养不是能从马列主义乃至外国移植过来的，必须求之乎中国历史积累之中。……

我信服中山先生原因之一，他是一个基督教徒，但在他的革命生涯中，从来没有卖弄过基督教，从来没有以基督教为达到某种政治目的的手段。他接受了西方的政治思想，但却以中国的道统为他思想的根干，此之谓有品格，此之谓有识量。(《鹅湖月刊》八一期，一九八二年三月)。

徐先生以这样的痛切语表露了他自己的生命之定向。他有此定向主宰于心，故在群疑摇撼之中掌住自己而不摇动，所谓临大节而不可夺者，岂偶然软？徐先生乃斯世之英豪，他已尽了其鸣时代之艰难与民生之疾苦之责任。他的逝世乃是中流砥柱之丧失，岂不痛哉！岂不痛哉！挽之曰：

崇圣尊儒，精诚相感，巨著自流徽，辣手文章辨义利；
辟邪显正，忧患同经，谠言真警世，通身肝胆照天人。

一九八二年四月二十五日《联合报》

徐复观先生的学术思想

"徐复观学术思想国际研讨会"主题演讲　　牟宗三先生主讲
　　　　　　　　　　　　　　　　　　饶祖耀整理

一

东海大学为了纪念徐复观先生逝世十周年,特别举办这个学术研讨会,很有意义。我和徐先生是老朋友,前来讲几句话,也很应该。但主题演讲订的题目,太隆重,今天不能讲论徐先生学术思想的内容,我只顺着徐先生这个人的性格,以及我和徐先生的交往,作一些忆述,从具体的忆述,你可以了解徐先生这个人,以及他的学问和性情。

我和徐先生,是抗战时期在重庆认识。有一天,他来拜访熊先生,穿一身军装,有一股精悍之气。熊先生说,这人叫做徐佛观(数年后,熊先生为他改名复观),在军事委员会做事。又说,这个人可以读书。对一个军人说这种话,很不平常,所以我留下很深的印象。那时候,徐先生刚从延安回来(他奉军事委员会之命,赴延安做考察),对共产党很有认识。他向蒋委员长建议,说中共虽困在延安,但他们有所用心,不可轻看。同时他认为国民党必须改革,要注意民心向背,否则,社会基础一旦挖空,就会垮台。他的意见,听说蒋委员长也很赏识,只因党政军之事,盘根错节，不容易采取改革的步骤。抗战胜利，举国欢腾，但一时的欢喜与兴奋，一下子便转而为涣散、放肆与堕落。整个国家不见有任何凝聚与开朗之象，也没有直立在民族文化生命上立大信的器识。三十五年，我随中央大学回到南京，以自己的薪水办《历史与文化》，而同时徐先生也获得支助，创办《学原》杂志，希望借此团聚一些不为左倾所惑的学界人士。那段时间，我和徐先生常见面，常常谈些文化思想的问题，徐先生很能契入，很能理解。而时事种种，又引发了他要"从救国民党来救中国"的宏愿。（国民党的改造，便是徐先生首先提议的。见后。）

所以，对这个大时代而言，徐先生是"参与者"的身份，而我则只是一个"旁观者"，并未直接参与。但既然处在这个时代，便自然关切这个时代。这是一个大浪漫的时代，浪漫精神的表现有二个类型：一是希特勒型的，它是承尼采思想而来；另一型是共产党，它把现实世界的种种差别、种种界限所保持的价值，通通加以"量化"，显示出一个虚幻不落实的普遍大平等。对于原先那些在差别中所保住的"质"，便运用一套文字魔咒，判定你是小资产阶级意识，是封建道德等等，而那些传统的、古往的、本有的东西，便一律变成"反革命"了。这种浪漫的精神，最能吸引"具有原始朝气、原始正义感"的青年人。青年的生命朝气，加上共产党的观念意识，于是自由挥洒，冲破一切：贫富、贵贱、功名、利禄，乃至是非、善恶、礼义、廉耻……全部解放，对一切都不在乎，终于成为"肆无忌惮"。在神魔混杂之中，自由、平等、博爱，也被吞噬到里面去了。这种情形，知识分子、学者名流，全都看不出来，看不清楚。连甚负时望的梁漱溟先生，也一样看不清楚。（可见他们都比不上徐先生。）

抗战胜利，梁先生也去了延安，毛泽东、周恩来等，拼命奉承他，使梁先生非常满意。他回到重庆，有一天在唐君毅先生家里，我也一同在座。梁先生在言谈之间，大捧毛泽东，说什么毛先生"天资高，天生豁达……"，古人的圣贤工夫，他一下子就达到了。梁先生还举程明道的大弟子谢上蔡"近年来只去得一个矜字"那个公案为例，说毛泽东早已去掉"矜持"了。又说，共产党并没有意思消灭国民党，而是国民党念兹在兹不忘消灭共产党。我听了大起反感。我说，梁先生你这个话不对，共产党讲世界革命，它要消灭一切阶级敌人，又岂止国民党而已。至于你所谓的毛泽东那种工夫，其实没有什么，任何一个共产党人都能表现。他们通过入党宣誓，可以使生命马上客观化，而个人的习性之私、气质之杂，也可以一下子全部摔掉（所谓摔掉一切包袱）。平常大家认为"共产党都很厉害"，他们的所谓厉害，就是从这里来。所以你在毛泽东那里感受到"他已去掉矜持"，其实，每一个合格的共产党人都能做到这一点。梁先生听我这么说，不觉一愣，好像闻所未闻似的。

我今天提这段故事，是要告诉大家：民国时代的中国知识分子，既不"知人"，也不"知言"（皆孟子之语）。对问题的本质总不了解。中国自己的传统文化已经不能懂了，对西方的科学、民主思想，也一样不能相应了解。从五四以来，知识分子天天喊科学、喊民主，有几个人真正懂科学民主呢？中国人是很聪明，念科学也可以念得很好，但就是不出真正的科学家，那是什么缘故呢？

大家都知道，中国人最聪明的是江苏、浙江两省的人，在满清的时候，考状元、进士，没有哪一省能考得过江苏、浙江人，所以靠聪明你是考不过江苏、浙江人的。但他们的聪明都用在哪儿呢？用在作八股文章，用在考状元，考进士、翰林，那是功名利禄之途。可是现在没有状元了，没有状元那你念什么呢？念科学呀！所以在这个时候念科学，就等于当年作八股文章，结果你还是念不过江浙人。这个意思，钱穆先生也知道。当初大家都作八股文章，现在时代变了，讲科学了，他马上就往科学那方面走，但却不出科学家，因为他把科学当作是功名利禄来看，这不是牛顿的精神，不是爱因斯坦的精神，也不是阿基米德、欧几里得的精神，这些才是科学的精神。而他们只是所谓江南才子，这种才子，在我们看起来是很不值钱的。这些人都是"帮闲"！

中国念科学的人多得很，但回到国内就通通做官了，做官怎么能成科学家呢？你提倡科学，却都给他官做，这不是把科学也害了吗？不给他官做，就叫他做大学校长，做了大学校长你还能念科学吗？中央研究院某位念科学的要人到大陆去，回来说大陆的科学，各方面都比台湾好，台湾的科学在哪里呢？我看说这话的人头脑有问题。大陆上有好多念科学的，翁文灏做行政院长，也是念科学的，浙江大学校长竺可桢也是念科学的，中央大学校长吴有训也是念科学的，当了大学校长，科学也没有了。中国（科学家做官）这个风气很不好，当事人应该自己警觉，社会上也要考虑一下。我们不也有好多人得诺贝尔奖金的吗？李政道、杨振宁不都得诺贝尔奖金吗？还有新竹有一位李远哲也得了，假定把他捧久了，捧成要人，科学也就没有了，这是很可怕。这种话没有人敢说，今天没有旁人，我们随便说说，大家警觉一下。

在这种情形之下科学出不来的啦！你所用的科学只是科技化的东西，都是技术层的。技术方面共产党当然很好了，他能造原子弹，你不能造！说台湾不能造原子弹，并不是说一定不能，乃是不愿意造！你就是造了原子弹有什么好处呢？只能造原子弹，又算什么科学呢？你一个念科学的人，头脑这么简单，怎么行呢？这一类的人懂得个什么学术呢？

二

胜利后在南京，教课之余我常到徐先生那里，跟他说：一定要把中国的智慧传统要保得住，一方面也要正视西方的科学民主传统。科学传统是希腊的传统，这里面是有一种精神的。现在，我借这个机会跟大家提一个意思。清朝末年，张之洞提倡"中学为体，西学为用"。这句话表面一看不能算错。但假定要仔细问问你所说的"中学为体"的"体"，是什么意义的"体"呢？是什么层次的"体"呢？这在中国人看，本来是自明的，这个"体"当然是指"孔孟之教"讲的。有了这个"体"，再把科学的"用"，用来使中国现代化、科学化。这样笼统说一说，也不算错。但有人却提出问题，说：科学有科学之体，民主政治有民主政治之体，中学之体怎么能产生科学呢？那叫作"牛体马用"。听他这种话，好像也很振振有辞。几十年来一直有这么个问题纠缠在那儿，大家闹不明白。这种问题本来是很容易解决的，但是给他们一搅和，二搅和，你再要真正把它弄清楚，还得费点力气。所谓"中学为体"，是指孔孟之教讲的，孔孟之教那个"体"当然不能直接产生科学，不要说直接产生不出科学，就连民主政治也产生不出来，这个意思，我们和唐先生、徐先生都可以看到的，也早已说明白了。但是问题并没有直接解决。孔孟这一套发展到最后就是王阳明讲良知。但不管是王学、朱子学，不管是性即理或心即理，都不能产生科学。那么你这个中学为体的体，怎么能产生出科学之用呢？不但科学，就连民主政治你都产生不出来的，所以唐先生当时不就说一句话吗，中国以前的时候，"自天子以至于庶人，壹是皆以修身为本"。他是把修身齐家治国平天下看作直线推演，但如今要从修身直接推演民主政治是推演不出来的。我们认为，从孔孟之教到科学民主，不是直接的推演，要经过一番曲折，曲而后能达，不是直达。孔孟之教的体，不能直接产生科学民主之用。那么，科学民主，是从什么体出来的呢？这个时候你就要仔细考虑：这个体是什么意义的体？

假定就西方文化找一个和孔孟之教相对称的体，大概要就基督教来讲。但基督教也一样产生不出科学，产生不出民主政治。两个眼睛天天看着上帝，能看出民主科学来吗？可见产生科学民主政治的那个"体"，是另有所在的。科学传统是希腊传统，希腊传统有纯粹的逻辑，有纯粹的几何学，有纯粹的数学，这才是科学的"体"。科学有科学之体，再加上罗马法，才产生近代人讲的自由民主的法治，建立这有宪法基础的民主政治。这是属于客观实践方面的。逻辑、数学、科学，是属于知识方面的。这两方面一属于知识，一属于行动，看起来是相反，但这两个是同一个层次，是同一层次的两面。同一个层次，那就表示说，不管你是从知识方面讲科学、数学，逻辑，或者就实践方面讲国家、政治、法律，虽然两面相反，一知一行，但同属一个层次，所以基本原则是同一个原则。而这个原则在中国文化里面不具备，所以直接产生不出科学和民主政治来。这种意思我们没有集中地讲，但好多文章把这个意思早已表达清楚了。

同一个原则，这个原则是什么原则呢？我叫它做对等并列之原则（Principle of Co-ordination）。不管你是逻辑、数学、科学，或者是国家、政治、法律，它后面的基本精神，和表现这个基本精神的基本原则，是对等并列之原则。至于中国以前讲孔孟之道的那个"体"，它主要是往上通，不管是儒家、道家、佛教，儒释道三教都是往上通，不往下开。往上通的第一关，不是对等并列之原则。如果永远停在对等并列的话，你通不上去的。中国以前认为人要往上通，它的基本精神表现首先第一关是隶属原则（Principle of Sub-ordination），这个隶属原则是现代人最忌讳的了，但是第一关非讲隶属不可。他讲隶属当然不是为了讲科学，不是为了讲民主政治，但是他讲这个隶属也并不反对科学，不反对民主政治。你要讲科学民主是另一回事，要另说另讲。但我现在这个问题不是科学问题，也不是民主政治，而是生命往上通的问题，什么叫做往上通呢？"天地与我并生，万物与我为一"。庄子这一句话，就表示要通上去。所谓"恢诡谲怪，道通为一"。首先要把是非善恶美丑这两行打破，是非善恶美丑是相对的，要冲破这个"对偶性原则"，你才能往上通，通而为一。冲破对偶性，第一步就说"天地与我并生，万物与我为一"。这个时候是隶属原则当令，不是并列原则当令。"并列"是把主体摆在这儿，把客体推出去了，有主客体对立的意思。并列就是两两相对，对偶并列的意思，是一个对列之局。它先有这个对列之局，才能成科学知识，才能成民主政治，才能有真正的国家、政治、法律。我这句话稍微用点心是很容易懂的，这是很平常的一句话，但现在的中国知识分子有几个人懂得这句话呢？

以前是往上通，往上通的第一关总是重视那个隶属原则。陆、王首先说"心外无物"，一切物都是隶属于心！这个意思孟子早就说出来了："万物皆备于我矣，反身而诚，乐莫大焉。"到了万物皆备于我，你还能有科学吗？万物皆备于我了，你还要讲科学，讲民主政治吗？还要讲权利义务，讲每一个体与个体之间的权利义务吗？都不必了，都超越了。这是通化的层次。谈问题，必须看它主要方向往哪儿讲。"心外无物"固然不能成科学、成民主，但你若问他们反不反对，他们也决不反对，那是两回事。这是照儒家讲，简单几句话就可以告诉大家了。在佛教里面，是所谓三关，就是云门三句。第一关是截断众流。截断众流之时，哪里还有主客对立呢？第二关是盖天盖地，第三关是随波逐流，这是云门三句。刚才不是告诉诸位吗？这固然不能成科学，成民主政治，但是这也并不反对科学民主。你要讲科学民主，另讲就是了，菩萨道是并不反对俗谛的。

我当时和徐先生谈的，主要就是提这个意思。了解中国生命的智慧方向，再了解真正的希腊精神。以前所谓中学为体的那个"体"，开不出科学民主，你要想开出，就必须先了解西方这个"体"。它这个"体"是对等并列之原则。那么我们中国文化要怎样从那个隶属原则开出这个对等并列原则？道理其实是很容易懂的。在哲学理境上是可以讲得通的，但必须费点思考。

三

我常常把这个意思告诉徐先生，你要讲中国文化，就要重视这个。只有这两个正统，一个是中国文化的正统，一个是西方文化的正统，只有这两个正统可以抵抗住马克思的魔道。平常你国

徐复观先生的学术思想

民党讲的没什么用，什么唯生哲学啦，什么知难行易啦，那些话都是不对题而无力的。不但说出来没有力量，而且有反作用，听起来讨人厌。徐先生相信我这个话，首肯我所说的这一点。虽然以后他表现的精神和我不一样，但还是朝这个方向走。所以以后他办《民主评论》的时候，唐先生文章最多，我的文章亦不少，而徐先生担负的责任则是"疏通致远"。我们说徐先生担负的责任在《民主评论》时代是疏通致远，这是很令人感慨的。在那个时代，在国民党方面，只得到一个徐先生能了解，其他通通不了解。那些人也不一定希望了解。你不了解也无所谓，你们是做官的！只希望你们把官做好就行了。我们认为，这样一来就可以帮你一个忙。但我们这番心愿，他们却懵懵然，全然不懂。

三十八年我到台湾，先在师大六年。那时刚从大陆撤退，我打开精神开始宣讲这一套，而师大那些训导处的人却天天给我打报告。他们打我的报告，多亏谁来维护呢？还是多亏唐乃建先生。唐乃建和徐先生是好朋友。他们打报告报到唐乃建（中央党部秘书长）那地方去时，唐乃建说："牟先生讲的对我们有好处，你好好听吧！不要随便乱打报告。"这样才压住的。

后来我从师大转到东海，有一次讲了一个什么题目，他们又给我打了一个报告，他们打报告，那是公报私仇。平常的时候，他们对徐先生多好啊！天天跑到徐府去吃饭，说恭维话，等徐先生一旦不做系主任，第二天就找鲁实先出来骂，天天骂徐复观。鲁某人是徐先生请来东海的，如今竟来骂徐先生。每天上课开头五分钟骂徐复观，下课再骂五分钟，还是骂徐复观，他说："我非要把徐复观骂走不可。"你看这不是人心大变吗？真是戏辞里所谓"人心大变，大变人心"了。

那时候，正好李涤生先生在中兴大学想办一个中文系，用我的名义去申请。我当然不能到中兴大学去办中文系，还是由李涤生先生来办，但他总要我来担任文学院长。我说，当一个空头院长有什么用呢？你要想办的话，一个院里要有三个系，要有一个中文系，一个历史系，一个英文系，你有这三系，就可以成立一个文学院，我就来。那一年三个系成立了，所以校长就打电报叫我来，他欢迎我来当院长。其实我没那个本事，也没兴趣作那个院长。我说，我来的时候，你给我再争取成立哲学系，我就来。成立哲学系，我要有一个基本的队伍，我不要那个空头的院长。他说，好，我们去争取。结果还没有争取，就垮台了。这个垮台的消息是谁先知道呢？是徐先生首先知道的。徐先生问校长，你们中兴大学不是请牟先生来当院长吗？怎么没有下文了呢？那个校长说，不行了，垮台了。为什么垮台了呢？因为青年救国团下命令说："这个人不能请。假定发了聘书，没有办法；假定还没有发聘书，就不要发。要是发了聘，你们赶快要以组织对组织。"这是他们下的命令。他们说我假借校对《心体与性体》，从香港来台湾作组织活动，我说，我组织个什么呢？真是匪夷所思！他们又说这个人的思想有问题，这个人不能聘请。校长这样告诉徐先生，徐先生就把这个消息公布出来，写文章骂了一顿。那篇文章登在哪里呢？就是那时候有一个小杂志叫做《阳明杂志》，登在那上面。徐先生为什么出来仗义？因为他们把徐先生也牵连进去了。他们列了三点，说这个人假借校对来作组织活动，所以你要是已发聘书，就要赶快以组织对组织。要是没有发，那就不能发，因为他思想有问题。还有一点说这个人和某某不稳分子来往颇密。而所谓某某不稳分子就是指徐复观。徐先生看了这一句话，哦！这是骂我的。这一下徐先生生气了。他说："我稳得很！"就写了一篇文章骂回去。

李涤生先生听校长说不行了，没有希望了。就去找教育厅长（那时中兴大学属省立），教育厅长说，我管不了，你要找比我高的。再问校长，校长说"你可去找救国团"。所以李先生就到救国团去找蒋经国先生了，蒋不在，避而不见，由当事人出来见，李先生问当事人"为什么不能聘牟先生当院长"？当事人说牟先生不是党员。再问，不是党员作院长的也多得很，为什么单单牟先生不行？李先生复表示，我以身家性命担保这个人思想没有问题。说到这个地方，当事人也没有话讲，就说这个事情要交给总裁来解决。把事情推得那么大。李先生一听，事情也没这么重要，要推给总裁来解决，那算了，拉倒了，就这样下来了。这是李涤生先生亲自跟我说的。现在也无所谓了，已成为历史了，蒋经国先生也过世了。其实，蒋经国先生以后对我也不错，我也没记恨他，因为我和他没有恩怨，管他了解不了解，也无所谓。他们以为我要来造反，我哪有这么大的本事；我要有这么大的本事，就不作教授了。

四

以上这些情形，是说明我们在台湾的处境，初来十多年，是靠徐先生维护的，另一个是靠唐乃建先生。就这样，在东海还是出这个纰漏。我那时已在香港，你不让我来也好，我也不一定愿意来。既然过分地不了解，那就算了。我一生感念徐先生。徐先生这个人对维护中国文化，维护这个命脉，功劳甚大。这是我亲

　　　　　　　　　　　　　　　　　　　　　　　　追　怀

自切身的感受：疏通致远，功劳甚大。

中国以前说"疏通致远，书教也。絜净精微，易教也"。在这个地方，徐先生能保存这个意思。这是书教的精神。所以熊先生说徐先生能读书。他开始正式读书，做学术研究，是从东海开始，代表作就是在晚年写成的《两汉思想史》。考证西周三百年一直下贯春秋战国时代，有几篇很好的文章，是了不起的考证。大考证就是大文章，只有徐先生能做得出来。

徐先生的考证是活的啦！不是现在一般念历史那种考证——为考证而考证。要是站在纯粹学术立场讲，考证得最有趣味的，最准确精密的，是陈寅恪先生。但是陈寅恪先生那种学问与大局无关。小处见大，他讲隋唐史讲得最好，所以这个人我很能欣赏。我很可以看他的文章，但是我并不称赞这种人，你天好我也不称赞，我也只能看你来消遣。因为他这种人是公子型的学问家，公子型的考据家。这"公子型"三个字的意味很深长，我不太能够详细为诸位解释。在我的意思是：公子型有可称赞的地方，但也不是很好的意思啦！陈寅恪先生就是这一种型态的。

至于其他那些考据家大体是瞎考据，盲目地瞎考！所以你真正能找到考据家，有眼目，文章是活的，只有徐先生一个。我自己不作这种工作，我没这方面的本事。所以徐先生对我们的贡献是疏通致远。至于公子型的学问家，没有真学问，只能谈谈掌故。公子型的人物，好像也不能有真正的政治家，事业家也没有的，他只能作公子。在中国的社会里面，公子这个型态很重要，有时候也很漂亮，所以战国时代有四大公子，最好的是信陵君，最漂亮的人物也是信陵君。民国以来不是也有几个公子吗？那些都不成公子啊！陈寅恪是同光年间心态的公子型的学问家，那是能读书的，头脑缜密、清楚，但是却无关大局，你天好也无关大局。这个地方就要看考据的分量，看考据的价值。像胡适之先生那种考据是天好我也不称赞的。你考据《红楼梦》，管他考证得怎么好也没有价值，我读《红楼》也不靠那个，我也不一定要了解你那个考证的真假，我一样读《红楼梦》。究竟谁了解《红楼梦》呢？还是我了解。你考证那么多有什么用呢？好多人不能算是一个真正的读书人，要在学问上有成就，不是很容易的。

五

我拉杂说到这里。最后再说一点：国民党的改造是徐先生提议的。三十七年冬天，国民党失利，蒋回到他老家溪口。那一年我在杭州浙江大学任教，徐先生经过杭州，他说要到溪口去，我也不问他是什么事。他和蒋氏父子三个人密谈改造国民党的事情，这是参预内幕、参预机密。但是到了一九五〇年国民党在台湾改造的时候，却没有徐先生一个改造委员。当然我们也不一定说徐先生非要争这个改造委员不可，按理讲应当有他一份，结果没有，这个是不对的。对于这么一个人，国民党还不能有一个恰当的安排，这表示太差了。这个改造的内幕究竟是什么，我们不管，有多大的价值，我们也不管。不过改造是需要的，而改造的提议是徐先生提的。

我们常常说，徐先生这种人，放在旁边，你要是有什么问题，你同他谈谈，他总是能头头是道，很分析性地，清清楚楚地给你一个眉目。这个眉目你可能不赞成，你也可能有另一种讲法，但他总有中肯处。这种人需要保留在旁边的，结果是不保留。你不

追 怀

保留，在徐先生来说也无所谓，干脆作学问也很好。从那个时候就撤退政治了，退出政治就读书。他是能读书，能投入，作两汉思想史的考据，是历史上大关节的考据，比起现在念思想史的人，好多了。

现在人念思想史，那算什么呢！那些讲思想史的很差啦！严格讲那些人不能作教授的。明儒学案不能当思想史讲，而这些人在那儿讲明儒学案就当思想史讲！又如鹅湖之会，陆象山那首诗你都看不懂，你讲什么思想史呢？有些学问不能当思想史讲：譬如说罗素的 *Principia Mathematica*《数学原理》就不能当思想史讲，康德的哲学也不能当思想史讲。有些是可以，像达尔文的《进化论》，这种可当思想史讲。而《数学原理》不能当作思想史讲，康德的三大批判不能当思想史讲，明儒学案也不能当思想史讲。你先把里面几个学案读懂了再说，不要说全部都懂，读懂几个就不错，不要说读懂几个，就是几段文章你能读懂就算了不起了。连鹅湖之会的诗都读不懂，还讲什么思想史呢？当然，没有一个人是能够万能的，但"知之为知之，不知为不知"，你不知的，去问问人家，不要乱讲。

当然，我们这位老朋友有时候也会发大脾气，也有时候过分了一点，晚年弄得不很好，这当然是个悲剧！譬如晚年得病后，在台大医院过世，蒋经国先生下面一个人来看看都没有，这也是不应该的。那时共产党争取他到广州治病，徐先生不去，还是到台湾来。既然到了台湾，你来个人照顾一下，来看看也就算了，就算"一笑泯恩仇"好了，其实这个时候还有什么恩仇呢？来都不来，这是不对的。当然徐先生也有些过分的地方，徐先生这个人很重感情，有时很激动，也不是很平的，但他现实感特别强。

徐复观先生的学术思想

81

我们这些人对于现实没有什么感觉，我们只对大时代有一个问题在那里，至于小地方是没有什么感觉，徐先生感觉就很强。

最后再提一点，徐先生为什么和蒋经国先生闹得这么不愉快呢？我也不知道。我曾问我们新亚研究所的老同学，据他说，因为在周恩来死的时候，徐先生表现得太过分了。你对周恩来那么客气干什么呢？这个也是不对的啦！还有一句话我也是听说，我没看见徐先生哪一篇文章有这句话，他说："大陆是传妻，台湾是传子，传子总比传妻好一点！"有这篇文章吗？你们诸位有没有看到，我没看到这篇文章。听说蒋经国先生看到了，他伤心了。……

今天拉杂地说了我个人和徐先生的关系，你从这些地方就可以了解，可以透入徐先生学术方面的成就。关于徐先生学术思想的内容，请诸位多在这方面作些讨论。我个人只讲到这里，谢谢各位！

一九九二年十二月"徐复观学术思想国际研讨会"，东海大学

保卫自由社会体制
——悼念徐复观先生

李　璜

徐复观先生之不幸逝世，在我个人是失去最难得的一位畏友——近年以来，随时勉我以其余生尽力于复兴中国文化工作，借以鼓励知识分子自立立人，以挽颓风，然后我所要致力的自由民主社会，才不会落空，而有所恃以为实现的支柱。这是我们共事谈学于香港新亚研究所，两年之间（还有唐君毅与牟宗三两先生），每见必说到的；而在数月之前，复观自美返港过台北来访，又曾向我加以勉励过的。

三月中旬，我听见复观又因病重来入台大医院，特往问候。他于病榻前握住我的手，道："我的病已深无救，你比我岁数还大，要保重，不要再来看我。我还是那句话，你将青年党事放下，专心去做文化工作，就像你写的《自我规范》那种文章多写，以唤醒知识分子之自觉自立……"复观语音虽微，但勉我之意诚恳，病室客多，我不愿多耗其神，匆匆辞去。不料三月底我不慎患了感冒，至今不愈，医生嘱少出门，竟至复观逝世后开吊，我竟未能往祭，只得在此为文悼念之。

据四月三日台北《中国时报》第八版副刊上记者刘黎儿小姐所记，复观在三月十一日叫她记下："首先，我不赞成目前所盛行的一些口号。在我们与中共对峙的情况下，我们用的那些口号，与世界并无关系。我认为应该说'保卫自由社会体制'才对。因为这种说法，才能加强自由世界的责任感及普遍性的认同。……自由社会体制之可贵，是用民主自由力量自己调整自己，不需要假借外力。而就此体制来看，我们与中共对峙是个世界性的问题，而不仅是两个政权的对立而已。"

"保卫自由社会体制"，在复观去世前半月病危时说出，且命记了下来，这句话可算得他对保卫人类自由社会生活的最后思索与主张，其精神与意义之所在，不得不引起我的注意力，以下试以愚见释出之，并用表达悼念之忱。

"体制"二字，如从常识诠释，即凡组织皆必有其一定的规则或格调；如从社会的结构及其价值而言，则为支配这一社会全局之纲领。复观称"自由社会之可贵，是用民主自由力量自己调整自己，不需假借外力"，是则其笼罩全局之纲领所在。以愚意测之，则其所称之可贵的自由社会，一定应为"平等开放"的社会，然后方能容许自由民主力量自己调整自己，并且是"独立"的教养，"本有"的精神，则所谓不需假借外力之意在此。因之复观此语，方冠以"保卫"二字，即要保卫其开放、独立与本有的三个格调是也。

我何以敢于如是之妄测，因为复观逝世之次日，我便收到高信疆先生送来新印出的徐复观著《中国思想史论集续篇》，附信称著者生前特嘱赠我，我立即拜读其中有《中国自由社会之创发》一文。文始即说："孔子奠定了儒学基础，同时也就创发了中国的自由社会，我看这是中国民族经过万千苦难而尚能生存发展的主要条件。我这里所说的自由社会，指的是一个人能凭自己的努力而可以改进自己的地位而言……"我读了此文，立即感到其所称"保卫自由社会的体制"，据我前面所妄测之义，可以用"内证"法，即取其昔日所作之此一文中语，以析释之，不烦我再加赘辞了。

复观在此文中写道："孔子转变非自由社会而向自由社会的努力方法，一是由'学'与'教'，去变动人的价值中的分类，可以由无德而进为有德，无能而进为有能；在德与能的各种层次中，一般人都可以自主地上升或下坠。'为仁由己'是孔子一个伟大的启示。在欧洲到了文艺复兴时代的人义主义大师才明白地提出来，因指出'自由'以区别于其他动物的唯一标帜；而中国在二千五百年前已由孔子很坚确地建立于'教与学'的基础之上了。……"

如何方能自主地而本身便能在修德敬业上获得了上进的自由？则复观文中特别强调"若是在社会中无平等自由可言，则个人努力会完全落空，而无真实的意义"。因此复观说："自由社会之成立，还要打破由历史所自然形成的阶级，方使各个人能各以其自己的努力，改变社会的阶级地位。孔子根本没有说过无阶级的社会……孔子承认有阶级（名分），但他竭力指出阶级所应当凭借以存在的条件，而且使人自由获得此种条件，因而可以改变在阶级中的位置……"复观指出在《论语》书中孔子屡屡说出此种条件，即"德"与"能"的努力与其相配而生的应有地位。没有具备与其地位相称的德与能的人，即不应保有其地位，即人君亦然。再从正面讲，则有德有能者必应有其位。此孔子之所主张"贤贤"，贤贤是说明一个人是"贤"，则政治上应承认他是"贤"，而使他获得只有"贤"才可以担任的职位。因是而可以摆脱固定的贵族政治，此孔子创发出一个自由社会的主张，而民主政治应由此出也。

我感到复观此文，已足以说明其自由社会的体制及其创发的价值所在。而要在病危时，喊出"保卫"二字，其意并非在政治单方面的努力，而是特别在教养的独立，方能养成知识分子之自觉与自立："大家不要去徒尚一时的功利，而应努力于儒家最高理念中的'仁'的基础，使近代民主政治因而更得到'纯化'，以解决仅从制度上所不能彻底解决的问题。"这就是复观昔日所作此文的结论。然后复观在此文之末，认为匆遽间尚未及详述到孔子对于"礼"的思想，"礼"之为用，亦是以助成自由社会体制的长养。我想复观既认为最高理念为"仁"，则孔子曾说得明白，"一日克己复礼，则天下归仁焉"，复观为阐发下去，当不外于是。

写到这里，我愿用牟宗三先生去年七月二十日在台北"谈近代中国文化建设的道路"中语，以补充复观之未及详述之处。牟先生在是讲中，特别提出"清明理性"与"克己复礼"两义。其所称的"清明理性"，并非西方尚智而重经验的理性之义，乃是中国儒家之"尊德性而道问学，致广大而尽精微，极高明而道中庸，温故而知新，敦厚以崇礼"。这里指出的理性，乃是德性，亦是天性。因是牟先生的理性工夫，一方面要维持一个自由开放的社会，俾理性自行发展，以影响于物物各得其所；一方面要诉诸大众的自觉，克制私利，尤其对于在位者，要能使他"克己复礼"。愚意是即可以补充复观尚未详述对于孔子之"礼"的思想也。

一九八二年五月二日

敬悼五四知识分子第二代之一杰出者　　郑学稼

　　五四运动的目的，是争取民族统一和独立，因此，它始于五四，终于发动抗战的"七七"。它的时间短而内容丰富。就学术而言，开始是"百学争鸣，百花齐放"，收场是走相反的路。

　　五四的领导者也就是它的第一代，大概都已去世了。他们的遭遇不同，如果逐一说出来，似一部故事。因为，有的演悲剧，有的演喜剧。在那喜剧者中，只有一个人，由清共转到支共，死后，国民党和共产党都恭维他，有的为他建"堂"，有的为他造"馆"。

　　五四的第一代，在学术和思想上的贡献，一般人都说是提倡白话文。这不是事实。一九〇四年的《警钟日报》上的广告，当时有《杭州白话报》、《宁波白话报》、《福建白话报》、《扬子江白话报》、《中国白话报》，陈独秀的《安徽白话报》不在内。

　　有人说：五四第一代的另一个贡献是文学理论。他们确提出白话文学的一些问题，对于文学理论，尤其是对于西洋文学的了解，不及"学衡派"。这一派因为用文言文，得不到应有的报酬。

　　五四第一代的旗帜是否定中国文化的"全盘西化"。但是，他们对于西方文化的内容并不明白。他们只知道英美的一部分思想，对于德国文化是一张白纸。他们的否定中国文化，在当时只有少数人做无力的反抗。

我不说五四第一代的政治生活。因为太丑了！

受五四第一代直接或间接影响的青年即第二代，有不同的遭遇。有的参加共产党，有的加入国民党，有的受现实生活的教训而找觅与第一代不同的道路。他们先否定第一代的虚无主义，冷静地比较中西文化，和由欧美名作中了解西方文化。就接近西方文化而言，到了"社会史论战"，他们中间有些人对西方文化的了解超过第一代；就探讨中国文化而言，他们勇敢地肯定它，并进一步发挥它。在这一工作中，徐复观先生是他们之一杰出者。

徐先生在《两汉思想史》第三卷《代序》如此说：

> 我以垂暮之年，开始学术工作，主要是为了抗拒这一时代中许多知识分子过分为了一己名利之私，不惜对中国数千年文化实质上采取自暴自弃的态度，因而感奋兴起的。我既无实际权势，也无学术地位，只有站在学术的坚强立足点上说出我的意见，才能支持我良心上的要求，接受历史、时间的考验。

他的工作成绩，见于他的著作年表。纵使人们不赞成他的观点，也应感谢他的整理。十分遗憾的，他只写到两汉阶段。数千年的中国文化，留下无数典籍。控制文化机构的五四第一代，花了国家那么多钱，连下面所说的基本的工作都不做：就《四库全书》而言，它有的内容重复。如关于《春秋》三传的书，有的可以不必读。倘有机构先做介绍各书内容的工作，可节省研究者的

追怀

时间。正为着没有这种书籍，所以研究中国思想史者，有白首穷经，不能完成全部工作的遗憾。就这一点而言，徐先生的努力，是值得后人的感谢。

研究中国古代思想史者不仅是寂寞的，而且受五四第一代的歧视，因为口说"全盘西化"实不知西方文化的他们，却企图垄断中国思想史的研究工作。如果加入他们的集团，有研究费，有虚名，否则就受他们的歧视，当然不能在他们势力范围内找一席地。众人皆尊为国学大师者困难地列名于他们的机构，是其例子之一。徐复观先生离开东海大学后，不能在某大学授课，其理同。

尽管有那事实，徐先生却埋头干自己的工作。他在《有关周初若干史实之考证》的"引言"中有这段话：

> 有朋友劝我进一步写篇文章严肃地批评李济先生的学术成就。我觉得他的几篇田野报告，在考古学上不应当加以抹煞。除了这几篇报告以外，他已经是七十多岁的人了，还能希望他什么？所以我不写。

把宝贵时间花于建设性著作的徐先生有感地说："目前在学术圈里，对青年的哄和骗的风气太甚了，我愿尽一份力量，给这风气一点矫正。"他又说："知道自己和自己的同辈，乃至比自己长一辈的人，在学问上完全交了白卷以后，自然把期待寄托在下一代。"他特别留心五四第一代在台之一接棒者的论文，发现"治学走的是一条省力、取巧，以致流于虚浮不实的路"。徐先生痛心地说：那位"在美国得有博士"的人，"还未养成阅读古典的能力"，甚至"没有受到西方学术中的逻辑训练"，所以，那篇

"学术性的文章","全篇找不出几句妥当话的文章,却实为少见"。（同上）

上述的事实,说明徐先生当时的处境和对青年们的热望。我也希望在台湾研究中国文化的青年,接徐先生的棒子,完成他所未了却是民族迫需的工作。

一九八二年五月号《中华杂志》第二十卷总二二六

忆佛观兄

张研田

我和佛观兄相交逾三十年。抗战末期已闻其大名，直至来到台湾之后才和他相识。也许是因为慕名已久，所以就一见如故，顿成莫逆之交。初来台湾，佛观和我都住在台中；他忙着写文章，编杂志；我在省立农学院（今中兴大学）忙着教书。当时省立农学院是中部唯一的最高学府；所差的就是师资不足。学校当局决定自一九五二年度起，尽量设法延聘知名教师，首先就地取材，聘了住在台中的杨公达博士担任国际问题，李庆庆博士讲授农业经济方面的课程。徐佛观先生讲授国文。当时省立农学院共有六个学系，不足一千学生。但国文一课是各系共同必修科，每一位学生都要读的。因此要使每一位学生读好了国文，必须先有好的国文老师。我们为延聘如徐佛观先生这样的好老师，不惜登门造访，三顾茅庐。佛观兄非常谦逊，推说他从未在大学教过书，没有教书的经验和资格。后经我们一再敦劝，始勉强首肯，担任省立农学院教席。从此每周至少有一两次晤面的机会。后来私立东海大学成立，学校决定设立中文系，敦聘佛观兄为中文系教授兼主任。在他的领导之下，当时国学名家前后受聘者不下十人，可谓极一时之盛。

《民主评论》在国内和香港都有相当地位，所刊文章亦有相当水准，在思想领导方面发挥过很大的作用，佛观兄主持编政，贡献最大。在五十年代初期笔者借着《民评》的园地，发表过很多文章。当时政府正在推行土地改革，实施"耕者有其田"，在这一个大题目之下，我写过很多篇有关土地改革的文章，除讨论国内土地改革问题外，还写过有关日本土地改革、菲律宾和印度土地改革。此外，有关粮食与人口的文章，大半亦借《民评》发表。此一时期我之所以能写出有关土地、人口与粮食一系列的文章来，主要是佛观兄引导、督促之功。若不是佛观兄督促与鼓励之力，我想我不会在这几方面累积下一点成绩。

佛观兄确是一位当代的大儒，他充分发挥了儒家精神，特别是发挥了"学不厌、教不倦"的精神。这一点无论是他的朋友或学生都受益不浅。三十年前我赴美国进修，他为我饯行，饯行席上，他说了很多鼓励我的话；其中最使我难忘的一句话就是要我好好利用时间，要我压榨利用。"压榨利用"这四个字给我的印象很深，每遇困难问题发生，便想到压榨利用，以压榨利用的精神，无事不迎刃而解。在压榨利用的督导之下，我读了不少我应读之书，并以英文写了两本书，一为台湾的土地改革，一为日本的土地改革。直到今天我还是以压榨利用为我的座右铭。工作中稍有懒散之意，一想到"压榨利用"这四个字，便会振作起来。所谓良师益友就是佛观这样的朋友。

自从东海大学设立中文系之后，佛观兄就迁居到大肚山东海校园内教员宿舍。当时东海限定只收八百个学生，全部住宿，教员也全部住校。佛观兄分到一幢小洋房，前后院花园宽大，并栽植各种果树。每逢春秋佳日，常常相约过访，共度周末。遇有好友自台北来，总是约佛观兄进城吃小馆，打牙祭，这种小聚会十有八九是佛观兄会账；理由是他又有一笔"私房钱"；这种私房钱是不需向世高嫂（佛观的夫人名王世高）报账的。

这样，佛观兄全家迁到东海校园，我也迁到台北，见面次数没有从前那样多；但佛观兄每到台北必通知我，相约共进晚餐。我去台中一定要去东海，拉他进城，用掉他慢慢积下来的"私房钱"。佛观兄对朋友极为热情，遇有婚丧大事，必亲临吊祭或远道致贺，不计路之远近。举例说，徐道邻兄在台北结婚，他特由台中赶来台北道贺。当时交通没有现在这样方便，最快的火车，单程也要四个小时，来回要八个小时。真可谓不远千里而来了。

我迁到台北之初，因一时未配到眷舍，暂住中山南路五号的单身宿舍（即今日教育部所在地）。一日，我早已入睡，为时已过子夜，忽有人敲门，大声呼叫。原来是佛观，进门哈哈大笑，问我什么最好吃，不等我回答，便说："我吃了一辈子酒席，原来最好吃的是米汤。今晚圣人的爱人给我灌米汤……""米汤"这一题目下，滔滔不绝地讲下去，直到半夜才说服他回家，送他下楼。"大人者不失其赤子之心也"，正可以描写佛观之为人。他作学问认真，好辩，抓住道理，绝不让人；打笔仗是他的拿手好戏，十有九次是他打赢了。为了一件艺术品的真伪，他可以追述到周、秦、汉、唐历代的考据，卒以实证压倒对方，使对方不得不自愿称臣。他在中画上，用过很多功夫，读过很多书，看过很多画，特别是他收藏了很多画册；一再细读，收获极大。有时为某一张画的真伪优劣，惹起众怒，群起而攻之，但他有独来独往的评鉴精神，"虽千万人吾往矣"。

这就是佛观！要记的事太多了，不知从哪里下笔。

一九八二年五月《传记文学》十四卷五期

师范出身的徐复观先生　　　　　　　　黄金鳌

　　徐复观先生，可说是我的畏友，相交数十年，未尝有一日之疏阔。自闻其溘然逝世，顿觉遑遑若有所失，哀思无已。

　　回忆大陆沦陷以前，既与徐先生神交，互通音讯。徐先生痛愤时艰，对于华北方面的学潮，以及大学教授的动向，深表关怀。当时我在北师大执教，兼掌训导，终日周旋于学潮之中，只以绠短汲深，徒劳而无功，言之愧汗！迨民国三十八年，彼此先后来台，我奉命接长台中师范，而徐先生亦往台中居住。

　　台中人杰地灵，素有文化城之称，惟最高学府，则仅有一农学院（中兴大学前身）。大陆变色，来台之学人，多乐于在台中住家，于是台中一时成为文人荟萃之地。近水楼台先得月，台中师范遂得以网罗不少硕学名宿，教师阵容，为之一新。徐先生因系武昌第一师范出身，对于师范学校不免有所好尚，颇有意授业于台中师范。我则以其学养深邃，宜在大学（意在农学院）任教，不忍其屈就，故未遂。此事使我耿耿于怀，引以为憾。幸而未出一年，徐先生果被农学院聘为教授，其后又转任东海大学中文系主任。当时东海校长，先为曾约农氏，继为吴德耀氏。教授人才济济，各学系学额，有增无已，学风极一时之盛。

　　于此有一事，愿借之一提：盖当时有中文系教授梁容若者，与徐先生初由于学术上的意见不同，转而为意气之争，其后愈演愈烈，竟而见诸文字，一时轰动于校园，师生传为话柄，事态之严重，可以想象，吴德耀校长甚为忧虑，而又未便从中排解。我曾为之奔走调停，亦未奏效，而终于破裂。曾几何时，梁已变节，投靠中共。而徐先生则终于"父母国"（见《孟子·尽心章》）。是则其生平辟邪显正（牟宗三先生挽徐先生语），直道而行的风范，可以盖棺论定。

我接掌台中师范，自一九四九年七月至一九六○年二月，十余年之间，徐先生前后来校讲学，凡五次：

第一次：是一九五二年五月十一日，讲题：《我的师范学校生活》。

第二次：是一九五三年九月二十八日，讲题：《孔子对人类的贡献》。

第三次：是一九五五年五月四日，讲题：《五四运动与中国文化》。

第四次：是一九五六年十一月三十日，讲题：《象山学术思想的时代课题》。

第五次：是一九五八年十月五日，讲题：《孝道在中国文化中的地位》。

徐先生的五次讲演，可说是他生前昌言谠论之精华。因篇幅所限，仅以《我的师范学校生活》一题为例（余皆由徐先生写成专文发表，故从略），将当时讲述的经过及内容，作一追述。

徐先生在未讲本题之前，先说明他的讲演动机是依据三个观点，来回溯他的师范学校生活。这三个观点是：（一）师范学校和一般中学应该有所不同。（二）师范学校校长的学养，可以决定师范教育的成功或失败。（三）新文化运动伤害了师范教育的元气。以这三个观点为基础，徐先生开始了他的讲演：

　　我十五岁，高小毕业那年，正是民国七年七月。因为家境清寒，才投考武昌第一师范，幸被录取，遂成为一介师范生。当时我们的校长是刘凤章先生。那时他大约五十几岁，讲阳明知行合一之学，名重一时。他个人生活，刻苦严肃，外出时路程再远，从不坐人力车。冬天不穿皮袄，烟酒不沾，甚而连茶都很少饮。在他的衣、食、住、行任何一方面，都找不出丝毫浮华之习。

　　他平时教各班的"修身"（即现时的公民），教学极端认真，学生一面听讲，一面笔录，无人敢掉以轻心。星期日的上午，照例向全校学生讲授《伊川易传》，连续三小时，毫无倦色。有时利用星期日的上午，约请名人讲演。凡有外人来校讲演，他总是毕恭毕敬地站在一旁，直至讲演完毕。

　　全校有四百多学生，一律住校（无通学生）。只有星期三晚饭后一点半钟的时间，和星期日下半天，学生才准外出；但必须准时返校，因为点名认真，无人敢越时而归，其严格与我以后读日本士官学校，并无两样。会客的时间和地点，也和军事学校限制得一样的严。不准学生戴戒指、穿长袍。内务整洁，须合规定。衣服统由个人自洗。每周除两小时体操外，尚有两小时操枪（系毛瑟枪，而非教育枪）。

　　课程方面：特别注重国文，每班皆聘有两位国文老师，而且都是饱学之士。同学作文做得好的，学期终了由学校出资印书。装订、版本，都很讲究。学校共有四位学监。学监的任务很繁，尤以晚间为甚，因为禁止学生私自燃烛看书，所以查得很严。同学想夜间起来看书，是绝对不许可。

我平时对于功课满不在乎；但对于国文，很下工夫，记得在三年级时用一年的工夫，就读完周秦诸子。至如四书、五经、《资治通鉴》《昭明文选》《古文辞类纂》等，则在二年级时已统统读过了。因此，我在作文方面很自负，在班上常常是压卷之作。

三年级时，五四运动的新思潮，由北京伸入到武昌。开始时有一般新人，开一家书店，办一小张周刊，提倡白话文，打倒礼教，劝青年向前求新，不要退后保守。旧书中只提倡《红楼梦》，其余的书多被否定。他们把攻击的总目标指向刘校长，认定他是守旧势力的长城。起先，同学们一致不平，起而护卫校长、老师、道统；但过了几个月，同学中对于刘校长的信仰，慢慢地动摇起来了，觉得他确是固执而陈腐，虽还没有公开反对，而学校里的空气，一天比一天浮动。互相攻击、招贴标语也越来越多。像这类的事迹，是学校从来所没有的，于是刘校长便决然辞职离去。剩下的两年时间，打了两次大架，开除了五次学生，换了五位校长。每次事情，都有我在内。当时觉得不闹事，就不够劲，尤其是觉得当代表，出来讲演、请愿，好像是一个英雄。对于功课，哪会有兴趣，就连作文，都觉得无聊，不再执笔。

过了几年，遇着当时同学，谈起以往的故事，才知每一次事情的后面，都有人在牵线，他们都是另有目的。他们都得到出力的代价，而像我们这自以为英雄的人，只不过都是他们暗中操纵的大傻瓜。

毕业后，再经过十多年的时间，又慢慢想起我们那位陈腐的刘校长，确是一位了不起的人物。他是以宋明儒者的讲学精神，办理学校。他先要我们切切实实、堂堂皇皇地做一个人，因为知识是要人格去担当的。现在想起来他的用心，他的思想很有见地，并不陈腐。

在我最穷困的时候，他把我找去说："你的一枝笔，将来要负天下大名，还怕没饭吃，你坚忍地读下去。"这话当时对于我确是莫大的鼓舞！现在他虽已不在人世，而他的精神，他的风范，却永留人心。

从徐先生的讲演中，个人发现武昌第一师范，有许多地方和台中师范相类似。例如课程方面注重国文，而国文教师必延聘饱学之士；学生生活管理严格；学生一律住校，除星期日，平时不准外出；操行方面，以培养学生人格为首要。这都不谋而合，正因为如此，当时在场的老师和学生，听起来才倍感亲切；尤其是他的"现身说法，令人动容"，故其感人也深。其中甚多隐微含蓄之言，对我个人更有深切的启示。总之，这是一次有内涵，有寓意，而坦率的讲演。适足以达成他所预期的效果——勉励师范生，先要切切实实、堂堂皇皇地做一个人，知识是要人格去担当的。

综观徐先生在台中师范讲学，前后凡五次，总计不过五六万言，然由此却可窥其学术思想之全貌。

如《象山学术思想的时代课题》，讲演过后，全部收录于《象山学述》一文内。《象山学述》是一篇最具学术性的巨作。又如继《孝道在中国文化中的地位》讲演之后，便写成《中国孝道的思想形成演变及其历史中的诸问题》。该文长三万余言，于一九五九年八月廿四日脱稿，为一有分量，而又有创见的著作。这只要一读他的《中国思想史论集》便可了然。

至于当时在台中师范讲学，直接影响于学风士习者，犹之投石于水，悠悠荡漾，绝不限止于一校而已。

于今伊人虽已长往，而其言尚存，其将流传千古，历久而不废，亦势所必至。是则徐先生"死而不朽"，吾人诚可以断言。

一九八二年六月号《中华杂志》第二十卷总二二七

悲剧时代中一位历史人物的安息

——敬悼徐佛观教授

金达凯

一

昨晚十一时，友人电话相告，谓中央社消息，徐复观教授于一日下午五时五十分病逝台大医院，骤闻噩耗，思潮起伏，徘徊斗室，久久未能入睡。

我是三月三十一日离台返港，二十九日夜晚到他的病房去看他，并辞行。徐先生已睡熟，有鼾声，但不时惊醒，茫然凝视，又熟睡。在病榻旁照料的徐夫人告诉我，徐先生刚打过针，一时不会清醒，你有事，不必等候。等他睡醒时，我告诉他。这是我同徐先生最后一面，不料仅隔一天，即人天永别，再听不到他那诚恳的语言和对问题的深刻的分析。虽然这是人生不可避免的一天，虽然他已达八十高龄，在文、史、哲和中国问题等方面留下不少有分量的著作。但他的生命如能再延续两年，能够完成预定计划中的著述，则他对中国文化，对中国前途，当会有更大的贡献。而今他提早去世，不仅他自己心有未甘，更是国家和文化的一项重大的损失，是海内外知识分子的一重大损失。

二

　　佛观先生是我平生最受知遇的长者，是对我照顾最多的前辈。一九四九年十二月，我只身逃难来港，人地生疏，毫无凭借，处境困难，我在东华医院办理难民登记后，就搬到西环摩星岭海边的一座残破地堡住下来，并开始伏在一个纸箱上写作，一以表达个人对时代的感触，一以借此换取生活的微资。曾大胆将一篇稿子投寄到创刊不久的《民主评论》半月刊，《民评》是当时本港学术水准很高的刊物，作者是国内外一流学者，我不够资格投稿，仅抱"试一试"的心理。没想到稿子很快发表出来，更未料到不几天该刊派人找我去见面。

　　佛观先生的名字我早知道，我曾看过他在重庆时代写的文章，有一篇题目叫《汉武帝的经济政策》，但其他情形不知，更未曾见过面。当时《民主评论》的督印人名字是徐天行，亦不知徐天行其人。可是当我到《民评》办公室去见它的负责人时，才知道徐天行就是徐佛观先生。

　　同佛观先生见面，他问到我的一些情形后，就说："你的文字很简洁，文笔很顺畅，思路也很清楚，原估计你的年龄可能在中年以上，没想到你还很年轻。"又说："你如有兴趣，可到我这里来做研究工作，多看点资料，多读点书。"当时徐先生在《民评》之外，正创办"中国问题研究所"，发起人也都是国内外有名学者和专家。这样我就参加了研究所的学习和工作，先做助理研究员，不久升为副研究员，此时和我同时进入"中国问题研究所"的还有两位青年朋友，一位是郑竹园兄，现在美国一所大学任教授，已成为国际知名的学者。另一位是陈学龄兄，现在国内一重要部门担任副主管。他们都很有成就，而一无所成的则是我，实在辜负佛观先生的期望。

参加"中国问题研究所"不到两年，我同郑竹园兄被调到《民主评论》担任编辑。当时总编辑是新亚书院教授张丕介博士，后来张教授课忙，而佛观先生又迁居台湾，并先后在省立农学院（中兴大学前身）和东海大学任教。于是编辑和日常社务就由郑兄和我两人负责，到一九五九年，竹园兄赴美深造，这个刊物就由我一人来撑持，编辑、校对、发行、杂务等"一脚踢"。在此前后期间，对本港自由文化出版界逐渐熟悉，除《民评》外，还常为《自由人》、《自由阵线》、《祖国》、《香港时报》、《天文台》、《亚洲通讯社》、《中外画报》等报刊撰稿，又曾为"自由出版社"和"友联出版社"写过八九本小书。这是个人在港流亡生活中最忙碌的一段时期。

到一九六七年，大陆"文革"扩大，本港亦有动乱趋势，佛观先生顾虑到我的安全问题，来信嘱将《民评》暂时停办，要我入台，并介绍我到台中市一所公立大学任副教授，他同学校已经讲好了，不过在形式和手续上须请本港另一位前辈先生写封推荐信。但这位为我所敬重的另一前辈先生因为课忙，把写信的事拖延了下来。后来佛观先生又感到在台中看有关资料不方便，能居住台北较好，就再介绍给世界新闻学校成校长。成舍老亦为我尊敬的长者，他在香港主持《自由人》时，我写过稿，对我较有印象，所以很快就收到世新寄出的专任教授的聘书。当时世新创办不久，经费还有困难，专任教授不多，而对我如此厚待，一方面固是舍老对后辈的提携，一方面也当是由于佛观先生的力荐。

此后我就在台湾居留下来，也逐渐扩大了教学领域，在世新教了五六年后，再受聘到其他国立大学任教。

但我到台湾不久，佛观先生又离开台湾，重来香港。这次佛观先生之离台，是因为他同另一位做过汉奸的教授梁某发生文字纠纷所引起。梁某原任职《国语日报》，佛观先生担任东海大学中文系系主任，邀聘他到东海教书，后来并推荐梁接任中文系系主任。但梁某竟恩将仇报，极力排挤徐先生，在校内散播谣言，散发传单，在校外化名撰文攻讦。此时有人抱不平，指证梁某在华北曾做汉奸，并应征日本特务机关之征文而获奖，原文已找出，于是引起刘心皇、赵滋蕃诸兄之撰文揭发，徐先生自亦为文批判。而学校当局为避免麻烦，不问是非曲直，令二人同时退休。于是徐先生只得再回到海外，在中文大学和新亚研究所任教，并恢复在《华侨日报》撰文维生之生活。

三

前年八月间，佛观先生感到身体不适，到台北台大医院检查，发现是胃癌，经过切除手术，情况甚好。后曾到美国检查，亦未有任何病征，遂回到香港休养。但回港后，未有充分休息，仍继续进行教学和研究工作，继续撰写各类文章，也许工作量超过体力的负担，降低了身体抵抗力，于是造成癌细胞的扩散。

去年七月底，我来香港，佛观先生亦自美归来，相见时，他颇为高兴，主张我留在香港。并且不顾旅途之劳顿，请我同内子在外面吃饭，还请几位朋友作陪。他本人食量很好，同时还是那样健谈，不像经过大手术的样子，我们都感到高兴。以后每周到九龙美孚新村他寓所去看他一次，告别时他总要亲送到巴士总站。过马路时，步履轻快，不用手杖，没有大病之后的衰颓现象。

今年一月二十日我由港回台，头一天到他寓所辞行，还是照样送到车站。我感到佛观先生一生经过不少困苦挫折，生命力坚强，文章和言谈中总有一股豪情胜概，大概可以逃过这次病厄，克享高龄。

但到二月八日，突接到徐夫人的电话，说徐先生已到台大医院。我到台大病房时，徐先生虽躺在病床上，而精神仍然甚好，声音仍很洪亮。李正中先生问他是否胃部旧创复发？徐先生还笑着说："不是胃部，胃如有问题，那就完了。"指出是背部发痛，后来医院用钴六十照射，没有什么效果，而两腿突然瘫痪，病情逐渐沉重，声音逐渐低沉，见到老友，眼中现出泪光，我们也有不安的预感。

二月十五日，他写一首七律，发表在《中国时报》上，我当即和了一首，送给他看。他仔细看了之后，连声说"谢谢"。以后每次去看他时，总同我谈问题，谈到台北举办世界女垒赛问题，谈到中共如果派队参加比赛的问题，意见都非常深刻。并问我："出院后，是住台北好，还是回香港好？"我劝他留在台北，因为徐先生比较喜欢热闹，台北朋友多、学生多，而且医疗也方便些。他点头表示同意。

三月三十一日我要回港，二十九日去看他，原准备告诉他，我在四月底和五月初再回台北，再来看他。他却在熟睡中，未有谈话。我以为此病虽无痊愈希望，但以他的坚强的生命力，当可拖延一段时间。不料我三十一日回港，四月一日他就去世，一日之隔，人事已非，似乎是去得快了一点。

四

佛观先生在学术上是成功的，他在中国思想史、艺术史、文学史、政治制度史等方面研究的成绩，要超过同时代同辈份的学者甚多。他的锐敏的观察力、判断力，深刻的分析和批判力，绝不随波逐流、人云亦云的独立精神，亦非其他文史哲学者所能及。

二月二十一日他在病榻上用笔记本写下几段话：

> "做学问不怕错，只怕不肯认错，更进而以讹掩错，此乃我国知识分子之死结，学术中之死结。"

> "无真实国族社会之爱，即不可能有人类之爱。无人类之爱，则心灵封锁鄙恶，决不能发现人生。此种人，此种作品，皆与文学无关。"

> "惟沉心静气，不轻被浮名浮利所扰动者，乃能进入学问之门，步步开扩，步步上进，诸君勉之。"

> "做学问不怕慢，只怕不实。治中国哲学者，应以一步登天为大戒。"

这些话，乃是他一生治学经验之所得，值得后辈学者的注意与参考。

佛观先生的心地是光明善良、坦诚直率的，对任何没有私心，不记仇恨。他生前虽与多人有过文字之争，但转眼间可以与人恢复和好。如殷海光先生与他有过文化问题的争执，但一闻殷患病入院，即去慰问，并送医药费；与鲁实先先生有过争执，但最后又成为好友；甚至梁某如此不择手段对付他，但梁到了美国，写信向他表示歉意，寄稿件请他在港介绍发表，他即照办，不记前隙，直至梁某进入大陆，始停止通信。

佛观先生生前热心帮助他人，爱护学生，每尽力之所及。所以常有很多学生，围绕在他的身边。即如每次住院，总有学生自愿自动来担任看护工作，担任守夜的工作，其中有不少老学生，已取得博士学位，担任国内外大学教授者，在他面前，诚悦地以师礼事之，始终保持深厚的师生情谊。其尊敬和亲切的程度，不亚自己的子女。这是一般老教授所不多见的事情。

佛观先生绝不爱钱，虽然他的生活并不好。他办《民主评论》时未支一文待遇，未拿一分稿费，还常常补贴钱用。住台大医院时，除了《中国时报》余纪忠先生因系他多年老友，对他有所照顾，他未拒绝外；其他有表示送医药费者，他绝不接受，连我这样的关系，想送点医药费，他都严峻拒之。中央文工曾周主任、应龙先生去看他，送新台币五万元医药费，他不接受，定要叫朋友送还。后来大家劝他，暂时收下，等他出院后，再捐给慈善机关好了，稍后果捐作文化基金。

总之，根据我多年来追随佛观先生的体认，他的人格、学格是完整的，他坚持真理，善恶分明，对中国历史文化、孔孟儒学，对自由民主，始终具坚强的信念。认为中国未来之统一，必须以传统文化、民主自由为基础。以尊重人性、理性，改善人民生活，放弃极权专制制度为前提。他的宏论卓见，和他那铿锵有力的文章，今后再也看不到了，只在世人的心灵里留下不可磨灭的记忆。

最后把佛观先生卧病台大医院时写的七律和我的韵抄在后面，来表示个人沉痛的哀悼。

（一）徐佛观教授住院遗作

中华片土尽含香，隔岁重来再病床。

春雨阴阴膏草木，友情默默感时光。

沉疴死死神医力，圣学虚悬寸管量。

莫计平生伤往事，江湖烟雾好相忘。

（二）敬和佛观先生卧病原韵

雄文巨笔吐芳香，为国驱驰屡废床。

辩伪求真曾沥血，残冬去腊又春光。

尼山仰止方圆外，沧海焉能寸斗量。

愿乞天公增福寿，修成经史世难忘。

一九八二年四月二日于香港

复显天地灵心，观察古今大道

——徐复观老师周年祭

侯家驹

　　复显天地灵心，亲沐在春风及冬阳以内；观察古今大道，献身于学术与政治之间。

　　这是去年先师徐复观先生去世后我敬挽的一联，下联是简述先生志业，上联是略陈亲身感受。

　　先生来台后，执教于台湾省立农学院（中兴大学），先教国际组织与现势，一九五四年改教国文，计授农艺与植病二系，我是于该年进入农艺系，有幸受教，因为次年，先生就赴东海执教了。

　　先师的国文教材，以儒家思想为主，有四书，亦有《明夷待访录》，在上课之中，先师常提到他的老师熊十力先生当年治学轶事：当时穷得在夏天只有一条裤子，只好夜间洗涤，次日再穿；用功吐血，几思辍学，但念及"朝闻道，夕死可矣"，憬然而悟，继续贯彻，卒成大儒。

　　先师文字虽咄咄逼人，但为人实甚谦逊。鲁实先先生当时教森林系的国文课，先师就时常赞誉其古文造诣。而且，先师亦勇于承认自己过失：一次讲述杜甫的《石壕吏》诗，将最后两句，"天明登前途，独与老翁别"释为老妇与老翁话别，有位同学问问，老妪既已"请从吏夜归"，如何再能话别？我当时竟然冒昧地代答："是作者独与老翁别。"先师不以为忤，坦承自己讲错，认为我的说法是正确的。甚至晚年，世人盛称其对儒学贡献，而目之为新儒家，但先师常说："我只不过是把儒家的民主精神略加解说而已。"并常自谦"就学问言，自己只是小学程度"，但又自豪地说："很多'名人'还在幼稚园里。"

东海大学成立，先师移居山上，我仍常登山访谒，读研究所时，更常于星期假日骑自行车上山，有一天上午上山，知先师去台北检查身体，但师母以坚决口吻说："一定会回来吃中饭。"先师果然准时到家。是日牟宗三先生夫妇亦来，原来那天是师母五十大庆。由于伉俪情深，师母坚信老师一定于午前赶到家，当时交通远不如现在便捷，能于十一时许赶回大度山上，可知先师当天在台北起身绝早。

一九八〇年夏，先师来台大医院治癌，出院后移居林肯大厦，我每周都去医院及新居探望。他返港后，写给我一封信——我素无保存信札习惯，但此函拆阅后顺手夹在日记本内，成为手头持有的先师唯一手札，今后当什复珍藏，该函内容如下：

家驹：

这次卧病台北，承你多次探问，情谊一如你求学之时，心中万分感念。同时看到你由不断的努力，已渐取得学术上应有的地位，更万分佩慰。我于十月十一日返港，体重仅九十磅。现已稳定在一一〇磅左右，生活亦渐恢复正常，但仍以食半流质为多，不能劳累。此病须继续治疗，而香港医药水准太差。今后行止问题，殊费考虑耳。翁同文先生数次存问，见面时望以鄙况转告。

　　顺祝

俪祺

　　　　复观启　一九八〇年十一月八日

　　函中所云"香港医药水准太差"，不幸言中，先师去年旧病复发数月，但香港医师一直以风湿痛等病症治之，以致拖延到进台大医院时，已使群医束手。我闻讯后，每周探望一次，最后一次，见门上除"谢绝会客"木牌外，还写上两行字，意谓探视心感，但恐打扰病人，不得已而挡驾。所以，逡巡数次，不敢擅入。如此半月余，正拟决心"擅入"，却不幸传来噩耗。我很少午睡，除非极端疲乏，四月一日颇感疲劳，上床午睡，但心神不定，一下午竟不能入梦，夜间亦是如此，不知是否为先师易箦之时尚忆及此不肖弟子？

　　　　　　　　　　　　一九八三年四月一日《中国时报》

　　　　　　　　　　　　　　　　　追　怀

经师与人师
——念徐复观先生

刘述先

    听到徐先生逝世的消息，虽然早就知道他的癌症已经入骨，无药可治，心中仍感到莫名的哀痛。

    徐先生最后写的一篇大文章是有关程朱异同的问题。这篇文章是为今年七月间将在檀岛举行的国际朱子学术会议写的。徐先生写得很长，约有四五万字左右，有一百儿十条脚注，可见徐先生是用了心写这篇文章的。去年十二月中有一晚逯耀东兄请徐先生夫妇，我们有幸作陪，尝到耀东兄嫂精心配制的菜肴。入席之前，徐先生把安云叫到一旁悄悄密语，回家以后才知道徐先生是要安云向我提提看是否愿意翻译他的文章。安云是东海大学第一届的毕业生，一向和师母最投缘，师母为人最是难得，朴实大心，几乎把安云当作自己的女儿一样看待，给予我们很多的温暖和爱顾。本来徐先生的文章多由他的及门弟子翻译，但这一次不巧的是，杜维明也入院就医，文章的性质比较专门，找不到适当的人翻译，只有来找我。本来以我们的关系，他只要开一声口就得了。但他顾虑到我的教学行政工作繁忙，我自己也要提一篇论文交国际朱子会议，限期在二月底，时间紧迫，很不愿意增加我的负担，亲口向我提，又怕我不好意思拒绝。我立即复电话给他，可以担任翻译的工作，实在这也是义不容辞，责无旁贷。他虽然高兴我愿意做这件事，但还是几次三番地说，这太不近人情了。我要他文章赶写出来以后，即刻邮寄给我，由于文章太长，我要他勾出一部分可以不必译出者。他说自己不容易对自己的文章下判断，处处舍不得割爱，要我斟酌全权处理。后来文章寄到，他要我只翻译一篇简短的节要好了。但这是百年难遇的一次国际学术会议，以徐先生的声望地位，绝不能草率从事，决不能让西方学者根本看不到他思想的基本论点的特色和文献上的根据。故此我只有擅作主张，根据徐先生原有的思路，却把文章的组织重新编排，轻重之处略加改易，译文打字出来差不多有二十多页，正合国际会议之用。本来我打算翻完之后去找徐先生详为校正而后定稿，哪知这竟成为一个无法实现的愿望。过旧历年时我们去美孚新村给徐先生夫妇拜年，他谦说他一向少用心在宋儒方面，近来翻查文献，才真正着实掌握到儒家"为己之学"的线索，渊源一直溯回到孔子的《论语》；可惜写《程朱异同》一文，由于时间匆促，不能把新掌握的最重要的材料完全放进文章里面。他问我对于这篇文章的观感，我坦白地点出，有些章节标题和文章内容扣得不够紧。他不只不以为忤，反而称赞我看到了问题，当时撰文为了证实自己的论点所以征引不厌其详、务尽其曲折之处，大的线索反倒不够明朗；而我在翻译、删节、改写的过程中就不必受这样的限制。二月间新亚书院钱穆讲座请美国哥伦比亚大学狄百瑞教授来宣讲，狄百瑞教授也是朱子大会的主事人之一，院长金耀基兄本来想请徐先生夫妇过来一叙。二月七日晚我忽然接到徐先生一个电话，声音有些沙哑，他说最近曾经昏厥休克一次，明天如果买得到机票，即飞台湾去检查，他说只怕他这次没法子赶回来与狄百瑞教授见面，并要我把译好的论文即寄交朱子大会的主事人陈荣捷教授。我当时并没有警觉到事情的严重性，只以为他过劳，过年时他就老埋怨肩胛痛，希望他检查出病因，好好休养一阵，同时我一向不喜欢迎来送往，所以也没到机场去送行，哪知这样竟成永诀，成为毕生恨事。二月十二日徐先生的长公子武军兄打电话来，谓检查结果情形不妙，医生说或者可以有三至六个月的寿命，并主张不用药疗，只以减免病人的痛苦为是，并要我与信去美国说明不能参加大会的原委，闻之不觉黯然神伤。本来我们计划一同去檀岛，我把译文留住并未寄出，总盼能得徐先生亲自订正，方为妥善。这样我即写信寄稿给陈荣捷先生，说明徐先生与会机会不大，并建议文章既为大会而写，仍应在大会宣读，并在异日发表，让西方学者有一机会了解徐先生对这个问题的见解。陈先生来函，在心情上也感到难过，并谓大会宣读论文没有问题，发表的事也和其他论文一样处理，不因徐先生不能到会而有任何改易。我以后辈的身份和徐先生相交二十多年，多受徐先生照顾，绝少有机会为徐先生尽到心力，不意徐先生最后一篇大文章等于是托孤在我手上，也算是一种特别的缘分。在这篇文章之中，徐先生由为己之学的线索讲先秦儒学与宋明儒学的关连，这是颠扑不破之论。徐先生讲程子的一层世界与朱子的二层世界（形上、形下）的对比或者不必人人可以同意，但他提出了理论和文献的根据，可以供学者攻错参味之用。

再回溯最初与徐先生结识与多年来交往的经过。在大学毕业时（一九五五年）写了一篇有关语意学方面的长文，由父执牟宗三先生拿去在香港的《自由学人》发表。徐先生看了以后大为激赏，即约我为《民主评论》写一篇有关《语意学与真理》的文章，对于当时流行的逻辑实证论的看法有所检讨与批评。从此，我经常为《民主评论》撰稿，一直到杂志停刊为止。一九五八年我在台大取得哲学硕士学位，毕业时由于少年狂妄，留在母校执教的机会几趋近于零，正不知何去何从，却及时接到了东海大学的聘书，讲授逻辑，有关人文学科的通识课程，真是意外之喜。后来我才知道，初出茅庐的我是和大名鼎鼎的殷海光先生竞争，是由于徐先生伙同牟先生一力主张提拔新人，这才使我得到了这一个宝贵的机会，从此得以跻身学府，一生从事教学研究的工作。如果不是徐先生的推荐，想来一生的命运前途必定全盘改观，可以断言。我对徐先生的感念只此一桩，便足以持续终生了。

我初入东海时，就有流言传说徐先生找了个年轻打手进来，但我只潜心研究与教学之事，心无旁骛。徐先生与人打笔墨官司，向来是独来独往力敌千军，从不找后辈帮腔，而且他的文章必有对象在心目中才写得精彩。我也从不轻易依附徐先生，有时还不免有些不中听的言论。譬如我写《中国人性论史》的书评：徐先生对许多问题的分析十分鞭辟入里，我很得到这部书的益处，但是序言中对中央研究院的攻击是完全不必要的，可能徒然激起读者的反感以致不肯开卷读下去，岂不是读者以及作者的损失。我就率直地表示了我的意见，徐先生当时为之默然。第二天黄昏他散步来找我聊天，他说他想了一夜，还是不能照我提议的把那句话删去，因为他如果不写，简直就没有人敢去触犯傅孟真这一帮人的权威，这样我还有什么话可说呢？另外一次，正当如火如荼的文化论战快利尾声之时，香港的大学杂志特约我写一篇报导，我把我自己对各方面的言论与表现的观感如实直书，对徐先生也有一些不敬的描写。他看到文章之后十分怄气，但也只轻描淡写地说一句，你何必要写这样一篇文章呢。后来他发现徐高阮先生也不赞成这篇文章，他才笑着对我说，高阮先生也不以你为然呢！但我觉得自己的词气虽有些孟浪，实质则没有错，并不肯接受两位前辈的批评。由此可见，从外表看来，徐先生的气那么盛，文笔那么锋利，素不轻饶人，对于我这么一个不知好歹的后辈却那样地曲加优容，后来我自己痴长了几岁，才知道徐先生那样做克己的功夫，是多么的不容易，而这是只从浮表去看徐先生的人所看不到的面相。

从外面看来，徐先生性格冲动，容易打笔战，但他心量大，更容易宽恕人，而每不为人所谅，记恨报复，吃了许多暗亏。

除了对于提携后进不遗余力以外，徐先生对自己的学生更是照顾得无微不至，简直胜过亲生的子女。我有时看不过眼，觉得他宠爱学生，有些太过分了。他说你出身名门正派，不知道一个人孤单的苦处。所以他要在同学中间培养一种兄弟的情谊，互相亲爱照顾。东海前几届的同学人才辈出，在海外多保持密切的联系，和徐先生在同学身上所用的心力与工夫，显然有一定的关连。其实台大的人如散沙一般，我自己出身台大，当时就回不了台大，可见学校出身不太相干，问题在有多少教师肯把自己的心血这样用在栽培下一代的学子身上。徐先生的性格自有它的复杂面，但也有它极单纯的一面。看他对夫人数十年如一日的感情，对子女的爱心，对年轻人的爱护，对一般黎民的受苦想到悲伤处就坠泪，他是一个充满了爱心和热情的人。

我一九六四年出国以后，一直流寓海外，到一九七一年趁休假之便回香港新亚书院访问，此后十年之中，一半时间在美国，一半时间在香港。一直到去年八月才决定在中文大学长住下去。

徐先生在东海退休以后也移居香港。由于住所隔离得远,平时也不容易见面,但见面必畅谈,畅谈必尽兴,学术文化国家大事,无话不谈。每次聆教,徐先生总有许多新的意思,使我获益良多。同时来徐府登门就教者,不只有白发苍苍的学者,尤其多的是慕名而来的青年人,包括一些过去的红卫兵在内,徐先生都可以亲切地和他们建立思想与精神上的交通。同时他的精力过人,一面写学术文章、剖析入微,立论不断有新的创发,一面写政论,下笔如刀,说话不怕得罪当道。他的精神永远不会僵固,他去台就医,偶尔在时报上见到他的消息,身体那样痛苦,还是一味以学术文化为念,勇毅如此,不能不令人佩服。

就学术的造就上来说,徐先生照顾的范围那样广阔,中国的思想、文学、艺术、"学术与政治之间"、政论,实在令人难以一概而论。他的灵感特别多,引起的争论也特别多。他的结论不一定人人同意,但他逼着人去思想,这是他最大的贡献。他早年从军、从政,经过如详细写出来可以涵盖大半部民国史,中年以后才专业学术文化工作,但不多久就已经脱颖而出,真有一种点铁成金的手段。他搜集材料的功夫勤,但更重要在头脑运思的灵活与分析的锐利。有一次他自负地说,为学最重要是方法,拿到了方法,就好像手执一把锋利的刀触物迎刃而解,始可以无往而不利。由于他的范围广,偶尔有疏漏处,但他的见地总是超人一等,经过他的切磋,往往可以得到一些全新的视野。虽然徐先生的造就是多方面的。但我觉他最启发人的还是他近年来对汉代思想史的研究。一些纯书生学者往往不必能道出汉代思想的真相,因为这个时代的思想实在太复杂了,但徐先生以他丰富的现实的经验就能看到人所见不到的角度。他特别能看到那些现实上受到迫害的人像太史公、淮南王刘安一类人的怀抱，而能够挖掘出此中含藏的微言大义；他讲传统政治所牵涉的问题最为深刻。徐先生在学术上的野心是要别觅蹊径，自创一格，我想他是完成了他这样的愿望的。他是在义理与考据之间建造了一道桥梁，他能够见到只有义理或考据单方面训练的人所见不到的视野。写完《汉代思想史》的三大卷，我想徐先生应该是没有遗憾而去了。诚然天假以年，他必还可以在别的范围之内有更高的造就，但光就他所成就者而言，已经足够成一大家，绝无疑问的了。老一辈的学者逐渐凋零，年轻一辈学人或者有别的长处，但决没有老一辈的古典训练，徐先生这样的人才更是难得，未来对于中国思想的研究只怕也不容易再形成一种风气。此所以我为徐先生的过世而哀，也为中国的学术思想界志哀。

敬撰挽联曰：

文章纵横，笔锋锐利惊鬼神；
性情流露，血气翻腾念邦家。

一九八二年四月十八日《中国时报》

我的老友徐复观先生

杨　逑

……前不久，我才在一本杂志上读到徐复观先生的一篇文章。文章的题目是"从哈哈亭向'真人'的呼唤"。文章一开头就这样写：

> 二十岁左右初到上海，和朋友逛"新世界"游乐场，给我印象最深的，是进门不远的"哈哈亭"。
>
> 亭壁上安放好几面镜子。有的把人照得特别长，长得像一根电线柱；有的把人照得特别矮，矮得像一个矮冬瓜；有的把头照得特别大，身特别小；有的又把头照得特别小，身特别大。

接着，徐复观先生指出，尤其在一个没有政治自由的地区，统治者必然运用哈哈镜，把自己变得非常伟大，把别人变得非常小。同时，也自有一些自甘于变形的知识分子，共同制造哈哈镜的人生、哈哈镜的知识和言论。

徐复观先生从而举出庄子的"真人"的概念来，期待有真人、有真话、有真心的世界。徐复观先生说："由反民主，非民主，走向民主的过程，也可以说是争言论自由的过程；争言论自由的过程，即是争说真话的过程；争说真话的过程，必然要迫进到庄子所要求的做一个'真人'的立场……"

徐复观先生的意思，是说知识分子不要为了眼前的小利害，做假人，说假话，使自己变了形状。徐复观先生要我们做一个庄子所说的"真人"。

现在来看徐复观先生的为人，来看徐复观先生的言论，我们可以说，他自己，已经先做到了"真人"的地步。

我和徐复观先生的交谊，开始在他即将离开东海，在东海的最后几年。他常常和徐太太，散步来到我的花园。很自然的，我们成了朋友。

我是个殖民地的儿子。在日本帝国主义的阻断下，在我少时的读书生活中，固然也读到过中国历史名人，例如孔子、岳飞、文天祥一类的故事，但那毕竟是出于日本人改写后的东西。对于中华文化，我和绝大多数当时"新式"知识分子一样，所知不多。

就在和徐复观先生，在花园里一边劳动、一边聊天的时候，从徐复观先生那儿，我才知道了更多、更深的中国的传统思想，使我获得很大的启示。

后来，有一次，《大学杂志》要开一个座谈会，主题是"日据时代的台湾文学"。当时，我因有一些生活琐事，未能参加，于是写了个书面意见，寄去发表了。

徐复观先生在香港看到《大学杂志》上我的发言，写了一篇《从一篇座谈会记录引起的回忆》，用无限的友情、感慨，回忆了我们在我的"东海花园"里的一段交谊，写的就是这一段时间。在文章中，他称我为逸人、高士、真人，则是他对我溢美之辞了。在这一段时间中，他教会我很多事情。有一次，我实在情不自禁，叫了他一声"徐老师"。不料，他大为惊恐，坚决表示不敢接受我对他的敬意。我费了好多唇舌，告诉他人各有所长，若论莳花的技艺，我当时已有二十多年经验和知识，徐先生要学，就要称我一声"老师"（笑声、掌声）。徐先生这才不那么用力反对。

当然，在我们谈话中，也有些不同的意见。当时，他来了，看见我在劳动，就随手搬个石头，在我身边坐下来，天南地北地谈论。气氛一直是坦诚、友爱、互相关怀的。话题，是无所不包，包括一些问题，套现今的话说，包括了一些"敏感问题"。

小时候，我到日本读书。在日本军阀猖狂地企图向中国用兵的时候，日本内部一些有良心的日本人，发动游行示威，反对当时田中（义一）内阁意图侵略中国。

我，一个台湾殖民地的孩子，也参加了这个反战和平运动。我反对日本人侵略我的祖国。（掌声）

后来，回到台湾，也一直为将台湾从日本帝国主义下解放，和许多朋友，一块工作。七七事变发生，日本统治者旋紧了统治的螺丝，开始了严酷的高压政策。这时候，我停下一切活动，开了个花园农场，称为"首阳农场"。"首阳"的反抗意义，是不言可喻的。（掌声）。

不久，台湾光复了。我把花园的名字改为"一阳农场"。一阳光复嘛！（掌声）

就在光复前不久，我和一些朋友，排演了我的一出戏，《怒吼吧，中国！》在那个日本侵华战争濒临败亡的时刻，在台湾的日本人当中，在日本官员、文化人、记者当中，出现了不少厌恶战争、反对日本军阀战争政策的人们。《怒吼吧，中国！》获得了他们的同情和支持。当时一个负责台中地区日本特工工作的田岛大尉，也同情了我们。不但批准第一次用日语演出，甚至也准许用台语排练演出。

《怒吼吧，中国！》里头的影射，是十分明显的。（原编者按：在七七事变以后的台湾，政治空气极端严苛化，许多台湾作家，除了少数一些甘于歌颂日本"决战体制"者外，不得不保持沉默。但杨逵先生居然懂得利用日本当时反英美同盟国的政治立场，以中国鸦片战争为背景，描写中国人民反对英美帝国主义的压迫与毒害，起而怒吼的故事，写成《怒吼吧，中国！》。该文最近已发表在《大地文学》杂志第二号。）

《怒吼吧，中国！》的台语版还正在"翻译"，还正在排演，就在那年八月十五日，日本天皇宣布日本投降。

民国三十八年，我同一些外省籍文化人常常讨论：二二八事变所造成的本省人、外省人之间的鸿沟，应该填平起来。我于是写了一篇《和平宣言》，主张先从台湾文化界做起，把当时台湾的文化界，不论省籍，用"台湾文化联谊会"的组织，开始彼此的理解、沟通与交谊，先由文化界展开民族团结，一步步弥补二二八事变所造成的民族创伤。

不料，我却因此被政府逮捕，判了十二年徒刑，被送到火烧岛去。其实，我只是延续我青年时代所信守的和平主义罢了。

在火烧岛，囚舍背后的山腹，写着"信义和平"四个大字。每天，我看见"和平"两个斗大的字，我就想：我竟是为了中国人中间的和平与团结来这里的！我曾经为了使台湾从日帝支配下解放，奔波半生，虽然并不是了不起的事，但总也是为了人类的和平。为了人的相爱、相互间的和平，却有艰难的遭遇，这成为我心中无从解开的疑结。

上面说，我在花园中同徐复观先生谈到过一些"敏感"的问题，其中就有这一点。徐先生听了我的疑问，只是摇头、苦笑、叹息，却不曾说话。但是我知道，在他那无奈的、忧苦的笑声和叹息中，他对于我坚持中国人之间应当和平这个想法，是支持的、同情的。

　　徐复观先生究竟是为什么离开东海，我不明白。我想过，会不会因为他常常爱到我的花园来聊天，才逼走了他？我不知道。但是，我知道他晓得我喜欢喝酒。有一回，他家中有好酒，本来想邀我到他家共尝的，后来终于也作罢，理由是：他担心把我邀到他家，彼此会有"麻烦"。

　　又有一次，他来园里，看见我手头拮据，热心地要为我招个互助会，却被我婉谢了。那以后，有好长一段时间，他不再来花园。直到有一次，在台中街上看见我，他跟我说，他所以许久没到花园来，是因为有人就此打他的"小报告"。

　　他和我们大多数人一样，是有委屈的。现在他不在了，我们明明可以看出，他是个不肯在委屈中使自己变形的人。我的朋友徐复观先生，是一个"真人"啊！

沧海悲桑田

杨　逵

　　二月十七日傍晚,《中国时报》人间副刊的朋友打电话来告诉我,徐复观先生再度住进台大医院,并说癌细胞已扩散了。我听后一阵惊愕,和朋友约好第二天同到台大医院去看他。

　　当天夜里,我找出复观先生在一九七五年《大学杂志》八十一期写的一篇文章《由一个座谈会记录所引起的一番怀念》来重读,再度感受到他对朋友的仁慈、厚爱,也看出他对世间的不平、人类的苦难,永远是怀抱着那么大的同情和鼓励。他这篇文章,是因为读到前二期《大学杂志》所举办的一项日据时代台湾文学座谈会,当时我没有从台中到台北参加,但寄了一份书面意见去给他们发表,复观先生看见后,马上写了那篇文章给《大学杂志》,回忆他在东海大学教书时和我的一段交往,当时复观先生已经移居香港有一段时间了。他在这篇怀念我的文章里,畅述我们在山野中的偶然订交,最后转以书信体的语气说:

　　　　我想借此机会问候杨先生:您的花圃还在继续垦植吗?您和您太太的身体、兴趣还是和过去一样健快吗?您已经各自成家了的子女,一定都过得很幸福。至于我,也和唐小说中的程咬金一样,每被人打倒在地上时,一闻到土气,便又活转过来了，所以不会被人打死的。当然，认识阎王爷，差无常来请，又另当别论……

重读他这篇文章，我确是有无限感慨。一九六三年，我借贷在东海大学对面墓地旁买了一块荒地，和家人垦荒种花。复观先生和他的夫人常在晚饭前后，从东海大学宿舍走到我的花圃附近散步，和我们不拘小节地闲话家常。我受的是日文教育，那时国语说得不好，对中国传统文化认识不深，而每和复观先生闲谈，总是有很多受益。

复观先生不仅和我们一家人做了朋友，后来还和我的孙女杨翠也做了朋友。一九七六年，我的《鹅妈妈出嫁》中译本出版，在序文里提到杨翠在学校参加演讲比赛，题目叫《这是卧薪尝胆的时候，不是享受荣华富贵的时候》，我把这本书寄到香港给他，他很快写了一封信给杨翠，赞扬她的讲词写得好，对于演讲题目所阐释的时代背景，尤其赞美有加。他在信末说："徐伯伯的看法，和你是一致的！"我读了他那封信，十分感动。当时他可说年高德劭，在学术界地位崇高，而杨翠不过是一个中学生。他这份对后辈真挚的情怀，和他一辈子对学术、对真理钻研的热情应是无分轩轾的。

去年九月，复观先生回台大医院开刀，出院后我曾去探望他。当时他身体还很虚弱，但殷殷垂询我家人的近况，对他自己的文章志业也侃侃而谈。"我还有两三本书要写"，他对我说，"如果老天还能给我两三年，那就太好了"。

二月十八日下午，我一走近他的病床，他拉着我的手说："还能活着和你见面，真是太幸福了。"他拉紧我的手，泪水溢满眼眶。

追 怀

知道我现在住在大溪协助大儿子经营花圃，他又说："希望我还有机会到你那儿去看看花，哎，只怕是没有机会了！"我是拙于言词的人，那时除了伤感，竟连一句安慰的话也说不出来！

我是用小说表达对人类、对时代、对人生看法的人，复观先生则以他的学术研究和论述，对政治、文化、人类处境不断提出质疑和抗辩。我们采用的表达形式不同，但追求真理与理想的心意是相同的。人天永隔了，我相信他在天上会同意我这番话的。

一九八二年四月二日《中国时报》

敬悼徐复观先生

蔡仁厚

一

在学术界嶙峋峥嵘、至老不衰的徐复观先生谢世了。他八十年的生命，一直是元气淋漓、虎虎有生气的。他是真人，也是真儒。

自一九四九、五〇年起，我常读到徐先生在《民主评论》上的文章。而亲接颜色，则在一九五六年秋冬之际。那时牟宗三先生由师大转到东海大学任教，有一天我陪牟先生从台中上大度山，候车之时，有一位五十开外、目光炯炯、身穿深灰色风衣的先生走过来，经牟先生介绍，原来就是徐先生。徐先生的口音是鄂东腔，和江西九江的口音相近，我大致可以听得懂。以后，我每到东海拜谒牟先生，也总有机会敬聆徐先生的教言。

一九六〇年秋，牟先生应聘到港大讲学，徐先生仍留东海。次年我转到台中一中任教，常能上山拜候徐先生。一九六七年春，徐先生应约赴香港新亚书院作短期讲学，要我接替他在东海中文系的论孟课程。一二年后，徐先生站在国家民族和文教学术的立场，揭发一个文化汉奸的谎言，受到不公平的处理而离开东海。如今事实证明，那个惯于投靠者的本性始终不改，竟又投共去了。

我常常感到，人事上的是非虽或一时不明，但到最后，"事实"总会出来说话的。

徐先生赴港以后，我也转到华冈教书，在北中道上连续奔波了九年。这段时间虽也常能读到徐先生的新著，但总愧疏于通函请益。前年八月，徐先生返台参加国际汉学会议，之后住台大医院作健康检查，我和王邦雄、曾昭旭、杨祖汉三位正在台北参加一个座谈会，特提早离席前往探视，徐先生询问了《鹅湖月刊》的近况，并期勉大家要对文化学术作更大的努力。去年一月底，徐先生从香港来快信，说要推荐我去参加今年七月在夏威夷举行的朱子国际会议。此前三日，我自己也已接得会议主席陈荣捷、狄百瑞二位教授具名的邀请函，所以赶快回信请徐先生改推荐唐君毅先生的学生出席。至于牟先生，则辞谢了大会的邀请，不拟参加。数月后，又听说徐先生赴美再作身体检查，情况更好，大家都感到很欣慰。

今年二月十二日晚上，东海中文系薛顺雄教授忽来电话，说徐先生住进台大医院，并说徐先生托他带回朱子会议的论文，题目是《程朱异同》，准备先在《大陆杂志》发表，要我再校对一次。十五、十六两日，我本要参加鹅湖月刊社举办的哲学论文研讨会，便电话杨祖汉君约请鹅湖诸友于十四日下午四时一同前往探问徐先生。

我和东海哲学系同事陈荣灼、尤惠贞两位同车北上，当我们到达医院时，祖汉、邦雄兄，还有远道从香港来的廖钟庆、岑溢成两位也到了。徐先生躺在病床上，徐夫人因前一日扶持徐先生作检查闪了腰，躺在另一张床上。我们趋前致候，徐先生和大家一一握手道谢。我将论文送上，并说明校对的情形。徐先生说，我的讲法恐怕和牟先生的不同，你也未必同意吧。我说，徐先生的大文，发挥儒家为己之学的义旨，真切有力，我读了很感动。至于对程朱学术异同的讲法，则属于客观的学术讨论，这也是徐先生一贯的精神，我们都了解，也很钦佩。大家又问了些医疗的情形，也请徐夫人保重。徐先生看看夫人，又看看大家，说，我怕是不行了，以后要靠各位努力了。这语带悲恻而又真诚流露的话语，是令人不忍的，也是使后辈感愧而激动的。如今老成凋谢，虽说典型犹存，但学界后起者的责任，是越来越沉重了。

二

徐先生在学术上的成就，学界早有公论，亲炙于徐先生的门人弟子也将会有充实而周详的叙述。在此，我只略述自己的一些感想。

在中年以前，徐先生服务于军界政界。抗战末期，开始从学于黄冈熊先生，深受感发。抗战胜利，徐先生感于思想界的散漫纷歧，为了团聚学界力量，特请得老总统蒋公的支持，先后于三十六年在南京创办《学原》，三十八年在香港创办《民主评论》。大陆沦陷以后，《民主评论》与新亚书院屹立香港，成为文化学术反共的主力。在那风雨飘摇、士流披靡的时候，徐先生和一批植根于儒家的学者们，所表现的道德勇气和学术精诚，是应该特予表彰和钦佩的。

有人说，徐先生特别表现了儒家的抗议精神。这话并不错。但一般人只狭义地关联着现实政治来说，便不免失之偏颇了，儒家的抗议精神是对整个时代的不合理而发的，它的对象涵盖政治社会、学术思想、风教士习等各个层面。所以，徐先生所写的有关这方面的文章，与其说是政论，不如说是时论。而徐先生对于"时论"也正给予很高的评价。他曾经表示，每一个时代的学者所留下的著述，都是对应于各个时代的时论。这当然是从广义而言。徐先生的意思，是认为每一个时代，都有属于该时代的政治社会层面的问题和学术思想层面的问题。而一个活的心灵，是不可能对他自己的时代无所感触的。感触有广狭、有深浅，而各人说的话也有诚伪真假的不同。因此，有的时论只是一时的意义（甚或根本无意义），有的时论却能超越时代的界限而取得原则性或永恒性的意义。徐先生心目中的时论当然属于后者。在这个意义上而表现的"抗议"精神，纯然是公心血诚，是排除了私怨和各种夹杂的。对于徐先生在这方面的言论，我诚恳地希望不会有人非善意地加以假借或故意地加以歪曲。

又有人说，徐先生一生的成就，可以用他第一部著作《学术与政治之间》作为象征。这个意思似乎也可以说，因为徐先生的确具有这样的人生经历和性格，但用来总论他一生的成就，便不免失之粗率了。试看徐先生第二部书《中国思想史论集》，便已经走进纯学术的领域，并没有停在"之间"。而第三部书《中国人性论史·先秦篇》，则更是学术性的专著了。接下来的《中国艺术精神》和《中国文学论集》的写作态度，也都是非常严肃的，而前书尤其是有计划有系统的力作。徐先生认为，道德、艺术、科学，是人类文化的三大支柱。中国文化具备了前二者，而以自然为对象的科学知识，则未能得到顺利的发展。徐先生的《中国人性论史》是关于中国文化中"道德"这一支柱的基本疏解，而《中国艺术精神》则是对中国文化中"艺术"这一支柱的深入探究。依徐先生的认定，中国文化中的艺术精神，穷究到底，只有孔子和庄子所显出的两个典型。由孔子所显出的仁与音乐合一的典型，代表道德和艺术在究极之地的统一，可以作为万古的标程。而庄子所显出的典型，则是纯艺术精神的性格。中国艺术精神的自觉，主要是表现在绘画和文学方面。文学方面，是儒道二家加上后来的佛教，三者相融相即的共同活动之场所。而绘画则是庄子精神的独生子。徐先生也主要是环绕着绘画而展开讨论的。在同类的著作中，徐先生这部《中国艺术精神》的成就，是超迈古今的。

三

至于徐先生在学术工作上所显示的功力，应该以《两汉思想史》为代表。卷一是背景论，对周、秦、汉三代的政治社会之结构，作了严肃而深入的探究。关于乾嘉以后下及古史辨所显示的卤莽灭裂的谬说，则力加廓清和批驳。卷二从《吕氏春秋》对汉代学术政治的影响开始，对陆贾、贾谊、淮南子、董仲舒、扬雄、王充各家的学术思想，都依据原典而作了深刻的讨论。卷三是卷二的延续，内容包括《韩诗外传》、《新序》、《说苑》、《盐铁论》、原史、论《史记》、《史》《汉》比较研究。而附录二对"清代汉学"所作的衡论，则对于汉代学术与清代学术之间的大疆界，作了八点比较。这是极有意义的一步厘清。兹将大意约述如下：

（一）两朝政治背景不同。汉儒直言敢谏，皇室也鼓励儒生论政，所以汉儒的思想都以砥砺士人节义为尚。而清代的所谓汉学，则产生于异族政权威逼利诱最盛之际，根本不能表示民族思想和判断政治是非。

（二）两朝取士之制不同。汉代由乡举里选和贤良文学对策，以登仕进之途，能顾及人品与学问。而清代以八股取士，科第得意与否，与人的品德和真正的学问无关。

（三）两朝尊经的动机和目的不同。汉儒尊经是要以德治转化刑治，是一种对政治社会负责的态度。而清代汉学的出现，其心态一方面是对民族、政治责任的逃避，一方面是想以"经"对抗四书，抬出汉代训诂来压倒朱注。而重文字训诂的经学虽近于客观的知识活动，但他们的目的却不在成就知识，而是认为"训诂明而后义理明"，想根据这个论点达成"以汉压宋"的门户之私。结果是义理既不通，而知识方面也停滞在饾饤之业上，而无由向前发展。

（四）汉儒论天道性命虽与宋儒不同，但他们既言"天人相与"、"天人感应"，自然就会追到大命与人性的问题。而清代汉学家则以为汉儒只讲文字训诂，不言性与天道，这是毫无根据的。

（五）汉儒是由训诂通大义，所以能通过经学教养以显出文化学术的力量。而清代的汉学则以为训诂即是大义，所以用训诂章句之儒来代表汉儒。这不但是以偏概全，而且根本不识汉代学术的真面目。

（六）清代汉学家言训诂章句必尊汉儒的二大理由，一是"近古"，一是有师承家法。殊不知时代"近古"，并不表示经学内容一定近合古人原义。而家法虽非无意义，但西汉的大儒以及东汉杰出的经学家，却并不专守家法。清代汉学家把家法师法夸大到神圣不可侵犯，反而成为一种桎梏和限制。

（七）清代汉学家尊汉反宋的另一理由，是认为宋学杂有佛老。其实，程张朱陆无不辟佛老，而汉儒则反而多有取于老子。

所以这种说法并无意义。

（八）清代汉学家只是把汉学作为打击宋学的工具，其实他们不但不了解宋学的真精神，也不了解汉儒之学，即使在训诂上，他们也未能求得真正的汉学。

以上这八点比较，是徐先生对两汉学术作过深入研究之后所提出的结论。在"清学余习"依然荡漾的今天，徐先生的分辨，是很值得好学青年深切认取的。

四

徐先生自述他的治学态度，"一以原始资料与逻辑为导引，以人生社会政治问题为征验，传统文化中之丑恶者，抉而去之，惟恐不尽；传统文化中之美善者，表而出之，亦惧有所夸饰。三十年之著作，可能有错误，而决无矫诬；常不免于一时意气之言，要其基本动心，乃涌出于感时伤世之念，此则可以反躬自问，可公言之天下而无所愧怍者"。这段话是二月十四日的口述记录。接着又有一段遗言，说到"余自四十五岁以后，乃渐悟孔孟思想为中华文化命脉所寄，今以未能赴曲阜亲谒孔陵为大恨也"。二月十五日，徐先生又写了一首诗：

> 中华片土尽含香，隔岁重来再病床。
> 春雨阴阴膏草木，友情默默感时光。
> 沉疴未死神医力，圣学虚悬寸管量。
> 莫计平生伤往事，江湖烟雾好相忘。

徐先生这首绝笔诗，是心境完全放平，内在于生命真体而流露出的实心之言，所以特能显现"温厚、忠爱、深醇、渊雅"之致。这是我在报上读到这首诗时的直接感受。有几位朋友见到这首诗，伤感地说，徐先生是以文字在向世人作最后的致意告辞了。

我回想徐先生当年在东海，正是他生命激越发扬之时，那个阶段的影像，我觉得可以用下面这组联语来显示："大度山头，嶙峋当风立；东海路上，能毅直道行。"但也由于他的嶙峋风骨与刚正之气，而开罪了一些不一定需要开罪的朋友，同时也不免得罪了一些未必值得得罪的人。然而，这都不是由于私人的恩怨意气，而是由于徐先生对于正义公理的执著。从徐先生这首诗的后两句，我们可以感受到他坦荡的胸襟。他希望将那些如烟如雾的伤感平生的往事，一起消释，彼此相忘。相忘，不只是私己的恕谅，而是直接面对庄穆的国家民族、浩瀚的历史文化，而进到道术层次上的相忘。这，才是徐先生的深心意愿。

五

四月二日早上，从报纸上知道徐先生已于一日下午五时五十分辞世。上午第一堂课走进教室，便看到黑板写着徐先生的诗（后来知道是哲二林永崇同学写的），同学们注视黑板，我心有所动，觉得东海同学的心地很纯洁、很清明，而文化的血脉也本是在心同理同的根基上而时时相感相通的。何况徐先生三十年的学术生命，有一半是散发在东海校园。"默默感时光，心血曾注；阴阴膏草木，典型永昭。"现在回想起来，这就是我当时的感怀了。我把徐先生这首诗的大意对同学略作解说，也把徐先生的生平学术及其最值得钦敬取法之处概略地讲一讲，希望东海哲学系的同学，能擎得起中国文化的大旗。

下课以后，回到系馆，尤助教说冯主任来电话，交代赶快打国际电话问问牟先生是否返台。我说，徐先生遗言不开吊，得先和中文系薛先生联络一下，看台北方面有什么决定。薛先生说他下午去台北，此时他也不清楚。哲学学社庄雅棠同学，表示学社应该有个纪念会，我说，学校方面会有安排，冯主任也关心这件事，你可以和中文系联络，时间总在春假以后。十一时半，尤小姐接通了香港的电话，牟先生说时间太仓卒，他无法回来，口授大意，嘱我代撰一副挽联，致送于徐先生之灵前以示悼念。牟先生和徐先生是老友。二位先生的学脉径路不必尽同，而三四十年来为中华文化同励精诚、同经忧患，则无二致。

四月五日，我携带挽联北上，廖钟庆、杨祖汉两位已在台大医院门前相候，并说鹅湖诸友已在昨日来行过礼了。我们一同走向太平间徐先生灵堂，许逊兄和薛顺雄兄正忙于在场招呼。我把牟先生致送的挽联交请许先生由管事人悬挂灵堂，联云：

崇圣尊儒，精诚相感，巨著自流徽，辣手文章辨义利
辟邪显正，忧患同经，谠言真警世，通身肝胆照天人

廖、杨二位和我一同行礼毕，陈修武兄、周群振兄也来了。他们觉得牟老师送的挽联，词意真切，是对徐先生的知心之言。而次日《中国时报》也把此联独刊出来。我自己敬献于徐先生灵前的一联，是这样：

贯精诚，争世运，嶙峋劲挺，励志一生留型则

尊孔孟，振人文，正大刚方，抗怀千古是真儒

词意非工，只道衷诚。

  下午一时半，祖汉和我回到灵堂，徐先生的亲朋友好也陆续来到。二时许，徐夫人率同子女孙儿女行礼之后，亲友也一一行礼瞻仰遗容。大殓既毕，由徐先生八位学生护灵上车，我们乘另一辆交通车随往辛亥隧道旁之火葬场，作最后之行礼。徐先生的形骸在饱经八十年的锤炼之后，即将随火化而转现为英灵。我瞻望天空，浑浑濛濛，我平视人间，人车拥攘。这时，我才记起今天是民族扫墓节。在山风夹带细雨中，我真切地看到中国人的生命永远是上通祖先而下启后昆的。广宇长宙，永无穷极。而徐先生对国家民族和历史文化献出的耿耿忠荩，也将与民族文化生命通合为一，而永垂不朽。

一九八二年四月七日夜灯之下

一位没有客气的大人物　　　　　　　陈修武

　　我以一个在穷乡僻野间放牛捡柴的贫苦农家小孩，遭遇世变，被时势逼到台湾，在台北一住三十多年。台北人才荟萃，我又以种种原因被逼着见了许多所谓的大人物。有直接见到的，有间接见到的；有我在放牛时即久仰其大名的，有今日见到时才知其大的；有军政工商界的，有学术教育界的。这些大人物们之所以为大，乃在其事业成就大，社会格局大，市场价码大。我自是开了眼界。

　　今天，我已不再是一个乡下孩子而是一个很有阅历，也就是很有经验的城市成年人。在我的经验中，大人物都是难免客气的。当然，客气并不是坏事。运用得当，就是文雅；运用不得当，就是虚矫、臭架子。文雅令人欣赏，虚矫、臭架子令人讨厌。很不幸，大人物们的客气就常常是这令人讨厌的虚矫与臭架子。因此，近年来每当我非见大人物不可时，我就要预备一份幽默感，从心眼儿里先把他们那种客气看作不值一文。用句粗话说，就是先把它看作狗屁不如。

　　徐复观先生，在我的阅历之中，是少有不被这种客气所污染的大人物之一。

　　徐先生是牟宗三先生的极好朋友。牟先生是位哲学大师，但在世务的经验和生活的安排上，有时简直和小学生差不多。他在台十多年间，实多得徐先生照顾。牟先生学问那时颇为世俗权贵所阴忌，致曲解不免，谤亦随之。这又全靠徐先生为之辟诈伪、启愚顽、化解于无形，乃使牟先生得畅其所言。所以，牟先生常说徐先生是他的"护法大师"。

东海大学成立，曾约农校长特礼聘徐先生设计一个以中国文化思想为特色的中文系。徐先生乃邀牟先生为助。一九五七年寒假，我与同学陈癸淼兄去东海牟先生处。牟先生那时单身一人，常在徐先生家作客吃饭。我们在那里，自然就跟着去吃。饭间，我们作徐先生与牟先生谈话的听众。徐先生的话题，多是他读书做学问的心得，办东海中文系的文化理想与设计东海大学国文教材的文化目的。皆使我听得震动。由这样一位徐先生来主持中文系、主编国文教材，就难怪东海大学、东海中文系前儿届毕业生人才辈出了！至于徐先生、徐师母的待客礼仪，真是不多不少，不偏不倚，一切恰到好处，使人根本不觉得那是礼仪。这从小处说，是文雅；从大处说，是文化。"既醉以酒，既饱以德。"任何曾在徐先生家吃过饭的朋友，一定都会有这样的感受。牟先生曾给我们说过徐先生是军人出身，办党起家，中年才退而读书为学。看了徐先生这一切，初则有点不大敢相信，终于我憬悟到这才正是徐先生这位大人物的"大"处。

一天早上，牟先生我们刚吃完点心客厅小坐，只见徐先生推门而入，神采英发，尤胜平日。进门开口便说："中午到我家吃饺子。"接着就把一份报纸递给牟先生说："你看看我这篇文章。"那是一份《华侨日报》，上面有篇徐先生用笔名发表的批评某决策团体总部的文章。牟先生看完，笑向徐先生说："你近来光写文章……"未等牟先生话完，徐先生便说："我就是要写！"说着便站了起来，气势昂扬地述说他非写不可的理由。最后讲到了写文章本身，徐先生说："只有在这种情形下才能写出好文章！"接着又说："那晚，我越想越睡不着，半夜起来一口气把文章写完，所以文章写得好！"说完徐先生把那份《华侨日报》交给癸淼，指着我们两个说："这样文章，你们就应好好读一读。"

听了徐先生这句话，在那刹那间，我实有一种无名的感受。我从未听人这样讲过这样的话——这样一句不客气的话！在那一刹那间，心里又要接受，又不要接受，又不要接受，又要接受。在那一刹那间，我的心思——也可说是生命——在这接受与不接受的两极间，往来奔驰，未能安息。但是，也就在那一刹那间，我接受了，我也不知为什么接受。后来，我知道我之所以接受徐先生那句话，只因为那是一个真实人格从他真实生命中迸发出来的一句真实话，一句没有世俗客气的真实话！我之不能当下接受，只表示我世俗；我终于还能接受，又表示我没有完全被世俗吞噬掉。我既暗自惭愧，又暗自庆幸。

那天上午，徐先生格外高兴。把他在东京、延安、重庆、奉化、台北的故事都告诉了我们。徐先生自称"一事无成"，但听完他的故事，我知我面对的是一位大人物。徐先生之大，乃在他能触事见理，就理论事。这是知慧。徐先生以其知慧，乃能见人之所不能见，论人之所不能论。人不能知，固属当然；事不能成，更为必然。这也是"理"。既是理，就自然也在徐先生知慧的观照之中。所以，徐先生在讲他的故事时，他好像只是站在历史教室评述一个历史事件，好像与他全无关系一样。沈葆桢题廷平郡王祠有句曰："遗憾还诸天地，是创格完人。"徐先生实庶几有之。

　　　　　　　　　　　　　　　　　　　　　　　追　怀

唯郑延平的"还"，是沈葆桢替他还；徐先生的"还"，是徐先生自己还。就在这"还"上，徐先生似是略胜一筹。这又可见徐先生之"大"。

徐先生有遗憾，但他并没把它当作自己的遗憾；徐先生有创格，他的创格乃在他的学术思想与文学的成就。所以，郑延平有一个"遗民世界"，徐先生也有个"遗民世界"。

说到徐先生的学术思想成就，是每个人都能承认的。赞成他，自然承认他；反对他，也得承认他。徐先生这成就一般说来，是早岁得自熊十力先生之启发，中年后得自与唐君毅、牟宗三两先生之切磋。这是事实。但是"大匠能与人规矩不能与人巧"，徐先生的"巧"在哪里？

说到徐先生的文学，大概很少有人承认。这也无足怪，徐先生文章的文学价值根本与时下一般所谓的文学观格格不入。徐先生的文学价值，实不能顺着司马相如、元稹、白居易、苏氏父子、公安、竟陵、桐城、阳湖下至徐志摩、闻一多来了解；应该从上接梁任公、韩退之、司马子长乃至孟子这个系统来了解。在这系统中，除韩退之外，虽都不自以文学名家，然都有极高的文学价值。徐先生正是如此。

孟子是徐先生思想的第二宗主，文章亦很相类，宏肆雄辩。虽逊孟子泰山岩岩气象，亦有中流砥柱断岸千尺之形势。对于司马子长，徐先生是当代少有解人之一。二人文章，格调不同。委宛尽致，不及史公，褒贬挞伐，确有同工之妙。韩退之宗孔孟，辟异端，徐先生同之。唯徐先生有理则，韩退之只是意气。文章本身，二人差不多。韩退之以文为文，成功地发动一个文学革命，既开风气又为师，自是徐先生不及的。梁任公格局大，迈越徐先生；徐先生义理精到，超过梁任公。论其文章，实在伯仲之间，皆是从实在感受中写出的实在文章。所以，就此文学一端，徐先生亦足不朽。

这里，我们禁不住要问："徐先生以军人出身，办党起家，半路中转入学术界，凭什么能脱颖而出，拔乎流俗，成就他在学术与文学两方面的大人物？"这答案，我以为就是他的"不客气"。

我们前面只说到徐先生的不客气，没说到徐先生为什么那么不客气。不客气有两种原因：一是粗野不文，一是生命力强。徐先生自是后者。生命力强在佛家叫做根器大，平常叫做宿慧大，创造性大。这种人物，就是我们平常所谓的天才或豪杰之士。他们天机活朗，洞明清澈，因时变化，触处生春，见理之几微，得事之肯要，役物而不累于物，在俗而不役于俗。刘邦之豁达，惠能之神悟皆此。徐先生实其具体而微者。所以，他可以在从军不行，从政又不行之时，把学术文学界当作他的"海外扶余"，异军突起，赤手搏得学术与文学的龙蛇，得到他历史的肯定地位。

今哲人已萎，泰山已颓，后学不才，谨为此短文以悼之。

一九八二年五月二十日《联合报》

良心和勇气的典范
——敬悼徐师复观

萧欣义

一

　　徐复观教授，一位刚介正直的儒家宗师，在他心爱的第二故乡（台湾）病逝了。他的一生印证了向良心负责、向权势挑战的大儒最高典范。虽然有人讥笑他是义和团式的排外分子，是顽固的传统主义者，但根据我二十七年来对他的了解，他的思想言行是立基于民主和人权等信念，他的儒学是经由对个人主义、自由主义、民主政治等等西方思想体验之后，对东方传统的重新选择与融合。三年前我整理他的杂文旧稿，疑难之处和他反复讨论，发觉他特别注重人权民主体制。他的民族主义、国家主义、社会主义诸思想，乃是透过人权和民主的过滤而提炼出来的。

　　我在徐教授门下受教，原是偶然的机缘。一九五五年东海初创之时，复观师担任外文系的大一国文，主讲《论语》、《孟子》。这是一门强迫必修课。假使大家有选择的余地，大概没有多少人会选修它。在很多青年学生心底，儒教的三纲五常忠君守节是专制政治的护符，儒家的埋没个体以成全群体，更是民主之敌。即使已不再严重到成为"吃人的礼教"的地步，至少它是被当作抱残守缺，无益于现代文化的臭脚布。我抱着这种"前进"思想来听《论》、《孟》课，准备和徐教授抬杠一番。

不料，徐教授所讲的儒学和官方正牌儒学有所不同。表面上看起来，他们根据同样的经典，使用近似的辞汇，因此内容似乎大同小异，可是在精神上却大异其趣。官方儒学谈到和谐之教的功效，强调儒教能使家族和谐、社会国家团结；并喜欢引用移孝作忠之类的名句，来说明人民对国家及领袖的忠诚顺服。

徐师也谈到这些。但他和官儒不同的是对个人的态度。官儒以牺牲个性来成全和谐团结，徐师则主张和谐团结的起点在于尊重个人的人格尊严和信赖人性。至于人民与政治领袖的关系，徐师最强调的是对等的而非片面的义务。他反复指出在先秦儒家，君臣是以义而合。要是君违背了义，臣就有权解除他对君主的义务。这和父（母）子（女）以天而合的原则不同。父子的血缘关系不是在报纸上登一份声明就能脱离，它有持久性。虽然如此，父子的义务也是对等而不是片面的。父子关系的内容以感情为主，而非以责善为主。故父子之间应该相互体谅，对方有过错，不必公开揭露出来，这是所谓"有隐而无犯"的态度。相反的，事君的原则是"有犯而无隐"。人臣不应为人君掩饰过错，人君有过错，人臣应该勇于冒犯龙威。如此看来，家庭内的亲情伦理，不应随便比附为政治上的责善伦理。把总统、领袖、主席比附为大家长，这是专制帝制的遗风，这和先秦儒家对君主采取批判态度，是相当不同的。

二

徐师这种解释，对我们这批小子来说，自然相当新鲜。其他新鲜的解释，还有很多。例如"民无信不立"一语，张其昀说民信是"国民之共同信仰与理想，释以今语，是谓主义。儒家最大之努力，即为确定吾民族立国之主义"。用这个立场来解释《论语》的"足食足兵，民信之矣"那一节，则容易流入下列论点：人民可以饿死，但不能不信主义。可是主义在哪儿呢？是在统治者的口中。这样一来，即是人民可以饿死而对统治者不可不拥护。这样来讲中国文化，会把中国文化变成专制极权的侍役。徐师认为《论语》意指统治者不可失信于民，而不是要人民誓死信守主义。他指出儒家对于士人修己的要求极严，宁可杀身成仁。可是对于治人这一政治上的标准，则是以满足人民的自然生命的要求为第一义。人民的道德修养必须附丽在上述价值才有价值。这种以人民自然生命的生存为目的的政治思想，含有天赋人权的用意。政治的根本目的，在于保障这种基本人权，使政治为人民而存在，而不是人民为政治而存在。

此外，徐师谈到先秦儒家想在政治权威之外，即是在民间，建立是非标准，用来批判"政统"。这样可以避免统治者掌握是非标准，且可促成多元社会的发展。

诸如此类的解释，把古典点活了。于是索然无味的经典课程成为热门。那时候，东海诸师中，张师佛泉讲自由与人权，沈乃正教授讲比较政府，徐师讲非官式的中国文化，对于受主义长期熏陶出来的学子来说，都有很大的冲击力和启发性。后来刘述先教授讲哲学，也很有启发性。

徐师的中国思想史，在文学院楼上大教室上课，经常挤得满满的。外院系来选修的远远超过中文系必修的学生，甚至他的《史记》和《文心雕龙》这两门很专门的专书选读，也有很多外系的学生。下了课，学生陆续不断去办公室请教。晚上也有很多人去找他谈学。当时东海学生未知事先约见的礼节。大家临时兴来，就闯到教授家去聊天。复观师宝贵的研究和写作时间，常常给不速之客打扰掉了。但是他和师母对于未约而来的学生一直都很欢迎。不但这样，师母还经常请学生来和老师吃便饭谈天。在这种气氛下最适于施行人格教育。这正是曾约农校长办学的方针之一。

三

复观师对于家境清寒的学生，常常给予资助。轻则代付教科书费用，重则在青黄不接期间接济生活费。他自己生活简朴，待人却很慷慨，而且很诚恳。例如有一位外系学生想选修《史记》，可是已经人满为患。徐师叫他留下名字，答应如有人退选就即刻通知。他起先以为这只不过是敷衍话而已。不料数日后复观师亲身跑去学生宿舍通知他，免得书面通知迁延时日。

一般人看徐师政论文章风骨卓立，不怕冒犯权贵，常会联想到他必是铁面无私，不可亲近。可是学生都知道他平易可亲，真诚感人。像上面那个例子，他原可吩咐助教或同学传话，而不必浪费时间自己当传达。可是他就是这么天真诚恳。

东海实施通才教育，一、二年级学生通常修习共同通才科目，到三年级进入专修课时可以自由转系。（当年如此，现在不知是否还保留这个制度？）一九五七年首次公布自由转系办法，中文系学生几乎转光了。大家似乎乐意以他系的身份来选几门中文系的课，但不愿泡在出路不好的中文系。我当时开玩笑说可惜我中文根柢差，不敢转入中文系。这句话辗转相传，传入复观师耳中。他当时刚接戴君仁教授之后担任系主任，一得传闻，立时在半夜跑来宿舍找我，劝我转系。我才知道玩笑闯祸，连忙推说自己对诗词骈文完全外行，也不打算自修充实，满以为这样就可以把他挡回去。他回答说一个人不可能样样兼通，我还能思考，不妨专修思想史。说得我无遁词，最后想起用征求父母同意来推托。我当时猜想，依台湾人风气，稍有些出息就不会泡入中文系。一来是出路差，二来是二二八事件台湾精英未经合法审判就被大批残杀，陈仪的暴政对台湾人的"祖国感情"造成极大的打击，使台湾民间连带的对中国文化也产生避讳的心理。所以我预料父母必定坚拒我从热门科系转入中文系。没想到他们受徐师的热诚所感动，把一切让我自己决定。转系的事，就这样弄假成真了。

徐师同时也劝一些他系好学生转系，并劝留中文系不少好学生。以后数年，其他热门科系不断有杰出学生因为仰慕徐师而转入中文系。其中以杜维明从外文系转中文系最算一段佳话。维明以文学院第一名考入东海，而且经常保持最优异成绩。他之决定转系，大概是受到牟师宗三及徐师的感召。我虽也侥幸考第一，但入学后分心学音乐演剧，并参加太多课外活动，又喜欢看杂书，以致正课照顾不来。尤其是碰到考背诵的课，绝路上只好正门邪术并施，出尽了洋相，简直变成废料。像维明那种例子，就给中文系打了不少气。中文系终于建立好传统，吸收了很多好学生。

四

徐师对学生的爱护，自然使人感念，但这是东海初年的传统。其他很多老师，自校长院长而下，也都很爱护学生。徐师的乡土气浓重，待学生特别真挚，使人永远难忘。但他最令人佩服得五体投地的，却是他不惜自己的锦绣前程，胆敢冒犯权势这一种豪杰志节，这一点倒是很少人赶得上。他曾任蒋先生亲信参谋。有一度，党政军特各方面报告都经他整理摘要，呈报蒋先生。如果他想飞黄腾达，只须昧起良心，奉行官场厚黑学，就不难达到。可是他偏偏选了艰辛孤独的路，奉行"有犯而无隐"的事君原则，弄得无法在台湾立足，终于避难香港。

五十年代后半期，雷震先生的《自由中国》提倡民主自由，主张党退出军队，军队国家化。他们言论脱线，而受到党报、政工系统及御用学人的围剿和诬蔑，处境危险。徐师奋勇相助，发表不少议论，而以《为什么要反对自由主义？》、《悲愤的抗议》和《论孔子诛少正卯》三篇文量的分量最重。

《少正卯》那篇文章写于一九五八年，是针对御用文人假借官方儒教来教唆杀人而发的。政治大学中文系主任兼师大国文研究所长高明曾经写了《孔子与少正卯》，说有些文人以自由、科学、民主为掩护，从事乱政的工作。他觉得孔子如生在现代，对于这些现代的少正卯不会不予制裁。高氏是在暗示制裁雷先生等民主人士。孔子杀少正卯原是虚构的历史故事。此故事的精神代表了向专制政体投降之后的官方儒，而与原始儒家的精神格格不入。徐师的论文追溯这个历史故事演变之踪迹，并分析官方儒与民间儒的差别。这一方面是在厘清历史上的纠结，另方面则对当代文人曲学阿世、巴结权贵的无耻学风加以针砭。

批判御用学者会惹来一场麻烦，但未必会招来灾祸。至于捋党政权要的虎须，那就要冒些险了。《自由主义》及《悲愤的抗议》两文分别写于一九五六及五七年，比《少正卯》那一篇稍早，批判的是党政主流派的思想。他们的主要论点是民主政治和自由主义是中共思想的走私。因此，《中央日报》说"我们总不该再让共产主义于其本身破产之后，又利用民主斗争来复活。我们更不该让朱毛于骗取大陆各省之后，再骗取台湾"。

五

复观师对这一极右派专制思想的反驳是：中共如果要利用什么口号，都很容易利用。民族主义、民生主义，甚至连整个三民主义都被利用过。不能利用的只有自由主义。在整风文献中，便专有一篇是《反自由主义》。徐师指出，自由主义的精神状态是"我的自觉"，是"自作主宰"。这是指不盲从传统习俗及既成观念。对一切事相及习俗，都要凭自己的良心理性来权衡其是非，让自己的良心理性来做主宰。自己的个性从习俗、传统、社会中解放出来后，并不是要把个性孤立起来，而是要积极地参与社会，创造更合理更丰富的新社会新传统。这个新传统不是死板的，而是不断创新改进的。这就是自由主义的传统观、社会观和国家观。唯有经过这种洗炼，传统、社会和国家才会健全，才不会变成压迫个性、阻挠进步的东西。有人不了解这一层意思，一口咬定徐师是顽固传统主义者，把传统来压制个人，阻挠新知。其实，徐师指出先秦儒家提倡刚毅、当仁不让于师、匹夫不可夺志，这正是要人人自作主宰，反抗权威，以求理性与良心的自由。党的理论家不了解理性与良心自由的意义，因此他们所提出的党国口号，他们所理解的国，在层次上和徐师所理解的国，大大不同。

六

这些看法，对于时代思想病的诊察，很有启发性。徐师还有一篇极受重视的文章，是一九五六年所发表的《我所了解的蒋总统的一面》。他觉得蒋先生的成功是因有坚强的意志，然而他的失败也是因为这种坚强的意志。国家建立宪法和民主体制后，这些客观的制度常会和政治领袖的坚强主观意志相冲突。一位好的领袖必须把自己意志纳入客观的宪政下，接受制约。不甘心受客观制约，是古今中外悲剧英雄所走的道路，而蒋先生似乎也是走的这一条道路。蒋先生的坚强个性，使他的左右说话只想对他的感情负责，而不敢对客观问题负责。"因为他对于受言纳谏的艺术拙劣，遂使一般做官的人发生一种变态心理，认为凡是有批评性的舆论，都是存心不良，对政府捣乱。"

这说得真是一针见血。事实上在崇拜圣人的社会里，谁敢点出问题的所在，轻则开除党籍，重则以叛国罪军法审判。徐师的运气还算不错。蒋先生这一次颇有风度，并没有采纳严办之议。后来他一再直言无忌，终于把东海的教席敲破。台大哲学系请他去教书，却因某人士的关照而告吹。后来商务印书馆想请他去当总编辑，也因某单位的指示而又告吹。

台湾既无容身之地，乃去香港中文大学及新亚研究所任教。

他照样在撰写纯学术性作品之余，写评论时政的短篇杂文。对国共双方弊政都有透彻的分析。他看不起那些见风转舵，一味讲官话的软骨名作家。他觉得在中国大陆和台湾，讲良心话要付出很大的代价，不能期待人人讲真话。但海外作家和学者则不应该尽讲奉承话。他多年来反复强调的良心话，总结一句，即是中国不论走哪一条路，必然要通过民主这一关，否则都是死路。

七

高雄事件后徐师的悲愤，不下于雷震冤狱时的感受。这次遭殃人士几乎全是本省人，更使徐师难过。他的挚友很多是台湾人。他心爱的学生，一半以上是台湾人。他理解二二八事件所铸下的创伤。他支持乡土文学运动，认为经由对乡土的爱护才能真正团结本省人与外省人的感情。

他想起五十几年前亲身经历的冤狱，一九二七年当北伐军进到长江流域时，发生宁汉分裂。南京一个特别委员会想要改组湖北省市党部。湖北人在汉口组织了民众团体联席会议，反对特别委员会。徐师被推举为主席。开会中军警一拥而入，逮捕全部代表，大喊："好了，这回共产党都一网打尽了。"当时未经合法审判，就游街示众，要把全部民众团体代表枪毙。十八军军长陶子钦得报，知道徐师不是共产党，立即营救他。他拒绝独自一个人获得自由，说："我是联席会议主席，如果主席无罪，全部代表也应该无罪。"结果全体都释放。

后来徐师当了军法官，眼见很多血性青年被乱判死刑，悲不能已，就愤然辞职抗议。这一类死亡边缘的体验，使他对司法正义的树立、人权的保障、民主政治的确保，都特别留意。林义雄家属的惨案、陈文成的谋杀，都在徐师心中投下巨大的震撼，使他愈益坚信民主人权的重要。

复观师不能活着看他的理想实现，然而他的志节和胆识，却长远为苦难时代的人所怀念，给忧患时代被打击的人一些激励。

一九八二年五月一日《亚洲人》二卷六期

人去楼空音犹在

——写在徐师复观逝世周年

夏友平

一九八二年四月一日，徐复观老师病逝于台大医院，今年初徐师母来函，她将于三月底自美返台，参加亲友和学生们为徐师去世周年安排的纪念活动。犹记一年多前，徐师和师母自美南经洛城去台，在舍间小住时，他晚年的得意门生翟志成君，自柏克莱南下会晤老师，我看到这位"红卫兵"出生的自由斗士，对徐师至诚的尊敬和景仰，联想到五年前徐师以"国族无穷愿无极，江山辽阔立多时"为题致翟君的那篇充满浩然正气的文章。次日翟君因赶论文而先返柏克莱，我在洛城的好友吴善兄久已仰慕徐师的德操、学问和见解，特别抽空来访，徐师与吴善兄一见如故，仿佛是认识已久的师生，我还以"国族无穷愿无极，江山辽阔立多时"为开端，请他再为我们谈论多年来他对世界间问题尤其是中国问题的看法，记得徐师侃侃而谈近三小时，直到师母提醒第二天的长途飞行才打断他的话语。是晚入睡前，他又和我讨论他将定居香港、台湾或美国对他研究和写作环境的影响，对他未来的书和写作充满无比的信心，孰知次日国际机场一别，竟已人天永隔，今后再也没有机会聆听徐师的教诲了。

在东海大学读书时，我习化工，妻学外文，但徐师为影响我们最深，也是最为我们所景仰的师长。徐师外表严肃，但内心仁厚，待学生有如己出，循循善诱，爱护备至。二十多年来，我读书教课，与学生们相处，无不以徐师作为我的榜样。一九八一年间，徐师两次途经洛杉矶时，均能在我们家中作客小住，我们因此有幸聆听许多教诲，可惜我们对中国文化所学太浅，不能继承他老人家未竟的心愿，但是他的弟子遍布台、港及美洲，有成就的已不在少数，如果都能效仿徐师读书时所下的苦功，以及他在研究学问时择善固执、不折不挠的奋斗精神，则中国文化的真正复兴，仍然是可以指待的。

我在修习大二国文时，偶然得到徐师的错爱，常常找我去他家中谈谈，他对大学时代不肯用功的我，勉励多于责备，晚间师母总是以佳肴款待。大三时我选修他开的《文心雕龙》，记得那个文学院的大教室中永远是座无虚席，徐师教书，一如他的文章，听来简单明析，但内容广泛，几乎无所不包，用词犀利，有锐不可当之气，语中高潮起伏，有千钧万马奔驰之力，同学们为本是枯燥的题目引入胜境，不知时之将逝。他讲书时，立论严正，不与现实妥协，同学们若有疑问，他总是不厌其烦地解释。大学毕业后，我在台北服役预官，徐师去台北时，常常约我见面，指示和代筹我的未来。我是一九五九年大学毕业，一九六一年出国的。当一九六九年去清华客座任教，在台北再见到徐师时，他甫才不自愿地退休不久，生活和心情均受到冲激震荡，但他的读书和写作的斗志依然不稍懈怠，此后他多半的时间定居香港，我们从他的来信以及寄来的写作中，随时能够体会和了解到他的简朴生活状况和爱国爱民的心情，我们非常惭愧，没有在他所研究的学术思想史上尽一份力量。二十多年来，在他所发表的文字里，在他

追 怀

的书信中，在他的教诲里，所能体会的是一点对于真正自由和民主的向往，及对中国文化的挚爱和信心。徐师深爱中国文化，对国家民族有一股赤子之心的热望，他认为一个现代的真正知识分子，必须对自己的国家民族有着深厚的情感，必须对社会人生抱有正大光明的愿望，对于文化的追求必须是超越现实的，超越政治的，更必须是具备有爱国爱民的胸襟的。

在抗战胜利前后，徐师在现实政治上，曾经扮演过相当重要的角色。五十年代后，在民主和自由论战中，他是以中国传统文化为基础去探讨民主和自由的中坚，因此在过去十年中，他自然成为中共直接或间接邀请的对象，但是他一再对我们说，除非大陆上实现真正的民主和自由，否则他只有以不能一返故里，不能趋曲阜一谒孔陵为憾了。在二十世纪的海外知识分子中，有这样高风亮节的情操的学者，恐怕是很难一见的。

因为他对学生的真情爱护和照顾，使徐师从来没有缺乏学生求教的忧虑，当他在海外旅游时，身体状况许可下，总是被学生们包围着、照顾着。海外的年轻知识分子，尤其是大陆出来的知识分子，最喜欢和他聊天，他在中国大陆广大知识分子间的影响力，以及在中共领导阶层中所产生的冲击力，就是这些知识分子所道出的。

在徐师所发表的杂文中，常常流露出一份有良知血性的书生所感到的落寞，这一种寂寞，或是由于在追求中国文化的真谛时，能够真正与之共鸣的人实在不多。此外，徐师这种坦率真诚择善固执的性情，往往因为学问见解的不肯妥协，常常使得少许朋友作一时的疏远，但是徐师的内心充满仁慈、热情和宽厚，在他内心深处，没有一个不是的学生，也没有一个真正的仇人。他为了全力维护中国文化，曾经与主张全盘西化的自由主义者展开誓不两立的争战，但是在论战结束后，他又是那样地原谅当年文化争战中的敌人，就是因为他具备这样的仁心，所以才能得到许多具有不同见解的知识分子们的尊敬。他的两次南加州之游，不但为学生们所包围，当年的朋友们也竞相邀约叙旧，我也因此有机会见到许多过去的风云人物，对于徐师是如何的尊敬与景仰。

总之，我所了解的徐师，是一位最肯下苦功做学问，而又具有高度的智慧的真正爱国者。他在中国文化思想史上的成就，学术界自然会有定论，他以中国文化为基础所建立的民主和自由思想体系，也一定会在广大的知识分子，以及执政者间产生极大的影响力。但是最令我难忘的还是他对朋友们的热诚，后辈们的提携和学生们的关切。他的去世，代表一位当代的学术家和思想家远离我们而去，但他那沉重的、永不休止的、忧国忧民的语音却永远会活生生地在我们的心海中不断重现。

一九八三年四月一日

忆徐师复观二三事
——悼徐复观教授

陈廷美

　　四月二日清晨，听到帅军从休斯顿打来的电话，知道徐师复观先一天逝世的消息，友平和我久久未交一言，两人均不禁沉浸在一片哀思默祷之中。

　　回思自一九五九年毕业离校，至今二十余年，徐师与我们虽一直断断续续保持联络，却始终甚少机会见面。一九六九年我们首次自美返国，曾作短暂的拜见，直到去年三月徐师偕师母来美接受体检，在他们港、台、美行程间经洛城小作停留之际，师生始得两度小聚。去年八月底国际机场送别之时，彼此还期以今夏或今秋重聚，当时每个人似乎都充满信心，孰料时仅数月，竟已人天永隔，世事之不可逆料，令人浩叹！

　　追念徐师，最令人难忘的该是徐师对学生那份无微不至的关爱，外子友平和我虽然都不是他中文系的学生，但徐师一样给予我们不断的关怀与鼓励。记得刚毕业的那个暑假，有一天徐师从台中去台北开会，特别约了几位同学上馆子打牙祭（那时对同学们是大事），餐后又请大家一起去看电影，那天我们去看的好像是《铁达尼沉船记》，徐师叫来了几辆三轮车分批前往，他又指定"友平跟我坐"，当时大家都颇为纳闷，不知徐师要面授友平何许机宜，事后友平告诉我，一上车，徐师就塞了一把台币在他口袋里，并说："这是给你请陈廷美看电影的！"原来他老人家不知从何处听说友平和我常在一起，又因知友平家境清寒，特借此表示他的一番心意。虽然这只是二十多年前的一件小事，绝难跟徐师多年来先后为学生做的许许多多重要事情相比，但想徐师出身军旅，对学生的体贴却一至于此，能不令人衷心感念！

徐师记忆力奇佳，记得大三那年，徐师在东海首开《文心雕龙》，这门课当时主要是为中文系同学开的，我则因个人兴趣而选了这门课作自由选读，由于徐师授课阐释精辟，深入浅出，且又中气充沛，一口湖北乡音非常引人入胜，同学们都是很专注地听讲，不幸有一天，我因隔夜"小说夜车"开过了头，第二天上课精神不济，正在课堂上作恍惚状，忽听徐师一声："陈廷'眯'（正是徐师标准乡音），周公对这段怎的解说？"我当时又羞又愧，自此从没敢在课堂上再梦周公，没想到这一小小插曲，徐师自己竟也一记二十余年，去年三月在我家时，有一天突然问起："陈廷眯呀！周公解文心雕龙的故事还记不记得？"令我不禁愕然！

徐师是真正的"勇者"，在我一生中不记得看过比徐师更敢于以无畏的态度去正视死亡的人了，大约有两年的时光，徐师一直生活在癌细胞无情的威胁之下，但他从未被死亡的阴影真正击倒。以一个年逾古稀的老人，两年中住院开刀割治，身形被折磨得整整瘦去了一圈，仍然不惜跋涉万里，飞渡重洋，接受美国这边医生的检查，没听他诉过苦，没听他怨过命，只见到他无忧无惧地正视着现实，遵循医师们的指示，耐心以寻求生之道。最可贵的是在求生的夹缝之中，徐师没有一天忘怀或疏忽他自觉身负的使命——为中国文化多尽一分心力。因此，不论在病中，或在休养期间，只要他坐得起来，拿得动笔，他仍然不断地研读，不停地写作，自去年三月来美至八月离洛城经台返港，这段短短的时间里，徐师无视于病魔加诸他身体的痛楚，奋力地为中国文化又多留下了十二万字的证词，他曾一再地跟我们说："我现在真是很用心地读，更用心地写，时间不多了啊？"至今每忆徐师说此话时的那分落寞，那分苍凉，实在令人心酸，个人生命有尽，民族文化亘古无涯，徐师不为一己的生命将尽而留恋，只为传文化的使命未竟而叹息，这一种忘我的胸襟能不令人折服？身为他学生的我们真是一则以徐师为荣，再则为自己的一事无成而感愧无地！

　　徐师是着重大原则的人，认识他的人都知道他秉性刚直，他那不为时势屈服，不对现实妥协的态度，确曾带给他许多令人遗憾的误解和困扰，但有多少人能体谅他那份忧国忧民的情怀？更有多少人能真正了解他对传统文化的热爱和对自由民主的向往？国家民族，历史文化，民主自由，这些才是他一生心之所系，这些才是他为之鞠躬尽瘁，生死不忘的大原则。我们知道近数年来，徐师有多次机会应邀回大陆讲学，而且都是所谓"高阶层"的邀请，但都被他一一断然拒绝，垂暮之年的老人哪个不怀生归故乡的热望？哪个不愿埋骨桑梓？何况徐师还多着一层谒孔陵一述胸怀的切盼？但他的良知不允许他去屈就那违背他原则的政权，他更不能原谅那个政权加诸中国人的苦难，他只有含恨地去作故国神游了。去年，当他在美国的亲人、故旧、学生们纷纷劝他留在美国时，他曾一再喃喃："这把老骨头究竟该埋在哪里呢？"徐师当时的那份无可奈何的黯然情绪，至今萦回脑际，挥之不去，这该是多少苦难的中国人的心声啊！

一九八二年五月十二日《中央日报》

徐复观老师在纽约的时候   君 逸

    去年七月复观师到他女儿均琴家住的时候，我和他在电话上联络上了。打从一九六三年我离开东海后，十八年里是这第一次的交谈。

    我们谈了没几句话，他就忽然问美国报上有没有葛洲坝的消息。那时正值长江上游四川、贵州一带连日大雨，各地山洪暴发，破纪录的洪峰正通过长江三峡，逼近那时刚完成不久的葛洲大坝。我知道老师关心的不仅是国家的主要建设正面临着重大的考验，更重要的还是关切住在长江两岸他的乡亲生命财产上的安全。老师就是这样的爱护关切他的家乡。在东海时，他常常提到湖北浠水的故乡。从他的文章里也可以清清楚楚地看到他对故乡情谊的浓厚。

    《中国时报》就曾经登载了他的一篇文章，分析辛亥年推翻满清的革命，实际上是由一群湖北农村出身的知识青年所领导而完成的。如果没有他这篇文章的说明，我们这一代的人不知道有多少人不能不被海峡两岸的党史所欺骗。他的另一篇同性质的文章登载在《百姓半月刊》第九期《〈你们应该反省〉——访徐复观先生谈辛亥革命》。我们把这两篇文章放在一起，就可以看到他对故乡人物的爱戴和尊敬。他说：

此时（辛亥七月廿三日）两团体（文学社及共进会）皆系由湖北人士所奋斗组成发展起来的。两团体统一后竟甘心请三位湖南人士来领导。这种大公无私的精神真可使以后不择手段、纯以争权夺利为目的，而依然挂上革命招牌的人愧死无地。

　　……辛亥革命的发生，受有孙中山先生的影响，但并不是直接受同盟会领导的。共产党的一大错误是他们写辛亥革命史，总是从资产阶级怎样形成开始，把辛亥革命说成是资产阶级革命。别的地方我不知道，我是湖北人，我知道辛亥革命，武汉的广大资产阶级、市民阶级，没有一人参加，也不曾为此革命出过一丝一粟的帮助，而完全是农村知识分子亲身进行的革命。

　　武汉公私有丰富的储积，又有官办丝麻四局及与军糈有关各工厂。在革命中对商店丝毫无犯，对公款、公共事业，无一丝的沾染，无一厂、一局被霸占或破坏。凡此具体事实，若与日后许多情形相对照，则这批农村知识分子品德之高，真可许之为圣贤而无愧。这种大公无私的精神，清高的品德，正是纪念它的人们的一面伟大镜子。每一个人应在这面伟大镜子前好好照照自己，想想问题。

　　正因为对故乡的热爱，所以任何对故乡人物的曲解和蔑视，他必挺身而出奋斗不懈。同样的，他对中国的热爱，对中国传统文化的维护，也做到了鞠躬尽瘁死而后已。自从五四以来，当中国传统文化，特别是孔孟的儒家学说，处在西方文化的挑战，遭到全面破坏，最暗淡的时代，老师以他惊人的毅力和蓬勃的精神从政治、文学、艺术、伦理、宗教各方面赋予中国传统文化以时代的使命，重新肯定，并且建立传统文化的价值。我们试把这五十多年来，从胡适、陈独秀到"文化大革命"的事实作为分析的根据，就越发认识老师这种建树的艰难困苦难能可贵。

老师这种惊人的胆识和不懈的精神，如果没有渊博的学识和特立独行的人格是绝对办不到的。综观中国文化发展的历程，每一代都有承亡继绝的人物产生，老师承担了这时代的重担，他实在是我们这一时代背负传统文化十字架的人。

去年我和妻子带他和师母去游览纽约港口的自由女神铜像。那是一个纽约少有的晴朗的七月早晨，我们挤上了去女神像的游艇，在拥挤的船舱里，一位中国太太要他的美国先生让出位子给老师，一向精力充沛不知疲倦的老师，由于癌症的摧残，身体的瘦弱也明显地表露出来。船渐渐接近女神像时，他和师母走到船舷边，默默地望着越来越近、越来越大的自由女神。在大家都挤着登岸的时候，他们仍然望着衬在蔚蓝晴空里的青铜女神像。我望着他们两位老人的背影，心中感慨万千。想到老师的一生，为中国的自由民主受尽了挫折，自由民主哪一天才能在中国发生滋长呢？在东海的几年里，老师的家是同学们最常去的地方。同学们有问题时，常常喜欢到老师家中请教。他总是要师母留我们吃饭，师母总是欢欢喜喜地招待我们。师母对老师的爱护，老师对师母的尊敬，是我们做学生最感动的地方。这也是东海那几年最值得回忆留念的一些片断。

在巨大的自由女神铜像的座基，是一整层纽约移民博物馆，其中有早期世界各民族移民美国时历史图片和报导，并陈列着当时各民族的服装用具等。老师在中国部门看得最久，并且特意要我为他和师母拍照留念，好像他是有意要告诉人家："我是这样的中国人，和那些土生土长不幸而流浪四方的中国人完全一样。"

那天下午我们还去参观了僧院博物馆。这是一座欧洲中世纪修道院式的古堡。在纽约曼哈顿最北的荫雾公园的小山岗上。其中收集的都是早期基督教的艺术品，有教堂里的塑像，有拼彩的玻璃窗，有教堂里专用的家具和刺绣，室外并有欧洲各地不同寺院的天井布置。我记得其中一间十二世纪的小教堂，陈置极其简单朴素，然而庄严肃穆的气氛自然流露出来。老师看了以后说："西方也有这样可敬的文化，并且这样宝贵爱护地把它保留下来了。"这样我回想到一九七七年回大陆看到的经过"文革"浩劫后的古代文物的残破情形。中国人对自己老祖宗留下的东西糟蹋的程度真已达到野蛮可耻的地步。

那天我们游完了僧院博物馆，在回家的路上，正逢上夏日的阵雨，四野昏暗，打开车前灯也没有多大的用处，他问起一九七七年我回大陆的观感。我说一句话就可以概括，就像外面的天气一样天昏地暗。其实像老师这样的评论中共政策的专家，不须再多听重复的报导。是否他真想听到些奇迹出显的表现呢？

然后我们谈起将来归宿的问题。他说大陆是不想回去的了，台湾也不愿久留，香港只是自己暂时的家。美国虽有子女在，但是究竟是人家的国家，所以真不知何去何从。我当时非常唐突地建议老师应该在美国住下去。我以为美国实在是中国古圣先贤所描写的理想之邦。二千多年来《礼运》篇里面的大同小康的局面，像"选贤与能"；像"人不独亲其亲，不独子其子"；像"老有所终、壮有所用、幼有所长"；像"矜寡孤独废疾者皆有所养"等。

这些理想在中国从来都没有办到，而美国已一件一件地在试着办了。现在回想起来像老师这样热爱中国，这样尊敬中国传统文化的人，到了年老的时候，在中国竟找不到落脚的地方，心中的悲凉愤慨是可以想象得到的。而自己这样的建议，实在是对老师的大不敬。如果我不是他的学生，我相信他一定会狠狠地教训我一顿。老师对他教过学生的爱护，可以说是做到了无微不至的程度。他可以不厌其烦，一而再、再而三地开导他的学生，但是，对于那些权威，无论是政治上的，或者文化上的，只要有人伤害到中国传统文化，他必不容情、不留面子地加以鞭挞。收在《徐复观杂文集》中批评权威的例子比比皆是。

在他离开美国东部的前夕，他在女儿均琴家邀约了一些东海校友晚餐。其中有陶行达、杜维明、杨勇。我和妻子是饭后才加入的。那晚他提出了一个问题。他说为什么在美国研究中国文化的学者，很多人都很不幸。比如：有的自杀了，有的得了神经不健全症。没有人能回答这个问题。其实何止在美国，在台湾、在香港、在大陆，只要有人立志研究中国文化，难免不受挫折，难免不受社会的蔑视。我想，老师这样地爱护他的学生，是否他已觉得他的学生们终必要拾起他遗留下来的重担，为自己的国家，为自己的文化做些有价值的事情。他现在虽然不再和我们一起。但是我这一阵子每想起他和蔼的面容，仿佛就听到他湖北口音好像在对我们说"任重而道远"呢！

一九八二年五月

徐复观先生的人格风范

杜维明主讲　李孟修整理

　　中国有良心、有理性的知识分子总是站在广大人民的现实生活和长远幸福的立场，为历史文化的开展，学术慧命的延续以及共同意识的兴发而努力、而奋斗、牺牲。虽然他们并不直接参加生产劳动，在农耕和制造方面创造文明的价值，但是他们以"先天下之忧而忧，后天下之乐而乐"的胸怀，确实为古往今来中华民族每一分子的身体、心智、灵觉和神明各层次的合情需求与合理表现，作出了不可言喻的贡献。这就是徐复观先生的自我认识。

　　孟子所标示的"劳心者"绝不是骑在劳苦大众头上，为统治君王服务的寄生阶级，而是主动地、自觉地为芸芸众生的生存、生活、教育、艺术和宗教等方面争取基本权益及大义大利的社会良心的代表。这批体现社会良心的知识分子，不论从原始儒学的理想形态或儒家伦理在中国政治文化中的特殊表现来考察，都不是超脱现实而究心于抽象思考的旁观者，而是扣紧存在，以体现人生为天职的参与者。严格地说，他们不仅不脱离由农、工、商以及其他社团所组合的沉默大众，而且他们是通过身体力行的实践工夫，和各行各业的全体利益紧密连结着，而获得为沉默大众发言的智识劳动者，是既劳心又劳力的。这就是徐复观先生的社会关切。

智识劳动者是中华民族足可引以自豪的优良传统。儒家传说中的大禹正是既劳心又劳力的智识劳动者的典范。大禹有洞悉天文地理的睿智，有全盘认识如何解决洪水泛滥成灾的见解，有大公无私的心胸，有以身作则亲自参加劳动的实践精神。这种和劳苦大众共患难、共生死，唯天下太平是问的悲愿，说明了中国智识分子的本色。希腊哲人有探索宇宙根源的惊异之情，希伯来先知有礼赞上帝伟大的敬畏之感，表现在古代中国，即是尧舜禹汤文武诸圣王的忧患意识（这忧患意识是徐复观先生提出来的）。这就是徐复观先生的人文精神。

根据这条运思的路线，孔子的绝学堪忧和文王不顾个人生命的危机而致力于推演易道以探索宇宙变化的悲情是一脉相承的。孔子一方面说"仁者不忧"，同时又承认对当时道业不修、学术不讲的风气，抱着忧虑的心理。他对自己生死荣辱置之度外，因此不惑、不惧也不忧，但他对群体大众的现实生活、历史文化的最高理想乃至生生不息的天命却有深刻的存在感受。这就是徐复观先生的终身之忧。

徐复观老师离开我们已经有十年之久。读其书想见其人，我深深地意识到在他心灵里所荡漾的精神命脉实乃如前面所说，是从中国泥土里涌现的源头活水。他是一个真正能认同（也许应说是体同）广大农民千百年大福大利的读书人。他的遗言之中曾说自己是一个农夫。同时，他是一个奉献民主的斗士，一个敢向现实政权挑战的人文自由主义者。他的耿介、他的悲愤、他的怒吼都是力的表现；不是王龙溪所谓的气魄承当的勇力，而是经过无数转化和超升才逐渐凝成的智力。他的接触面广，涵容性大，敏感度高，所以能够广结善缘，让淡泊的儒门获得各方道友的支援。

但是，作为一个智识劳动者，他不向任何学术权威低头，也不接受狭义的师承家法，而是以独来独往的情怀，阐述中国文化的内在动源。他是身体力行的儒学思想家、历史学家和文学、艺术的批评家。［以上是根据我在纪念徐老师逝世一周年（一九八三年）所写的《徐复观先生的胸怀》，所发的一些感想。］

这十年，自从一九八一年和徐老师在美国告别以来，不论在北美、欧洲或日本用英文演说，或在"文化中国"（大陆、台湾、香港、新加坡）用中文讲习，徐先生那个非常浓郁的湖北口音，那种声如洪钟的教言，目光炯炯的形象，一种元气、活力充沛的弘道情怀，经常是激励我、导引我的灵泉。其实在论学风格方面，他所体现的也是一种取之不尽、用之不竭的灵泉。他从事于学问工作可以用朱熹的证道语说是非常艰苦的。朱熹晚年去世的时候，学生问他这一生从事学问的情况，他用了四个字"艰苦工夫"。又，熊十力先生说"为学不易，做人实难"。徐老师在这一方面确有一些体认，他自己曾说熊先生对他的狮子吼，是起死回生的一骂，他感觉到虽然那时候已经遍读群经，而且对于中国特别是词章文字上面已经有相当的造诣，但经熊先生当头一棒，才知道自己并不曾真正读懂一句，所以徐老师的学问等于是在四五十岁的时候再重新起步。在这重新起步的过程中，他的学术的工作是非常艰苦的。徐先生从抄写材料、反复地排比、校阅、研读等方面，他体现了一种职业知识分子在学术界，甚至可以说在经院的学术界，从事研究讲习的人文从业员必须要通过、必须要做的基本工夫。他的文章当然是改了又改、千锤百炼。另外，对于一本大家都认为耳熟能详的经典《论语》，是读了又读，特别对《论语》所谓"吾非斯人之徒与而谁与"有深刻的体会。我从徐先生这边也了解到《论语》这本书的重要性，我也是感觉到四书熟读了以后，就可以从事于其他更高深的学术研究。徐先生给我的告诫就是："假如你认为你对《论语》已经有全面的理解，而在任何其他的时候从事于对《论语》的探索，不能发现新的问题、新的方向，那你等于是跟我一样，并不曾真正读懂一句。"

徐先生也有一种"不耻下问"的精神，因此能够得道多助。作为一个老师，他在备课方面是煞费苦心的，现在我们还常常想到他进行学术讲习（讲习专书）的时候，满头大汗、全神贯注的精神，真正可以说是老而弥坚，所以他给我们（他的学生）带来了一种既博大而又精深的求学论道的典范。一方面我感觉到他有孟子和象山的英气，一种"十字打开，更无隐遁"的英气，同时又有伊川和朱熹的学养。有一点我应该交代的，就是我和徐先生认识的时间非常长，在中学的时候，因为从牟宗三先生游，同时参加东方人文友会也碰到了唐君毅先生，可能在一九五四年至一九五五年我十四、十五岁（或十六、十七岁）时就见到徐先生。从那时候开始，他和我每一次见面一定是论学，即使是有很多非常困难、艰苦的政治问题，他可以跟我讨论，但是基本上是以学术为对象，所以我是从他的文字，从他的个人的经验理解到除了学问一面，他在政治、在社会上面的存在的感受和关切。

鸦片战争以来中华民族受了各种的屈辱，特别是反省能力特别强的知识分子一种悲愤、焦虑、痛切，到后来无力之感非常强。甚至可以说儒教，用日本人的话"儒教文化区"，在整个东亚文明，中国的知识分子所感受的一种耻（国耻之耻），和韩国的知识分子，最近他们做一个全面的理解，了解韩国这一百多年来的发展，他们用一个字，韩文的发音叫"hahn"，事实上就是中文的"恨"字，但这个"恨"字不是仇恨的恨，是一种长恨歌式很复杂的感情，一种悲恨、悲愤的感情。我曾和日本的学者交换很多意见，他们说如果要用一个儒家形象的字眼来了解他们明治维新以来所经历的种种，则是一个"忍"字（忍耐的忍），因为日本在战败的时候，他们的天皇就说，我们现在要忍人所不能忍。

五四以来，儒家的传统（特别是孔孟之道），就中华民族的文化命脉言，如果用日本学者岛田虔次的话，是东亚文明的精神体现转变成一种抱残守缺的传统主义。或是用现代大陆的一些学者的话，现代的中华民族的文化心理结构里面起着腐蚀和消极作用的封建遗毒。我本来只想举一个例子，现在因为牟先生举了另外一个例子，我可以也加一点，二个例子来说明这个情况。一九四九年以后可以说真正的中华民族的浩劫，"文化大革命"是一种彻底革中国文化的命。大陆一位学者庞朴，曾经做过一个很简单的分疏，从五四运动（一九一九年至一九四九年）用"文化"这二个字做书名系列出版刊物的有好几百种，从一九四九年至一九七九年这个三十年，用"文化"这名词来做书名的只有一本，就是蔡尚思先生的《中国文化的总批判》。"文化"这个字经过四十年，从一个有非常深刻的象征意义的符号，变成了一般口语所谓的这个人有没有文化，就是他有没有受过教育，他识不识字。可是从一九七九年以后到今天这十多年吧，"文化"这个字又变成显学，所以说大陆现在出现"文化热"，这也不是一种过分夸张的说法。一九七四年，那时邓小平复出，我们要了解那时候是"文化大革命"时代。邓小平接见日本的教育访问团，在接见的时候，他提了这样一句话，说是在中日两国长期的友谊的长河里面，不幸有一些波澜，就是日本军国主义打了我们，希望军国主义不要再抬头。但是中国也有对不起日本的地方。对不起贵国的地方，就举了把汉字传到日本，使得日本的现代化受到阻碍，把儒学传到日本，使得日本在现代发展中间受到了拊制。但是，我觉得最有讥讽意味的是日本代表团拒绝接受，认为汉字对他们非常好。理由何在呢？他们说在美国占领的时候，建议日本压缩汉字到八百个字。（有一段时间新加坡认为八百个汉字也就差不多了，很高兴，现在新加坡改变了这个方针。）当美国离开以后，美国的影响逐渐逐渐地消除以后，日本的汉字从八百提升到一千，一千到一千二、一千二、一千四、一千六，现在差不多将近二千，这都是由它的文部省所公布的，照统计，现在在日本所通行的汉字和在中国通行的汉字数量几乎相等，而日本汉字只是日本文化资源，就是象征符号的一部分，它可以通过平假名、片假名吸收很多英文、法文各方面的外来语，这个可以看出来在文化发展上的距离。另外，儒学在现代化过程中，对于中国、日本和朝鲜（韩国）所起的作用不同。但是明治维新充分发挥儒学的道德价值，成为基本的道德教育，乃至在日本的企业界、在政治界、在社会界发挥了积极的作用，这是有目共睹的事实，所以日本并不认为它受了儒学或者是汉字之毒。岛田虔次在一九七四年回访北京的时候，在北大做了一次演讲，讨论宋明儒学，当时因为"文革"的关系，中国大陆的学者不能谈儒学，至少不能正面谈儒家，于是他做了这样一个结论（这是北京一些同学告诉我的）：假若在中国，就是儒学的母国，不能够对这个学问做进一步发展，那我们在东京、在京都的学者，就要加倍努力。

可是，值得注意的是鸦片战争以来，儒学受到了这样大的撞击，成为封建遗毒，成为一种抱残守缺的传统主义，是因为有一种强势的意识形态在起着非常积极，但是有杀伤力的作用，这个强势的意识形态，我现在叫它"启蒙心态"。从十八世纪开始，特别经过十九世纪以后，对进步、对理性、对经验、对科技，不管是资本主义，或者是社会主义，都是强势启蒙心态的体现。其实有二种启蒙心态，一种是法国的，一种是英国的。法国的是一种反神学、反迷信的一种重智主义，因此，当时像伏尔泰、莱布尼兹，甚至百科全书的一些学者，很欣赏儒家传统，很欣赏中国所谓开明的专制。另外，还有英国的传统，是怀疑主义、经验主义。那么德国的理想主义，特别是费希特所代表的要唤起民族自觉的精神，也可以属于启蒙心态的一部分，这一部分是徐复观先生特别欣赏的。那么法国大革命所体现的自由、平等、博爱这些价值，后来发展成所谓资本主义的一些思想动向，市场经济、民主政治和重视个人尊严、重视人权、重视隐私权、重视国家法律的程序，在徐先生的群体批判的自我意识里，这个心态（启蒙心态）起了很大的积极作用。因此他可以说是受到五四影响极强烈的人，以前他经过一段所谓"鲁迅迷"，同时他经过一段绝对不看中国线装书的时期，他"反传统"，徐先生"反传统"也是相当长一段时间。另外，对于马列的思想、对于西方的思想，他书看的很多。在日本的时候，河上肇所翻译的关于西方社会理论的东西，看得很全，这个是在他的文化心理结构中间一个很有意义、影响很大的积淀。因此在这一方面说，徐先生可能还继承了五四启蒙心态的精神，他是比较重视理性、重视经验，当然重视科技、重视累积性的进步，而对于形上学，对于神秘经验，他是排拒的。可是启蒙心态，一方面为现代文明开拓了很多价值领域，另外也特别把浮士德的那种强烈的杀伤力的精神和启蒙心态融合在一起，好比社会达尔文主义造成殖民主义，造成帝国主义，也把人类今天带到了一个自我毁灭的边缘，因为这个原因，在西方世界现在对于所谓根源性的问题、族群意识、种族的族群意识、语言、乡土、性别、基本的信念这些问题谈的非常多。我们看得出来在文化中国的台湾是一个非常明显的例子，香港亦复如此，现在有强烈的寻根的意愿，这个寻根的意愿在它突出表现的时候，甚至是非常强烈的反中心论、反文化沙文主义的观点，因此在五四以来，特别是一九四九以来，出现了一种全球意识和寻根意愿之间的复杂的冲突。一方面要现代，要成为人类文明的一部分；一方面要寻求自己的根源性、族群意识、语言、乡土、信念和自己民族的认同。在一九七七年的时候，徐先生第一次访问美国，他已经察觉到，关于儒学的讲论，将来如果要有复兴的一天，要对这个问题，就是全球意识和寻根意愿要有一种比较平实的、宽广的了解。

在这个古今中西之争极为惨烈，而且非常的错综复杂的思想氛围的中间，也就是民主建国的思潮（自由民主建国的思潮）和文化重建思潮，本来应该配套的，在日本配过套，因此它有突出的表现。而在中国，不仅没有配套，反而变成了冲突，这是中华民族在思想上面一个大的困境。牟先生是在哲学的层次，要对这个困境在根上面做出一个解决的方式，所以他的曲从的问题、坎陷的课题，都是从这个角度来理解，因此要对自己的一些局限性做出全面的分疏、批判，另外一方面要对西方文化的"体"的问题而不是"用"的问题做一番理解。徐先生作为一个现代新儒家，面对这样一个复杂的思想氛围，在表面上看，他是为孔孟之道据理陈辞，露骨地说呢，他要打抱不平，他要为传统中国文化伸冤。其实更正面地看，是一个怎样重新再铸民族魂的工作。各种的屈

　　　　　　　　　　　　　　　　　　　追　怀

辱、悲愤，第一代、第二代、第三代的新儒家都经历了，从日常生活或者言行、言论里面都可以体会出来，有很多的愤愤不平之气。在这个干扰之下，怎么样能够掌握一些真正的文化资源、精神资源来从事文化事业、运思在思想的领域，在历史的领域，在文学的领域，在艺术的领域？而这些资源又真正是来自本土的根源性，非常强烈的一种本土的根源性。徐先生他自居农夫，这中间有一种泥土气非常强的那种精神，就是根源性，是思想、历史、文学和艺术可以开花结果的条件。这个在徐先生看来不仅是理念，而是落实具体日常生活的一种真切的感受。

因此，要想了解他的人格风范，第一个先要了解他的感情世界，他是一个感情非常非常丰富的人。有一些哲学家、思想家像牟先生自己也说了，他在很多地方把他的感情，等于冷冻了，所以他是一个静观者。何以说冷冻，因为你这个感情没有回应，是在一个非常残酷的世界里面所走的一条哲学思想的奋斗之路。而徐先生是一个参与者，其感情生活是非常丰富、多样，他有强烈的同情感，所以他可以成为儒学进一步发展的一个主要的支持者，不仅是精神上的，而且是在事业、在各方面的一个支持者。他的感性非常敏锐、非常强烈，所以他对所谓恻隐之情有深刻的体会。他有强烈的正义感，有的时候他的正义感在突出表现的时候有极端的一面，所以有的人说徐先生喜欢骂人。可是另外一方面，他有一种真正的谦让之情，不仅是对于先圣先贤，对于传统的智慧，甚至对于当代的大师大德，特别是在学术上面有成就的国内或国外的学者。我看过他好几次跟西方的学者及比较重要的神学家、比较重要的知识分子谈天的时候，他有一种谦让，一种"以学心听，以公心辩"的那种心态，他当然有的时候也有暴躁的一面，发挥他狮子吼的一面，但是另外一方面他确实有谦和的一面。另外他对大是大非的好恶都相当强，原则掌握得非常紧。其他各种感情，如对年轻人的喜爱，对于不长进、不能发挥全力的年轻人的一种愤怒，对于民主的追求和学运中有才的后进，他是以全部的心情去培育，结果有的时候反而受到一些无谓的干扰。他一直希望有一个安静的著述的环境，可以自己写东西、可以抄东西。我去香港看他，他的公寓还是比较狭窄，摆书都不够摆，而且，天气非常热。另外，因为语言的障碍，他与香港的社会事实上可说是格格不入，但在另一方面他自得其乐，可以找到他从事学术研究的一个环境。他特别痛恨有名无实招摇撞骗的学术贩子。另外我们都知道他享受家庭的温暖，跟学生在一起。跟同事之间的人际关系，有的时候是斗争，有的时候是和道友同志合作，平常他对人的那种感情生活是非常浓郁、非常复杂、多样性的。正因为如此，在现代新儒学发展的过程中间，因为他的广结善缘，也因为他的疾恶如仇，一方面是因为他的交友比较广，由于他打笔战，所以他的知名度大，争议性比较高，使得这个淡泊的儒门热闹起来。他痛恨政治，但是强烈的不能自已地参与的精神又关切社会，在这个情况下面，他为儒学研究开拓了一些领域。很多朋友，很多道友，假如不是因为徐先生的关系也不会对儒学有兴趣，甚至可以说对儒学有一种强烈的排拒和抗衡。另外因为政治上面的各种的牵连，牟先生提到，他在延安的时候和毛泽东、朱德、林彪、周恩来、邓小平都有长期的讨论。他为民请命，常常义愤填膺，觉得不能不声讨，不能不笔伐。甚至有的时候不能声讨、不能笔伐，他也不放弃至少可以放声而哀鸣的权利。

那么，在提携后进和年轻人打成一片这上面，他是完全是"毋意、毋必、毋固、毋我"。我记得在一九五七年那时候已经安排我转系，在台北，到我家跟我父亲、母亲大家会面。正好台风、暴雨，家里面涨水，最后必须要脱掉鞋子，把裤管卷起来，打着赤脚走过污水才能上车的那个形象一直在我心里面荡漾。他在发展东海大学的中文系，可以说真是"处心积虑、不遗余力"，在很多地方很像以前蔡元培先生发展北大的方式，他是希望东海大学能够在义理、在考据、在词章上面三途并进。后来有很多他的论敌，对他有中伤或者批评的，基本上都是他请来的。他请来者并不是因为大家的学术观点一致，而是因为这些都是在各种不同领域里面的人材。牟先生提到鲁实先先生，我跟他念过三年书，确实如此，我们去他家里念书，至少四十分钟他要骂人，比刚才牟先生所说的五分钟要长得多，你如果不忍受这四十分钟他骂人，你下面就没有一个半小时标点《史记》的精彩的学问，我们都总是在他骂人的时候就玄想各种不同的问题，到了开始标点的时候就集中力量。其他的教授，有孙克宽先生在诗词方面，有梁容若先生和萧继宗先生在各方面不同学问领域的教授。那个时候要把东海中文系作为在国内、在台湾讨论中国文化、儒家思想和各种不同的学术领域的一个重要的助缘，这和他的努力是有直接关系的。所以在学术、严格的学术意义下（就是所谓 academy），在经院性的学术工作里，他做了很多。对于《史记》、专书的理解，对于《文心雕龙》的研究，使得一个基督教的大学成为重视中国文化、从事儒学研究的核心，这和他后来以及牟先生其他几位先生的努力有直接的关系。

另外，在知识界，因为他办《民主评论》，结合了很多朋友。通过他的政论，甚至以后和殷海光先生等自由主义者能够联手，都是因为对于自由主义和民主精神的一种坚忍不拔的信念，致力于化解自五四以来，二股不应该冲突，但却是冲突了，而且造成恶性循环的力量。使自由民主的思潮和传统文化的思潮，全盘西化和义和团这个狭隘的民族主义所造成的一种恶性循环，在那种复杂的恶性循环里面开出一条路来。在文化事业方面，他用他那带有感情的笔，承继了陆宣公（陆贽）所代表的政论的精神，很多人常常跟他说梁启超以来很少有这样子锋利的笔。另外，再因为他的艺术和文学上的敏感，因此不仅在文化事业上面、在文学和艺术的领域，影响了王靖献先生，及很多其他从事于文学、艺术（像洪铭水先生）研究的人。现在徐先生在国际的学术上面，一方面大家对他的汉代的思想研究，认为贡献非常突出，另外他对中国艺术精神、文学欣赏方面所做出的贡献，不管是国内、国外的学者，日本的学者现在还一直对他所提出的看法、观点进行进一步的了解、进一步的发展。所以，一个大学的理念，所必须具备的四个面向：为社会服务、进行文化传承、进行政治批判、进行自我的实现，这些都是徐先生关切的，都是他投注心力的范围。此外还为孔孟之道做出一种创造性的转化，而且发展出一种学术研究的方向，使得具有中国特色的学问，文学、史学和思想、哲学进行了现代的诠释，这都是徐先生的突出表现。

晚年徐先生特别把他的思想的力量集中在"为己之学"，儒家说"为己之学"——"古之学者为己，今之学者为人。"他所了解的"为己之学"是把"己"从一个生理的存在、生理的我转化成一种道德、艺术价值的理性存在。使我想起阳明所谓的"必有为己之心，才能克己，能克己才能成己"。他所了解的是一个同心圆，从个人到社会发展是一种有真知、有实感的儒家的存在思潮，和他无一朝之愤而有终身之忧，一种"亡天下"的悲愤，我想他的那个悲愤是一个"亡天下"的悲愤，也就是顾炎武那个时候所了解的"亡国和亡天下"，文化上的一种大悲剧，强烈的忧患意识。在这样复杂，这样困难，有很多不同的途径可以走，你可以用完全隔绝的方式，或用一种复杂的参与，在一种复杂的情况下，开出一条真正具有现代意义的人生体验。其实，他特别强调平实的世界，这个平实的世界就是在人伦日用之间，一方面注重生活的情调，一方面通过各种不同的人际的关系网络来亲师取友，而这个不只是一个社会性的意思，他有更深刻的文化传承的意思，甚至尚友千古，从他在艺术体验和文学欣赏这方面可以看出他的价值。而这些都和我前面提到他那个根源性、根源感有关，他认为他确实与他是从中国泥土长大的，是一个农夫有关。因此他反对洋化，鄙薄社会的名流，可是并不是一种狭隘的民族主义，他有开放的心灵，接触各种不同的价值，所以他是一个严师，但又是充满了同情心的一个严师。其研究广及于先秦的哲学，不仅是《论》、《孟》，还有《老》、《庄》；两汉的经学，特别是史学，（《史记》我想他是念得非常非常熟的）；魏晋的艺术精神，特别是《文心雕龙》；宋明儒学，当然是象山、阳明，特别是后来对程伊川的理解；及于乾嘉的朴学，一九七七年他到美国是参加戴震的学术讨论会，和在美国从事于所谓乾嘉学术研究的很多学者进行了交流沟通，其中对于王念孙、王引之父子的学问，对于钱大昕，对于段玉裁，后来他对俞樾特别欣赏。一九八二年在朱熹会议的时候，他那时身体已经不很好，不能够来参加会议。那时，他的学术论文是专门讨论程伊川，对于程伊川和朱熹思想的看法，他赞成二程，欣赏所谓"平实世界"所体现的一种价值。还有，这一次学术会议，如果大家看一看议程的话，正可反映徐先生"文史哲"这一方面涵盖的内容。所以虽然他已经过去十年了，但是他在学术工作上面的造诣，他的人格风范浸润在学术各种领域上面的成就还在发功，还在进行转化。

他的遗言里面有一句说是"未能亲往曲阜参拜孔庙为终身大憾"。那么，一九八五年的时候，我自不量力，我就许愿代表他去曲阜。在这个行程，我安排了第二天早上去孔陵，当天晚上，我在日记里面谈到非常奇怪的景况，就是"狂风、暴雨、迅雷"。八月常常有这个景况，所以这不是什么奇迹，但是那么猛烈的景象很少见很少见。所以第二天我去的时候很早很早，非常凄凉，人也不多，很凄凉，但是，我确实有一种很强烈的感觉，很温暖的感觉。一九八一年和徐先生在美国见面的时候，他在纽约曾经和好几位朋友，包括以前在东海认得的朋友，讨论儒学发展的前景问题。当时这些年轻的朋友，认为跟徐先生总是可以说真话，不必要有任何隐瞒，就告诉徐先生说，你不必过分乐观，没什么前景可言，儒学是完了。那次会谈我没参加，后来我见到他，就在徐均琴家见的，跟杨诚在一起，他的心情非常黯淡、非常悲戚，他说"我倒不在乎到底大陆讨不讨论儒学，但我不希望以前跟我讨论过学术问题，了解到我的思想动向的人，竟然这样子悲观"。但是当时这些年轻朋友跟他讨论问题的时候，并不是悲观，而是认为反正跟徐先生是无所不谈，心里面想到什么就可以提什么。但那个时候他也有一种感觉，就说儒学当作一个思潮，所谓中华民族的命脉，它总在中国大陆这个田野里面，还有异军崛起的可能性。他那个时候本来还有个考虑，是不是可以到大陆去从事一次学术交流，当然不是政治上的，是纯粹学术上面的交流。虽然

追怀

在那个时候他只是一种感觉，但是实际上外在客观的事实、客观的经验给他的是一种很悲愤、无奈的情怀。但是过去这个十年吧，大陆的情况确实有很大的改变，也许至少现在提出来可以告慰徐先生在天之灵。

最近大陆的学术界有这样一种考量，认为从五四以来，在中国有三种思潮，最有影响力的是自由民主思潮，自由民主思潮从五四、抗战、一直到最近天安门，可是这一股思潮的承继性不是很强。就是五四，像胡适、陈独秀他们所兴起的浪潮，不仅和在台湾六十年代的中西文化论战，也和在一九七九年以后在大陆所兴起的全盘西化浪潮，没有很明显的承继的痕迹。因此有很多课题在五四谈得很深刻，结果在一九七九年没有接触到，有很多课题在台湾谈了，在大陆不知道，有的课题在大陆冒出来了，台湾不知道，所以它不是有很强烈的承继性，因此在学术上面它有它的缺陷。另外最有势力的，不一定有说服力，但有势力的就是马列的意识形态，所谓毛泽东思想。用大陆学者的话，这个思潮出了一个问题，就是一个人变成神，其他人都变成鬼。这种神话的倾向，使得这个思潮里面不能够容忍，也不能够鼓励允许有创见性的思想家出现，那么毛泽东到底能不能算一个思想家呢？现在也是大有争议性。另外还有一个思潮，他们叫做现代新儒家的思潮，这个思潮从整个影响力来看，远远不如自由民主的思潮，从它的势力上看，当然和马列、毛泽东思想不能相比，但是承继了五四时代的一些学者所提出的课题，他们提到梁、提到熊，也提到张（张君劢先生）还有其他的先生，把这些课题提到议程上面，这些课题包含民主、科学的问题，如何再发掘中国的传统文化资源的问题，怎么样面对启蒙心态所提出的课题，及怎么样开展新的学运的问题。到了一九四九年，就是二次世界大战以后，在新亚、在东海、在其他地方又有第二代的思想家在进行思考，而他们思考的有非常强烈的承继性，有徐先生、牟先生、唐先生他们思考的问题，乃至包括方东美先生、钱穆先生他们思考的问题，都和熊先生、梁先生他们在五四时代所思考的问题一脉相承。那些问题，当然花样很多，观点不同，内部的讨论也很激烈，矛盾性也很强，但是确实有承继性。一直到了一九七〇年代后期，不管在台湾，像鹅湖，还有其他学人所做的讨论；在香港新亚，像刘述先先生他们所提的；在美国，像陈荣捷老先生，甚至张灏（以前是殷门的大弟子），都讨论这个问题，都有承继性；那么如果看大陆中国文化书院，像汤一介、陈来、萧萐夫和庞朴；另外看文化中国与世界，就像甘阳、苏国勋和陈维纲他们所做的，甚至走向未来和廿一世纪像金观涛，最近像苏晓康等人及至马克思的人文主义，像苏绍智和王若水，则儒家的论说和它们之间，一方面是抗衡，一方面是互相的对话，已经形成了一个思潮。所以在这一方面讲当代新儒家，如果我举一个简单的例子，就是在一九九一年的十二月，第二七一期吧，上海出的《学术月刊》，有个叫程伟礼的，在《西学东渐与儒学改革运动》一文里面提到这样一句话："正是由于第二代新儒学积极从康德和黑格尔的理性主义哲学中汲取营养，又能够合理地采纳西方文化的科学和民主思想，故而能够继承发扬中国儒学的'情理谐和'、'天人合一'的哲学传统，在科学主义和人文主义的当代哲学对峙中开拓出一条富于东方智慧的独特思路。不可否认，康德哲学和黑格尔哲学的合理内核，把中国儒学改革运动推进到一个新的历史阶段。并且与这一理性主义的反思过程相适应，'儒学复兴论'的口号已经悄悄地为'儒学重建论'所取代。"

在重建儒学的文心事业中，徐复观老师的自我认识、社会关切、人文精神和终身之忧为现代新儒家开辟了一条文史哲三途并进，上承孔孟，旁及老庄，融合汉代思想，体究魏晋美学，汲取宋明精神（特别是程伊川所启示的平实做人的道理），消化乾嘉的朴学，针对西方自由民主思潮，为儒学第三期发展创造了多采多姿，殊途同归的康庄大道。而贯穿这一气度恢宏的伟大设计，正是徐老师那扣紧自我、社会、政治、历史和文化的批判精神。最后，我愿意说，徐复观先生的人格风范，就像东海一样的辽阔，像大度山一样的永恒。

原编者按：杜教授这篇讲词，是依据录音整理的，来不及请杜教授亲自校订，特此说明，并表歉意。

"徐复观学术思想国际研讨会"论文集

动乱风云，人文激荡
——敬悼徐复观先生

杨　牧

一

佛观先生去世已月余，我的精神沉入一种寂寞彷徨之中，茫茫然没有头绪更无话可说，实则满腔悲哀的言语浮动嘈切，不敢说，似乎是怕一旦说错了，又被他写信来斥责一场。然而先生已经去世，如何还能和平常一样，和二十年来的平常时光一样，写寄一封凌厉的信来骂我？如此则我也不必怕了。惟其没有可怕的了，反而觉得更加可悲——先生确实去矣，带着他未完成的工作和思索，遗下的则是一般人所看到的高蹈和孤愤的形象。可是我完全了解，徐先生不是一个孤高狭窄的学术人物，他是入世的传道者；他有坚毅传薪的精神和反抗权威的大勇，他也有独多感情的一面。

我最后一次看到徐先生是一九八〇年夏天，那时他卧病台北。我回台当天，就有人转告说徐先生在病榻上提到要找我去说话。见面时他和平常一样紧握住我的手，但这次握得更用力，久久不放。我第一次感觉到我的老师是一位衰颓的老人，从前那种意气横飞的神色是完全不存在了。他找我是为了提醒我《陆机〈文赋〉

疏释》初稿已经完成发表了，嘱我细心阅读。他又说：钱锺书最近为文谈到美国有人译《文赋》为英文，而根据钱的看法，译本颇有问题，甚至英文也不佳云云。我回答说美国有三种《文赋》的译本，除了陈世骧先生四十年代末期所译最早以外，另有两本晚出的是有些章句诠释上的问题，但无论如何我还是敢断定陈先生对于《文赋》的理解一定高过钱锺书；我又对徐先生说，陈先生的英文比钱锺书写得典雅漂亮，可见钱之所指当非陈先生的译本。他听了不免就笑起来了，他知道我这种愤慨独断的语气，是从他那里学来的，一时不知道拿我怎么办好，嘱我将他的注疏和陈先生的译文仔细对照，我唯唯遵命。他病愈返港后又在这里提到这件事，而我虽然每年都为教学必须细读《文赋》一遍，但因为近来比较专心于唐诗的问题，并未着手去做。徐先生去世第二天，我坐在灯前翻看他二十年来的旧信，发现他未动手写这个《疏释》之前，就这样叮嘱过我："听说陈世骧先生译过陆机的《文赋》，译得成功。我两次讲到《文赋》，深感过去的注释家，都不曾把《文赋》清理出一个条理来，因而只是一堆话堆在那里，许多话未曾指出它的确义。可惜陈先生已死了，无法向他请教。我若有时间写一讲疏，你便可以作对照，加以论定了。"我乃将两位老师的遗稿剪辑为一帙，希望今年夏天以前能将译疏的合校写出来。

我有一个强烈的感觉，徐先生写《〈文赋〉疏释》真是为了试探我离开师门十五年以后所锻炼的学养。这些年来，我不但认真阅读了他所有和文学、历史以及艺术、哲学有关的著作，更钻研他于思想史方面所建立的体系，而且每每选择了后者的题目修书问疑，从台中到台北、香港，不断暴露出我自己许多短处而不以为乏。我有一种觉悟，他写《〈文赋〉疏释》也许还有安慰我的心意，至少这题目正落在我的学业中央，可以提升我的兴趣和精神，并且还可以搭起陈先生以英文写作的发明，转述两位老师的异同体会，我必须觉得惭愧痛悔，未能在徐先生去世以前把两本对照合校的成绩呈现给他过目。

去年秋天，徐先生为了养病住在新泽西州。萧欣义告诉我说徐先生在念我。有一天下午我打电话去，均琴说先生刚进屋里休息，忽然又说起来了，因为听到是我来电话，这是我最后一次听到他的声音，听他问我大陆之行的感想，又再三说应该把所有的经验写出来。我当天把两篇短文章寄去，很快就收到他的回信，预期回港以后，今夏还会来美参加夏威夷的朱子会议，更计划到缅因州参加古典诗学会议，我们可以在缅因相聚一个星期。后来他回香港，再听到进一步的消息时，知道《程朱异同》已完稿，而人又病入台大医院。三月中我写信到台北，托友人转呈，故意说些轻松的话题，但我知道他这次入院非常严重。四月初朋友从旧金山打电话来，说徐先生昨日傍晚逝世，我抓住话筒强打精神应答，又终于忍不住，让眼泪如决堤般涌了出来。

徐先生不但是启迪我钻研古典以认识传统文化的老师，教我如何取向严谨的学术态度，如何以诚心对待历史，破除迷信，反抗权威，更教我们如何把白话文写得整洁坚实，朗畅清彻，如何使用笔墨去除潦草和浮躁，如何面对现实生活的横逆，从沮丧委靡中奋勇拔起。他是我们这一代许多知识分子的道德标杆，狂狷精神的典型；他参与人间，介入社会，他学术的目的推展到人生价值的巅峰，赋予正面的完整的时代意义。

二

　　我在东海大二那年开始选修徐先生的课，第一门就是"中国哲学思想史"；在此以前我听过他的演讲，也去过他家，已经习惯了他的湖北口音。思想史对我说来极不容易，感觉上比"英国文学史"还难。徐先生讲课元气淋漓，虽然我的理解有限，但已能初步体会他所最强调的"周人的忧患意识"。其实他一年所讲的思想史也仅止于先秦；堂上讲义资料扩大改写后，就是一九六三年付印出版的《中国人性论史·先秦篇》。我那一年外文系毕业，离校前恭恭敬敬去辞行，他送我一本《人性论史》，还有一册《十力语要》和·册《新唯识论》。这三本书我在金门当兵时都读过一遍，而《人性论史》近二十年来也读了几次，虽然未能窥见先生的学术堂奥，思想和精神深受其影响。来美后，我陆续收到他寄赠的《中国文学论集》（一九六六）、《中国艺术精神》（一九六六）、《公孙龙子讲疏》（一九六六）、《石涛之一研究》（一九六八）、《两汉思想史》（一九七六增订）、《黄大痴两山水长卷的真伪问题》)（一九七七），以及长短论文抽印本不下十种；这些我都曾经专心阅毕，并且写信去提出读后的感想及疑问。我发觉徐先生一向不喜欢我对他谈论思想史上的问题，大概他早已断定我资质不在彼，而在文学。虽然如此，有一次我在读过他论李义山《锦瑟》诗后亦曾认真写了一篇读后感，却也惹他大大地生了一场气，后来我在他面前反而躲避着文学的问题，专找思想史方面的材料下工夫。徐先生大概是在看到我就他的《原史》所写的读后感之后（一九七七），才勉强认为我可以谈思想史方面的问题。

我在东海还上过徐先生的"老庄"和"韩柳文"两门课。他讲《道德经》和《庄子》，逢到带着文学意味的寓言和艺术色彩的描写，总会指着班上惟一低年级而且又是外文系的我，叫我"特别注意"。有一天我尝试把《齐物论》中"夫大块噫气，其名为风"一段以现代诗的语法改写出来，他看完说："这是诗吗？"徐先生反对现代诗和抽象画，这点大家都知道。可是又有一次我读完《玉溪生诗集》后，写了一首近两百行的"挽歌"，大量使用李义山诗谜的技巧，拿来和艾略特等现代西方诗人的意象互相交织，他却认为不错，自动把它送到《民主评论》去发表了。二十年来，徐先生只有两次和我谈到新诗，一次是一九六七年写在公开信《给我的一个学生的信》里，痛斥现代文学；一次是一九七七年在香港看到有人分析我的《孤独》后，曾在给我的信里对那人的理解表示异议。他不与我谈新诗，有一段时期却不断要听我对于小说界关于"乡土文学"争执的意见。徐先生教我们"韩柳文"，一个学期好像只讲了《平淮西碑》和《柳州罗池庙碑》两篇，反反复复解说文章的结构技巧和用字，材料虽少，涵盖却多样而广博。这个学期的潜沉体会终于使我稍识韩愈文章的精神和肌理。中年以后我对古文有了进一步的了解，越能把握其神髓，有时还想以白话语体的基础声调来学习古文的质理，通过现代的语气来复兴古文的澎湃、精辟和朗畅；我所有的思维和实践都以当年课堂内外的承袭为准，点滴心得，曾几何时已经演变为我个人文学理念中不可转移的信仰和技巧。一九七四年徐先生读完我的《传统的与现代的》批评文集后，曾来信对我文字的"精洁"表示惊异，称赞了一番，其实他早已经知道。我知道，我们若是想把白话文写好，模仿白话文大师的文体是不够的，必须从古文中深入体会；

而我最初窥见古文的艺术堂奥，正是他当年讲授韩愈两篇文章的启发。

大二放暑假前，徐先生曾找我去他家，在问过一些学业、兴趣和计划以后，忽然建议我转到中文系。我心里委实很愿意，可是在这之前，我已经从历史系转外文系，格于学校的规定，升到大三就不能再转了，只好作罢。转系虽然不成，我因此从他那里领受的鼓励却非常大，毕业以前选修了更多中国文学的课程。毕业后，服兵役的期间我继续不断阅读着古典文学的书籍，终于决定退伍了就去投考台大中文研究所。徐先生知道我的计划后，反而写信劝我不必，主张我应该接受当时已经得到的奖学金到美国去留学。严格说来，我一生所走的学术路线也是徐先生指导来的。当年未考台大中文研究所，三年后辗转到柏克莱进加州大学，有一半精神是付诸中国古典文学的研究，在陈先生的指导下埋头读了四年古书。以我所知，徐先生和陈先生的友谊甚笃，建立在一次关于《文心雕龙》的讨论上。

徐先生对《文心雕龙》下过很大工夫。据说他在东海开过这门课，但那时我还未入学。他写这篇出名的《〈文心雕龙〉的文体论》，也对风骨及其他问题做过疏补和阐释。关于文体论的文章发表后，在台湾学术界掀起很大的风潮，各种辨驳批判的文字不断出现，而徐先生也不厌其烦地一一为文答复，乃加深了大家对他喜欢"打笔战"的印象。我知道他对这篇文章极端重视，而且可以说是非常得意的，所以当他后来要我详读以提出意见的时候，我只敢指出他文中所引述的西方文学观念并不正确——徐先生的西方学术全部依赖日译以及日本人的解说——然而他还是相当不悦，徐先生每有所制都要求学生提意见，但根据我的经验，每次直言道出相异的看法，都不免和老师产生冲突，徐先生对学问的执着信心和使命感，贯通他所有任何题目里的长篇短论，文章一旦发表了，他只在资料的敷衍和解析方面修订增补，于大理念大方向，极少有让步转弯的时候。此于思想史方面已经不免，于他一向认为比较次要的文学研究更绝对如此。《中国文学论集》初版中所收文章悉照原刊面貌付印，无数的笔战并不曾易徐先生的理念或方向于万一；其增补版也只是篇幅的增补，新旧版八年之间，不但理念方向依旧，即行文的口气和材料也没有任何损益改变，他巨大的使命感使他坚决地追求着他执著的学术定论，绝无宽容妥协的余地。

我有一种感觉，徐先生因为历史文化的使命感，把精神付与思想史的研究和撰制。其实他真正的兴趣可能还在文学和艺术。当然，文艺总是雕虫小技，与时代风雨悲惨之事无补——这似乎是他的看法，乃决定了他为文的态度。但他不能忘情文学和艺术，遂写石涛和黄大痴的辨正，讥大风堂藏画，斥林语堂之苏东坡轶事，驳辩各方面红学专家的新知，下及某大学中文系的杜诗试题，乃至于"白日依山尽"的地形，在在无不以心血神气付之，表现出极端的介入情怀。不但如此，他还写了一巨册的《中国艺术精神》。据说徐先生逝世前曾经表示，深怕所有的著作百年后都不可传，只有一本《中国艺术精神》。徐先生对思想史的洞识和要求，使他怀疑他的著作有没有一个永恒的价值；他对于文学艺术的轻视——认为分神戈戈可为——却使他断定天下之大，于传统和当代文艺的理解方面仍然可以一人独尊，虽文艺之于他只是旁门左道。在他看来，文艺对国族命脉并没有什么令人震惊的威力。鲁迅作品错综复杂的内容对徐先生而言，居然"可由《狂人日记》

加以概括”，这是他能从程朱异同来为思想史揭破，立意为往圣继绝学，却又漠视新时代突兀试探的心灵，甚至可以说是轻蔑一般文学艺术的一个例子。有人提到徐先生像梁启超，同样处身于学术和政治之间，然而，当我们撇开政论文章直探徐先生的学术格调时，我们发现他又很像陈寅恪，以哲学历史为文化的正统，以文学为附庸。当然，对于做学生的我说来，徐先生的学术和政治，正结合了一个时代的动乱风云和人文激荡，无限地震撼着我们的心智和精神。他时常说他自己那一代是失败的一代，学术和政治都失败。但中国有史以来，政治成功的时代本就不多，也许政治的失败是没有甚么可谈的。徐先生做学问直指原籍古典，越旧越好，轻易不信任何传承的疏解，对于二十世纪的学术他一向没有甚么恭维，有则熊十力、黄晦闻三数人而已。

三

徐先生湖北浠水人，生于清光绪二十九年（一九〇三）。根据他的自述，他原名佛观，后改名作复观，学名秉常；八岁开始从他的父亲发蒙读书，十五岁入武昌省立第一师范，毕业后曾教过小学，后来投考湖北省立武昌国学馆，卷子被黄季刚于全省三千学子中举为第一名，一九二八年东渡进日本陆军士官学校，九一八事变后返国，不久从军，抗战胜利即主动退役，主办《学原》杂志，有意离开政治回归学术。一九四九年又办《民主评论》在香港出刊。一九五二年起任教台中省立农学院，三年后转任东海大学中文系教授，一九六九年退休迁居台北；旋赴港任新亚研究所教授，继续进行中国古代学术的研究和写作。徐先生的著作除了上述十余种外，另有时论杂文数百篇。当代许多人都推崇他的杂文，但他自己并不重视这方面的作品。他曾对我说过，那些杂文惟一的价值是笔路气势和格局好，可以供给有心写好文章的人参考学习。

徐先生的学术著作大致上已经有了定论，海内外服膺他的私淑弟子甚至多过他三十年亲授的及门生徒（东海大学十四年，新亚研究所前后十二年）；以他一生抨击权威破除偶像的学术风格，生前能够确定地知道他具有如此深远的影响力，徐先生应当会觉得十分安慰的。徐先生在学术方面不轻易许人，但处理世故欣赏人情，却格外地温柔敦厚，我们知道他有许多政界的熟识，更有许多在野的学艺深交，其中包括好几位台湾本地的耆宿。他表面上激昂慷慨，但其实心思非常细密，学术社会上的花招骗不过他，而且他疾恶如仇，好打不平，一般人以为他喜欢笔战，其实他自己也知道打笔战太费精神和气力，然而又时常有不忍不言者，学术以外的问题也时常要管，因此耗去了许多精力，甚至引起朝野人士对他的误解。徐先生对学生辈严厉而关切，学业问题无论大小绝不纵容放任，又密切鞭策学生向上的品行，责备和称赞都使用最谨慎的字眼。有一次他看到我一篇未发表的文章原稿后，痛斥我荒诞不经，又有一次他看见我能自动为一位亡故的前辈先生专心编辑遗文成集，则赞我"具有东汉人的风义"。二十年来我处在一种战战兢兢的精神状态里读书写作，有一大半是希望能减少来自徐先生的责骂，多得到他的赞扬。徐先生逝世，我难免感到精神和气力的崩溃，茫茫然沉入寂寞彷徨之中。熊十力之死，他觉得是"中国文化长城的崩坏"，但犹能坚毅地强持他传承的大智大勇；他死了，我不但体会那文化长城的崩坏，而且还失去了我应有的继绝的精神，因为徐先生虽然爱我护我，甚至在某些地方不吝惜地以我这个学生为得意的标榜，我对他半生力学所积的思想史只能摸索体会，绝无丝毫深刻的把握，我对他的文学观念更不幸地缺乏整体的信仰，不敢赞一辞。师恩如大海，然而我竟没有力量从老师所重视的领域中去扩充发扬心志和学术，彷徨自责和沮丧之情也就可以想见了。

徐先生早岁从军，亲自经历了许多政治变故，但他从不在课堂上提起那些旧事，课后闲谈也绝不涉及；他在杂文中曾概略追忆往事，但不肯深入。先生为文的气势、架构和遣词独步近代儒林三十年，学术界里无论敌友，都一致心仪他的文章体格；他爱诗亦能诗，偶然为之近同光体，然而却长期故意压抑着这方面的兴趣。他喜好传统艺术，对中国书画源流的研究和鉴赏都有超群的造诣，但也曾对我说他誓不写毛笔字，文房也不备砚台之类的东西，写稿写信概以钢笔或原子笔为之。

一九八二年六月六日至七日《中国时报》

寒夜怀师

薛顺雄

> 淅沥窗前春似梦
>
> 笑嗟声里事如烟
>
> ——徐师复观句

徐师已于四月一日下午五时五十分走了，不是从"哈哈亭"中，不是从权势场中；是从世人的惋惜中，学生的哀悼中，亲友的感伤中走了。走得是那么地突然，简直让人无法相信这是事实。回忆着，二月八日下午陈淑女学姊自台北来电，告知您老人家又住进"台大医院"之后，我便于当晚赶到"台大医院"，转了好几圈，才找到了您老人家的九〇七病房。一进去，看见您与师母都面带着笑容，为我详细解说这次临时决定来台就医的实情，实在是因为在香港瞎医了一阵子，背肩的骨痛，依然不减。花了不少时间与身力并没有找到真正的病因所在，所以临时决定回"台大医院"诊治，因为您相信"台大医院"的医术水准极高，设备也很好，不是香港一般的医院所能比的。再加上："台湾有不少的亲友学生，对我都是那么好！像这一次的入院，好不容易才找到这间病房，可说都是一些朋友热心帮的大忙。还有台湾，也有不少的老学生在，也给我很大的温暖，所以我想，还是回台湾好！"

并且，您也表明了您想搬回台湾住的意愿。究竟香港是个殖民地，对于您——一个真正的中国人，在心境上并不适宜。当时读完了您决定搬回来住的消息后，我们极为高兴，并热烈地赞同您的决定。以后陆续还有不少的朋友来看您，您也都一再地表示您想定居台湾的想法，大家无不热烈地赞成。我跟淑女学姊、郑钦仁、乐炳南、蓝吉富、王孝廉诸兄等人，也都急切地商谈着为徐师找房子的事，大家为徐师想回来定居的事，欢跃——高兴的是，从此以后，师生的见面便容易多了，我们学生面聆您老的指引，也就更为详切了。我知道您老人家是爱好并精于鉴赏中国书画的，所以我告知您此次国立历史博物馆展出"宋元明书画"精品极多的事，您很高兴要我陪您一道去看，特别是要好好地细读一下难得一见的北宋董源的真迹——《江堤春景图》。可是，由于下雨及照"钴六十"的事，搁延了。想不到，这一拖延，竟然使您再也无法看到此一稀世的名迹了。也使董源失去一位真正的知画者。

　　病榻时，我曾数次前往奉侍。病情尚未严重时，您曾多次告知我，您的愿望：并不是恋栈着残余的生命，而是想为"中国文化"多写一点有用的东西，想为整个苦难的民族，多说几句该说的话。因为："中国的智识分子，都太世故了！常常是'见到了利，便忘了义'，在权势的面前，两脚常是发软的。中国受专制政治的遗毒太深了！民族要想有光明的前途，唯有走'民主'的路才有救，否则只有永为沦亡！"这一种真正传统智识分子（真儒）的"忧患意识"，总是萦存在您心中，时时激发着您不得已之情，关怀着整个国家与民族的命运。就是在您病重之时，您仍然无法忘怀。在您病重半昏迷中，您尚呓语着："可怜！可怜！中国人真可怜！"闻之，令人鼻酸。正是在许多所谓的"读书人"，热衷于追求"名"与"利"之时，您却忘了自己的痛苦，而关心着所有中国人的生命。这一种的关心，是来自于民族情怀的关照，更是来自于文化意识深切的呈现——是血泪的凝结，是真情的表露。那么样地诚恳，那么样地真挚！

您一生中遭遇到不少的逆境、打击、误解。可是，您刚直耿介、不阿不屈的行径，却赢得了更多人的敬仰，也为社会的智识分子，树立了典范。您一生的经历与言论，也为近代的中国历史，提供了见证。您一生的学术努力，更为现代荒秽的学界，开拓了新径。这一切，相信历史会给您公平的论定。遗憾的是，您还有许多未完成的"文化重建"工作，没有机会再详切地指引有志的后生继往，而使您衔恨而去。相信，您一生辛苦努力播下的种子，已在各处开始苗芽、生长，总有一天会开出灿烂的花朵的，相信这个种子收成的日子是不远的。每当一颗花朵的绽出，我们仿佛都看到您老欣慰的笑容。

老师，您可以安心地走了！我们会加倍努力的。虽在寒夜，您的光采笑容永在！

一九八二年四月十日《台湾日报》

徐复观老师在东海的教书生涯

薛顺雄

我目前在东海任教，也是徐复观先生的学生。徐老师在东海有一段很长的时间，在他生命史上占着很重的分量，所以我觉得我们把徐老师在东海任教的事情省略是非常可惜的。我非常冒昧，上台来做这个很简短的补充。

徐老师差不多在五十岁时到东海任教。他到东海，心里感到有份责任，我记得徐老师亲自告诉我的话，他说从清代中期以后一直到大陆的沦陷，中间尽是反复的战乱。中国的民族非常可怜，在这百年战乱里头，我们一直在衰退，真正的原因只有两个：第一个原因，我们中国人对自己的自信完全丧失；第二，我们对于整个文化的根完全斩断。

大陆沦陷以后，他非常沉痛，他反省，他自觉。他觉得假使要让中国人在苦难的百年以后站起来，唯一的希望在下一代。在这种情况下，他认为他的教学不是完全为了个人生活，而是负了一个文化跟教育的责任。他希望能够透过他个人对教育的关怀，培养下一代，从文化的复建到文化的复兴。因此他在东海，非常关心学生的生活，关心学生的行为，关心学生做学问的方法。他要求几点。第一，希望下一代从做学问开始，要非常扎实。第二，做人要非常诚恳，一定要有认错的勇气。第三，对自己的民族跟文化要有信心。一定要对自己的文化做深入的探讨，从对自己文化的探讨里面产生对自己文化的信心，从对文化的信心里头扎实自己的根。这件工作，徐老师从自己做起。他五十岁开始从文化的根里头去追寻一直到离开了我们。在徐先生这样的影响下，东海培植了不少在这方面工作的人。

我觉得我们今天对徐先生的介绍，不只是介绍我自己的老师，而是介绍关心自己的民族，关心自己的文化，关心整个中国命运的一个人！这样的一位学人，假使我们的社会都不关心他所关心的事，徐先生会死不瞑目的。

一九八二年五月号《中华杂志》第二十卷总二二六

我景仰的徐复观老师

曹永洋

徐复观老师是当代最具胆识，最有风骨，光芒四射的人物。由于他在学术、文学、艺术、政论各方面都有辉煌的成就，所以生前对他的美誉，如"新儒学大师"、"思想史巨擘"、"今日的陆宣公"、"当代知识分子的良心"等等，他都可以当之无愧。其实任何界定，都不足以含括徐先生的人格、勇气、卓识和风采。

笔者虽有幸能忝列徐师门墙，接受亲炙有年，可是为学做人一无成就，根本不够资格用任何言辞来表达我对他的景仰和钦慕。谨就徐师的著述文字，稍作整理，概要地向各位介绍他的生平简历，希望能有助于对他的认识和了解。

徐师于民前九年（一九○三）国历一月三十一日出生，那是湖北省浠水县一个贫苦的农家。由于父母、叔伯合力苦撑，忍饥耐寒，他才有机会接受教育。勤俭、朴实、善良、认命的农村生活，使他从小就深刻体验了中国苦难的命运，这是他日后人格上无法抹去的印记，也是他灵魂的热情光体。纵然他后来当了小学教师，进了国学馆，又赴日本攻习兵学，以后从政，再走向学术界，他自始至终时时刻刻都是放眼天下苍生。与他相随相伴的，永远是广大胼手胝足、熬受折磨的群众。徐师一生从不用他如椽的巨笔为强权服务，他落笔如刀，横扫千军万马，有千人皆废的豪迈。他只服膺良知和原则，所以拿起笔来，常常浑忘自家吉凶祸福，心中只有国族与文化。在他巨笔之前，他视权威、偶像、恶煞如无物！

徐师一生以其"任天而动"的性格为发轫，历程传奇而富光彩。但最难能可贵的，是他永远站在自己的民族本位上，矢志做中国文化披麻戴孝的最后的孝子。正如他自己所陈述的，他从教室走入战场，再由战场走入教室。他无畏的勇气和胆识历久弥坚，在惊涛骇浪中从不动摇、畏缩。

徐师早年由发蒙到二十三岁，读的全是中国的线装书，后来一度厌弃、鄙视它。由青年到盛年的期间，潜心读过各种政治、思想论著和兵学。直到在北碚金刚碑勉仁书院拜谒熊十力先生，深悟熊先生"亡国族者常先自亡其文化"之言，重新回到中国文化的命脉上，奉献一切所有，生死不渝。

徐师近五十岁方正式踏入学术界，用他的生命余年的三十三个年头，奋力写下二十几册立论鞭辟入里、抉微发隐的巨著。他不仅写学术性的专著，也写风动人心的时论。用力之勤，成就之高，无论敌友都无法否定他在历史上的地位。他不同于躲在书斋和象牙塔中的知识分子，他是时代风暴中与民族命运患难与共的先驱。

五十、六十年代，徐师因为无法对虚假的学风保持缄默，先后卷入多次的笔战。他疾恶如仇的性格，使他得罪不少当代的学阀，更使他陷于孤立状态。可是他仍然独来独往，一往无前，毫不退缩。这是他性格中最真挚，最令人怀思，最令人崇敬的特质。

一九六九年，徐师因揭发文化汉奸梁容若的真面目，被迫离开执教十四年的东海大学，当时国内的艺文界颇不以徐师的口诛笔伐为然。然而徐师不做任何辩解，写下"无惭尺布裹头归"以明志，飘然离开了他耕耘过的这一块学园。东海大学失去他，究竟是谁的不幸呢？如今梁已投共，徐师史迁之笔，真是昭昭不爽啊！

综观徐师的论著，每本都是体大思精，迭有创见。他早就用著作清楚地划定了自己的位置，任何赞词都不足以增加他一分光彩。"不争一时而争千秋"，旨哉斯言！

正如徐师的好友郑学稼教授所说："徐先生的成就，超过'五四'以后同领域的工作者，他的论敌可用权势抑压他，不能禁绝他的著作，今人和后人都该感谢他。"

我深信尘埃落定，我们将更清楚他的呼声确实是这个时代最具卓识、最有力的声音。徐师留下的典范、步迹，在在足以作为后继者继续向前的不灭的亮光。他更有气度希望年轻的一辈，能很快地超越他。如今，他走了，除了悲伤和怀思，我们会深深感到我们的担子加重了！徐师已经努力走过了，让我们接下他的棒子，好好迈步向前，使他的灵魂能安息。

一九八二年五月号《中华杂志》第二十卷总二二六

我景仰的徐复观老师

无惭尺布裹头归

——徐复观老师的读书生涯

王孝廉

为东海取校名作校歌

一九六九年因为梁先生的汉奸问题，老师被迫离开教了十四年的东海大学的时候，引用了吕晚村的这句诗，作为他告别东海的心情写照。那时候老师便说，这裹头尺布是由几千年来的圣贤所织成的一尺布，也即是老师生命的自身，是没有办法抛弃的对传统文化的一份知识分子的责任感。

老师之所以被迫离开东海，表面上固然是由汉奸问题而引起的，其实却是由于老师对中国传统文化的肯定与坚持，而和东海的宗教势力产生冲突的结果。东海大学的校名是老师怀着"东海有圣人出焉，此心同，此理同；西海有圣人出焉，此心同，此理同。推之南海、北海莫不皆然"的融合东西文化的信念而取的。而老师所作的东海校歌歌词中的"求仁与归主，神圣本同功"的两句话，却引起了东海董事会的反对。他们的理由是："中国的圣，怎可以比西方的神？"这支由老师作词而由李抱忱博士谱曲的校歌，便这样被否决了。我在东海读书的几年，一次校歌也没有唱过，而且也没有人教我们怎么唱。后来老师离开了东海，听说这支老师写的校歌又准许唱了。可是作词者却不是徐老师，而是什么"东海师生"。不知道是东海的董事们已经允许了中国的圣与他们的主可以同功，或者是另外有其他的原因。

徐老师曾经对劝他受洗的人士说："中华民族对自己文化真正有责任感的，只有我们少数几个人。我之所以不当基督徒，不是为了旁的，只是要为中国文化当披麻戴孝的最后的孝子。"于是当时的东海董事会又发出抗议的声音说："学生受洗的所以少，是因为牟宗三、徐复观讲中国文化的关系，我们的学校不是为中国文化办的。"

东海解聘从事学术研究

离开东海以后，老师曾经完全失业。那时候台大哲学系曾经排了三小时兼任的课给老师，可是也被反对掉了。辅仁也曾经想找老师，也没成。最后老师离开台湾，到了香港的新亚去教书。

在香港的十几年，可以说是老师著书最勤的一段时间。《两汉思想史》三大本，《中国思想史论集》和《文学论集》以及关心国家、民族、文化和社会时局的四大本杂文，都是这十几年之中完成的，而当年引起汉奸问题的梁先生，也在老师离开东海以后的几年，到了美国。他在美国漂泊了十年以后，也终于在今年跑去北京，做了什么人代会的委员之类的官。

"无惭尺布裹头归"，老师引下此诗的十三年以后，他第二次又裹着由几千年圣贤所织成的、由传统文化所织成的这块尺布而归去了。只是这次的归去不是离开大度山上的东海，而是归向他生命的尽头，归向一个渺茫而不可知的另一个世界。

作为整个中国文化最后的披麻戴孝的孝子，老师应该是可以当得起"无惭"这两个字的。老师对得起由圣贤所织的这块传统和文化的裹头尺布。可是对老师来说，虽然无惭，却也留有遗恨。他的遗恨是没有写完他要写的书，他的遗恨是没有带着他几十年来不断努力所发掘出来的儒家的真正精神，去曲阜孔庙当面交给孔子。

本来在今天这个纪念会上，原定由乐炳南学长和我共同来报告老师的学术思想。可是这题目的确使我为难，我觉得老师的所有著作都已经是老师思想的最好说明，他的几百万字的思想史方面的专书，是他对整个中国传统文化最具体的看法；他的文学论集是他对中国文学的几个重要问题的主张；而老师对社会政治和时局以及今天的文化现象的批评和意见，都在他的杂文里面。因此我觉得与其由我来浮光掠影地说明老师的思想，不如直接地去读老师的书。我现在只谈谈老师读书和治学的情形。

深悟文章之道在有思想

老师自己说他是一个"由教室走上战场，再由战场走进教室"的人。他八岁开始读书，他的母亲鼓励他读书，是为了要他"好好地读书，将来会发达起来做官"；而他父亲要他读书，是希望他能考功名。因为老师的父亲，是一个考了一辈子都没有考到功名的人。父母亲的这两种期望，都影响了他的童年。因为他对母亲所说的"做官"和父亲所说的"功名"，都不断地引起反感。这种反感一直保持到他离开军政（他所谓的战场）正式与官场绝缘为止。从八岁启蒙以后的四十年，他是"即使在行军作战之中，也不能两天三天不打开书本的"，可是他却说这四十年是"不曾读过一部书，不曾读过一年书"的时代。

十二岁以前，他读书是"新旧并进"的。新的是教科书，旧的是为了准备考功名的四书五经和《东莱博议》、《古文观止》、《纲鉴易知录》之类的书。十二岁的时候他喜欢读诗，可是他的父亲不准他读。老师常说他懂诗而不会写诗，其实他的诗作得很多也很好，只要看薛顺雄学长编校的《中国文学论集续篇》，就可以知道。十二岁到十五岁的三年之间，他整整读了三年的旧小说。因为他已经离开了家，而不再受到他父亲的限制。

十五岁以后他进了武昌省立第一师范学校和国学馆。师范五年和国学馆的三年，他读的多半是线装书，同时也看梁启超、胡适和周树人、周作人兄弟的文字。这时候由于写作文，而使他知道"文章的好坏，不仅仅是靠开阖跌宕的那一套技巧，而是要有内容。就一般的文章说，有思想才有内容，而思想要在有价值的古典中妊育出来，并且要在时代的气氛中开花结果。"在老师生前不断攻击他和谩骂他的居浩然先生，曾说过老师的文字，不论文言和白话，都是甲上。而读过老师的文字或书本的人，都会感觉得出老师文字的力量。他的文字所以简洁而有力，我想这也许是和他青年时代的这种由作文而引起对文章的看法是有关的。

涉猎政治军事书籍

他在二十三岁以前没有读过什么政治性的书籍，对于主义和党派完全没有印象。二十四岁时第一次读到由陶子钦旅长送给他的《三民主义》。陶先生后来又保送他去日本留学。这是他和政治思想结缘的开始。因为老师写过一本《学术与政治之间》，许多人都用这书名去形容老师的一生。可是，我们如果从他童年时代即对"功名"与"做官"有反感看，可以了解他是一个对政治和做官，既没有野心也没有兴趣的人。

从日本回国以后，老师固然有十多年的时间是在军事和政治的舞台上度过的，但这只是由于时势和环境使然。他在民国三十一年到三十七年之间的"由救国民党来救中国"的构想和努力，也是基于一个动乱时代中的知识分子，对自己国家和民族所持有的使命感和责任感，而不是基于个人对于政治的欲望或野心。如果他对政治有欲望或者有野心，如果他在学术与政治之间，政治的趣味超过了学术趣味，他也就不会穿着他的少将制服去北碚金刚碑勉仁书院去见熊十力先生了。

从赴日本留学，念明治大学的经济系和陆军士官学校，到回国的军政生涯，直至见到熊十力先生，在这段时间内，老师所读的，是由孙中山先生而马克思、恩格斯和唯物论。在延安窑洞里居住的半年，读的是克劳塞维兹的《战争论》。一般说来，这段漫长的时间他读的是一些政治、经济、哲学和军事的书籍。

恭谨师事熊十力先生

老师师事熊十力先生，是从一九四五年开始，也就是老师四十岁的这一年。他自己说他"对中国文化，从二十年的厌弃心理中转变过来，因而多有一点认识，是得自熊先生的启示"。他说熊十力先生一方面是一个"不但自无一毫人情世故，并且以他自己人格的全力量，直接薄迫于对方，使对方的人情世故，亦皆被剥落得干干净净的"；另方面熊先生却又是一个"最不能被一般人所能了解的，有如四面不靠岸的一只孤独的船"。有些人往往说老师是"纵横家"，说他深懂谋略和权术。可是真正接近他的人，都知道他是一个很天真的人。他的环境和机遇使他懂得许多谋略和权术，可是他从不用在他的朋友、他学生以及他所喜欢的年轻人身上。他在做学问上，一直是独来独往，正如四面不靠岸的一只孤独的船。这只孤独的船，也就是他所强调的"不能被世人所了解的儒家的本分"。这种投出其全部生命以为中国文化尽其继绝存亡的责任感，他和他的老师熊十力先生是很相像的。我在东海念书的时候，老师要我看的第一本书，正是熊先生的《十力语要》。

另外，老师和熊十力先生有许多相像的地方。比如：

他们幼年的环境很相似，都是出生于贫寒之家。熊先生在八九岁时丧父。他父亲未死之前曾经教他读了一点书。父亲死后，既无力从师，又没有事做，便常背着秤随着哥哥在乡下卖黄瓜鱼（一种廉价的咸鱼）。老师八岁启蒙读书，高小毕业的时候，家庭"实已受尽了千辛万苦"，所以他毕业以后想到的，是一面在乡下学中医，一面开一个小中药铺子维持生活。另外老师和熊先生他们两人的父亲，都是笃学励行，但又不善谋生的人；也都是考了好多次而连个秀才也没有考上的人。

喜爱庄子的独立精神

熊十力先生和老师都是少年时代就有文才的人。熊先生在一位学问很好的何先生那里搭学（即跟着出钱的富家子弟随班附读）。在二三十个同学中，以熊先生年龄最小，而作文总是第一名。后来熊家因为没有米送去给熊先生吃饭，而终于休学。老师在国学馆时，改作文的李希如先生对周秦诸子之学造诣很高。开始时，老师作文全仗才气，而且自负，李先生老把他的作文列在后面几名。后来老师开始下工夫读完了周秦诸子，到了第三学年以后，他的作文就一直是第一第二名了。

在读诸子的时候，老师对《庄子》的兴趣特别高。我认为青年时代对《庄子》的兴趣，影响了老师日后一生的治学。他在东海教书时，所写的《中国艺术精神》中，提出"庄子的道是落实于人生之上，乃是崇高的艺术精神。而庄子由心斋的工夫所把握的心，实察乃是艺术精神的主体。由老学庄学所演变出来的魏晋玄学，它的真实内容与结果，乃是艺术性的生活和艺术上的成就……"在写完《中国艺术精神》第二章"中国艺术精神主体之呈现——庄子的再发现"之后，老师作的七绝诗中有："瞥见庄生真面目，此心今亦与天通。"由此可见老师对《庄子》的认识和喜爱。他喜爱的是庄子那种独与天地精神相往来的独立精神，和《庄子》中真人的自由境界。我常觉得老师在作为一个传统儒家的知识分子，在他对传统文化的责任感之下，他的内心依然充满了对庄子的向往。我觉得老师是一个懂得庄子的精神和心境的人。

怀有对时代的责任感

他们都是怀着一种责任感而参与政治，而又因为受到许多困挫而醒悟的人。简单地说，他们都是现实政治舞台上的失败者。而他们又都是由于一种醒悟而转向在传统文化之中安顿自己生命的人。熊先生参加武昌的新军，并且和王汉等人谋革命。熊先生参加辛亥革命，以首先起义论功，派为都督府参谋。可是革命成功之后，他却引身而退，接受遣散，闭门读先秦诸子之书。后来又因为见到时局动荡，到广州想继续参加二次革命。可是熊先生在广州见到的，只是一群"终日言不及义，亦无所用心"的革命分子。这些假革命以谋己利的分子，使他觉得"由这样一群无心肝的人革命，到底革到什么地方去呢？"于是他由失望而觉醒，愤然离开广州回到家乡，工苦食淡，又到南京入欧阳竟无门下，请纳为弟子。后来蔡元培到南京见欧阳竟无，要找一个人去北京大学教"唯识论"，于是熊先生被荐到北大为特约讲师。熊先生到北大，是基于他认为"欲救中国，必须先救学术，必须有人出来挺身讲学，以造成风气"的想法。熊先生曾经"想以讲学结合有志之士多人以代替政党的作用，为国家培植根本，为社会转移风气"。老师留日学陆军，回国以后参与政治军事的活动，并且由"救国民党来救中国"的主张而到失败之后向蒋先生提出的"中兴方略草案"而到最后转向以学术救中国。在国家存亡继绝之时，由蒋先生支持而创办《民主评论》。我想老师和熊先生的心境是一致的。

老师在抗战胜利之后，三十五年回到南京的第一件事，是呈请志愿退役，这如同熊先生在辛亥革命成功以后的引身而退。可是对于时代风暴的预感，却仍然压迫着他们的精神。为了抢救危机，熊先生到广州想参加二次革命；而老师也依然参与着当时的最高决策。在这时候，那些"浮在表面上的党政军人物大体都看到了"，而他并没有发现"可以担当时代艰苦的人才，甚至没有发现对国家社会真正有诚意、有愿心的人物"，所以他想到国家的人才恐怕是在党政军之外的学术界。他办《学原》，办《民主评论》，都是基于这种对时代责任感而来的迫切期待，希望以这两个杂志做桥梁而和学术界的人才沟通，以为建立国家的新希望，同时也是他重回学术界的一个尝试。老师开始写文章，也是在办《民主评论》的时候。在这之前，除了偶然的机会外，他是很少写文章的。

读书治学的"笨工夫"

一九五二年，老师在台中的省立农学院教"国际组织与国际现势"。第一年是兼任，第二年改专任，教大一国文。一九五五年到东海大学中文系，开始一面教书一面治中国思想史的工作，这时候老师已经五十三岁了。五十三岁以后的老师，在东海教了十四年书，然后被迫离开。之后又在香港十二年。从五十岁到老师八十岁去世，将近三十年的时间，是老师一生治学最勤的时光。他的几百万字的著作，除了两册《学术与政治之间》以外，都是这近三十年之间完成的。

老师自己说他的读书方法是：第一，不看第二流以下的书；非万不得已，不看与自己研究无关的书。第二，读中国的古典或研究中国古典中的某一个问题时，先把可以收集到的后人的有关研究，尤其是今人的有关研究，先看一个清楚明白，然后再去细细读原典。他很强调一定要仔细去读原典，不能用后人的研究论文代替读原典的工作；否则便一生居人胯下。至于那些专为稿费而写的文字，最好是一个字也不要看。第三，读书时的摘抄工作。对一部重要的书，常是一面读一面做记号。记号做完了便摘抄。他认为摘抄的工作，实际上是读书的水磨工夫，这也就是他一直强调的"最笨的工夫"。这种"笨工夫"也是老师治思想史的最基本的方法。

他在《研究中国思想史的方法与态度问题》以"象山学术"为例子，说明这种"笨工夫"是"先按着研究对象的各种观念、问题而将其从全集的各种材料中抽了出来，这便要把材料的原有单元（如书札、杂文、语录等）加以拆散，再以各观念、各问题为中心点，重新加以结合，以找出对他所提出的每一观念、每一问题的比较完全的了解。再进一步把各观念、各问题加以排列，求出它们相互间的关连及其所处的层次与方位，因而发现他是由哪一基点或中心点（宗旨）所展开的思想结构（或称为体系）。这种材料的拆合与结合，及在再结合中所作的细心考量比较，都是很笨的工夫。此后我所写的思想史有关的文章，都是以这种笨工夫为基底"。由老师的这段话，可以知道他自己所说的"笨工夫"其实是一种最平实也最辛苦的治学的工夫。

老师自己说他是以感愤之心写政论性的文章；以感愤之心写文化评论性的文章；依然是以感愤之心，迫使他做闭门读书著书的工作。最奈何不得的就是他自己的那颗感愤之心。他的感愤之心，就是他对自己国族社会的那份抛不掉的爱心，也即是他所说的"人应该生存于正常状态之下"，而对这一代苦难之中生存的民族和人类的爱心。

为后来者开了一条航路

老师于今年二月八日住进台大医院，十四日以后下半身整个麻痹。他在病床上依然利用他头脑清醒的时间，断续地写下了他对读书和治学的最后意见。

　　在多少亲者为之痛，而也有多少仇者为之快的情形下，老师去世了！他像只四面不靠岸的孤独的船一样，经过波澜的一生，而归向了一个遥远而不可知的彼岸。"船过水无痕"，可是老师却已经用他的一生的研究业绩，用他的那种独与天地精神相往来的磊落人格，在无痕的水中开出了一条航路。前面的船虽然消失了，后面也仍然该有着无数的船，沿着他所开出的这道航线而往前继续走去。

一九八二年五月号《中华杂志》第二十卷总二二六

吾爱吾师

司马文武

一九六四、一九六五年，我们在东海大学念书，那时候的徐复观，一方面在外头跟许多人，为许多事而打官司，一方面在书房中潜研中国思想史，著述不辍，精力过人。

当时，我们几个工读同学，帮他重抄《中国艺术精神》一书的草稿。徐先生的字迹相当潦草，同学中有人说是龙飞凤舞，也有人却不以为然，用"杂草丛生"四个字来形容也许更恰当，那时候，抄一张稿纸是两块钱，有的人认为不划算，但是比较用功的同学，觉得里面蛮有学问的，所以几个人一直抄完全书。

他的课对同学很有吸引力，他把严肃枯燥的中国思想讲得很具现实感，而且用了许多新鲜辞汇，所以虽然从不点名，教室还是坐得满满的。有时候他一进教室就宣布，今天的课没有准备好，下次补上，于是课堂一片欢呼，大家都为这种教授的性格而欢呼，徐先生也跟着笑起来，他的笑很有感染力，满脸满眼的笑意。他对学生的感情，处处都流露出来。家里经常请学生去包水饺。

有一次，他又请别班学生包饺子，我与他们打赌，到时候也能到徐家吃水饺。于是随便编造一个理由去请教他，心想他一定会请我留下来吃饺子。想不到他一听我要请教他问题，不仅不回答我，反而反问我的看法。记得当时我请教他有关"忧患意识"

的问题，他的反问使我语塞。当时空气凝固，我心想不好玩，赶快脱身算了，这时徐先生忽然站起来，顺手往桌上一拍，大骂我这个学生不用功、不懂事、不谦虚、不用头脑等等。他直迫着我的眼睛的神情，一时间我以为他会一掌挥过来。当时在厨房包饺子的同学，听到骂人声，纷纷挤到门边偷看，我低着头，涨红脸，几乎无地自容，痛恨水饺害死人，就起身喃喃告辞。这时，徐先生走过来笑嘻嘻地拍拍我的肩膀，安慰我说，做学问必须要有方法，请教别人之前，一定要对这个问题有所思考，如果没有真正思考，就不会了解问题所在，不了解问题，却要请教别人，对双方而言都是浪费，接着又勉励我勇气可嘉，不要泄气，以后可再去和他讨论问题等等。我像一只狼狈的小狗，夹着尾巴，踏着月色，匆匆离开徐家，心里窝囊得要死。

当时，徐先生上课喜欢骂人，他最常挂在嘴上的是"狗屁"两字；他的湖北乡音很重，开始时大家都不知道这两个字是什么意思。后来习惯了，听他这两字一出口，全班都笑起来，连他自己也笑了。

有一次同学们围着问他，为什么要跟那些人打官司呢？他慷慨激昂地讲了一堆话，印象最深的还是"狗屁"两字而已。

他和梁容若打官司更鲜，因为这两位教授都是我们的老师。两人都有早起散步的习惯。正当官司打得热闹的时候，有一天大清早，我在东海教室门口，亲眼看到他们两位都是一袭长袍，一往上，一往下，在路上不期而遇，两人双手一举互道早安。梁容若畏怯胆小的模样和徐复观头发往上长，一副铁公鸡的神情，实成强烈对比。

十年后才又再见到徐先生，这几年，他对大陆与台湾的民主

　　　　　　　　　　　　　　　　　　　　追　怀

运动十分关心。在香港每有文章发表，常寄一份复印本来台北。他当年最欣赏的学生萧欣义，为他编一本有关民主人权的政论文集，也慨然交给八十年代出版社发行。他常说："这块土地，如果你们本地人不爱护，不照顾，谁还帮你们爱护呢？"他有女儿嫁给台湾人，也有儿子娶本省籍太太，他看到那么多年轻人才，感到很大的希望和安慰。

他晚年住在香港，此地有人劝他回来台湾长住，他感叹地说，他研究中国思想史，却住在英国殖民地，心情当然很痛苦，很想回台湾居住，但是他每次回台，申请签证常遇到困难，要麻烦老朋友帮忙。而且如果住在台湾，他能够爱看什么书刊就看什么？爱怎样写就怎样写？有没有地方可以发表？他一提到这些问题，大家都为之语塞。

他对中国共产党的批评很重，对中国大陆人民的生活非常关心。他对周恩来和邓小平的作风，均有一些好评，他认为，马列共产那一套是死巷子，中国不经过民主这一关，哪一种主义都是死巷子。周恩来逝世时，他写了一篇悼念文章，引起台北有关人士的不满，种种猜测谣言，随着而来。他有一位在经济部某研究所当副所长的儿子，立刻受到某种压力而辞职。但是他仍然坚持为国族生民讲话的立场，好的就称赞，不好的就批评，他眼中只有国家民族和百姓，而不大计较政党和政权。

北平方面曾透过许多关系来找他，尤其邓小平上台后，曾与港、澳、欧美不少人士见面，许多人见了邓小平一面，马上尾巴就翘起来。徐复观与毛泽东、周恩来等均为旧识，他对中国前途又那么关心，在文章中对中共政权有许多建设性的建议，所以邓小平托人找他当面谈谈，但是他坚持不往。后来，廖承志亲自到香港来请他回去，徐复观当面即劝告中共应该大量裁减现有的三千万党员，以免背负太大的政治包袱，并对官僚制度、现代化问题以及经济社会制度提出很多建议，他还是不愿回去大陆，因为对于大陆的民主前途没有信心。

他看到台湾的民主运动，并且认识了其中几位党外人士，特别感到安慰。他对政党政治充满期待，总是希望有一天台湾能够走上真正的民主道路，他虽然不很喜欢今天的国民党作风，但是对共党更无好感。他的朋友、学生大都在台湾，这边的感情召唤，使他充满眷恋之情。

前几年他回国开会，顺便看病。他的朋友劝他上荣总，因为他是以少将军阶退役，可以享受免费优待，但是他拒绝了，他说，当年他跟老先生做事，到最后把整个大陆都跟掉了，现在年纪也大了，不能替国家做事，怎么能够再花费老百姓的钱呢？

他在病床上，有比他高龄的老朋友，拿着《圣经》来向他传教，要他皈依上帝，他无力起身，静静闭眼听着，微笑婉谢好意。有人劝他试试中药，他却宁愿相信经过科学实验的西医西药，即到最后生死关头，他都坚持平生的一贯信念。

最后几天，亲友学生以及党政人士纷纷到医院慰问，他精神不好，神志倒仍清醒。余纪忠要以主笔名义，先送他十万元稿费。他说余先生是几十年老朋友，拿钱来帮助他，他怎能再写稿呢？说完即泪满双颊。高希均教授当年在校受到他的资助，这时也送两万元，但徐先生不肯接受，坚持送回。国民党文工会主任周应龙送来五万元，徐先生也不肯接受，但无法起身送回，周应龙走后，徐先生一再交代务必退回，徐先生逝世后，终由徐先生的公子以别种名义退回。东海大学哲学系主任冯沪祥教授送来一本书，徐先生却交代在旁亲友将它丢进垃圾筒内。

他是一位如此善恶分明，严守分际，没有虚矫的人，因此一辈子惹来的是非也不少。他到晚年仍然对生民的关怀，对后辈的提携，均保有一份纯真而热切的情感，他有勇气去身体力行自己所讲述的道理。

他每次寄来的稿件，都讲明不要稿费，只希望能请他到永和去吃烧饼油条。但是每次他来台湾都很忙，只能在饭店见面。上次讲好下次要去永和，这次一来却躺在病床上动弹不得，有时看到学生便不禁地流泪。这时，我却想起他当年骂人"狗屁"的情景，我好像又听到他骂完后，全班同学的笑声，以及他脸上慢慢浮起来的笑容。

一九八二年五月一日《亚洲人》二卷六期

感念与哀思

——敬悼徐复观先生

王晓波

一

虽然徐先生桃李满天下，但我不是徐先生的学生，也未曾能够在课堂上亲聆徐先生的教诲。不过，在我的为学过程中，却曾受过徐先生的启发。

我大学授业的老师是殷海光先生。殷先生在台大多开西方分析哲学方面的课程。在大学时期，我曾选修过芮逸夫、杨懋春二教授的课程，他们从社会学的层面对中国文化多有分析，而引起我对中国文化探讨的兴趣，尤其是想研究中国哲学的究竟。因此，我准备了一些问题向殷先生请教。殷先生坦然地说，他对中国哲学缺乏深入研究，并介绍我去向徐先生请教。不久，我就毕业服兵役去了。

一九六八年夏，我服兵役完后，回到台北，殷先生又问起我，有没有向徐先生讨教过中国哲学的问题。所以，在那个暑假，到了东海大学，登门向徐先生请教。

殷、徐二先生在学问的方向上是有所不同的。尤其在那个时候，台湾掀起了一场无谓的"中西文化论战"，经过挑拨之后的学界是非纷杂。殷先生被视为西化派（按殷先生从未自承西化派并曾明白反对过"全盘西化"之说），而徐先生则被视为传统派。

殷先生能要自己的学生去向徐先生请教，徐先生明知我是殷先生的学生而侃侃论学，这种学人的风范和胸襟，在今日两位先生先后谢世之后，我有责任在此作一见证的告白。当我跟徐先生一表明来意之后，他就侃侃而谈。他说，他早年在日本曾研读过河上肇及朴列汗诺夫等人的著作。这些名字那时我是第一次听到。后来他回国参加军旅，目睹中国人之贫困、灾难。再拜熊十力先生为师，中年后才认真为学，自此以复兴中国文化为己任。

他讲到中国文化是中国民族长期生存下来的一种方式，是经过中国民族长期辛勤经营和积累下来的。历代中国有腐败专制的帝王和官僚，但是真正中国文化的母亲是辛勤在大地上耕耘的农民。这样的中国文化，我们又岂可一笔抹煞。他痛斥历代统治阶级的腐败专制和知识分子的堕落。在统治阶级堕落之余还能维持中国民族之生存，他认为这是中国文化的伟大之处。我们不能因否定统治阶级的堕落，而随着否定维持中国民族几千年生存发展的中国文化。

他用湖北腔所说的"中国文化的母亲是勤劳的中国农民"，虽时隔十几年了，但仍在我耳边响起，并震撼着我的心灵。

中国的堕落是统治阶级的堕落，而不是中国民族和文化的堕落。当年八国联军统帅瓦德西也有类似的论断。有了这个认识之后，才能令一个处于今日的中国知识分子免于文化的虚无感，并且也令我找到了为民族文化奋斗的精神依据，那就是生活在中国这块土地上的广大中国人民。这是徐先生对我的最大启发。

徐先生这怀抱天下苍生的为学态度，正是中国知识分子"为

感念与哀思

天地立心，为生民立命"的抱负。这种传统知识分子的抱负，到近代已绝无仅有了，更不是一些现实主义的爬虫动物所能仰望得了的。

徐先生以儒学传承自任，他以儒学为中国文化精华之所在。记得，他告诉我，儒学是一套道德反省的工夫。他讲到道德与科学的分际，并说到价值学（包括伦理学与美学）将为哲学的主要课题。

道德是一种主体的反省，科学是一种对客体的认知。他提到王阳明格竹子，最后悟到"格得了庭前竹，也正不了自家意"。"格物"是对客体的认识，"正心"是主体的反省。

当问到道德是否有（客观）普遍性时，他举了一个例子说：例如剧本，作家笔下写一个好人，演员照演就是一个好人，观众看来也是一个好人，并且，各个不同的观众看完都会说这是好人；这就表示着道德价值有其普遍性，即"人同此心，心同此理"。

这是理学家的客观观念论。但是，徐先生指出了人的价值是有其普遍性的。或有极端主义，否定一切普遍性价值，一方面陷入虚无主义，一方面转成现实的机会主义。人心或各有不同，文化或各有其异，但是，异中仍有其同，人仍有了"普同人性"和普遍的价值。这种普遍的善的价值，当是担当儒家传承的徐先生在此滔滔之世所勉力奋斗的目标。这是把一切人际关系化约为金钱关系的庸俗拜金主义者所永远不能理解的。并且，这种追求，我在殷先生身上看到，也在徐先生身上看到。

徐先生的学问和一般"职业性"学问家不同，他的学问就是他的人格，也是他济世宏愿的志业。

二

徐先生的和蔼真挚和循循善诱使我日后经常向他讨教,在他离开东海大学而搬到台北来的那段日子,我还曾和陈鼓应、郑华志、胡基峻一起去向他请教过一些问题。

一九六九年殷先生去世。殷先生病中,徐先生曾经常探访。后来,徐先生避居香港,我只能写信向徐先生请教。徐先生不但来信示教,并且,常常寄一些他的论文给我。

我的硕士论文写的是先秦儒家,后来在台大哲学系又开了法家哲学的课程,所以,向徐先生讨教的也是这方面的问题。兹愿公布有关来信作为研究徐先生学术之补充,并以此表达个人对徐先生的怀念。

一九七四年三月六日,我给徐先生信,谈到徐先生所作《〈淮南子〉与刘安的时代》一文,及我对法家的一些浅见。先秦法家如吴起、商鞅、韩非、李斯均在政治的权力斗争中惨遭牺牲,并且,法家主张变法,在当时应有一定的进步性。我将这些意见向徐先生请教,而获徐先生三月十七日来函云:

> 我们对思想史的处理,一定要有客观而平实的态度,将某家思想各个方面都表达出来。不可只执好的一方面;或只执坏的一方面,而掩盖或忽略另一方面。法家思想,他们有三点贡献:(一)破除封建残余的血统身份制度。他们的悲惨结局都由此而来。儒家将"亲亲"用到政治上,虽然可由尊贤加以补救,但实则其害无穷。(二)他们要求有

一种客观的法，不为统治者好恶所左右。要求要有名实相符的效率。儒家也有此意，"文武之政布在方策"，"徒善不足以自行"，也是如此。但没有法家干脆彻底。（三）他们希望建立一个以自耕农、手工业者为基础的结合。先秦儒家是农工商并重，法家反对商人。

但法家的根本问题是：（一）将君主当作老子所说的道的化身，使其神秘化、绝对化。君臣关系建立在察伺钳制威胁利诱的关系之上。（二）重权势而反对贤、德。（三）反对教化（在现在，即是反对教育功能），只靠刑罚。（四）反对文化、学术，反对政治以外的任何社会力量的存在，连隐士都不容许。

这样一来，没有真正的人与人的关系，没有一点社会自动自发的努力与进步；政令之外没有学术文化可言。这是古典的极权主义。效在一时，祸在万世。汉文帝时贾山《至言》（《汉书》有《贾山传》）叙述秦统治下的结果，非常确实而深刻，先生应当熟玩。秦始皇是了不起的人物，他是实现法家理想。他所出的毛病乃是法家思想必然要出的毛病。

总之，儒家道家，从思想上说，是把人当人看待，人可以过人的生活，人可以有人与人的关系。诸葛孔明与张居正，都是儒法兼用的，所以法家思想并不可全废。及至今日言刑法史者，多认为欧洲刑法是由"报复主义"进入"教育主义"。儒家的刑法思想是教育主义，而法家则是报复主义，流毒二千余年而未有已。

《管子》是一部丛书，但出于齐国系统则无疑义。齐鲁相接，齐地法家不能不受儒家影响。所以《管子》一书中，只有两篇与卫、晋法家的性格接近。并在汉文景时代发生相当大的影响。《淮南子》中的法家思想，受《管子》的影响可能性很大；这一点我一时没有照管到，承你提出，谢谢，我要补入。"贬天子"三语出于《史记》自序，而史公得自董仲舒。

不久，我又将拙作《有关批孔扬秦的几个问题》一文寄请徐先生指教，而于三月廿七日获徐先生来函：

　　大文写得很好，只是对于复礼的解释有问题。礼的内容不断发展。到孔子时，已包括了宗教之礼、政治之礼、社会之礼、个人行为规范之礼。孔门言礼，主要从个人行为规范上说，所以才有"立于礼"、"不学礼无以立"的话。"樊迟问仁，子曰：居处恭，执事敬，与人忠"，这就是"复礼"。"仲弓问仁，子曰：出门如见大宾，使民如承大祭"，这就是"复礼"。所以，当"颜渊请问其目"时，便说"非礼勿言……""由礼入仁"，这是孔子教导学生的大旨。

　　法家起源与军事有关，与地方环境也有关。齐和晋都是在戎狄中开国。而卫亡于狄后的复国也非常艰苦，所以法家开始于这些地方。若把管仲、子产也说成法家，则孔子与他们有相通之处。孔子很称道子产。大约法家的特点，要由商、申、慎、韩四人而显。在研究中最好要用比较的方法。

四月十六日，我又接到徐先生来信，信中他对儒家的一些基本概念有进一步的阐明。他说：

仁是一种精神，义是一种准则，礼是仁与义在实践时的一种与精神准则相适应的形式。《论语》"义以为质，礼以行之"，"子温而厉，恭而安"。这是就个人言礼的一面。由合理的生活形式，使生活得到收敛，精神得集中（敬），私人的欲望（私欲），在收敛、集中得到澄汰。此时的仁、义便可呈现出来，此即所谓"由外以制其中"，这是言礼的又一面。在收敛、节制的生活中，可以与他人得到和谐的关系，所以在个人修养中，便含有社会性（让）。例如"并坐不横肱"之类。这也是言礼的一面。而三个方面是可以贯通的。

　　说到礼，一定是有形式的。在纯个人的形式中，是"居处恭"，不必求得社会的承认，但绝不可能有反社会的意义。在与人相涉的形式中，便必须经过社会的共同承认，此时的礼，即是善良风俗。"君子居乡善俗"，即是以礼影响、改变命，如得到集体生活的承认。

　　因为礼有形式，所以在社会性的方面，不是一朝一夕可以实现，实现后，也不是一下子可以取消。"礼从宜"，"礼，时为大"。可以，也应该随时改变；但有的可以个人去改变，有的并非个人之力一下子所能改变，于是有的在既成形式中发现其精神，有的也只有随缘顺俗。同时任何人也不能完全破除既成的形式传统。孔子是主张因、革、损、益的（子张问十世），于是有的是因袭，有的要改革，有的要损益。在宰予问三年之丧中，孔子表明这完全是为了报父母之恩。而其根据是心中的安不安。我们可以反对三年之丧，

　　　　　　　　　　　　　　　　　　　　　　追　怀

但孔子的主张，没有什么封建意味。"饩羊"是以前非常重视正月元旦的礼，一是大一统的象征，一是重要的政令的决定、发布，这在政治上有重大意义。"从大夫之后，不可以徒行"，这是随缘顺俗。这里面的问题相当复杂。今文学家倡《论语》有早晚期之说，他们的划分完全出于主观的成见乃至乱说。大体上说，《论语》中所记录的话，应当是五十岁以后的；此时的学生才能记录下来。当然也有极少数是早期的，如"子入大庙"之类。而其内容应当是一贯的。多读几遍，自然会减少胡猜乱讲。

我对《管子》一书，只翻开过两三次，也摘抄了些材料，但不能说是研究过，其中有与《国语》相合的，应以此为基准去别择。其中有两篇与申、商思想完全相合的。此外，则有儒、道（与《韩非》中的道家不同）、阴阳各家思想。有的只有齐国才有的思想，例如特别重视水。最迟的可以迟到西汉初年。这是齐国学者以管仲为中心所逐渐编纂的一部丛书。管仲时决无阴阳五行道家儒家等思想。他的法，大概指轨里连乡等而言。这要靠你下大力去研究。在《管子》一书中，除两篇外，无儒家对立问题。韩非"今境内之民皆言治……"不是你所了解的意思。他是说，即使是"商管"之法，也不应由人民来倡导。

当时中共在大搞"儒法斗争"，我在台大开法家课程，被人罗织为"与匪唱合"。徐先生知道来信的读者，我不是第一人，所以在信末还为"特别读者"特别加了一句——"法家承认一客观之法，而毛泽东则完全是指鹿为马。若两相纠结，更有何学术可言？"

三

徐先生一生多彩多姿，也颠沛坎坷。中年后闻道为学，而由仕途转入道统。晚年避居香港，尝与人言："人家说徐复观在香港有言论自由，其实谁知道徐复观笔下有多少委屈啊！"最令人不忍闻的是，这次徐先生由香港住进台大医院，在病床上还问徐伯母："我出院后，我们住在哪里？"

徐先生的委屈应当是来自他的言论。他在学术著述之外，时论也是徐先生写作的一个重要部分。中国儒家讲究"内圣外王"，自转入道统后，徐先生已不能以事功从事"外王"，而唯有以言论担负国家和人民的责任。一些以贩卖知识为业，不惜曲学阿世之徒，竟忘了自己曲学阿世之耻，反指徐先生为民请命的文章为"非学术"。其实徐先生高大的人格志业，又哪里是这些小眼睛小鼻子之流所能了解？

徐先生自述他的心路历程说，大陆失败后，一批随着政府来到台湾的知识分子，开始有了大反省，反省大陆的失败，也反省民族的灾难。首先检讨失败的责任应由政治负责，而想到民主政治，进而想到知识分子的问题。在政治上，他检讨大陆失败的原因可归纳为二点，一是"孔宋财团"，一是"派系政治"。

他直指"孔宋财团"使得——

> 社会的一切道德、法则、信用等等，所有赖以维系人与人之间的正常关系的精神因素，都破坏无遗。更加以贫富的距离加大，生活的差别悬殊，由于对现实不平不满所激

　　　　　　　　　　　　　　　　追　怀

发的感情，冲破了中产阶级固有和平中正的情调，所以中产阶级，在此一财团压迫之下，小部分变质，大部分破产。

他斥责"派系政治"使得——

> 国民党之所谓"党"，变成了封建人事关系的许多小集团。……派系政治，好似一个大粪坑，一粘上他便臭。他已臭坏了中国性的三民主义。现在又臭坏了世界性的民主政治。大家说民主政治可以救中国，派系政治便拿出这样的民主政治给你看，使谈民主的人作呕发抖。

徐先生这种严正铿然的文章，哪里是时下一些油滑闪烁的"政论"所能比拟的。徐先生有率直的性情，也有洞明世故的一面。徐先生的言论注定了他委屈坎坷的命运，也许是他的另一面使他免于更不幸的遭遇。

记得，徐先生曾告诉我，他是不怕被打倒的人，他只要一倒在地上，闻到泥土的气味就又会复活。有次和徐先生谈到时代环境和个人的关系，徐先生生动地打了一个比喻，家乡的砖头房子，有植物的种子飘落在砖头缝里，在那恶劣的环境下，那植物还是要弯弯曲曲地长成。所以，他说，只要一个人生命力够强韧，无论环境如何恶劣仍然能长成的。徐先生的这段话使我受益良多，多少年来我在困境中奋斗，而抱持不懈不暴的勇气，总是想到徐先生所说的砖头缝中的种子和那弯弯曲曲的成长。

徐先生是一个强矫的人物，几乎从来没有透露过自己的委屈，但却处处关怀别人的委屈，为被侮辱、被损害的人不平。

据我所知，一九七四年，有人借政治理由整肃台大哲学系，大事解聘教员，我是首当其冲者之一。那时风暴之来，有如"文革"时四人帮之"无限上纲"，连开"法家哲学"的课程也变成了政治罪名。斯时徐先生自己被迫退休而寓居香港，但他却写信给教育当局，为我们仗义执言，而被解聘的台大教员中并无一人是徐先生的门生故旧。这是我事后才知道的。

一九七七年，文艺整肃风起，彭歌、余光中等对"乡土文学"叫嚣着要"抓头"、"狼来了"。徐先生又在香港直斥这种"戴帽子"是"血滴子"，是真正抹煞文学中的人性。并且，无畏于文化厂卫们的叫喳，公开称道陈映真是"海峡东西第一人"。另外，当年他还借来台之便，拜访黄少谷先生，拜托黄先生运用其政治影响力，阻止文艺整肃的风暴。当时徐先生与年轻的"乡土文学"作家几乎无一人相识。这件事也是我后来从旁知道的。

在徐先生的口中，我从来没有听到过他对自己委屈的抱怨。虽间接也有些耳闻，但恐有扰徐先生的清听，我也从来没有向徐先生求证过。诸如，有人将他与雷震视为一类应有相同处置；有人老早想把他逐出东海，只是有碍于他的学术地位而不便。后来又有人说，他在香港写文章同情周恩来死。

自汉以后，中国知识分子尊孔子为"素王"，渐渐形成"道统"，而与"治统"有一定的抗衡。圣贤遗训，有"为往圣继绝学"，有"为生民立命"，有"以百姓之心为心"，但没有保卫权势这一条。虽然，历代知识分子在专制高压下，对现实政治亦不能不有所委屈；有时或基于减轻人民痛苦的愿望，对专制统治者不能不有善意的期待，但尊"素王"基本上就是对现实权势的轻视。

徐先生以道统自居，站在十亿人民的立场上发言，当然会被海峡两岸的有些权势者所不喜。徐先生以捍卫中国文化自任，也当然会引起一些文化买办们的嫉恨，以为徐先生阻碍了他们"现代化"的道路。

这些叽喳琐碎之言，只能让那些无聊之徒作咬咬耳朵的用途，是伤害不了徐先生的。

四

徐先生尊"素王"，以道统自任，不但是他等身著作的大旨，也是他临终短短七十一个字遗嘱的要点——"余自四十五岁以后，乃渐悟孔孟思想为中华文化命脉所寄，今以未能赴曲阜直谒孔陵为大恨也"。愿进一层了解徐先生的人应当知道，现实的权势在徐先生心目中是多么没有地位的。

当欧风西雨东渐之时，当帝国主义挟着优势的军事、政治、经济、文化向中国进攻之际，徐先生并不是领一代风骚的人物，但却是"五四"以后，抵抗一代潮流的中流砥柱。

"五四"以后，一些自居"新潮"者，对西方文化未能有深切的认识，仅肤浅地见于欧美之富之强，而痛心于中国之贫之弱，浮躁激进使他们未能进一步分析中西差距的原因何在，贸然鼓起了西化的狂潮。另由于苏俄"十月革命"的成功，及对西方帝国主义的失望，除西化外又涌现了俄化的狂流。

在西化史观与俄化史观的曲解下，中国文化变成了哈哈镜中的突梯滑稽的形象。历史是人类经验的积累，文化是积累的生活方式的反映，中华民族毕竟不是野蛮的原始民族，也无法回到原始来接受西化或俄化。何况五千年中华民族历史文化的积累竟是一片空白的多余？中华民族的子孙竟无法再在其中吸取未来生存发展的滋养？

其实，任何文化都不能建立在虚无之上的。近代的西方文化也不是建立在西方历史的虚无上。新文化乃是建立在旧文化的扬弃与接续之上的，正是孔子所说的因、革、损、益，也是子贡所说的"文武之道，未坠于地，在人。贤者识其大者，不贤者识其小者"。徐先生对中国文化的研究亦是："以原始资料与逻辑为导引，以人生社会政治问题为征验，传统文化中之丑恶者，抉而去之，惟恐不尽；传统文化中之美善者，表而出之，亦惧有所夸饰。"

徐先生对中国文化研究的最大贡献，乃在于将在哈哈镜中被扭曲的中国文化扳正过来，努力地希望还中国文化本来的面目。

亡人之国先亡其史，历史与文化本是一体之两面。独立后的第三世界各国正苦于自己民族文化的建立，有悠久丰富的历史文化的我们又如何暴殄自己的历史文化？

在西化俄化狂潮的交加下，徐先生不是一个"摩登"的人物，但却是中国文化的干城，为中国文化的拨乱反正耗尽了他人生最后的心力。德人尝言：踏在康德这巨人的肩膀上。只要中华民族不亡，将来的历史将会显现徐先生高大的身影，因为他的努力为后代的子孙提供了一个厚实的肩膀。

虽我无缘列入徐先生的门墙之内，未能窥其学术的庙堂之美，但我对中国文化的研究曾受过徐先生的教导与启发。在徐先生逝世之后，不能不把我在他生前藏于心中而没有说出的话吐露出来，以表达我对他的感念与哀思。

一九八二年四月十二日于新店

追　怀

无尽的哀思
——悼念徐复观先生

陈映真

在今天这样一个聚集了许多徐复观先生的门生、故旧，和许多熟悉徐先生的道德、学问的前辈和青年面前，我应该是最没有资格站立在这儿说话的人。因此，僭越的地方，还要请大家原谅。

刚才，台湾文学早一代杰出的文学家杨逵先生，说起他和徐复观先生之间那种感人至深的友情。对于杨老先生那种淡泊、坚毅、勤劳的生活；对于杨老先生那种对理想的执着和热情，徐复观先生曾经给予高度的评价。

实际上，徐复观先生在台中执教的时期，还跟许多早期台湾爱国的知识分子，建立了真挚、温暖的友情。

台中中央书局的庄垂胜先生，就是徐先生的老朋友。在日据时代，台中中央书局，是台湾文化协会的一个中枢机关。当时围绕在林献堂先生周围的台湾抗日知识分子，便是经常在台中中央书局出入。在庄垂胜先生主持下，中央书局对台湾民众文化性抗日启蒙工作，有过十分重要的贡献。

徐复观先生的另外一个朋友，是叶荣钟先生。叶先生是林献堂先生领导台湾文化协会时的秘书。为了爱国、抗日，吃尽苦头。《自立晚报》早年出版的《台湾民族运动史》，就是出于叶先生的手笔。叶先生也是一个活跃的文学家。他在文学评论、随笔和历史论文上，有不可磨灭的成绩。

早期另一位台湾的小说家张深切，也是徐复观先生的好朋友。张先生也是一位著名的抗日、爱国的文化人，他曾经因为在台湾从事实际抗日活动而被日政当局逮捕、监禁。

至于杨逵先生，更是一位在日据时代从不知妥协的爱国、抗日的文学家。他是少数几个在日本帝国主义下，永不妥协、坚持斗争的文学工作者之一，并且为此付出了十分沉重的代价。

徐复观先生的这些亲密的朋友们，都曾为了国家的独立、民族的自由，在日据时代，投身于爱国反日的政治运动，付出惨重的代价，而不稍悔惜。他们的工作和精神，已经成为台湾民众爱国主义历史传统的一个部分。

但是，不幸得很，光复以后，由于中国从历史的前近代向历史的近代飞跃的复杂过程，这些早期台湾的爱国知识分子，很受到一些挫折、一些委屈。……从此，在漫长的三十年中，他们退隐了，他们沉默了。随着无情的岁月，这些徐先生的老朋友，也终于在徐先生之前寂寞地去世，留下许多等待我们去重新评估的历史性问题。

其实，特别是在这百年来的中国历史中，中国的知识分子，由于国族面对的危难；由于都深深相信：像中国这样一个优秀的民族，理当有一个和平、合理、光明的前途，因而，他们都毫不顾惜地为了自己的民族，献出了一切。这便是包括了台湾知识分子在内的，中国知识分子爱国主义传统的一个根源。

然而，在交织着革命与反革命，侵略与反侵略的历史的运动中，中国的爱国的知识分子，总是受到形式和程度不同的挫伤、委屈和侮辱。一直到最近，以大陆"文革"时代，对爱国知识分子的摧残，到了极点。徐复观先生的一生，和他的台湾朋友们的一生，和一切近代中国的爱国知识分子的一生，便有相同的历史命运。正就是这相同的命运，使徐复观先生和他在台中流转于山林的朋友，结成了真切的友情。

徐复观先生与他在台中的老朋友间的友情，也许有出于中国知识分子"斯文相惜"的传统 ——特别是对于被贬而流落山林的士知识分子的礼敬的传统。徐复观先生和他们之间超出畛域、偏见的友情，也许是出于中国知识分子总是要在世俗权力之外，追求"天下为公"的理想和出路，这样一个被徐先生称为"民族的乡愁"的传统。但是，不论如何，徐先生那种中国知识分子宽阔、真挚的"民间士人"的人间性格，尤其在当前的历史时代，有重大的意义。

因历史的转折而饱经挫折、幻灭的先行代台湾爱国知识分子，如果终于产生像吴浊流先生所说的"孤儿"的悲哀和"庶子"的悲叹；如果终于有钟理和先生所描写的民族认同的迷惘，那绝不是奇怪的事。

但是，在怀念着徐复观先生的此时，我们不禁想：庄垂胜、叶荣钟、张深切这些可敬的乡先辈，在和徐复观先生相濡以沫的真切友情中，应该得到一定的安慰吧。

我也常常想：如果吴浊流先生、钟理和先生，在九泉之下，还能知道徐复观先生和胡秋原先生曾在那个人人忧忿，却人人噤若寒蝉的时刻，用坚定、严肃的声音，及时支持了乡土文学，在黄泉之下，他们也应该有一份安慰吧。

徐复观先生，出于他那自然的"民间士人"的人间性格，对于民族内部真诚的团结与和平，在他与他的台中朋友间的友谊中，设立了富于启发意义的典型。长年以来，中国知识分子曾向着不同的口号、党派和集团狂奔、扭曲，并且使中国知识分子失去了团结，互相分裂，互相厮杀。但国族所面临的问题却依旧或者更为深重。于是，在既有的权力之外，另求出路；在中国的民众、历史和文化中，找寻民族认同的主体的这么一个"民族的乡愁"中，徐复观先生和他的台湾在野知识分子间，产生了手足、同胞的真实情感。刚才，杨逵老先生动人的追忆，比什么都生动地说明了某些人的思考所不能理解的，中国民众间深厚、不可挑拨的民族团结。

徐复观先生的"民间士人"的人间性，还表现在他严肃地遵从心性良知的声音，以他的健笔，干涉实际生活，勇敢评论时政的工作上。徐先生的政论文章，据徐先生自己说，是出于"良心的压迫"，"不能不写"的。他也说过，他的一些"杂文，都是在拿起笔时，忘了自己身家吉凶祸福的情形下写出来的"。

徐先生深刻理解到中国知识分子在现实权力之前挣扎、曲扭，以便维护士知识分子在权力隙缝中的独立性与批判性，并且时而胜利、时而失败的历史。因此，徐先生便以他自己的实践，努力要重建中国知识分子在权力之前，坚持良知、真理，为民请命，条刻时政的传统精神。正是秉持这样一个传统精神，徐复观先生痛烈地批评了时政，对中国的自由、民主和人权，高举着不可妥协的信念，并在中国的传统思想中丰收地淘炼出人道主义的宝藏。

徐复观先生走了。

在多难的中国，还需要像他这样的老人，苦口婆心，以他那"不容自已"的良知，多说些话的时刻，他走了。走得那么忧伤、那么寂寞。但是百多年来，一代又一代，凡是爱国的中国知识分子，又有哪一个能在临终的床上，能够不抱着对国族前途深刻的忧伤，能够不因未能及身而见国族的复兴，而抱着永恒的悔恨与寂寞离开人世？

徐复观先生走了。

虽然总在意料之中，但是他的身后，却出奇地寂寞。事实上，从他简短的遗言中，我们知道徐先生早已经悟到：像他那样不向权力俯首，却一心想在中国的民众、历史和文化中找思想的出路，找心灵的故乡的人，身后的寂寞，是必然的。

但是，恰恰是徐先生身后异常的寂寞，突出地显明了徐复观先生在这个历史时期中突出的、独立的、崇高的格调。

今天，我们可以因着不同的理由，聚集在这儿怀念他。但是，如果我们还有一个共同的理由，使我们来到这儿相聚，仔细地想想，说不定正好是徐先生身后异常的寂寞，在我们的内心，回响起一片震耳欲聋的喧哗！

徐先生走了。

对于中国知识分子，他所遗留的，与其说是一个学派，不如说是这些精神：严谨地听从心性良知的声音，坚持真理，为亿万百姓的疾苦说话的精神；对中国民主、自由和人权的前途，永不丧失信心的精神；在权力和比附于权力的时流之前，坚持真理与良知的自由的精神；以及在世俗的权力之外，直接从中国伟大的民众、历史和文化中求取出路的精神。看来，中国的前途，一时还很崎岖，路子还很遥远。像徐先生这样的中国知识分子，还要受些委屈，吃些苦头。并且，他们的身后，也还要面对那巨大的寒冷与寂寞。

但是，徐复观先生的一生所代表的精神，照徐先生自己的话说，一时还薄弱，甚至一时还是绝望多于希望，但是长远看来，恐怕还是这绝望中唯一的希望！

一九八二年五月号《中华杂志》第二十卷总二二六

徐复观先生光彩的一生

曾祥铎

　　当代杰出的学者徐复观教授，已经于今年（一九八二）四月一日下午五时五十分，病逝于台北市台大医院九〇七病房了。这是我国学术界难以补偿的严重损失。虽然，在近年来，"复兴中国文化"的声浪也不小，但是，真正拥有实力去复兴中国文化的人却不多；而当唐君毅、方东美与徐复观诸先生在近年来相继谢世之后，到现在，传统文化就更显出"花果飘零"的景象了。

　　在半年之前，复观先生自美返港路经台湾，曾作短暂停留，接见过许多文化界的后辈。当时我们看见先生的身体还很正常，大家都非常高兴。不料在今年二月初忽闻徐先生自港返台治病的消息，据闻癌细胞已经扩散，真令人为之黯然。

　　二月中旬，我到台大医院九〇七病房去探视徐先生，看见先生躺在病床上，神情已较两个多月前委顿，不过，握手却依然十分有力。那一天，适青年党主席李璜先生亦至，徐先生除了略谈病情之外，话题迅速转到国家大事方面去。我记得徐先生当时所作的简短结论是："台湾似乎信心不足，大陆的问题更大，麻烦更多，似乎连军队都指挥不动了……展望未来，我真担心中国还会有一场大乱啊！"而最后一句话是徐先生在叹息之中连说了两三次的。

当时因徐先生会客多，说话也多，嗓音已略带沙哑，因恐影响先生的病体，我不敢多谈这一类伤神的大问题，只是说些安慰的话便告辞了。不过，对于徐先生在重病之中仍念念不忘民族前途的爱国精神，却深为感动。

此后几次去看望，见病情已日见恶化，心里十分难过。先生已自知他的病况，而那种勇敢地面对现实的态度，也很令人敬佩。有一次，他很安然地说："人生总有这么一天，这是谁也免不了的，没有什么好担心。"先生稍作停顿，望望病房四周，忽然说："能死在这么宽大的、这么好的房子里，已经很不错了！"我们急忙说些安慰的话，但也难免一阵心酸。我说："徐先生，前年你在这个医院施手术，我来探望你，你说，谁也不能希求把自己所想做的事做完才走，只是有一本《两汉经学史》还没有写完，心愿未了。当时你似乎以为那本书恐怕没有机会完成它，而现在听说已经写好了。"徐先生听了这话后，忽然很兴奋地说："是的，是的，我现在已经把那本书写好了！"我说："那么，现在徐先生不妨再计划写一本书吧，希望永远应该是无穷的！"

中国思想史的研究

三月卅一日的晚间，我自电话中获悉徐先生垂危的不幸消息，立即赶赴医院，见先生已陷昏迷状态，呼吸困难，在作痛苦挣扎，昏迷中偶然开眼，经常因痛苦而皱眉摇首，双手间歇性地轻微发抖。我们伺候在病榻之旁，大家都非常难受。这使我想起十多年前的往事，在一九六九年，殷海光老师也是在这个医院因癌症去世的，但殷老师去世的情形，不像徐先生这样痛苦。殷老师直到咽下最后一口气前，神志一直还很清楚，我记得殷老师在去世前几小时，还张开眼睛向这个世界作最后的一瞥，然后以镇静而极富于感情的语调说："现在，时间大概差不多了吧？"

徐先生的最后时刻处于昏迷状态中，自然不能说话，不过，遗嘱早以口述方式写好了。此外，还以口述方式为自己的最后一本著作《中国思想史论集续篇》写完了序文。遗嘱与序文虽短，却再度表达了徐先生最后对中国文化的基本看法。

在煎熬中一直延至四月一日傍晚五时五十分，徐先生终于与世长辞了，就这样告别了他所热爱的祖国与苦难同胞，告别了一直寄予无限深情的夫人与子女，告别了一直景仰他的门生与晚辈！所留下的，是一部部光辉的著作与一个光荣的典范！

依西洋的计算方法，徐先生享年七十九岁；依中国的计算方法，则应该是八十岁了。"人生七十古来稀"，徐先生年登八十，应属长寿了。不过，徐先生一直自怨在学术上起步太迟，因此仍然感到"学术年龄"还不算长。他是有雄心与实力写完全部"中国思想史"的，然而，现在只写到《两汉思想史》，命运就使他必须放下未竟之工作了。如果先生有足够的时间，再写"魏晋南北朝"、"隋唐"、"宋元明"与"清代"的思想史，这该给中国当代学术界增加多少丰富的内容，使晚辈再受多少的启发！"复兴文化"的目标，不可能用喊口号的方法达成，当真正具有足够实力的前辈学者相继凋谢而又接棒无人之后，想要达成这个目标就更为困难了；所以说，徐先生的辞世，不仅是学界的损失，也是民族的损失！

思想转变的经过

徐先生早年留学日本士官学校，回国后从事军政活动，直至四十岁以后才转入学术界，所以一直自怨起步太迟，认为由二十至四十这二十年所从事的活动，是将时间与精力投于无用之地。然而，起步这样迟而又能有像今天这样辉煌的成就，已经十分难能可贵了。

在思想方面，徐先生也曾有过激烈的变化。徐先生说，他在二十岁之前读过一点线装书，二十岁以后的二十年间，则完全"仇视"线装书。直至民国卅二年，在抗战期间的重庆，受到当代大儒熊十力先生的启发，才转而接受儒家思想，那已是四十岁以后的事了。民国卅八年，大陆变色，政府迁台，那是一场天翻地覆的大变动。身历这一浩劫的徐先生，受到了极大的震动，从而开始更深刻地反省造成这一浩劫的基本原因，并且想进一步去探求我们民族的复兴之道，这就使他更为接近儒家思想。这一点，先生在遗嘱中已有这样清楚的表明："余自四十五岁以后，乃渐悟孔孟思想为中华文化命脉所寄，今以未能赴曲阜亲谒孔陵为大恨也。……"

即将出版的《中国思想史论集续篇》自序，是徐先生于今年二月十四日在台大医院九〇七病室床上口述的。其中以极为简洁有力的文字，概括地自述了思想转变的过程以及研究的动机与方向，这自然是一篇十分重要的序文，其中说："余自八岁受读以来，小有聪明而绝无志气。四十年代，始以国族之忧为忧，恒焦劳心力于无用之地；既自知非用世之才，且常念熊师十力亡国族者常先自亡其文化之言，深以当时学风，言西学者率浅薄无根无实，则转而以'数典诬祖'（不仅忘祖而已）为哗众取宠之资，感愤既深，故入五十年代后，乃于教学之余，奋力摸索前进，一以原始资料与逻辑为导引，以人生社会政治问题为征验，传统文化中之丑恶者，抉而去之，惟恐不尽；传统文化中之美善者，表而出之，亦惧有所夸饰。三十年之著作，可能有错误，而决无矫诬；常不免于　时意气之言，要其基本动心，乃涌出于感世伤时之念，此则可反躬自问，可公言之天下而无所愧怍者。然偶得摸入门径，途程尚未及千万分之一，而生命已指日可数矣。"

中西文化论战

由于徐先生对"言西学者"之"数典诬祖"深感愤慨，因此，在中年转入学术界之后，一方面沉潜于传统文化的严肃研究，一方面又对有"数典诬祖"之嫌者进行锐利的批判，结果就使徐先生的后半生，经常处于惊涛骇浪之中，最后不得不远走香港，在那里度过最后的十二年。

复观先生曾经正式拜熊十力先生为师，在思想学问上，受熊先生的影响很大。民国三十五年，先生已有意退出政坛，但一般人都不相信。民国三十八年，大陆变色，政府迁台。这时渡海来台的徐先生，决心离开政治，转向学术文化了。最初主办《民主评论》这一政论性杂志，后来在台中东海大学中文系教书。在这期间所发生的最轰动社会的事，是"中西文化论战"。习惯上，是以"西化"与"传统"来区分论战的双方（这两个名词的定义是很不严格的）。胡适、殷海光诸先生属"西化派"，徐先生被认为是"传统派"。当胡适自美返台出任中央研究院院长后，曾经在一次演讲中说"东方文化没有灵性"，引起徐先生的锋锐批评。拥护胡先生的人起而反击，论战刚在《文星》展开，胡先生不幸于一九六二年二月二十四日在一场酒会中突然逝世，这场论战本来应该结束，不料却延续下来。徐先生是论战的主角之一，在学术界难免因此而树敌，在日后颇受困扰。此后又因为揭发中山文学奖得主梁容若当年投日的汉奸行为，引起更大的风浪。最后，徐先生终于离开东海大学，离开台湾。最近这十二年，徐先生是在香港中文大学教书，与唐君毅、牟宗三诸先生构成一个海外文化的重镇；而梁容若则再度转变，投共去当北平的"政协代表"了。

在离开台湾这十二年，徐先生在香港的工作是教学、研究、写时论文章，这些工作都有不同的贡献与影响。在教学方面，直接的受益者是学生。在这方面，徐先生有特殊的过人之处，直到今天，徐先生在东海的学生，不少都已成为教授了，但在先生面前，不仅殷勤执弟子之礼，而且亲若家人，每逢先生返台小住，中南部各地的弟子们络绎而至，很令人感动；假如徐先生当年不是付出全副爱心来培育他们，就不可能有这种收获。

在研究工作上，主要的方向是中国思想史与政治制度史，精心杰构不断出版，在质与量方面都达到惊人的程度，如果不是十分用功，也不可能有这种成就。这方面的影响将是十分深远的。在千百年后的中国人谈到徐复观时，相信不会谈他的军政生涯，而必然会谈他的学术著作；只有这种成就才能真正不朽的，这也是作为读书人所能得到的最大安慰。

至于徐先生的政论文章和杂文，则对一般人（包括知识青年）有最大的影响力。由于先生有渊博的学识作基础，又有一颗炽烈的爱心，再加上雄健而又流畅的文章，所以这些时论文章都写得相当深刻动人。他在文章中随时流露对国家民族的忧虑与关爱。他批评台湾，但也以更大的声音、更多的笔墨去批评大陆。这却使他两面不讨好，晚年心情的落寞是可想而知的。徐先生在纪念胡适之、殷海光、溥儒、鲁实先、方东美、熊十力诸先生时，都慨叹他们晚年的落寞凋零，其实，徐先生本人晚年的心境也是落寞的。但是，他却不愿为了解除这份"落寞"而向现实低头，他继续勇敢地走他自己的道路。他欣赏梁启超，称赞梁先生"是真正中国启蒙运动中的一位伟人，他品格之高，性情之笃，学养之深，胸襟之大，实在五四运动中特起的一批人物之上"。他欣赏梁启超一首自述怀抱的七律中的末联："世界无穷愿无极，海天辽阔立多时。"徐先生将这两句稍作更动，以自述其怀抱曰："国族无穷愿无极，江山辽阔立多时。"——这两句，鲜明地显现出一位伟大知识分子的形象。

对年轻一代的期望

我初读复观先生的大作，是在六十年代中西文化论战期间。此后我在台湾大学念书，在一次史学演讲会中，第一次看到徐先生，他是主讲人，讲的是有关《史记》的问题，印象很深刻。在揭露梁容若"汉奸得奖"这件事上，我佩服他的爱国精神与道德勇气。在殷海光老师辞世前那段日子，徐先生"化敌为友"的表现，发扬了中国读书人优良的传统精神。而在"乡土文学论战"期间，他在香港作隔海不平之鸣，更增加我内心的敬佩。近两三年来，先生数度返台，我都有机会亲聆教益，对于先生关怀国族、爱护后进之心，尤增感佩。徐先生曾说，这几年返台，最使他高兴的一件事，就是看到台湾文化界新人辈出，他甚至认为有些青年学人的成就已经超过他们老的一辈，这自然是徐先生的谦虚。他慨叹大陆的制度使人无法成长，这可能成为民族的致命伤。他认为中国的出路首在实行民主制度，要靠大家的智慧共同来治理国家，不能只让某一小部分人来控制国家，所以他极力反对任何形式的专制。他也常向我们谈到近代读书人的堕落，就是投靠权势的堕落。他希望这种恶劣的情况不应一代一代地继续下去，因此希望年轻一代的知识分子，首先要保持自己的独立尊严，起码不同流合污，不用这枝笔去做违背良知损害民族利益的事，如果知识分子的脊梁挺不起来，那么，整个民族的脊梁也将挺不起来，所以知识分子要充分体认到自己的历史使命。

四月一日下午，我在报社开会，傍晚时接到电话，获知徐先生已经垂危，急忙赶至台大医院。至三楼一转弯，望见走廊前方九〇七病室前面停着一辆装杂物的手推车，有人正在整理病房，我为之一怔，突然停足，因为我推知徐先生已经走了，我当时百感交集，在附近徘徊良久，也无法压制内心酸楚。十年前在这个医院送殷海光老师的往事又涌上心头。老一辈的知识分子一个个逐渐凋零，继起接棒的人又在何处呢？

一九八二年五月《传记文学》十四卷五期

鲁实先先生论著与徐复观先生的翰墨缘　　陈廖安

一、引言

宁乡鲁实先先生（1912—1977），当代国学宗师。早岁以《史记》成名，毕生尽瘁于学术，著作等身。其经学、史学、历算学、文字学以及古文字学之成就，古今独步，创获至多，久为士林所推重。鲁先生早年曾为国立复旦大学、中正大学之重镇。来台后，历任台中农学院、东海大学、国立台湾师范大学教授。

鲁先生学术之成就，博赡赅明，精诣绝伦，凌驾乎时彦之所难为，直造乎古人之所不到，杨树达先生尝誉其历学成就，云"突过前人，远出侪辈"、"超越前儒，古今独步"[①]；欧阳无畏先生赞其文字学之成就，云"古圣仓颉今圣鲁"[②]；屈万里先生挽之曰："学富五车，目空一世"；[③]众口一词，群推学术巨擘，实至名归，洵非过誉。

---

① 见杨树达《〈史记会注考证〉驳议序》，台北：洙泗出版社，1981年，页2。
② 见欧阳无畏《挽鲁实先先生》，鲁实先先生治丧委员会编辑《鲁实先先生逝世百日纪念哀思录》，台北：洙泗出版社，1978年，页183。
③ 见屈万里《挽鲁实先先生》，《鲁实先先生逝世百日纪念哀思录》，页184。

徐复观先生《悼鲁实先教授》一文，尝追述鲁先生治学历程与学术成就云：

> 大概因他年少才高气傲，连中学也不肯进，一直闭门自修。他文章的典雅，到现在为止，可推为现代中国第一人而无愧。仅凭这一点，他不靠学历，很早便曾赢得声誉。新式的北平图书馆成立后，他曾在那里专心研读了一段时间。日人泷川资言氏的《史记会注考证》一书问世，压倒了中国过去有关这一方面的著作，到现在还受到学术界的推重。鲁先生当时还是廿六七岁的青年，却写了一篇泼辣的批评长文，寄给当时已负大名的杨树达先生看，杨先生大为惊叹，推介到复旦大学当教授，这可以说是异数。以后他每开《史记》的课，也和他开古文字学的课一样，听讲的总是一两百人，迄他的死前不衰。鲁先生治文字学，由《说文》而上溯金文甲骨文，更由甲骨文金文而下考《说文》，头脑精锐，创获特多。他又能治传统的历学，作精密的推算。于是《史记》、文字学、历算学，成为他的"三绝"。①

徐先生与鲁先生为多年知交，其以《史记》、文字学、历算学赞誉为鲁先生擅长之"三绝"。并说："他文章的典雅，到现在为止，可推为现代中国第一人而无愧。"又谓："在古文字的考证上，旁人有几个字的成就，便可互相标榜，鲁先生的精确考证，则以千

---

① 见徐复观《悼鲁实先教授》一文，原载1978年1月17日《华侨日报》，后收入《徐复观杂文——忆往事》，台北：时报文化出版事业有限公司，1980年，页195—198。

百计，前无古人，他是可以当之无愧的。"①鲁先生之抗志积学，萃力专治，成就多方，卓尔树立，允为自学成功之典范，诚如徐先生所称许："他在台湾二十多年的遭遇是一个在学术界中'孤寒特出'之士的奋斗的典型。"更语重心长地表示："只有我才真正体认得到。"推诚服善，相知相惜，前辈学人之学养风范，由此可觇其概。

二、鲁实先与徐复观的翰墨缘

鲁实先先生与东海大学的渊源，徐复观先生是主要关键的人物。鲁、徐两先生的交谊，肇端于徐先生创办的《学原》月刊。根据《徐复观先生年谱》记载，民国三十六年，徐先生"得蒋公之助，与商务印书馆合办纯学术性刊物《学原月刊》"②。由于征集稿件的关系，经杨树达先生居间联系，缔造了鲁、徐的学术交谊。徐先生《悼鲁实先教授》尝追忆往事云：

> 在南京时，我向故总统蒋公要了一笔钱，与商务印书馆合作办了一个纯学术性月刊《学原》，大概因商务发行网的关系，很快便在全国各大学获得反应。当时从湖南寄来的稿件，特别引起注意的，一是周名辉先生讲古文字学的文章，据说也是自学成功的。一是鲁先生批评郑鹤声先生有

---

① 见徐复观《悼鲁实先教授》，页198。
② 徐复观《徐复观最后杂文》附录二，台北：时报文化出版事业有限公司，1984年，页426。

关年历谱这方面的著作。我们开始有书札来往。^①

徐先生提及"鲁先生批评郑鹤声先生有关年历谱"的著作，系指发表于《学原》二卷七期《郑氏〈近世中西史日对照表〉纠谬》一文。鲁先生撰作《郑表纠谬》，其文要旨如《鲁实先详历表》所述：

> 《郑氏〈近世中西史日对照表〉纠谬》，案近年编著近代历朔表者，以郑著为详，凡考中西月日者，多以为据，然其阙误有三。其一，南明所行之大统历，未曾编入，乖于义例。其二，自明正德十一年至崇祯十七年，所载中气节气，乃据阳历推算，校之大统历有一日或二日之差，于考订史日，多相扞格。其三，清代自康熙五年至康熙八年之气朔，乃据大统历推算，而郑氏于此四年之气朔，亦据《万年书》移录，不合史实。至于其中气节气之误者，自正德十一年至崇祯十七年，凡一百二十九年，三千九十五气之中，其至谬者凡二千六百一十三，幸中者仅四百八十二。本文因表列其误。刊民国三十七年《学原》第二卷七期。^②

鲁先生《郑表纠谬》初稿，于民国三十三年寓居成都北碚时写成，庋藏于囊箧之中，久未发表。三十七年五月六日，鲁先生友人严敦杰复书有云："大著《郑氏〈近世中西史日对照表〉纠谬》，前

---

① 《徐复观杂文——忆往事》，台北：时报文化出版事业有限公司，1980年，页197—198。
② 见《鲁实先详历表》著作项，十行纸钞本，页4。

在北碚时曾拜读一遍，甚钦详赡，盼能早日发表。弟有史料一则附呈，未知适用否？明中叶后文集如有发现，当即抄呈参考。"[1] 由此可得证实《郑表纠谬》稿成于北碚之际。

民国三十七年三月六日，杨树达致鲁先生书云：

实先仁兄左右：

　　前寄一札，谅达文几。《学原》杂志专讨学，不论政。其主持人嘱弟向兄索稿，以增光彩。稿酬颇丰，又文到即酬，颇能优礼，不知兄能见允否？如承投稿，乞寄京八宝前街体育里国史馆丁实存君为何。承允叙拙著甚荷，不卜月内可脱稿否？即颂

撰安

弟树达拜　三月六日[2]

由杨先生致书内容，可知《学原》"专讨学，不论政"之性质，确为纯学术性刊物，书中转达受《学原》主持人请托，代向鲁先生索稿以增光彩。鲁先生于是年五月将《郑表纠谬》见寄，并于篇末题记云"戊子夏五录甲申岁旧稿于南昌东湖之滨"，[3] 甲申岁为民国三十三年，戊子为民国三十七年，显然稿成有日，录毕净本，俟机缘即可发表。八月五日，严敦杰复书云："顷奉大教，敬悉一

① 见《鲁实先先生珍藏书札》，页68—69。
② 见《鲁实先先生珍藏书札》，《积微翁回忆录》1948年3月6日载，页10。
③ 鲁先生《郑氏〈近世中西史日对照表〉纠谬》，署"戊子夏五录甲申岁旧稿于南昌东湖之滨。刊于徐复观教授主编之《学原》二卷七期"。见初版《历术卮言甲集》页159。增订版页183作"戊子夏五录甲申岁旧稿于南昌东湖之滨。刊于《学原》二卷七期"。详见拙著《鲁实先先生与历算学》，页10—11。

是。大著已拜诵一遍，精湛之至。佩服！佩服！先是弟撰《读方豪文录》一文，由杰人兄携交天津《民国日报·图书》刊出后，该刊主编赵万里先生来函征稿。弟本拟草《论〈近世中西史日对照表〉明代节气之谬》，以介绍大作。现大作既已交《学原》发表，则当无庸再为之也。"由此可知《郑表纠谬》录毕净本后，曾经严敦杰过目，严敦杰当时亦以历算名家，[①] 读罢鲁先生《郑表纠谬》之后，一再表示"前在北碚时曾拜读一遍，甚钦详赡"，"大著已拜诵一遍，精湛之至"，进而表明《民国日报》主编来函征稿，原本拟撰《论〈近世中西史日对照表〉明代节气之谬》，得知鲁先生《郑表纠谬》一文，"既已交《学原》发表，则当无庸再为之也"，由此可觇《郑表纠谬》为时贤方家推服之一斑。

八月廿六日，徐复观致鲁先生书云：

实先先生有道：

奉读致丁实存先生大札及尊著，至钦精博。丁先生已于三月前下世，先生此文亦与延陵之，创园风义为之慨叹不已。《学原》现已将第一卷出完，第二卷亦已送排至第五期。尊稿除将编入第六期（安案：当作七期）并于下月初

---

① 据严敦杰著《祖冲之科学著作校释》，沈阳：辽宁出版社，2000 年 10 月，封底载："严敦杰（1917—1988），字季勇，浙江嘉兴人。18 岁便发表关于祖冲之的两篇主要论文，20 世纪 40 年代已是名重学术界的科学史家。'十年动乱'后是中国科学院自然科学史研究所的主要领导人之一，中国科学技术史学会创始人之一，也是国务院学位委员会批准的第一批博士导师，创建数学史、天文学史两个博士点，发表数学史、天文学史、航海技术史等领域论文 160 余篇。"拙编《鲁实先先生珍藏书札》收录严敦杰于民国三十七年 1 月至 8 月间与鲁先生书信往来六通，可见鲁、严两先生经常以书信讨论历算学。

汇奉稿费（近赴沪取款，故稍迟数日）外，此后乞多赐鸿
文，并对编辑方针时加指导，是所感幸。专此敬请

撰安　（另由邮奉赠《学原》）

　　　　《学原》发行人徐佛观手上　八月廿六日 ①

　　徐先生时任《学原》发行人，函告鲁著《郑表纠谬》一文，已
编入《学原》杂志中，并祈日后多赐鸿文，对编辑方针时加指导，
另邮寄奉赠《学原》，以供备览。是年十一月，《学原》二卷七期
出版，刊载鲁先生《郑表纠谬》一文。以上是徐先生《悼鲁实先教
授》所谓"我们开始有书札来往"的经过。一九五四年，初版《历
术厄言甲集》以油印本发行，鲁先生于《郑表纠谬》篇末题记云
"刊于徐复观教授主编之《学原》二卷七期"，盖记其与徐先生翰墨
来往之缘起，鲁、徐学术交谊之础石，由《学原》杂志而奠基。

三、鲁实先与徐复观的学术交谊

　　《〈史记会注考证〉驳议》是鲁先生早岁之成名作，《驳议》一
书，初稿成于民国二十五年，时鲁先生年仅二十四岁。② 稿成寄奉

---

① 见拙编《鲁实先先生珍藏书札》，页73。案徐先生原名佛观，后改名作复观，学
　名秉常。
② 详见拙著《鲁实先先生著述编年》，民国二十五年条。鲁夫人陶先瑜女士《致估
　昌八弟书》谓鲁先生"精通《史记》，二十四岁著作初版"，并描述其情景云："当
　时他勤工苦读时，置身四壁群书堆集之中，持笔朗诵，手不释卷，我在旁磨墨、
　送水。陪至深夜，日本泷川龟太郎一书（按指《驳议》一书），先由我抄写、折叠、
　赠送友好。"上文引自王师阙齐（苏）《才情横溢的鲁实先》一文，载一九八三年
　1月9日《青年战士报》。

长沙杨树达先生，杨先生读之"叹其精博无涯涘，则大喜，谓整理史公书今得其人"，既复书于鲁先生，赞其盛业。民国二十九年，鲁先生将《驳议》扩为巨帙，由长沙湘芬书局刊行。杨先生特为作序，对鲁先生之精诣绝伦，奖掖有加，推崇备至，序中称许鲁先生之成就，"尤邃于律历"，不惟"远出侪辈"，复绝群伦，"信可谓超越前儒，古今独步者矣"。三十年二月十九日，董作宾先生致函鲁先生，对鲁先生历法造诣，极感钦佩云："顷于友人傅孟真处借读大著《〈史记会注考证〉驳议》一书，博大精微，得未曾有，佩甚！佩甚！"[①] 书函中以代查古历朔闰相托，鲁先生因复书以答之，是为董、鲁交往之始。三十四年二月十五日，傅斯年写《殷历谱序》，七月十六日刊载于重庆《大公报》，引发了董、鲁殷历论辨的导火线。傅先生时任史语所所长，劝勉督促董先生撰作《殷历谱》，更为董书作序，对《殷历谱》一书，大大恭维，以为亘古未有之作。傅《序》以为"彦堂之甲骨学，并世所尊，后生初学，若不挺身以沽勇，何术自见。此如话本唐僧取经，到处逢怪力乱神，欲获一脔之割也"。傅《序》将董先生比为唐僧，考定殷历视为玄奘取经，凡评论《殷历谱》之人，即等同妖怪，并以为"此绝无之事"，无乃轻天下之士？因此，七月二十五日，鲁先生写成《斥傅斯年〈殷历谱序〉之谬》，八月廿六日刊载于重庆《新蜀报》蜀雅第十一期，从此揭开殷历论辨的序幕。[②]

民国三十四年九月，鲁先生撰就《殷历谱纠谬》。由于《郑氏

---

① 《责善》半月刊 2 卷 15 期。
② 详见拙撰《董鲁殷历论辨考实——〈一论殷历谱纠谬后记〉之检讨》，《鲁实先先生学术讨论会论文集》，台北：台湾师范大学国文系所、中国文字学会主办，1993 年 6 月），页 188—203。

〈近世中西史日对照表〉纠谬》刊载于《学原》杂志之故，而与徐先生有书札往来。三十七年九月十五日，徐先生复书云：

实先先生有道：

九月八日手教奉悉。承示拟以《〈殷历谱〉纠讹》大作见贶，至为感谢！惟刊入期刊，恐前后割裂零碎，不能满读者之望。敝社正筹印丛刊，一俟与书局接洽就绪，当即专函奉恳，编入丛刊中较为耐久。如能设法约写成三万字左右，先在期刊发表，随后再将全部付印亦未为不可。稿费已寄出，想已收到。《学原》已函商务印书馆径寄矣。专此。敬请

撰安

弟徐佛观顿首上于中央医院　九、十五[①]

书函所称《〈殷历谱〉纠讹》，即《〈殷历谱〉纠诉》，徐先生表示拟将鲁先生大著编入《学原》丛刊中，终以世遭剧变而未果。三十八年六月十六日，《民主评论》在香港创刊。徐先生《悼鲁实先教授》云：

三十八年，我在香港筹办《民主评论》，忽然接到在大崩溃前夕鲁先生寄来的一封使我非常感动的信，过了不久，他便来到香港转赴台湾。

---

① 见拙编《鲁实先先生珍藏书札》，页74。

时局巨变，大陆易帜，鲁先生素负重名，不受胁劫，乃仓皇南走，迭经困厄险难，始得避地香港，而谋职无着，衣食无所资，曾一度为小工，不得已卖文为生，克勤克俭，稍蓄积余，得迎尊人渭平将军至港，随侍入台。

案一九五〇年八月至一九五一年二月间，鲁先生以笔名"乖崖"撰写杂文，发表于《民主评论》者，有《四川的怒吼》、《解放教授百态》、《惨痛的回忆》、《由"美帝走狗"到"人民科学家"——留美学生归国泪》，发表于《自由中国》者，有《陈明仁、周震鳞合作钞金》、《中共驻缅"大使"姚仲明二三事》等文章。当时，《民主评论》张丕介先生致函给鲁先生时，尝谓"以生龙活虎之笔报导血泪之事，使读者油然生感"！并称许"读之文情并茂，快人口颊，诚为报导文学中之上乘"。①

一九五一年，鲁先生旅居台湾之初，由旧好延入嘉义中学课读。一九五二年，徐复观先生应台中省立农学院林一民之邀，在该校任教。一九五三年，鲁先生应聘为台湾省立农学院教授。徐先生《悼鲁实先教授》云：

> 和我一样，因为没有读过大学，在学术界中没有师友之助，不能加入到任何帮派。所以他只好到一家中学教书。我找到一位先生出钱，把他的《〈殷历谱〉纠谬》重印，以免埋没。后来林一民先生当省立农学院长，和他是复旦

---

① 参见《民主评论》2卷3期、2卷5期、2卷9期、2卷16期、《自由中国》4卷1期、4卷4期《香港通讯》。拙编《鲁实先先生珍藏书札》，1950年8月25日、1951年2月11日张丕介致函，页92—93。1951年1月7日雷震致函，页94—97。

大学的老同事，便请他到农学院当教授。①

鲁先生执教于台湾省立农学院，期间所撰《答教育部问〈中国历史年表〉》、《四分一月说辨正商榷后记》、《论卜辞八月乙酉月食》、《西周年历谱祛疑》，相继发表于《民主评论》。②爰董理旧业，踵迹前修，榷辨殷周历谱之疏阔，掇辑旧撰历术文字益以新作，一九五四年始结集为《殷历谱纠谬》、《历术卮言甲集》二书，经由徐先生居间协助，方得其友人资助，以油印本刊行。

《〈殷历谱〉纠谬》，封面由于右任先生题签，陈了展《龟历歌》并序题辞。《鲁实先详历表》云：

> 《殷历谱纠谬》三卷，本书乃驳正中研院史语所研究员董作宾《殷历谱》之作。《殷历谱》乃董氏毕生精力所萃，傅斯年为之作序，凭为夸耀，以为世无讥评其说者。本书凡三卷，上卷十万言于董氏所立论之五期两派，祀统祀系，以及其所依据之历术，所断定之年代，所取证之卜辞彝器，皆条辨其非。中卷五万言，乃取古今历术五十六种，推步西元前一二六八年之气朔，以证董氏历谱之谬。下卷为附

---

① 徐文所谓《殷历谱纠谬》，当作《殷历谱纠谬》。林一民先生在大陆时期，曾担任国立中正大学校长，鲁先生民国三十六年至三十八年间，应聘为中正大学教授，故与林一民先生为老同事。拙编《鲁实先先生珍藏书札》，收录有林一民先生函三通，时间系民国三十六年 8 月 14 日、三十七年 7 月 23 日、8 月 14 日，页 29—34。民国三十七年 8 月 30 日，国立中正大学校长室函一通，页 35。

② 《答教育部问〈中国历史年表〉》、《四分一月说辨正商榷后记》发表于《民主评论》5 卷 4 期，《论卜辞八月乙酉月食》发表于《民主评论》5 卷 6 期。《西周年历谱祛疑》，发表于《民主评论》5 卷第 23 期"钱宾四先生还历纪念专号"。

录四篇……盖此书诠释卜辞彝器，颇饶精义，其驳正诸家之说者，尤不一而足，非专为董氏一书而发也。民国四十年受教育部学术奖金。[1]

殷历论辨问题引发争议，鲁先生《〈殷历谱〉纠诉》一书，最具系统条理，其纠驳《殷历谱》之谬讹，主要基点围绕三大主题：年次无考，提出"可商者六"，"尤疏者十二"之问题；殷历无征，提出"可商者十六"之问题；卜辞难据，提出"难任者十"，"难信者五"之问题。条分缕析，理足证信，包遵彭《论鲁氏〈殷历谱纠诉〉》谓"用最保留的态度说，这至少是自有甲骨学以来，影响最大的一部著作"。[2] 可惜因当时动员戡乱，物力维艰，只能以油印本问世，数量有限，流传不广，故世人多莫知其详，而董先生始终未站在学术立场正面答复。[3] 徐先生《悼鲁实先教授》云：

中央研究院历史语言研究所有两张王牌，一是李济先生的田野报告，一是董作宾先生的甲骨文，这都是得到国际承认的。董先生最得意的是《殷历谱》，等于是史语所的大半块招牌。但鲁先生写的《〈殷历谱〉纠谬》，把董氏驳得体无完肤。复旦大学中文系主任陈子展先生仿韩昌黎的《石鼓歌》写了一首掷地有声的古诗加以宣扬，使当时（抗战

---

① 详见拙著《董鲁殷历论辨考实——〈一论殷历谱纠诉后记〉的检讨》，页188—203，暨拙著《鲁实先先生与历算学》，页6—7。
② 包遵彭《论鲁氏〈殷历谱纠诉〉》，《幼狮月刊》2卷6期。
③ 详见拙撰《董鲁殷历论辨考实——〈一论殷历谱纠诉后记〉之检讨》，页188—203。

时）大后方的学术界为之震动。这当然引起史语所傅斯年先生的愤怒，痛加丑诋。但奇怪的是，对鲁先生所纠之谬，史语所始终没有作针锋相对的答复。

《历术厄言甲集》一书，封面由孔德成先生题嵛。鲁先生于《自序》云：“自违难鲲岛以还，浠水徐复观教授、方杰人司铎，以旧作四篇之刊于杂志者见贻，因并次近草两篇，都十万言，哀为一卷，题曰《历术厄言甲集》。”全书计收六篇，依序为《东魏李业兴九宫行棊历积年考》、《宋宝祐四年会天历考》、《答国立礼乐馆问孔子生日》、《答教育部问〈中国历史年表〉》、《郑氏〈近世中西史日对照表〉纠谬》、《〈西周年历谱〉祛疑》。此系鲁先生历论专著，结集问世之滥觞。

一九五五年，东海大学创立，徐复观先生应曾约农校长之邀，担任该校中文系教授兼系主任。一九五八年，鲁先生应聘为东海大学教授。在东海大学期间，鲁先生发表的学术著作，主要集中在甲骨学方面：

《卜辞姓氏通释》之一，一九五九年六月，刊载《东海学报》第一期。

《卜辞姓氏通释》之二，一九五九年十月，刊载《幼狮学报》第二卷第一期。

《卜辞姓氏通释》之三，一九六〇年六月，刊载《东海学报》第二卷第一期。

《殷契新诠》之一，一九六〇年十月，刊载《幼狮学报》第三卷第一期。

《殷契新诠》之二，一九六一年六月，刊载于《东海学报》第三卷第一期。

《殷契类选》（摹本），萧继宗先生题签，一九六〇年，单行本印行。

此外，对初版《历术卮言甲集》，鲁先生又作增订：

《〈四分一月说辨正〉商榷》，署"民国四十七年十月增订于台中私立东海大学"。①

《〈西周年历谱〉祛疑》，署"民国四十七年阳历十一月增订于台中东海大学"。②

《〈四分一月说辨正〉商榷后记》。署"民国四十八年一月增订于东海大学"。③

一九六〇年六月，鲁先生辑理旧稿之论历者，并次新篇，纂成增订版《历术卮言甲集》，得美国哈佛燕京学社资助，由台中私立东海大学出版，台北文星书店发行，封面由萧继宗先生题尚。较诸初版，除《自序》代以《引言》外，初版旧著六篇，悉为增订，另新益四篇：《宋乾兴历积年日法考》、《陈氏〈中西回史日历〉冬至订误》、《〈四分一月说辨正〉商榷》、《〈四分一月说辨正〉商榷后记》。鲁先生《引言》云：

> 岁在戊戌，余设教东海大学，长铎者谋刊丛书，属意纂录。因以休沐暇暑，缉理旧草之论历者，并次新篇，都十五万言，裒为一卷，题曰《历术卮言甲集》。丧乱以来，文籍摈灭，凤昔刊布，大率湮沉，是以整比不成报章，一俟

① 增订版《历术卮言甲集》，页 229。详见拙著《鲁实先先生与历算学》，p11—12。
② 同上，页 285。
③ 同上，页 244。

追 怀

续有所获，仍当赓付奇厥，故曰《厄言甲集》云尔。[①]

由此可知增订版《历术厄言甲集》成书之原委，全书收录历学论著几十篇。一九七〇年七月，增订本再版发行。

鲁先生应徐复观先生之邀，受聘于东海大学，前后凡二年。徐先生《悼鲁实先教授》云：

> 我请他到东海大学。他因为天资太高，少年成名太骤，中晚年又受到抑压，所以狂性不改，口头上不断得罪人，遂不能为东海所容，转到国立师范大学，成为台北第一有吸引力的名教授。

逯耀东先生尝谓："实先师是我高中的国文老师，从那时起，我以后虽没有亲列门墙，传他的绝学，但这二十八年来，我们一直维系亲若父子的师生情谊。"[②] 据逯先生《一盏孤灯——悼实先师》追忆当时情形：

> 实先师被辞聘后来了台北，住在他叔叔荡平先生家。我去看他形容非常憔悴沮伤，已不是往日的豪气干云。我看了心里非常难过。便笑着说："怎么又是骂人惹出的事？"他苦笑笑，骂人是实先师很难改的脾气。但他骂人也有一定范围的，凡批评孔子者骂，凡学不实而欺世盗名者骂。

---

① 见《历术厄言甲集》书首。台中私立东海大学印行。
② 逯耀东先生《一盏孤灯——悼实先师》，原载 1977 年 12 月 30 日《中国时报》，后收入鲁实先先生治丧委员会编辑《鲁实先先生逝世百日纪念哀思录》，页 183。

不过有时也会一时感情激动骂出了范围。我说，也许你骂的都该骂，只有某先生不该你骂，他不仅很尊重孔子，而且也有实学，更重要是人家把你请到东海去的，人得饮水思源，他斜着眼睛看着我说："骂都骂过了，怎么办？""怎么办？写信去道歉呀，不过，道歉不是要挽回已失去的职位，如果那样就不像你鲁某人了。"再不济，可以到复旦中学教国文。第二天实先师来到我服务的书店，告诉我昨晚已写了道歉信，今早挂号限时寄出。某先生也是性情中人，后来他们又和好如初了。不久前，某先生返国，他们还把盏欢叙呢。实先师的个性就是那么率真，永远怀着一颗赤子之心。虽然，疾恶如仇，但却也从善如流。后来，实先师被师范大学国文系聘请，讲授硕士、博士课程。

逯先生文笔生动地记述当时的情境，鲁先生的神情仪态，一一跃然纸上，其与徐先生虽有一时不快，但"从善如流"，坦然面对，误会冰释，两老依然"和好如初"，由此可见前辈学人之风范。逯文谓"不久前，某先生返国，他们还把盏欢叙呢"，此事亦见载于徐先生《悼鲁实先教授》一文：

> 去岁八月二十三日我由美返港，经过台湾时，住了三个星期。他和黄彰健先生打伙请我吃饭。席中他的天真、狂气，丝毫未改；谈到他在继续著作的古文字学时，几次向我说："徐公！这真是前无古人啦！"说完后哈哈大笑。

徐文所谓"继续著作的古文字学"，系指《文字析义》，此书析文解字，"特多创辟，悉扫窠臼"，为鲁先生晚年最得意之作。一九七七年七月廿七日，鲁先生与门弟子王苏书云："家父仍在病中，实于侍疾之中，操觚不懈，《文字析义》已成五百七十三字，凡十万余言，其中正许氏释形之谬与释义之谬者，为数至夥，自信陈义精塙，决非前贤时彦所能骖靳，纵或后有来者，亦难比肩，大约尚须一年当可杀青。"由此可见，鲁先生晚年用力之勤与自信之锐。徐先生《悼鲁实先教授》，又载其与鲁先生以书信论学云：

> 前年和去年，确有两篇长文，我诚恳地向鲁先生请教。一是《原史》。我不是治文字学的。但在《原史》这篇文章中，首先指出从许慎的《说文解字》，一直到王国维的《释史》，都把"史"字认错了。我敢于这样说，是在甲骨文和金文中，作了一次相当完密的调查。而这类的书籍多是鲁先生指导台北一家书店所影印，并于一九七一年夏送给我的。没有他送的这一批书，我便不能写这篇文字。他又是这方面的权威，所以在人情和事实上，我应向他请教。经过三次或四次的通信讨论后，他接受了我的看法。另一是当我《论〈史记〉》的长文，由《大陆杂志》刊出一半时，因为他又是这方面的权威，所以我感到应向他请教。但请教的信寄出后，并未得到回信，原来他以病以死，永远得不到他的回信了。

独学无友，则孤陋寡闻，攻错析疑，乃友朋至乐，由此可见鲁、徐两先生对学术的热忱与探求。

鲁先生尝谓："余性率直，不善作绮语，岁在甲申，承乏复旦大学教授，偶赋《朱梅四绝》，自以为粗犷不足言诗，而吴县汪旭初、长沙陈子展、金陵卢冀野，并以为哀感顽艳，迥异寻常，因相率赓和，一时属和者数百人，纂成一册，题曰《朱梅唱和集》。陈子展第四和有句云：'历纪纵横金匮庋，梅诗唱和锦囊盈。'盖纪实也。"[①]鲁先生能诗善文，缘情绮语不常作，故世多知其文，而罕见其诗词之流传。偶阅《翰墨缘》一书，尝搜得鲁先生《题赠徐复观先生》[②]五律真迹：

> 徐子才无敌，惊人独出群。谭锋摧百代，笔阵扫千军。
> 掣理归心性，传经厌子云。末流吾道器，于此见斯文。
> 复观先生属题旧作《朱梅四绝》，此少年轻浮之作，
> 未敢尘渎。因别书一律，以志生平景慕之忱。素不吟咏，
> 又不能书，取秃笔羊豪为之，弥益其丑，聊博一粲耳！
> 实先。

鲁先生夙邃工古文辞，酬酢游观文字大致摈绝，而用其法度于论著之中，撼心篇章，运笔典雅，蹊径独辟，而文成法立，炳为奇观。此徐复观先生所谓"他文章的典雅，到现在为止，可推为现代中国第一人而无愧"之所由发也。上引鲁先生《题赠徐复观先生》五律真迹，搜访尤属难得，特移录以殿文后，借资彰显鲁、徐两先生之翰墨缘与学术交谊。

---

① 见《湖南文献季刊》6卷4期。
② 见《翰墨缘》真迹书影。原件未署日期。

四、结语

宁乡鲁实先先生,早岁志学,专精致力,以《史记》成名,淹通四部,融贯经史,尤覃精历术、文字之学。其推补积年,考订法数,历术造诣,可谓古今独步;尤精研文字之学,创通义类,主张"四体六法",融会甲金匋文及经义,昌明六书皆造字之法,正补《说文》释形释义之误,实度越戴、段"四体二用"之说。讲学上庠数十年,敬业将事,宣明国学,裁成多士,备受学子钦仰,而推尊为一代宗师。

鲁先生性强矫,特立独行;而事父纯孝,言似狂慢,而推伏孔子、太史公,几无间言。早岁虽自学成名,第奉杨树达为见知师,言谈行文之间,特称遇夫先生而不名,且搜访其遗著,为刊《积微居丛书》十台岛,以报其知遇,有以见其醇笃之风谊。

鲁、徐之缔交,始于杨树达之引介,由《学原》之征文,始有鲁、徐书札之往来。经历时局巨变,徐先生创办《民主评论》,鲁先生流寓香江,乃鬻文于刊物上。自间关来台后,一度于台中省立农学院为同事,经徐先生居间协助,刊行《〈殷历谱〉纠谲》,而引发殷历之论辨。徐先生主政东海大学时,乃延请鲁先生与之共事。鲁先生首次将甲骨文字研究之成果,《卜辞姓氏通释》公诸于世,即刊载于《东海学报》创刊号;鲁先生增订《历术卮言甲集》,得美国哈佛燕京学社资助,又由东海大学正式出版,历算推步之绝学,赖此传承于后昆。凡此种种翰墨缘,缔结鲁、徐两先生的学术交谊,也影响了当代学风的趋向。

东海大学中文系编《缅怀与传承:东海中文系五十年
学术传承研讨会论文集》,二〇〇七

今年上元

——遥祭徐复观老伯

逯耀东

　　"老伯，您安心去休假吧！"这是今年元宵节，我在九龙启德机场送徐复观老伯去台北，当他要入闸时，我握着他的手说的一句话。他听了无奈地点点头，把我的手紧握了一下，似乎想说些什么，但却没有说出，然后转身缓缓地去了。

　　我称徐复观先生为老伯，因为他的大公子武军，从美国到香港来工作，大家都说我们长得很像，武军和我不仅长得像，连发式都一样。徐复观先生看了就笑着对我说："老弟，以后你就称我声老伯吧！"从那时起我就尊称徐复观先生为老伯，因此，徐复观老伯有什么家宴时，我都被邀敬陪末坐。偶尔我也自己下厨做几样，请复观老伯与伯母过来小聚，每次他都欣然而来，又都笑着说："老弟请吃饭，总有好吃的。"这该说是缘分吧！

　　在台北时虽然读过他的文章、他的书，但却不认识他。二十多年前，我刚从学校毕业，在一个书店里工作。一天傍晚，快收店的时候，我最敬爱的老师鲁实先生来找我。我见他神情萧索，了无讲课时武林第一人的气概。就拉他到对面"赵大有"去吃饭，问他怎么了，他说被东海解聘了，我问为什么？他说："骂徐复观！"我说徐复观怎么是你可以骂的，鲁先生把眼一瞪，说："为什么不能骂！"我说："当时是谁介绍你去东海的？"他说："徐复观。"我又问："当年流落香港，你在哪里卖文章？"他说："《民主评论》！"我又问："《民主评论》当时是谁办的？"他说："徐复观！""呵呵！是了，人不能忘本！别人可以骂他，我们是骂不得的。"我笑着说，鲁先生放下筷子把手一摊说："骂都骂了，怎么可以收回。"于是我接着劝说："只有写信道歉！"鲁先生半天默不作声，第二天一早他又到店里来找我。一见面就说："信，写了限时挂号寄了。"后来，鲁先生告诉我，他在一个聚会上遇见复观老伯，就拉他到个小冰店里，去吃四果冰，接着鲁先生又说："和了！"到香港后，我问复观老伯，他笑着说："鲁实先写古文，台湾第一。"没有想到四年前鲁实先先生突然走了，现在复观老伯又去了。

前年夏天，复观老伯和我都到台北参加汉学会议，开完会他就入了院。紧接着就开刀。我到医院时，复观老伯已进了手术房，伯母在病房焦急等待，见了我就说："如果……怎么得了！"我安慰她说："不会有什么的，不会有什么的，伯母放心！"然后，我陪武军在手术房外等待，到了午后还不见动静。我们虽然嘴上没说，心里却很沉重，后来诊断不幸竟是胃癌！

复观老伯回香港后，休养了一阵，然后再去美国作进一步检查。美国回来，我去看他，也没有说病情，只说在美国这段时间，完成了九万字的《西汉经学史》，虽然我听了觉得自己不努力感到惭愧，却也暗暗地为他身体担心。他似乎感到为时不多了，拼命挤出最后一滴学术的乳汁。今年年初一，一大早，我到复观老伯那里拜年，他说膀子风湿，可能是每天早晨到城门水塘散步，受了风寒。我心里一惊，觉得这可能是不祥的征兆。没有想到蔓延得那么快。不到半月就疼痛难忍了。仓卒之间，决定去台北就医。

复观老伯走的那天，恰好是元宵。我一早赶到美孚，为他送行，因为他不愿别人知道，座上只有一位白发皤然的罗孚先生，大家有一句没一句地聊着，先是谈梁漱溟，后来他又说到共产党是没有希望了。他靠在沙发上，一如往日一样滔滔不绝地谈论着。他说他每天早晨四五点钟起身，到城门水塘去晨运，那里空气新鲜，又非常清静，他可以一面在水泥道旁的泥土地散步，一面沉思，过去很多在学术上解不开的结，突然想通了，觉得过去许多文章该改写，最近为参加今年夏天在夏威夷召开的朱子讨论会，所写的《程朱异同》，就表现了某些这一方面的思想。我笑着说："老伯，早晨运动，就是要使脑子休息，你怎么不让自己真正休息一下呢？你不是常说，一个知识分子立身处世是儒家的，处理自己的生活该是道家的，怎么你自己一点也突不破，硬是要一路儒家到底。"

他听了突然转向我，严肃地说："我五十开始，才摆脱一切，专心向学，总是感到时间不够。老弟，你的聪明才智远超过我，不要浪费了……"说着，他有点哽咽了："蓝文徵在世时，有次对我说，他的老师梁任公病危时，握住他的手说自己早年浪费了太多的时间，将来留不下一本传世之作……我不知将来什么可传，也许，也许我的那本《中国艺术精神》……"说到这里，他竟掩面痛哭起来。我从来没有见过一个老人那么悲伤，那么涕泪滂沱地痛哭过。尤其像复观老伯这么样坚强的人。而且他又是在历史的漩涡打过转的人。最后在回归到学术领域以后，对学术所表现的那份虔诚与执著，这是我这个后生小子无法体会的。也许大家只注意到他的时论之作，而忽略了他在学术领域里的潜沉，所开拓的辽广领域，他对两汉学术思想史的探索，在对清代学术的论衡，他更有对中国史学史辟创的雄心壮志，释史与论《史记》只是一个开始……学技的道路是孤独与寂寞的，但复观老伯踽踽独行，早已见树木成林。

不过，复观老伯对学术的探讨，始终不变的，不论在什么环境之下，必定坚持知识分子的尊严，不论索清探汉，谈史论经，都表现了这一点。这也许是中国传统知识分子特殊的性格，虽然往往对政治保持某种程度的疏离，但却又关心他自己所生存的时代，此即所谓身在山林，心存魏阙。这也可能就是复观老伯常将自己心里的郁结，发抒为时论的原因。而他为文如滔滔黄河，或气势豪迈壮阔，这正表现了中国知识分子以天下为己任的担当。

室内被复观老伯咽泣的悲怆凝住了。徐伯母默默端着碗走过来，放在我们面前，她说："今天是元宵，大家吃吧。"说罢又检点行装去了。我端起碗，看着碗里躺着三个元宵，这是徐伯母刚刚坐在旁边捏成的。我用筷子挟起一个，咬了一口，黑色的芝麻馅淌了出来，我又抬起头来望望复观老伯，他正低着头专心吃他相随了半个多世纪的老伴为他赶制的象征着团圆的元宵。然后，我又望望窗外石林丛中那一小片灰濛濛的天空，心想，今年上元夜，将无月亮。

一九八二年四月七日《中国时报》

血泪凝成真精神

余英时

徐复观先生一生的成就，最可以用一部书作象征——即他早期的著作《学术与政治之间》。

民国三十八年以前，他的工作偏重于政治，三十八年以后，工作重心转移，对于学术研究，投注相当多的心力。但是在这两者之间，我们平心以观，徐先生的生涯是政治中有学术，用学术来指导政治生活，因此他正式拜熊十力为师，乃是中年从政的时代。当时他希望以政治工作挽救中国的危机，三十八年以后，他体认到政治工作的解决，必须有更深刻的学术思想体系作根本，因此由政治转移到学术，这便是他晚年教书、治学、写文章的缘由。

在晚年学术研究的工作上，徐先生经常反映出早年的政治经验，中国近年来政治方面的发展，深深影响着他对文学、思想以及历史的判断。他自己常说，他的古典研究，深受时代的启发，如果不是时代提出许多问题，他不会在古典作品中，发现那么许多有意义的题目。

徐先生的一生，与学术、政治二者，都有着关系。近代的知识分子也有不少是如此的，但不同的是，很少人能够像徐先生一样深入到政治与学术之中，很多知识分子都是徘徊在政治与学术的边缘，对两者都没有深刻的了解，不如徐先生在这两面的突出。

也许我们不一定都同意徐先生对学术课题所下的结论，但是我们都应该尊重他追求结论的那股真实的精神。

就现在的学派来说，徐先生是熊十力以来，中国新儒家的重要人物，在海外这三十多年来，新儒家的影响力量，主要是三位学者建立起来的，一位是已经过世的唐君毅先生，他是以文化、哲学为主要的工作范围。另一位是牟宗三先生，他是以儒家的形而上学为中心。此外，便是徐复观先生了，徐先生以实际政治工作的经验，反映了对历史更深刻的认识。三位新儒家中，只有徐先生是以历史的经验，发掘思想的问题，这并不是说徐先生的工作比唐、牟两先生重要，而是他把握历史的关键，对一般读者能有更深刻的启发。

徐先生治中国思想史，分从历史与思想两条线索同时进行，最后几年，尤重于两汉思想方面，我看过他有关这方面的专著，全少有四种。去年他告诉我，一部汉代经学的历史很快就要出版了，就以著作的总量来看，徐先生一生的成就亦是十分惊人。

我想在现代学术史上，徐先生扮演的是一个十分重要而特殊的地位。他的学术经验和政治经验一样，可以说都不是正统的，但是其价值正在这种地方，他在价值上并不追攀主流或当权派，学术上也表示出伟大的异端的精神。

他的追求的方向，基本上是一个"真"字，但是这种真理的"真"，是有血有泪的，不是枯燥的理性或没有内容的空洞形式。

我自从一九七三年到香港，和徐先生认识相交，十年来一直受到他的鼓励，虽然我们在思想、学术上存在着一些细微的差别，但我对徐先生关怀后辈、提倡学术的苦心，始终十分感谢。

一九八二年四月二日《中国时报》

腹有丘壑，胸无城府　　朱渊明主讲　柯万成记录

主席、各位先生女士：

刚才听过孙主席及牟教授报告徐先生生平。我跟徐先生有五十年的交谊，想跟各位报告我对他的一些认识。

苏轼作韩文公（愈）庙碑文内说："文起八代之衰，而道济天下之溺；忠犯人主之怒，而勇夺三军之帅。"这四句话赞美韩文公可谓备至。是不是我们也可以引用这四句话来在追悼会中与复观先生比附一下呢？

唐沿六朝之后，那时文风雕琢华靡到了极点，骈俪排比，空洞而不切实用。韩文公起来予以改变，改为文从字顺，言必己出，"文以载道"的古文，其摧陷廓清之功，比于武事可谓雄伟不常矣。（李汉语）和韩文公同时代的有陆宣公（陆贽），陆宣公奏议流传到现在已有千多年，仍不失其价值。徐先生很喜欢读陆宣公奏议，他的文章和陆宣公的也很类似。我们知道，一代文风可反映一代国运，也可影响一代人民的祸福。徐先生的文章在这时代很有影响力，他的思想和议论精辟动人，所以海内外的中国人以至全世界关心中国国运的人都喜欢看他的文章。

我认识一个受高等教育的台湾人，他说台湾人很喜欢"两光"的文章，我不明白，问他，才知道一个是徐复观，一个是殷海光，

观和光声音相近，可见两位人物对台湾文风的影响了。徐先生曾写了一篇文章，登上那时的《自由中国》上，很快售罄，该刊因又重印九次之多，当然除了徐先生文章的魅力以外，同期的其他文章力量也不可抹煞。

徐先生是不是以文章出名？文章不过代表他的思想和见解，或是代表其政治立场和路线。徐先生的文章，除了台湾人以外，在香港，没有一篇不是人人抢着看，流传到海外更大受欢迎。他的著作书籍由台湾出口，大都由新亚研究所购下来；大陆虽没有公开进口，却常常可读到他的文章。有些朋友由大陆出来，说里面很多人爱读他的文章，并常常在《参考消息》上可以看到。更有很多人希望他回去看看。至于他是否愿意回去，他有他的主张。他曾表示："若是真正的学术会议，他愿意参加！"

他的文章有霸气，亦即是豪气，沉雄有力，早已知名。这也可见，他不时露出他军人的本色来。

他是湖北省立武昌国学馆学生，在武汉早有文名。那时鄂省有几位高级将领想送他们的子弟到日本读书，因子弟年纪不大，国学又毫无根柢，大家不放心，遂想请一位品学兼优的青年一面照顾那些小孩，一面他本人也可读日文，就在日本求学。徐先生遂应征，但不久那些将领都陆续下台，而那些小孩也纷纷回家去了。复观顿感进退维谷。适有另外一位华北将领愿意保送他学习军事，他遂被保送入日本士官学校去。

九一八事变发生，在日本因反抗而入狱，不久退学回国。徐先生先到广西南宁任警卫团上尉营副，翌年投效黄绍竑。后来黄主持浙江省政，照例兼全省保安司令，即派他为保安司令部参谋。民廿六年，抗日军兴，全国划为若干战区，当时第二战区司令长官是阎锡山，副司令长官为黄绍竑，徐仍当黄的参谋。随后战局逆转，节节后退，黄亦奉命复任浙江主席，当时上海、南京均已沦陷，浙江已处在前方第一线。黄遂将所负第二战区的任务，一切交与徐先生全权处理，负责移交，移交清楚后，徐先生个人乃退回重庆。

那时国共合作，中央要派联合参谋到延安去，与第十八路军（共军编组的）取得密切联络。然一时之间，无人愿去，而徐先生愿去。到了延安，毛泽东找到谈话对象，复观先生也棋逢敌手，彼此谈兴浓郁。有一次，毛将刘少奇写的《论共产党员的修养》一册书给徐看，说是刘的杰作，要他批评，徐先生果然拿回寓处一条一条地细看，而且把他个人意见，逐条另纸写出，过了两三天，还给毛，毛看后大为欣赏。后来，毛在"文革"时整刘，至为残酷，徐先生听到后大为难过。

有一次，毛跟他谈军事，除了谈他的游击战术以外，又说假若他统有三个军，必要时可以牺牲一个军，保全两个军。复观便说："你的见解，以战略上言可以通，可是在政略上则不可以。"毛问他甚么道理？他说现在德意日三国组织轴心同盟，与全世界为敌，但若一旦战局逆转，怎样去牺牲一个国家，保全其他两个国家？谁能提出这种意见？谁能赞成这个意见？毛听了以后脸色大变。这次晚上送客，一路送出窑洞并送到大路口，毛平时只送出窑洞口，从此举动，可见其对徐先生意见的重视了。

此后，徐先生逐步为当时的最高当局所知，渐见亲信。后来邀入侍从室中，有时且召他参加"小组会议"，那时候，这种"小组会议"有人说几乎等于英国的"影子内阁"。他建议很多，虽不一定获得接受，但也没有疏远他。因为知道他一片诚悃，言出肺腑。于是相知他的朋友有二句话形容他，就是："腹有丘壑，胸无城府。"他性格直爽，心直口快，闻者知道他出于至诚，就是有时说错，也多不见怪。当时环境复杂，顾虑很多，徐先生不管这些，只是直道而行。当时的最高当局竭力想培养接班人，更妙选精英，以为辅佐，复观自然在内，于是又有人戏呼他为太子太保，他亦不以为忤。他说话、写文章都是喷薄而出，英气淋漓。他既有理解，见解又高，与常人不同。

陆、韩生于君主时代，面对的是君主；徐先生所面对的是国家民族。徐先生以耄耋之年任教新亚研究所。比韩、陆要长寿，韩活了五十七岁，陆活了五十二岁。陆、韩均曾贬官充军，陆充川东、韩充潮州，而复观和我们在座的大家也等于是逃难，到这里来三十多年了。

徐先生有很多志愿仍未达成。时间不多，这要请金、刘二位先生来报告了。

念复观先生一二事

梁燕城

二月十七日，阴天，我们踏上古旧的台大医院。

复观先生卧病榻上，下半身已瘫痪，但双目仍炯然有神，隐现着过往的豪气侠骨，虽已是将残灯火，却还透露七十多年所养之正气。

前几天，鹅湖诸友探病，先生云："今后文化责任，唯靠汝等承担。"语气恳挚而有所期许。今天先生一见岑溢成君，即嘱咐回港后如何整理文章，并谓已写好一篇《程朱异同》论文，与唐师君毅和牟师宗三等观点不同，希望我们阅后得益云云。学人临终，所耿耿于怀者，仍是文化大业，盖区区形骸，不外数十寒暑，唯往圣绝学，万世太平，方为不朽盛事。我等见先辈之奋发，又安能不弘毅，以硬脊梁担重担子乎？

稍后，先生病痛发作，容色颇苦，不能再言，只是眼神仍带殷切的鼓励，似命我等继续奋发，后来护士推先生往检查，人去房空，只余师母为我们解释病情。唯我已陷入沉思，盖见生命之衰残，肉身之痛苦，不能不感到死亡所带来的焦虑。先儒横渠先生，曾谓："存吾顺事，殁吾宁也。"死亡之安宁，系于生命之合乎天理，唐师君毅亦指出，死亡是生命最高实现和完成的时刻，盖人肉身生命是一天天迈向死亡，但精神人格生命却能在自觉自律的修养下，一天天成就，死亡即完成之时。我年少时闻此说，很易接受了，但只是理论地、浪漫地认知死亡的价值。今面对复观先生所遭逢的病苦，方在存在上真正与死亡问题相遇，心中不禁问："在这痛苦呻吟的时刻，若我说死亡是你生命的完成，极有价值，对你究为风凉话，抑真实体验呢？"

跟随诸君子步出台大医院，我心中颇为惘然，君毅老师之长逝，复观先生的病危，死苦与生命价值间的吊诡，使我要将各问题和答案作综合的处理。

痛苦是什么？痛苦源于我们心灵对有限事物的无穷追逐；我们心灵将事物执著，将之偶像化、永恒化，但事、物本身非永恒，而具体世界的幻变无常，最后必夺去我们所无穷坚执的偶像（如金钱、名利、爱情等），我们不能永远拥有任何事物，世界的客观事实与我们心灵的要求不一致，当偶像被夺时，我们即有痛苦感受。

死亡之为大苦，在其必然摧毁人之所有，此摧毁不是借客观世界的无常而带走事物，却是主体生命的消亡，这消亡使整个世界随之而灰飞烟灭。

时间破灭人心幻梦，使人有成败得失之苦，死亡却连时空亦夺去，一切短暂有限之物，本呈现于时空之中，为我所执取，当时空随主体而消亡时，就毁灭了一切事物，人心陷于空无，是为大苦。

唯一不随时空消亡的，就是永恒的天理、天道、天心，生命除非不追逐世物，安顿于永恒无限的天心中，始不为死苦所迫。

儒者以生命心灵本体即天心，所以心灵自觉自律，可在开显心体中，展现永恒，当下即达于无限，超越时空的拘限，能了悟此境，死亡莫再可怕。

但儒者又必以成就历史文化为其大业，而历史文化又必具体落在时空的情器世界，一落在情器世界，就无必然实现的保证，历史文化不实现，圣人临终亦不能不有所叹息，此执著又如何打破呢？君毅老师曾在言谈中指出，自己所汲汲发扬的，为天下客观之理！非己所独有，当知道天理本属于全世界而不单属己时，自己之生死即不影响天理本身，而世人接受与否，天理仍在天地间，那么个人之逝亡，甚至中国文化毁灭，均不代表天理本身的增减，而终有一日，天理必再流露。若有这信心，那么文化大业之是否成功，生命是否长短均不成困扰了，心灵在死时遂可安息。

以上有关死亡问题的反省，毕竟仍是在"应然"的理论层次，究竟在"实然"存在上是否真正叫人安然面对呢？诸大哲萎衰之际，能否言行一致呢？

记得年半以前复观先生初罹恶疾之时，我往探望，他在床上问我最近研究什么？当时我刚在夏威夷大学写了几篇论文，主要是探讨孔子言"天"与"命"的观点，我认为命限或际遇本身，无必然幸福可言，孔子一生所遭遇的现实世界，与他所渴望的礼乐文化不一致，他个人也在功业上失败；这种际遇不大合道德理性要求，好人不得好报，义人反要受苦，尽道德者，天并不降命为王，一切事实的发生，似不合理，似是荒谬，但孔子并不怨天尤人，反而发现天理彰显在下学上达的主体道德努力中，在这道德奋进的自强不息里，他云："知我者其天乎！"有情而与孔子相知的天，就在孔子的苦难与奋进下，向他默默地呈现其全幅美善，这是"默现天"，与基督教的"朗现天"可有同一本质，但其示现方式则不同，"默现天"是人主体经内在的超越而揭示其为人心灵及万物之本体，"朗现天"则是超越者经启示与救赎而展开人内在的善美。

复观先生在床上听我陈述，不断点头称是，我当时以为这不过是对后辈的鼓励，但如今转念一想，复观先生当日于存在上是正面遇到死亡命限的威胁，对于天与命的体验当然最深刻不过，所以当我这不知天高地厚的青年大谈命限理论，谈寿夭富贵，成败得失之时，却是他内里对圣人智慧的实践体会，他正在以生命至高贵的力量，去克服生命萎败的吊诡，以生生不息之天心，面对生死的矛盾，唯在吊诡与矛盾中超越，即可当下达于永恒。

复观先生逝世前颇有肉身之苦，但我忆念半年前他这种对命限问题的反应，想他必已透破生死，肉身之苦虽不可免，但心灵的刚健面对，才真正显示儒者精神。

先生溘然长逝，亦是我们在生者，于人生必死的威胁下，好好检讨自己的时刻，更且当反省自己对先生的亏欠或不尽礼之处。

十年前，随几位同学到复观先生家拜年，得睹这位学界巨人的风范，虽然年近七十，仍精锐勇猛，对不义之事直言痛斥，毫不造作，还赞许我批判学生会盲目认同中共的大字报和文章，谓敢于在人人说是时，独敢说非，我当时年少刚勇，被先生一赞，不禁飘然自得（如今看来，当日的文章实幼稚得很）。于是常常去听先生演讲，每年必去拜年及问学，渐渐对先生的思想性格认识，发觉先生做学问十分精密细微，解释经典时绝不以个人洞见来抹煞原意，他做人亦自强不息，以豪侠正气，面对恶浊世间，绝不妥协，我虽没有和先生建立极深厚的师生关系，但已自内心由衷地敬佩，誓要学效其诚笃正直的品德，及严格深细的治学态度。

但有两事藏在心中，觉得对先生有亏欠，一是自从以生命挚诚接受基督信仰后，总有愧对师友之心，先是觉得对不起唐君毅老师的期望，后是恐怕自己减弱了对先圣先贤的承担，但另一面在真理示现中的信仰体悟，又是如许真实，不能不痛切思考探索，信仰与中国文化圆融配合之道，如何使基督教中国化，如何叫自己自觉地做一中国基督徒；不是崇信洋教者，在这过程中，我曾写信告诉唐师我的体验，并立志谓所传之信仰，以融和不悖尧舜到孔孟的道统为原则，必要对历史文化有承担，对国家民族有贡献，否则宁愿不传不讲，结果得唐师谅解接纳，因他对信仰本就十分欣赏。但仍不敢告诉复观先生，盖先生常痛斥基督徒也。

　　任教大专以后，一次被港大刊物《学苑》访问中国文化与基督徒的专题，原来他们又访问了复观先生，并以先生所提的宗教哲学问题问我，我未想到自己后辈身份，就以自己一套想法去答复了。发表以后，才发觉自己大胆地与先生辩论，所以那年我不敢到先生家拜年，恐他责我妄论，批判我的信仰。其实这是我不敢以诚直之心对先生，是一大亏欠，若所信是诚，且尊敬先生，被他责备又有何憾呢？结果一年后去拜年，先生未提及此事，我以为他已淡忘，想不到今年（最后一次拜年）到他家论学，在谈话间显示他早已知我是基督徒，但很尊重和容纳，大概复观先生所痛斥的，只是那些虚伪和洋教型态的教徒而已，对真诚信仰，却十分尊敬和肯定。

　　还有一件事，在复观先生到台入院之前一个月，我到先生家，拿着新写的老子哲学论文大纲请教，打算到鹅湖哲学会议宣读，先生仔细看过，在关键处问清楚之后，表示不同意我的观点，因我主张老子之"道"不是一外在的实体，却当连于心灵的观照，而为一心灵境界，但先生则以"道"是外在的宇宙第一因，是先秦上帝观演变成的形上实体，结果就辩论了两小时，辩时精神饱满，声如洪钟，不料事后即软卧在沙发上，神情虚脱，谓如今后肩常常作痛，身体不行了（事后证实，是癌细胞蔓延到肩膊），又竟向我道歉，谓不是攻击我的观点，只是唯恐我治学不够缜密，只从一些智慧洞见去论古人，而失古人原意，从前胡适等人，就是凭年轻时的见解去强论古人思想，以后一生都为维护自己年轻时的观点而写作，实在失去学术真诚，如今见我在学术文化上有承担，也有希望，只恐将来又变成胡适那类学人，所以加以批判，又知道我受唐、牟两位老师影响大，恐我太多洞见而不细密，叫我戒之慎之。语气极真挚诚恳，使人动容。

当离去时，复观先生送到电梯口（这是他一向之礼节），我万万料不到，两个多月后，先生即与世长辞，这是我最后一次向先生问学，若知先生健康不好，就不当与他辩论，当时我还想，待我的老子论文写好及发表，以及另一篇论文《解释的方法论》发表后，当请复观先生评阅，因我觉得自己的方法论及对老子的了解，并非只凭洞见，却是从原文读出来，经仔细比较历代注解及分析全书结构而后下结论。很可惜，《解释的方法论》一文发表的时间，复观先生已病危，不能再像从前一般论学了。

四月初，闻先生逝世消息，只感到怅惘，我对先生是尊敬多于感情，先生的刚毅勇猛及亲切谦厚，均长留我心。比较唐、牟二师，唐先生是文化意识的巨人，牟先生是哲学和道德理性的大师，复观先生则是历史文化的斗士，他不爱谈形而上学，因他深信中国文化不离具体平实的生活。他注重的是历史时空所展现的具体世界，亦是材质气性的世界，所以他爱论时政，谈历史之得失，更将中国思想史的线索清理出来，描述其突然递变的痕迹，通古今之变，究天人之际，可谓极博大精微之能事，若与古人相比，唯王船山先生之才识，庶几近之。

中国知识分子的典范

王延芝

　　听到徐复观先生去世的消息后，就打算写一篇短文，聊表敬悼之意；但一直为杂务纠缠，不得静下心来动笔。昨天读到《百姓半月刊》第二十二期特辑中牟宗三、金耀基、劳思光、刘述先、陆铿、胡菊人诸先生的悼念文章，立刻感觉到笔者的纪念文字大可免写了，因为笔者绝不可能写出一句半句超越这几篇文章范围而仍有阅读价值的话。但是转而一想，悼念文字主要在表现作者自己的崇敬与哀思，并不必真有阅读价值；尤其"灌茶家言"这个专栏，虽然偶或言之有物，但更时常浪费读者的宝贵光阴，所以不妨就在此发表。如果要笔者把这篇文字在其他篇幅或其他报刊中发表，那是万万不敢的。

　　笔者与复观先生有同宗之亲，同乡之谊。（王延芝的真名是徐东滨。）复观先生向来热心奖掖后进，而对笔者也一再格外夸奖；但事实上笔者与复观先生交往甚疏。三十年前笔者与友人创办《祖国周刊》，那时复观先生主办的《民主评论》杂志大概已出版了一年多。这两个刊物编辑方针虽有区别，但基本目标并无二致，颇有相辅相成之势。可是那期间复观先生是住在台湾，不常来香港；笔者与协助《民主评论》编务的郑竹园、金达凯两兄来往不少，向复观先生本人请教不多。大约十年前复观先生移居香港，笔者可以有随时请教的方便了，但却没有掌握这种机会。这需要略作解释，不能完全以"个性疏懒、工作忙碌"来推搪。

复观先生是"学术与政治之间"的一个巨人，当然也是学术及政治的"内行人"。笔者则是对二者完全"外行"：一方面从未做过学术工作，可说是"不学无术"，全无"书生"资格，另一方面从未涉足实际政治，虽然大胆从事"书生论政"，却不免"书生之见"。本来在这种情形之下，向前辈多多请教应该大有益处；可是笔者又有几分书生的傲气，不愿接受别人的影响。灌茶家言要想成一家之言，不想在有意无意间追随别人论调，或掇拾别人论点，也不想在不知不觉中卷入对别人论点的批评讨论。所以十年以来笔者注意避免阅读别人的政论，包括复观先生的每周论文。他可能知道笔者这一习惯；有时他会剪寄近作，促使笔者阅读。假如笔者这些年不写这个专栏，倒会是复观先生政论的忠实读者，并也可能时常到这位宗兄乡长府上去请教。

昔年胡适之先生去世后，笔者撰挽联如下："大名垂宇宙，如鳞凤降世，立德立言立功勋，先生自可撒手去。浩劫临神州。方豺狼当道，祸国祸民祸子孙，后辈怎能挽回来。"后来左舜生先生去世，笔者撰挽联如下："少年游学会友，青年组党救国，中华书生表表者。中岁参政理农，晚岁治史成家，新亚名士槃槃哉！"自觉颇合胡、左二先生身份；尤其后面一联，顺序标出左舜老一生"少年中国学会会员"、"青年党领袖"、"中华书局总编辑"、"参政员"、"农林部长"、"新亚书院史学名教授"的经历，妥帖自然。对复观先生，笔者撰挽联如下：

半生奋笔于学术政治之间，亦文人、亦哲人，尤属才人；喜见桃李茂盛，积百卷著作可传后世。

卅年策杖在江山辽阔之际，是狂者、是狷者，更乃仁者；痛闻松柏摧折，会八方风雨来祭先生。

这一联语并不足以概括表现复观先生的成就，事实上本文前面也并未曾企图评论复观先生的成就，因为笔者自觉不能写得像《百姓半月刊》那几篇悼念文章那样深刻。这里摘录胡菊人、陆铿二兄那篇《尽了知识分子应尽的最大责任》的几段，作为结语：

徐先生对国家民族有炽热的爱，对邪恶败行有强烈的恨，对大是大非有不可妥协的刚毅之断。他一方面对中华民族遭受的苦难，有锥心之痛，另一方面又对我们国家民族的前途寄望殷殷。他所秉持的信念是，具有这么悠久光辉文化传统的民族，必将昂然挺立于世界。

徐先生是无私无畏的政论家，一贯主张于政府之外另在社会上形成一股理性力量，树立一个是非标准。他公开表示，爱国并不等于爱政府，更不等于爱政党。人民对于政府和政党，要发挥民主精神，给予舆论监督，让它只能做好事，不敢做坏事。因此，他三十多年来一直在教书、讲学、做文章中尽了所有力量，发挥舆论监督的作用。

本于儒家良知之教，徐先先主张价值内在于人心，反对用外在的领袖权威、政治力量、党团组织来塑造人的个性来规划人的精神生活。徐先生特别强调人的良知和理性，对于知识分子存有投机、猥琐的精神状态，给予无情的揭露、鞭挞。

徐先生是儒家文化的笃行者，同时又是为民主自由而奋斗的志士。他认为中国有民本主义的传统，而历来行专制政治，必须以西方民主制度而代之。

　　中国和西方文化中的最宝贵的精神，同时在他思想中融合，在他文章里发扬，在他的心灵和生命中成为奋力追求的目标。

　　先生一生，仰不愧于天，俯不怍于人，光明磊落，志行高洁，前承数千载的中国文化，后瞻亿万世的国族命运，昂然以此重担，于在生之时日夜挑于双肩，因此，他可以说是中国知识分子的典范，他尽了中国知识分子应尽的最大责任。

一九八二年四月十九日《星岛日报》

红棉的启示
——敬悼徐复观先生

胡菊人

一九七六年我购置了一层小房子，以十年贷款分期供付。我告诉复观先生，他非常高兴，我们入住不到一个月，他就和师母乘车过海远道来看望新房子。他一进门，不及坐下，就里里外外喜欣欣地巡视一遍，对这十七坪左右的小房子，大加称赞，说风景不错呀！

房子在二十层上，望得见远海，在后窗的对面小山上，有座红墙绿瓦的道观，半山上也有些树木，红绿相映，确乎有点景致。在绿树丛中又有两株一大一小的红棉。徐先生他们来的时候，正值盛夏，看不到红棉灿烂开花的景色。

复观先生是二月初进台大医院的，正是红棉盛开的时候，我二月底到台大医院探望他，三月一日回港，红棉更怒放了。但今年的红花似乎凋谢得特别早，复观先生于四月一日去世的时候，它们已落得一片不留了。

自搬进新房子后，每年春天，我总爱坐在小厅沙发上，眺望后面灼灼似火的红棉，像把大红伞似的，悦目赏心，乃成为我紧张生活中的小小享受。可是今年却不同了，坐观红棉，脑中想的、心中念的，尽都是复观先生的病情。灿烂的红棉与复观先生在病榻上的影像，在眼中心中交替出现，慢慢印在一起了。

　　我这个联想不是毫无道理的。因为我观赏红棉多年，深知红棉的性格。红棉在岭南诗画中经常出现，成为咏叹描绘的对象。大家都叫它做英雄树，然而我自问，红棉还不仅是英雄这么一个简单的词可道尽的，也许别人不太注意它在不开花的时候是个什么样子。我一年四季看红棉，观察到它有三种极为明显的性格。它在一年中的变化，我在二三月间坐对红棉的怀想中，就觉得它与复观先生的一生，颇有吻合的地方。

　　随着春夏秋冬，它一年中至少有三种变化。在盛夏的时节看它，我有截然相反的感觉。在夏日的阳光照射下，它的树叶，披得这样茂密，这样碧翠，沃沃洋洋的，一派丰盛富泰的样子，轻风拂转，阳光斜映，它那翠绿欲滴的树叶，就闪出片片金光来。它在夏天的那种金黄、玉翠以至于树叶的丰茂，你绝想不到它以后又会变另一番面貌，另一种性格。

　　这红棉的个性，可是彻底得很。入秋以后，说是它的年龄完全成熟的时候吧，它竟毅然决然地把它身上那碧玉金黄一片片地剥掉，毫不吝惜，义无反顾似的，日日夜夜地剥，到了最后，冬天来了，全身上下竟是光秃秃的了。那个时节，我从后窗窥看它，外边正北风怒号，阳光隐退，所有树木都显得瑟瑟缩缩的，似乎骇怕得要躲到角落里，群山万树，似乎都为那刺骨的寒风、那昏暗的乌云、那种肃杀的气氛，茫然不知所措，因为它们身上还有残留的树叶。然而唯独那红棉，昂然挺立着，它那全身裸秃的枒椏，向四面八方伸展，像巨人的手臂，棱棱巉巉的，横撑着天空，它那坚厚的树干屹立于大地，狂风怒号中更见出它的勇毅与挺昂。

追　怀

那是红棉抖落一切之后的气概，逢到冬天这种景象，我感到它有种悲壮之情。

这一段的日子相当长，经过了这一段悲壮豪情的攘风撑天的日子，忽然之间，它又绽放出朵朵红花来了。前面说红棉的个性是彻底的，它绿得茂盛，抖得光秃，但也开得绚烂，就在它那棱棱巉巉的桠枝茎干上，从上到下，由低至高，一层又一层的，一阵一阵的红霞似的大花，像朵朵飞云似的，绕着树干，衬着槎桠，连顶峰的树梢，枝端的尖头上，也都开满了花。那一阵子，才见出慷慨悲壮之后的英雄本色来。这时节，人人都见出它的个性，写诗绘画来称颂它了。

可是它那前段的蜕变，中期的挣扎，我们又如何理解？我之所以从观赏红棉看到复观先生的人格，正是从前面这两个境界联想而来的。这也正是复观先生一生的三阶段。

这里不是说复观先生曾经玉碧金黄地生活过，而是说复观先生前期为爱国家民族而从军从政的生涯中，在抗战胜利和内战之后，本可以过富泰的生活，他有这种条件，有这个机缘，但他抖落了，像红棉之不惜满身繁华，为了要显它的气格和个性。我的意思是说，在复观先生生命成熟的中壮年之交，只须他把自己的棱角轻磨一下，把他的心气略加敛息，在自己的脸上多挂几副笑容，他是可以碧翠满身的。可是他决不这样做，有人说他活到这个年纪，还不成熟，因此受了不少委屈，岂知他的志行所在，本就是要在抖落以后，昂然挺立抗风霜，揭昏暗，以现出本色的人格。

在这时节，他在学术与政论之间双管齐下，学术上固然有精深之见、可观之成，毕竟真显出气概者，仍是他对时政直言敢言的态度。此正是他大勇所在，绝不计较个人利害得失，这种勇毅的沛然之气，我在香港十多年和他的交往中，有亲感亲炙之幸。

先生去了，但现在重读先生的文章，多的是大是大非之辨，大正大邪之判，直干权势，一往无前，像大多数读者一样，我感到这都是灼灼火热、绮烂夺目的红花。就像我在春日观赏对山上的红棉，感受到一种特别的喜悦。然而我总是浮现冬日红棉树的气概，我感受到复观先生撰写这些文章的时候，不管是在香港或在台湾，在某些情况下，正是气氛肃杀的冬日，风雷霜雪，那是要有大仁大勇的精神才可颉颃的。

先生去世，他留下的文章我们感到满目秀华。不过广东人之对于红棉，还有一个很大的用处，就在红棉花凋谢萎地以后，我自童年就见到乡下人把它一朵朵拾起，串成一个个圆环，挂起来风干，然后当药材用。这对复观先生也有象征意义，花环应献给他，因为他的文章，对于我们的国族命运和文化前途，在他逝世后，仍是有治病功效的药材。

一九八二年五月十八日《中国时报》

追 怀

中国文化的大损失

孙国栋

我们以最沉痛而庄严的心情悼念徐复观先生。

徐先生的病——胃癌——于一九八〇年八月在台湾发觉。当时在台大医院动了手术。返港以后,继续在本所(按指香港新亚研究所)上课,中间曾一度赴美国检查。直至今年二月癌病复发,又返台大医院治疗,不幸于四月一日下午五时逝世。

徐先生的一生,可谓与苦难的中国相结合。由他早年从政以及中年以后致力于学术文化,在在表明,他深情关注的,无时不在苦难的中国。他的文章,无论是学术的、政论的,几乎无一篇不跳动着时代的脉搏,几乎无一句不关切到中国文化。

在他去世前几天,本所几位同学到台北去看他,他的病势已非常严重,他依旧对同学滔滔不绝地讲他最近对朱子的心得。他自恨对朱子的领悟太晚,如果有幸能再多活五年,必能对朱学有所贡献。可惜天不假年!徐先生对学术的真诚,可谓生死以之。

在他寥寥数十字的遗嘱中,谆谆至嘱后人,谓孔孟之学实为中国文化的真精神所寄。他以未能到曲阜瞻仰孔庙为大恨。徐先生对中国文化的真诚坚贞,实在使人太感动了。

徐先生有大学问,有大识见,棱棱风骨,敢于对抗权威,在苦难的时代中贫贱不移，威武不屈，不愧为当代一位真真正正的知识分子。

徐先生因为对中国文化带有一种非常庄严的使命感，所以参加新亚研究所担任专任导师及教授。他讲学的认真，对青年学子之爱护，循循善诱，无微不至；即使在病中讲学，依旧常常连续二三小时不息，他对学术、对中国文化可谓鞠躬尽瘁，死而后已。所以，徐先生不仅是属于新亚研究所的，同时是属于中华民族的，属于中国文化的，他的去世，不仅是本所无可弥补的大损失，同时是中华民族、中国文化的大损失。

今日我们追悼徐先生，受他精神的感召，使我们觉得后死者的责任更加沉重。

徐先生虽然去了，徐先生为之献身的中国文化的理想，必将传承下去。

一九八二年四月十日徐复观先生追悼会上

追　杯

记徐复观二三事

赵　聪

　　徐先生去世，倏忽一年，对其生前有些难忘之事，愿记述出来，纪念这位可敬爱的老人。

　　徐先生是位文人，但他也是一位武人。大凡在香港认识他的朋友，很少人知道。这是因为，他不像有些人喜爱夸说自己过去的"过五关，斩六将"。有句俗谚，说是"好汉不言当年勇"，但如今的好汉并不多。徐先生是日本士官学校毕业。抗战时期，他曾领兵打过仗，是位将级的军官。有次他和我蹓马路，他走得非常快，使我在后面紧跟，十分吃力。我气喘着对他说，你比我大着四岁，还跑得这么快，可能是你年轻时受的军事训练，到现在还有用吧。他说，那当然，不过受训练时吃的苦，却是人所想象不到的。记得他才从台湾来港担任中大的客座教授时，他邀我和另一朋友到兰宫吃饭，那朋友问他在鄂中那一仗的情形，那正是他担任指挥官，战争很激烈，我没仔细听，只听到他说，战事结束，他向总司令报告（这个总司令是朱怀冰），司令问他："我以为你死了呢。"他说："我没有死。"我嗤一声笑出来，二人面对，死生显然，怎么还说"我没有死呢"？

　　我在友联研究所，看到一九四五年的延安《解放日报》，其中有徐先生到延安的新闻报导。我以前不知道，问了他，始知他那

记徐复观二三事

287

是奉公而去的，究竟什么公事他未详谈，只说在延安时，毛泽东拿了很多延安出版的小册子，送到他住的窑洞，对他说，请指教。当夜他就翻看了一遍。次日毛问他有没有值得看的，请他批评。他拿起刘少奇那本《论共产党员的修养》对毛说，这本书写得很好。他对毛说，我们这里一些人，也说少奇同志这本书写得不错呢。徐先生夸赞这部书是因为刘少奇在书中引了孔孟的话来教训共产党员。事情真也滑稽，后来在"文革"中，这本书成了刘少奇最大罪状之一。

徐先生精研自己国家的学问，美国研究"中国学"的青年，为写博士论文把他当做研究的对象，不远万里前来亲炙。这样的一位国学大师，却是一点儿学者的架子也没有，不止平易近人，而且颇为幽默风趣。在他去世的半年以前，那时他才从美国归来，检查后一点病也没有了，心极畅快，一时又胖起来。我有一次到尖沙咀一家饭馆吃饭，吃到那里的烙饼，觉得确有三十年前的天津味儿，便打算邀徐先生来吃，因平素知他好吃葱油饼也。电话邀好，我即准时同我才从英国拿到硕士学位返港的契女，乘车到美孚新村去接他和他的夫人。谁知到了以后，捺响对讲机，楼上竟无回响。正在纳闷，他俩一个从左边，一个从右边，沿着电梯间跑过来，四人碰了头，他俩大笑起来，我心里想，他这是玩的什么名堂，两口子玩捉迷藏？他说，你来接我，我也下来接你嘛！我心里说，你接我，怎么会嘻嘻哈哈围着电梯间转啊？两位老人，简直跟小孩子一样，来一套捉迷藏的游戏。谁知不到一年，癌细胞就在他的身上扩散开来了呢。

徐先生很好客，常常不因为什么事就请人吃饭。十几年前，家还未从台湾搬来，一个人在这里租了一间房住。因此我们常常相约出来下小馆，他住的房子很好，他说房东只两夫妇和一个小孩，每天一早，就有位中年妇人来把小孩领去看护，两夫妇分别上班去了，一整天家里没人，极清静，他如果不上课，正好在家里写作。

他极认真，百分之百忠于他的职务，我不但自愧弗如，我也没有见到过像徐先生这样的人。有一次，菊人通知我，说有日本某电台的人访问《明报月刊》的作者，希望我来参加。我本不愿在电台上亮相，菊人说亮也是在日本亮。于是我电询徐先生，问是不是菊人约的也有他，他说有。我说你去不去？他也这样问我，于是我们都同意去了。

从北角到礼顿道就花去二十分钟，那小馆生意好，很忙，要的东西久久来不了，我们因为时间足够，并不着急，便都打开话匣，来了一个上下古今谈。谁知吃完了饭，一看表，啊呀，不好了，已是七点。我说得赶快走，徐先生又慌又急，急得有点不知如何措手足的样子。于是拔足奔出，向隧道巴士站直跑。长龙太长了，什么时候才能上车？徐先生跺脚说："这怎么办？我那些学生呀！"我听着他似乎在哭了，我立时扯了他一把。"走！叫过海的士去！""既叫过海的士，又何必走，就在这儿等吧。"我们开始争论起来了，好似我们立时由朋友变成敌人了。我知道那条路不行，的士少，不会等了来的，必须从波斯富街走到轩尼诗道才有希望，把这理由同他说了，他不赞成，批驳我道："再走到那里，要花多少时间？课是一定误了！""那你怎办？这儿又等不到车。"这时竟跑来一辆的士，他突然说："怎么等不到？这下来了。"又叫住那车问了问，他不过海！那么，还是跑吧，我拉着徐先生的手又往前跑起来，到了利舞台门口了，他又发生了问题，他大声呵斥我道："不能往那跑，要往这跑！"他用力拽着我就回头走，我也用力拉着他向前走，结果谁也拉不动谁，停在街上，他吵我，我也吵他，正在难解难分之际，竟然来了一部过海的士，天又怜见，他笑了，我也笑了。结果到了新亚，还不到八点钟。他就是这样负责认真。

一九八三年三月《星岛日报》

再记徐复观二三事

赵　聪

徐复观先生无疑是"大师"级的人物，但却平易近人，不像一般"大师"那样装模做样。每逢相见，亲热得很，无所不谈，谈的有时很风趣，谈着谈着就谈到女人身上。同性相拒，异性相吸，男人喜欢女人，这是自然之理，我想女人也应喜谈男人；其实也不只是"喜谈"，应该说是"喜欢"才对。

忘了在什么场合里，他对我说："我进一间书店去看书，遇见我的学生，情况十分尴尬。"我问是怎么回事，他说他找到放置史学类玻璃书橱去看，恰恰一位少女抢先走到那里，挡住他看书的视线。于是他就只能看她的后身，身段颇美，这样端详着的时候，少女回转过身来，望着这位正在看她的老先生，惊讶地说："徐老师！"原来是他的学生。我说："你认得她？""学生这么多，哪能个个认得。""她长得美吗？""这是什么话！我的学生还有不美的？"相与大笑了一场。

有人说，老而慕少艾是寿征。五十年代，弥敦道百老汇戏院上映黄梅戏《梁山伯与祝英台》，大厅内竖着左舜生先生和凌波小姐的合影放大照，据说左公是个凌波迷。孟河名医费子彬先生，同一些歌星、明星熟稔得很，李香君是他的契女，是人所周知的。左、费二公加上徐先生都是高寿，岂真与慕少艾有关乎？

记得有一次我邀了徐先生和几位相熟的人吃午饭，座中有三位小姐，还有徐讦兄。不知是谁提起相面算命来，徐先生因说他会看手相，他这一说不要紧，小姐们都争着要求给她们看。徐先生当即答应，依次走到她们的座前，握着她们伸出来的手，说第一位得恋爱三次，结三次婚；说第二位只恋爱一次就成功，白头到老；轮到第三位，徐先生刚握住她的手，正要说话，却给徐讦大杀风景，徐讦说："你看什么手相！分明是揩油！"于是全桌的人都狂笑起来。事后，那第三位问我："怎么到了我这里，他就不说了呢？是不是不好？您请给我问问徐先生好不好？"我说不用问，徐先生哪儿会看手相？这事大概过去了十几年，头一位小姐结过一次婚，不久就离了；第二位现仍待字闺中，倒是第三位，儿子都五六岁了。这样说来，也不是不灵呢。

　　十年前，新亚书院由潘重规教授领导学生成立了一个"《红楼梦》小组"，潘先生是有名的索隐派，徐先生十分不满。因为《红楼梦》系曹雪芹以自己的家世为背景写成的，并非反清复明的政治小说，自胡适考证以后，由于历年来发现的新资料证明，已成定论；而今潘先生此举，无异领导着青年们开倒车，对此不能无言。但因他与潘先生有交情，不好当面直说——潘是黄侃的东床，徐是黄侃的高足——便以笔名写了篇文章批评此事。在那一段时候，他对"红学"用功甚勤，记得他还跟留美的《红楼梦》专家赵岗，打过笔墨官司。他在闲谈时也常谈《红楼梦》，一谈就谈到大观园里正副十二金钗。他问我："你是喜欢黛玉呀，还是宝钗？"我说她俩我都不喜欢，我喜欢史湘云。"却是为何？"我说，大观园里，有次她们烤鹿肉，宝琴不吃，湘云立即从手里撕了一块递给她，说："傻子，你尝尝！"如此口快心直的姑娘，多好！

徐先生经常写时事论文和学术论文，举凡世界上的新闻新知，他知道的并不比别人晚，因为他天天看日文报刊——日人不但在工商业方面跑在前头，就是在文化方面也决不后人，只要西方有什么新东西出来，马上就予人译出。徐先生偌大的年纪，每日必看九份报纸，包括港台大陆和日本，也真了不起。

有一次，徐先生洗澡，在浴室跌倒了，送到医院动手术，住了好几天。我问他："你是怎么跌倒的？"他说："洗完澡，一屁股坐在浴缸沿上，想擦净身上的水，谁知缸沿滑，也许屁股上的肥皂没洗净，一坐就滑跌下来了，疼得很！"

他的一些学生们，请他两夫妇吃海鲜，归来全病倒了。问了问那些学生们，却一个也没有事。从那个时候，我才知道他胃有毛病。想起他经常预备着用大蒜泡的酒，有时吃饭，他也喝上一盅。我没问这是治什么病的，只以为他听了中外一些医生的说法，大蒜能治百病，也许是配了喝着玩儿的。但自那次他吃海鲜犯病，我想这大蒜酒可能就是特别泡了来治胃疼的吧。当时我安慰他："我们都一大把年纪了，五脏六腑的功能逐渐减弱，不能比你那些学生们。何况海鲜这种东西，吃的是鲜，要鲜就得嫩，要嫩就容易不熟，不熟的东西，胃就不好消化。往后还是少吃海鲜为是，要吃就得煮熟了吃，不能贪嫩了。"出院后不久，徐太太好了，他却是四五天来茶不思饭不想，胃还是不对头，便又进了医院。我赶到医院里，他说："奇怪，好像有人捉弄我，在家四五天不吃不喝，一到医院，医生还没来看，我就觉得肚子饿了，要了一杯牛奶，咕噜咕噜一饮而尽，你说这是怎么回事。等医生来了，他说，既然觉得饿，能喝一杯牛奶，还有什么事，休息一天，明天就可以出院。"医生的话，使他十分安心和快慰，他握住我的手，笑着同我谈了很多秘密的事，这所谓秘密，当时虽觉可笑，现在我却完全忘了。

冬季大冷的一天，他打电话邀我到一个北方饭馆吃羊肉菊花锅。去了之后，座上有两位大画家，唐鸿和萧立声，还有徐太太和长公子武军先生一家三口。徐先生声明说："今天我请的主客，是我的孙女儿，她从未吃过涮羊肉，我说我请你。劳驾三位（指我和二画家）委屈做了陪客。"说完，一阵大笑。更令人大笑的是，徐先生和大少爷却争着去埋单，争得脸红脖子粗地相当认真。

一九八三年四月三十日《星岛日报》

徐复观先生周年忌

　　越老越感觉到，时间真如风般速，徐复观先生已经离开我们一整年了。不过，他那孩儿面的笑容，还仿佛就在眼前，为一件可笑事而开心。我总觉得他不曾死，每到荃湾去，车经美孚新村时，就会想，他这时是在看报、做文章、写书？还是躺在沙发打盹，或者和徐太太争吵？

　　老两口争吵，可不是真争吵；徐先生告诉我，争吵是增进爱情的方法。他说，譬如吃完了饭，我把碗筷敛到厨房里去洗，她就不让我洗，我偏洗，这就争吵起来。又譬如，晚上就寝以前，我说，老太太，洗澡吧，我去给你放水去；她就赶快来阻止，你不要给我放水，我自己来；我却偏抢着去放，这又争吵起来。你想，这样争吵过后，爱情还有不增进的？多有趣的徐先生啊，然而现在，他已离去一年了。理智使我回到现实，现实拆穿了幻想，一阵空虚之感袭上心领，很是悲哀。

　　徐先生寿至耄耋，德高望重，著作不止等身，早已名满天下；伉俪情笃，白首偕老，虽不打情骂俏，却也甚于画眉；男女公子，成对成双，皆各卓然自立，克绍箕裘。照说他的死，是福寿全归，戚友实在不必悲哀。只是彼此交往日深，生时数日不见，即十分系念，必电话相约，直至晤之而后快。今则阴阳相隔，永无再见

徐复观先生周年忌　　　　　　　　　　　　　　　　**295**

之日，火辣辣的感情，突被割断，每忆他的声音笑貌，能不惘然若失？

徐先生最后这个十年，我们常在一起。他从台湾到香港，最初是中文大学担任客座教授，那时徐太太还未搬来。徐先生个人租了一间房，自己煮饭，和我一样，全是过着王老五的生活。我不会煮饭，我只会炒蛋，买两个花卷儿，就算一餐。徐先生本事却大，他教我烤面包、炖鸡；他说，面包一烤才香，一只鸡可吃好几次，多喝汤，补脑。我太笨，总是弄不好。因此，经常互约出去下小馆。他太太来港后，他有家了，我也分享了他的有家的福。一年三节——端午、中秋、春节，他都邀我到他家去过节，都是徐太太亲自下厨。年轻时我在汉口住过，在那儿吃过沔阳粉蒸肉丸，我还记得。我同徐太太一说，每次她也做了这个菜，吃起来似乎比当年湖北馆子里还香醇。她知道我好吃这个，吃了还叫我拿回一些，足够吃好几天的。徐太太真好，怪不得徐先生那样爱她。

徐先生每逢说起他的太太来，我看他的表情，似乎从心里发出了甜蜜的快乐。一次，我看到电视机上，摆着他年轻的夫妇合照，我惊叹道："徐太太怎么这样漂亮啊？"徐先生大声斥责我说："你才知道她漂亮嘛！"他谈起当年追求徐太太的恋爱史来，真够香艳。他在杭州空军里做事，那时还不是徐太太的王世高小姐在北京上学。徐先生每月一次往北京跑，他的月薪三百现洋，自己省吃俭用，全花在追求上。夏天，路经津浦铁路的德州站，那里产的西瓜全国闻名，叫"西洋枕"，从前是向皇帝进贡，又大又甜；徐先生到那里，必定下车买个大西瓜，带到北京和王小姐一道吃。在美孚新村，我听徐先生叫徐太太："老太太！"恰像余叔岩唱"王佐断臂"时叫"乳娘"的白口一样，余亦鄂籍，王小姐喜欢听戏，徐先生陪她看得多了，所以学会余叔岩的罢，我想。

徐先生是位性直情真的人，他喜怒哀乐是发其所应发的，不能不发，从不伪装。有人在某一方面有长处，他十分钦仰，但一听说这人曾当汉奸，他会立时变色，以后从不再提此人了。他是好打不平的人，见到不合情理的事，他心里就感到十分不安，必定要写篇文章批评。因此他常常得罪人。去年我到台北，去看李幼椿先生，李先生说徐先生弥留时，他到台大医院去看他，徐先生紧紧握着李先生的手说："要写文章啊！"那时台湾基层选举正发生贿选的事，还有盗卖小儿出国的罪案多起，李先生说，不写文章怎成？

前年秋天，徐先生夫妇从美国返港，因为在美国经过有名的医生在有名的医院里检查，已经无事，心里很快乐。我问他，还吃药么？他说什么药都不吃。那年双十节，他出席了一次酒会，我看他胖了，他承认。却不想，到了过旧历年的时候，他的膀臂疼了起来。我说，这大概是风湿骨疼，老年人都会有这毛病，不要紧。他的大公子武军先生还特别给他制了一套电疗的工具。谁知那竟是"杀他的凶手"在动作了。

为什么几个月前检查的结果已告无事，竟又扩散开来？当前的医术，又怎么令人相信？我本来想到台湾去看他，就是因事累着去不成。到四月底去成了，徐先生却于四月一日闭上眼睛。菊人去过，我问他，他叫我打长途电话去问候，我怕打扰徐先生，只寄了一封航快，我想他是会见到的。信里有句话是"人不能之神能之"；对于信仰问题，他仍是认真而郑重对待的，不肯苟且。两千五百年前的孔子，深深吸引着徐先生，他的遗言以未能到曲阜为憾。孔子有知，当极愿意收纳这位私淑的弟子。徐先生的逝世，我不说是什么的一大损失，我只说癌症夺去了我们一位刚直可爱的老师和朋友。

除了在个人私情上感到难过之外，我还觉得徐先生有三件事似乎不能瞑目，他自己在弥留时心情是悲哀的，作为他的友人，也不能不因想到他的悲哀而为之悲哀。第一件事是他忘不下他的太太，遗嘱上有"善视其母"的话可以证明。记得有一次我请了几个人吃便饭，座中有知名度很高的何锦玲小姐，有徐先生夫妇，何小姐当面向徐先生拉稿，徐先生当面答应。没隔几天，徐先生写成一篇《和妻在一起》的散文寄给我，叫我转给何小姐。徐先生写政论和学术论文很拿手，但这篇谈情的散文也仍然是他的力作，在《星岛日报》的星辰版发表后，后来收在他的杂文四卷中，是他的集子中罕见的一篇文学散文。就是在那篇文章里的徐太太，此时与他死别吞声饮泣，可以想见他难以割舍。第二件事是他对孔道的醉心，更确信孔子学说为治当今之世之本，台湾如此，大陆更是如此，他的数年来的政论，多少都谈及了孔道。大陆提倡五讲四美，建立精神文明，挽回三信危机，他认为最有效的方法，就是恢复以儒家思想为中心的优良道德传统。说他是新儒家也好，说他是中国的新人文主义者也好，但他绝对不是保守、守旧之流。他透过日文报刊书籍，日日接触世界新思潮、新文化，经过自己的思考加以滤净，发为文章，亦赞亦弹，往往有独到之见，震惊论坛。然而他对孔子的尊崇，死心塌地地拜倒在孔子足下，已是根深柢固，数十年如一日，坚韧不拔。徐先生多才多艺，文武双全，正如古人的"上马杀贼，下马草露布"，写得多，也写得快。他的文章既踏实又空灵，有一种力量迫你无法放手，不像某些哲人著作，沉闷得难以令人卒读。无论什么学问，不管过去接触过与否，只要他爱上，那就专心致志，力攻难关，往往成就超过该门的专家。他经过两位严师，一是黄季刚，二是熊十力。徐先生考湖北第一师范时，考卷的文章不入俗儒之目，独黄侃加以垂青，力主录取，并告诉徐先生说，像你这种学生，只有我才能教你。徐先生向黄学《文心雕龙》，后来他常说，我对《文心雕龙》的研究，成就在我的老师以上。牟宗三先生亲自听见熊十力夸奖徐先生，说他是一个能够治学的人。但徐先生初入熊门时，也吃过老师的苦头，熊叫徐读王船山的《读通鉴论》，甚至责骂他，都是人所不能堪的。当然，熊是先给徐一个下马威，挫一下他的傲气，但我总觉得处今之世，再用传说中赤松子对待张留侯的故技，而对待一个已经学有所成的徐复观，未免过分了一点，而熊这种倚老卖老的架子，也的确令人讨厌。然而徐却对熊并无闲言，我认为徐的以孔为师，应是得力于熊先生。孔子周游列国失败要返鲁时，曾对人说："吾党之小子狂简，斐然成章……"我想徐先生到那个世界里，一定首先向孔子报到，而也一定得到孔子这句话的安慰。只是孔子之道现在虽然引起西方学术界的注意，在自己国度里还是不能抱乐观呢。那么，徐先生又怎能瞑目？

最后一件令他难以安心而去的是，他的"巨匠巨制"的工程只进行了一半或者还不到一半，并未完成。人所皆知，徐先生近年来一直在研究两汉的思想史。为了丰富这个研究，他连主题四周而与主题有牵连的著作，都已作出惊人的成就，如有关周官和公孙龙的研析。他由陆贾、贾谊、董仲舒起，整理汉代的经学，并且旁及司马迁的《史记》，这些著作如两汉经学史，有的已经出版，我们可以见到其中的精华，发前人所未发的创见，不可胜举，而前辈治学的谨严，对待学术的忠诚，这种最可宝贵的作风，在他的一些章节行间，都有凸显的表现，实在使人钦仰。去年秋天，国际汉学会议讨论朱子思想，徐先生承邀参加而不及参加，但他已经写好几万字的报告，开会时由他的高足刘述先教授代为译出报告的。从此可知他的"野心"是要写成一部中国思想史的巨构，已经完成两汉的经学部分，更进而着手于宋、明的理学了。另外，他在新亚研究所，先开了陆机文赋的课，接着就讲《文心雕龙》，他的"野心"是要完成一部《中国文学批评史》。这应是他念念不忘的事，然而……

徐先生去年去世时，我自恨未见他最后一面，也未得瞻仰他的遗容，我赶到台北，距他的逝世，已隔二十余日，缘悭而竟无缘！在香港举行追悼会时，抱着无限沉痛的心情去参加了。我因一时思想难以集中，我对徐先生要悼念的话太多，但脑中满是乱草，怎么也理不出一个头绪，写不成一篇追悼的文字，只杂凑了一副不协平仄挽联，现在我也忘了。当时看见徐先生的遗照，我直想哭，而竟哭不出来！后来隔了半年，和东滨闲谈，他偶然问起我来："你跟徐复观先生那么好，怎么没有看见你的悼念文章？"经他一提，我和徐复观先生相知半生，好像欠了他一笔债。这个压力压到现在，已到了徐先生的周年忌辰，我必须要还这笔债。然而脑力依然难以集中，写了以上这些东鳞西爪，我想徐先生在那个世界里见到，他必定笑说："赵聪退步了，退步到连篇悼念我的文章都写得这么糟。"

一九八三年四月一日于香港

破布衫·群众·根
——敬悼徐复观先生

刘　健

一

读了很多篇追悼徐复观先生的文章，听了不少有关徐复观先生生平事迹的描述，然而，最使我泪水盈眶的就是由他的女儿徐均琴在香港新亚研究所举办的追悼会上所说的话——《大地的儿子——悼念我的父亲》。

本来悼念徐复观先生的文字，我该是在他逝世后就写的，原因不是因为我最了解他，或是他的学术思想，这方面会有更多更适当的人。也并不是我与他的关系，或者更好说是知遇之恩是那么的密切，这方面更有他的挚友、学生以及他所施惠的很多人。可是，从听说他再次病重到逝世，一直到今天，使我的心思念虑，似乎总是围绕着他——他的著作，他的文章，他的思想，他的心思念虑，他的为人处世，他的心情，他的态度，如果可以这样说的话，那该是他的一切。

在徐复观先生逝世后的一个月另一日（即一九八二年五月二日），我情不自禁地要写这篇追悼文章，纯是因为我读了差不多同时出版的两个杂志，都刊出了他的女儿徐均琴所写的《大地的儿子——悼念我的父亲》的文章，再次深刻地刺激到我的文思。

两个杂志的主编人都是徐先生的好友，同时又都是敬佩徐先生的。可是，在刊出徐均琴的《悼念》文章里，却有多处地方的不同，而最明显的地方就是我这篇文章所用的"题目"。

月刊上刊出徐均琴的"悼念"文章中，不见了"破布衫"，半月刊上就有；月刊上用了"群像"，半月刊上用"群众"；月刊上把"根"衍生出"根源"；半月刊上仍是用"根"。

假如说文字的记录是一种供证的话，又假如徐均琴的文章没有改动地分别交给两个杂志发表的话。我似乎倾向于半月刊所刊出的文章。原因是这篇演词我是在追悼会上的聆听者和热泪盈眶的感动者。同时，再证以徐复观先生的思想脉络与很多文章内含，半月刊上的文字该是较真确的。我不说月刊上刊出的文章故意错漏，但是为求真起见，我却愿提出我的看法。

二

一次，我告诉徐复观先生，在翻阅二十五史的"书"、"志"中的"礼"、"乐"里，可以说是每一个时代衣冠楚楚的堂堂皇皇；但如果兼及各史书的酷吏传、宦官传时，就会更发现落实的历史真相，使人那么地不自在。徐先生点头称是。这恐怕可以了解到他为什么一定要用"破布衫"来形容他的兄长了。事实上，只要我们多留意，"破布衫"的问题，国家民族才有真正的希望，不必全在"衣冠楚楚"上费头筋。此其一。

几十年来，徐先生的思想与文章是拍向民主的，不只一次地大声疾呼，中国的唯一出路就是民主。而民主的真正的基础，定要放置在"有血有肉，有魂有魄"的具体的"群众"上，引申来说是每一位中国人身上，姑毋论他们的出身、阶级、教育、行业、职位、信仰、思想、党派、作风是多么的不同，甚或彼此相反，在民主的要求下，这些都是"不容诬蔑，不容践踏的'生民'"。因此，可以了解到，在民主政治架构里，就不允许有所谓的"一贯正确"的情形出现，除非这"一贯正确"是来自有血有泪、有魂有魄的"群众"，绝对不是"群像"，这才是"天下为公"的落实，此其二。

"根"是要"植"的，徐先生与不少的中国学术界人士们都是在国族几十年的思想"无根"的飘摇中，鸡鸣不已地为中国文化植根。诚如徐先生在最后遗嘱中所说："余自四十五岁以后，渐悟孔孟思想为中华文化命脉所寄。"这一植根的构思，一方面是从纵的由古系今，从横的由西通东。不僵化，不封闭。既不赞成把儒家变成儒教，又不同意把世界性宗教中其他文化色素掩抑了中华文化。此其三。

三

一九七九年中越之战发生后，那时的舆论界意见纷纭，我用"马念青"的笔名，写了一篇《对中越之战的另一个看法》。不久，徐复观先生在《华侨日报》的专栏中，写了《国族与政权——答老壮士先生及其他读者》。提到了我的那篇文章说："最近我收到一封'香港大学老壮士'的信，批评我所写的《中越之战的回顾》的文章。虽然地址和姓名可能都是假的，但确是出自一位负责读者之手。还有《中国人月刊》三期有篇马念青先生写的《对中越之战的另一个看法》的文章，在收尾的一段恭维了我《论〈史记〉》一文，并抄了一段作结。这是运用史公微言的方式，表示对我上述文章的不满，当然也是出于很爱护我的一位负责读者之手。"

当然，我的那篇文章被徐先生重视，是出乎我意料之外的。几个月后，我亲自告诉他"马念青"就是我，写文章的动机与任何政党没有关系，纯是我一己的看法。因此，我更觉得，徐复观先生真正使人怀念的是：他一生"写文章的动机和目的，不是为了一己利害之私"的负责态度。因为他相信"要有健全的社会、政治，便需要有健全的舆论。要有健全的舆论，便需要有负责的作者和读者。负责的作者，并非文章内容，篇篇都能正确；主要是写文章的动机和目的，不是为了一己利害之私。负责的读者，并非对作者都要同情地了解，而是在读后肯把自己的意见，尤其是不同的意见，坦率地向作者或报刊上表达出来"。

事实上，我们的社会，何只是损失了一位负责的作者，而更是损失了一位给予国族希望与光亮的作者。

一九八二年五月二日于香港知愠书斋

追　怀

悼念复公夫子

老权波

　　三月中，国能兄专程到台湾探望徐师复观的病。回港后，给我电话说先生在病榻的痛苦情况，我听了，内心很难过。不料，到了四月二日大清早读报，赫然看到先生去世的消息，刹时间，一片惘然，甚么也读不下去了。那天，天色凄迷，最叫人难受。回到学校，总没办法把情绪安定下来，好好地给学生讲课。

　　我开始恭听先生教诲，是四年多前的事。当时，先生讲的是《后汉书》。现在还清楚记得第一天晚上，先生进讲堂的神态。先生个子不高，衣着朴素，拿着平扁的公文箧，大踏步地进来。先生脸上，神采飞扬，眼镜下是一双炯然有神的眼睛。他的目光，灼照每一角落，偶尔抬头远观，更是照耀千里。这时，大家都静待先生开讲。别的话，先生都不先讲，只说难得同学还抽时间到所里来研究中国文化，又勉励大家好好钻研。说时，脸上流露了无穷的期盼与欣慰。当时，我还没有体认先生的怀抱，当然也就没有深切玩味先生这话的真义。先生讲话时，声如洪钟，浑厚有力，而且一开腔就两小时，不中断，虽在晚上，绝没有半点疲态，每次如是。单这一点，已显示了先生的生命和精神的旺盛。听先生讲课的，有不少是白天从事中小学教学工作的，都感到惭愧，竟然比不上老人家的精力。

先生平易近人。跟先生一起，我们都感受他的亲切认真。我听先生的课，都在晚上。下课后，离开时，同学陪先生站在天光道上，或星光熠熠，晚风徐徐，或夜色凄凄，寒风忽忽，都有一股欣然意态，直至叫了计程车，先生登车后，才肯离去。先生住美孚，顺路的同学，都陪先生一道，我也占个份儿。一路上，同学仍不断向先生请益。或问国事，或谈《老庄》，或究《文心》，或论唐诗……只要你一问，先生就了解你的意思，而提供很多实际的资料，让你参考；当然，常常有先生的精辟宝贵见解在。我一向最笨拙的，就是在老师面前谈话，纵使有机会，有需要，总是拘拘束束的，不知打从甚么地方说起；每每预先想好了一堆话题，却气急败坏，满脸通红，手脚出汗，好不容易才说出半句话来。可是，在先生面前，这些窘态，似乎都不存在。这不是自己的说话本领高强了，而是先生平易近人，让后生有胆放纵去说。我有不少问题，因此也得到解决。现在，先生已去了，我讲话的胆子，究竟要在哪里寻找呢？

有一次，先生讲老子，谈到老子用"朴"来象征"道"体这一问题时，先生竟谈到自己的儿女来，一派慈祥满足，眼尾唇角，都充满了慈爱的笑。这种神情，我仿佛从没有见过的，这是头一回儿见。跟着，先生说他最喜欢小孩子，不单是自己的儿女，理由很单纯，就是小孩子有自然的真。其后，一个假日，国能、光华二兄相约，到先生家中。谈了很久，日已过午，先生力留我们用午膳，国能兄有事先走，结果，光华兄和我陪先生到美孚一家酒楼用膳。邻桌有一个小孩，约三四岁吧，天真可爱，望着我们。先生虽不认识他，却很自然地逗小孩子欢喜，跟小孩子说话，又检取一些幼嫩的食物给他吃。这时，就只有一个天地，旁的喧闹都不复存在了。

追 怀

先生关心的事，很广很大，而最关心的，就是民生。凡到所里来求学的，跟先生谈两三次话后，先生都会垂询他们的生活情况；知道他们有一份职业，或安定生活，就很安心了。国能兄有一段时期，准备辞职专心跟先生研究《文心》，把这意思婉转地跟先生表示，但先生不同意，还说："吃饱肚子才能做学问。"先生心意很是明白，百姓生活，实在是头一等大事。这是圣贤之心，也是以百姓之心为心的一件具体说明。

　　先生的病，也许是起于两年前。那时候，先生在晚上开经子导读，讲解《老》《庄》。有一天，先生回来讲课，可是讲了一半，感觉身体痛楚，不能再支持下去，就结束这晚的功课。我陪先生马上到弥敦道找先生相熟的医师检查去，可是扑了一个空。原来先生近日来身体已常感到痛楚，只以为是风湿痛，不以为意。第二星期，我回所途中，遇到先生，于是陪先生由亚皆老街转上天光道。路很长、很斜，先生仍健步如飞，我只能亦步亦趋跟在后头。可是，翌年暑假，先生到台北开学术会议，顺便检查身体，做了一次手术。先生到台北前，我们探望了一次；先生从台北回来，我们又去问候。却看见先生的身体已消瘦多了，精神也不像从前那么饱满。当时，伯源学长也在。先生跟他说要把家里的书捐给研究所，说话时，眼角掉下泪水来。看样子，先生定有很多心愿尚待完成。伯源学长安慰说："书还是留着，先生研究和写文章要用的机会多着哩！后来，在一次所办的学术讲演完了之后，孙所长、赵潜先生又来问候，请先生安心养病，暂不要为所里事操劳。可是，暑假过后，先生仍然开课，虽然不能到所里来，却在家中跟同学讨论。先生坚忍自己痛疾，锲而不舍地教导同学，实在很感动人而令人钦佩不已！

当年跟先生读《后汉书》，印象最深刻的，是先生谈汉光武帝的建政精神，以及复杂的东汉经学问题；而给我最大激荡的，是先生讲授郑玄传时，说了一句话，就是："有所取必有所弃。"先生说要做学问工夫，就要效法郑玄的"取"与"弃"的精神。自那天开始，每想到这句话，我都有很大的感触。我当然想做学问工夫，但竟放不下日间的教职，也摆脱不了一些货殖事务。我陷于矛盾冲突中，内心有浓烈的羞愧。后来，虽勉强摆脱了后者，可是已蹉跎岁月。由是益见先生之言的真。而今先生已去，恒念这句话，不期然含泪无语。

先生已去，但先生的微言琐事，典范仪型，一一涌现心头，久久不能平，拉杂写下，作为自己发自内心默默的追思和敬礼。

一九八二年四月于慈云

敬念徐师

末　学

　　徐师逝世已是一周年了。这里回头说说一点过去的事，借资纪念。

　　说起来很惭愧；尽管徐老师自己说"正式拿起笔来写文章是民国三十八年开始的。"实则徐师于民国三十五年在南京时已创办一个有高度学术水准的《学原》杂志，而我却要等到来港后接触了《民主评论》，始知道有这样的一位先生。徐老师早年在《民主评论》发表的政治论文，说其内容、持论虽不能说一定是前无古人，但亦可以说是极罕见的。他的文章，对于中国近数十年来的政治、社会，有极深透的反省和分析；有甚么，他便说甚么、评甚么，没有一点儿忌讳。在徐师的笔下，时常出现"文奴"、"文丐"一类的词语，这是他评论当世一些没有原则，只知阿附时流的知识分子时，时常用到的。不怕得罪任何人，没有利害计较。由这些地方，你便不难了解作为当代知识分子的徐师，其人格型态是如何的刚正了。

　　我正式与徐师见面，是他第一次来新亚担任教职的时候（好像是一九六七学年度），在这之稍前，我曾挂名和吴康老先生在一起开一门课，当时吴先生在"台大"只有一个学期的休假时间，因此，吴先生离校后，下一学期这门课便由徐师负责讲授，我当然亦照常跟着听课。徐师是一位很开朗而又心直的人，有一天在谈话中，意思是说，他说他自己是台大的"学报"，我听后不明白他老人家的意思，向他请问，他说是"文史哲"；他研治的学问包括有文学、史学、哲学三方面。实则，他的学问何止文史哲！在艺术方面的学问，他亦是有很高的成就。去年徐师逝世后，一名新亚哲学系毕业的同学，在本港某报写一篇命名为《闻徐复观先生逝世有感》的文章，文中有一个小题叫做"不是一流的思想家"。这个论点当然是由比较得来的；因为哲学系的学生听第一流思想家的课听得多了，当然会觉得徐师不够"一流"。就比较而言，这位同学的话亦并不算错。不过如果我们把徐师视做是"一流的思想史家"，则相信绝对不是过誉的；换句话说，徐师是足以当之无愧的。不必说他心血结晶的《两汉思想史》，为思想史学界的空前伟构，即使就他的《中国人性论史·先秦篇》，乃至于他的《中国思想史论集》说，今天思想史界的论著能达到他的水准的又有几人呢？因此，我们可以说，徐师是一位真正的"第一流思想家"。

徐老师曾经是军人，虽然今天他成了一位大学者，但他却经常谦称是"半路出家"。当徐师说这句话的时候，我们观察他的神情，一面是有点谦虚的意思，因为他实际上确亦是"半路出家"的；但同时亦掩不住他内心那份"遗憾"之情。从徐师的学术生活里，证明他确是一位有天分且有热力的学人，如果他有机会完成"正规教育"，而且又一开始便走"学术之路"的话，则以他的先天条件，后天的努力，我们将会怎样估量他今日在学术上的巨大成就呢？从这里说，我们便不难理解徐师何以有那份遗憾之情表露在他的脸上了。

大概亦是所谓的"物以类聚"吧，因为徐师曾是军人，我亦

追 怀

曾吃过几天"丘八"饭（但徐师的那份"由教室走上战场，再由战场走进教室"的丰富人生经历，我是没有的），所以谈起话来比较容易投合。徐师是大学者又是大政论家，在学术与政治两方面，在他老人家面前我还能说些甚么？奇怪的是，除了在学术上我向他请益之外，有时他亦使用一些带有政治意义的语言，看看我的反应如何，看看他心目中的后辈对于政治问题是否有一丁点儿的"见解"，他老是事先关照我：不要拘束。有一次，我竟忘记了"他是老师"，在他面前放言"高论"，乱说一通，彼此说得"非常热闹"。他突然间说："你也是我的学生。"我奇怪他何以会说这样的话。他接着说："你也听了我一个学期的课。"我当然点头称"是"。说实在的，我虽然曾经因为在"是谁的学生"的问题上受到了一些困扰，但处于那样的时刻，还会有像徐师这样有特殊性格的学人，认为我是他的学生。不怕别人说我肤浅，那个时刻，我内心还是感到有一点儿喜悦的。

曾受业于徐师的同学们，无不知道他老人家对于学生的关心是无微不至的。这决不是徐师的做作，而是完全出诸他爱护后辈之心；连我这算不上"正牌"的学生，亦无时不在他的关怀照顾中。每次见面，总是先问我的生活状况。听他的口气，他要关心的好像是我的生活里的"开饭"问题；当然他也不是想到我开不出饭，而是关心我开出来的饭会不合营养的最低标准。有一次，彼此说着说着，他的态度越来越严肃，我亦静了下来。许久，彼此都没有出声，我亦不知他心中在想甚么？忽然间他长叹一声，说："你幸而有一间房子，否则可就糟了！"原来他又在想着我的"开饭"问题。不管我的饭实际上开得如何，他的话在实际的作用上又如何，此时此境，竟然有这样一位与我的关系并不算太密切

敬念徐师

的老师，关心我的"开饭"问题，这又怎能不令我感动得"笑"了起来呢！

读徐师的学术文化论著，固然可以使人在知识、文化、学术上增益；即使读他那些"杂文"，亦可启迪人不少的人生智慧；他那如炬的眼光，透视了人生的各个层面而表露在他流畅的文字里而成的"杂文"，读了会使人受感染而产生深深的共鸣。有一篇文章，记述他在某大学任教的时候，曾因为说老实话，反汉奸（按这名汉奸今日已是大陆的"政协委员"），反欺诈，而给徐师笔下的洋奴、土奴迫得无法立足；以徐师的性格，面对着这样的现实，当然只有决志求去一条路可走了。当徐师下此一决定的时候，师母流着眼泪要求徐师不要"走"，看在孩子面上不要走，孩子还没有长成，他们还要继续读书，完成学业呀！这是两个何等的矛盾冲突的"现实"啊！这件事告诉我们一个事实：不能说老实话。徐师对于人生世相的剖析太多太多，我所以特举此例，是因为我自己对于"不能说老实话"亦曾有切身的真实感。话再说下去，可能要出岔子了，还是止住的好。

做人真是太不容易，像徐师这样热爱国家、人民、学术文化的人，本着他自己"不能自已的良知"（徐师语）畅论时政，关心国家前途、人民福祉；反省、批评历史文化，用心致诚于开出学术文化的新理境；像这样一位贤者，却有人骂他"拿了甚么的钱"，却"反对甚么"；又有人说他是"甚么"的打手，正所谓欲加之罪，何患无词。徐师真是名满"天下"，谤亦随之。当然我不是认为徐师是绝对不可以批评的；但我认为要批评一个人，必须出于自己的理性良知，亦即是动机必须是干净的。据我所知，有些人并非出诸这样的态度，而是刻意地罗织一些不知其可的理由，乱说一通，这样不但无伤于其批评对象的分毫；反之，正足以证明批评者自身的其心可诛了。

徐师常说："糊涂官打糊涂百姓的人生，配上糊涂官打糊涂百姓的时代，一切都是偶然。"实则以徐师的"学历"，在学术上有这样高的成就，却绝非偶然，他的学术、文化论著对于学术文化界有巨大的影响是"必然"的；而由徐师锐利的眼光，和他丰富的人生经验相应的"杂文"（不可小看它是"杂文"），加上他的"名气"，其影响之所至，更"必然"会是广大而且深远的。

徐复观老师的治学与教学　　　　　　　　廖伯源

　　一年多以前，曾听徐复观老师对学生说："真羡慕你们，二十多岁就走上研究学问的路子，我到四十多岁才开始。"徐老师晚年学问越做越深，但却因健康渐渐不好，而感到时不我予，怕已开始的研究计划没有足够的时间去完成，所以偶尔对学生发出这样的感叹。

　　徐老师在青壮年时，国家战乱之际，投身于军事与政治；五十年代，才退出政治，致力于学术研究。起步虽然迟了，但成绩并不小。由于他天分高而用功勤，在中国思想史、文学史、历史的研究都有重大的贡献。他与唐君毅、牟宗三两位老师同被称为新儒家的代表人物。

　　徐老师治学的特点之一是博大。就他所发表的著作看，他研究的范围纵贯上古到现代，横跨哲学、文学、历史乃至艺术。他认为范围广大才能通，而学问到通时才算真学问。不但自己如此，他也教导学生要放开眼光，不可自己局限于小范围、小题目，以免见树不见林而蔽塞自己的聪明。

　　虽然广博，却不浮泛，徐老师的研究都由原始材料入手，把所有能搜集到的原始材料分析、归纳、比较、综合，以导向问题的解决之路。在一次新亚研究所的月会中，有一位研究生提出的报告引用了很多著名学者的说法，没有用基本史料检验就下结论。当时徐老师的评议是这样的："前人的研究成果，尤其是著名学者的见解对我们的研究工作有指引的作用；但是，我们的研究工作要建立在基本史料之上，基本史料是最后权威，前人的说法，即使是著名学者的见解，都要用基本史料加以检验。如果前人的意见和基本史料有冲突，那就不能接受；我们研究的结果，是分析归纳基本史料所得的结论。"当时我是研究所一年级的学生，对徐老师这段话印象非常深。所以事隔十一年，仍能清晰记得此事。当然，这段话不必是徐老师的发明，而是每一位严肃的文史研究者之工作原则。徐老师本人就对其研究范围的基本史料，下深功夫。徐老师晚年研究汉代思想史，十年前我向老师问学时，知老师曾把《史记》及两《汉书》从头到尾地读过三次，用小纸条抄录了有用的资料，而零散的阅读又不知多少次。所以老师对两汉的史事，极为熟悉，著作见解多，而论证结实。

一九八〇年五月，老师罹病，饮食不顺，精神疲困，却强自振作写成《先汉经学之形成》一文，并在这一年夏天于中央研究院主办的汉学会议中提出，会后到台大医院检查，知是胃癌，即动割除手术，此后元气大伤。但返香港后仍每日读书写文章。去年三月底到美国休士顿作癌症检查，停留二月，每天勉强工作三四小时，写成《西汉经学史》初稿，后再用二个月时间重写一次；及今年二月癌细胞扩散，再到台大医院，仍念念不忘《东汉经学史》尚未写成，后病情恶化，自知不起，仍在清晨精神较好时口授文章，由旁侍的学生记录。徐老师可说是至死仍为学不已。

徐老师转入学术界后，教了近三十年书。一九六九年到香港后，即在新亚研究所担任导师，授课与指导学生写论文。开的课程前后有《史记》研究、《汉书》研究、经子导读（《礼记》、《论语》、《老子》、《庄子》）、中国文学批评史等（或有遗漏）。一九八〇年，"经子导读"课程专讲庄子，上课时间排在星期四下午七时至九时。每次总是下午六时不到，就听见老师"特得特得"的脚步声进入研究所的研究室，七时才出来上课。有一次，我六点多钟去向老师问学，才知道老师提早返所是在研究室阅读上课要讲的讲稿。老师教《庄子》起码有二十年了，但每次上课前仍要熟读讲稿，怪不得上课时出口成章，了无阻滞。老师对教学之敬业，一直是我教书的榜样。

　　近十年来，新亚研究所文学组的学生，多在徐老师的指导下写论文。徐老师平时就与学生接近，平易近人，对学生的指导更是热心而周到；对学生交上来的论文稿细心修改订正，有时甚至代为大修，所以学生论文交到研究所很容易就通过。这是徐老师"教而不严"的指导法，与有些导师"不教而严"完全不同。所谓"不教而严"，是平时不理，完全放任，论文稿交上亦不修改，认为够水准即吩咐交到研究所；认为有缺点的原本打回，也不说缺点在哪里，如何修改；完全要学生自己摸索出研究的道路。虽然，自己打天下的学生会锻炼成扎实的功夫，但开路时未免太辛苦，以致因有几年摸不到门路而自动放弃的。徐老师对于有天分的学生极为爱护，破格培养。有一年，一位在大陆大学毕业的逃港青年投考新亚研究所，可能是大陆大学文史的教材与香港有差异；考入学试五科，该生四科成绩不佳，照理不能入学，但徐老师阅卷的国文科考卷作文，给予该生一百分，并坚持录取该生。果然老师法眼无差，该生为近十年来新亚研究所毕业生中成绩最佳者

追　怀

之一。而该生因徐老师之提携指导，走上学术研究之途，现已在美国卓然成家矣。

去年九月，徐老师在美国作癌症检查后返香港，身体大为衰弱，但仍然指导学生。因不能到新亚研究所上课，改由研究所学生每周二次到老师家上课。徐老师除指导几位硕士班研究生外，又指导新闻博士班二位文学组研究生。及自知不起后，仍念念不忘为这些学生寻找代替自己的指导教授。

徐老师是四月一日逝世的。三月中旬，有一位在台北某大学任教的学生来探病，老师知道他因没有学术论文发表，多年没有升等，即在病床上教授论文写作的方法。师母以老师太累了，请少讲话，老师仍然断断续续地讲了十几分钟，直到把写论文的要诀讲完为止。十多天后，老师即神志不清，只感疼痛而不能说话。几天后，就过去了！徐老师可谓是至死仍在教导学生。

我对徐复观老师的印象是："学不厌，教不倦。"

一九八二年五月号《中华杂志》第二十卷总二二六

旁观者的话

——为徐复观先生逝世周年作

黎华标

在记忆里，开始留心徐复观先生的文章，似乎是从他在《民主评论》杂志中与钱穆先生论辨仁者的好恶问题的一篇文章开始。这是很久远的年代了。那时我还不晓得在学术上基本性的和纲领性的问题用心，但依稀朦胧觉得徐、钱二位对论语孔子说的"惟仁者能好人能恶人"的解释，有几微的分别。这差别不一定表示谁对谁错，而是可以见出双方看问题的重点与着眼点的不同。此不同处无疑正是二人学术的分水岭。钱先生本意认为，仁者自有其好恶，而惟仁者之好与恶始得其正——只有仁者的好恶才有正价值的。由此反推，不仁者处处知有自己，不知有他人，故不能自有其好恶——即好恶不得其正。徐先生则一力坚持，以好恶解释"仁人"的意义是不妥当的。他毋宁更重视人的私欲问题。常人由私欲之萌动，亦可各有好恶——不论是正当的或不正当的。徐先生举秦始皇、斯大林与希特拉为例，这三个历史暴君都各有其好恶，且在政治上最能表达其好恶的。他还举一反例，就是著名的父亲盗羊，儿子应否作证的问题。孔子称许"父为子隐，子为父隐"。认为此父子能"直在其中"。但他们二人分明都各有所隐匿，不愿以真情告人。如据钱先生的"好恶"意义，他们亦即

"不能自有其好恶"。然则，我们可以说这父与子不是"仁者"吗？徐先生的意思是，我们决不可以在人之好恶上树立道德人生的标准；好恶本身不可以言善恶，即好恶本身不具备价值，必须依"所以好恶者"决定好恶的价值。徐先生举例说，孔子曾慨叹"未见好德如好色者"，孔子分明是好德优于好色的。[①]

大抵徐先生看问题，处处着重事物阴暗面所发生的作用，就人而言，即是注意由私欲所孳生的坏作用。这决不是偶然如此。他前半生在多灾难的中国土地上的经历，那种国将不国，刻骨铭心的"存在"的感受，推动他折节读书，穷力思索，研究本国的历史文化问题，并从而提出解救之道。此就是他从半生在学术上创出的斐然、特异成绩的地方。

再举一例。我手头有几份剪报，是徐先生四年前在《华侨日报》排日发表讨论中国传统政治到底是否专制的文章。在此大问题上，徐先生数十年来一直与钱先生的史学观点抗衡（张君劢先生晚年也同样如此），不稍假借。记得他在他处谈论相同的题目时，提出一个颇足令人省思的问题：如果中国自秦以后的政治不可说是专制，则近代历史上孙中山先生的反抗满清及无数革命志士的死节，俱为不必要的了！

徐先生早期（一九四九年到一九五七年）写的杂文，大部分辑成二专集，取名叫《学术与政治之间》。他自谦说，在那个时候，他的学力限制他写纯学术性的文章。而事实上他当时的心境不容许他"追求与此时代不相涉的高文典册"。所以，那二集杂文所标

---

① 原编者注：钱先生后来在他的《论语新解》中对仁者的好恶问题，有更妥帖的疏解，与上引者不同。于此不赘。

示的，是他八九年来在学术与政治之间几经曲折与艰辛，所开辟出来的一条道路。此种种精神上的挣扎，由歧出而终复归于正的心路历程，中国往昔圣哲由孔子直到朱晦翁、王阳明，都难免要经历的。他说写杂文与时贤发生争论，毫无个人僭妄的存心，只是基于政治上和学术上的感触而不能自已。上面举出的二个例子足以说明。不过，除此以外，徐先生更尝"甘冒社会风气的大不韪"，打过几场在学术文化道德上出色的保卫战。战仗无论动刀枪或笔杆，总要浪费生命的，徐先生在此方面实在付出了很大代价。然而许多时候却使人无可奈何，而对于社会人心与学术上的种种邪恶予以摧陷廓清，这番努力到底不可少，且有大价值。当然，此种战仗不是人人能打的：有些人有心而无力，有些人却只能立而不能破。徐先生在学术上既能立又能破，他又是一位"恶声至，必反之"的文化道德卫士，硬是不能容忍祖国的圣贤与历史文化横遭诬蔑。他对传统的经史、义理之学，以至考据及词章等，无一不具深识，他虽不懂西文，但晓日文，西方许多重要的学术经典，他都通过日译本去了解，可以说学通中外古今。所以与他接战的那些学阀学霸、文化太保，以至数典忘祖、轻肆为文的若干洋博士，无论耍什么花招，徐先生都可一一拆解，暴露他们的底细。在旁观战的人，除了感到正义得到伸张的畅快，在个人的学问进境，得益更大。

徐先生晚年居港，所写的文章多半在《华侨日报》发表。《朱元晦的最后》一文如果不是他最后之作，亦算相当晚近的一篇了。当时他正疾力起草有关朱子学术的论文，打算在一国际学术会议中提出。徐先生写那文章时，已知自己来日无多，他文中透露的心境，似与七百八十年前理学大儒临终前的心境相通相应。朱子逝世前四日，仍硬撑着为学生讲张横渠的《西铭》，他对学生说："为学之要，惟在事事审求其是，决去其非。积累日久，心与理一，自然所发皆无私曲。圣人应万事，天地生万物，直而已矣。"于是徐先生借着朱子提出来的"直"字，对大陆的当政者致其最后的忠告："我们中国之可悲，是在没有一个地方可以容许面对最大最彰明较著的罪恶敢讲一句真话。一个犯罪者所编造的谎言，在最高权力者明示或暗示之下，必使它成为千千万万人的共同谎言，于是把千千万万无辜的人也变成为犯罪者的帮兄。中华民族要翻身，必从有一膝之地能允许人敢讲真话开始。"再从另一面说，直就是无私曲。"无私曲"三字足可以为徐先生一生做学问、写文章的磊落态度的写照。

　　我不是徐先生的学生，也说不上私淑徐先生的，因为他的学术著作我读得仍不够多。徐先生生平学术，自有他的弟子去论说。我只可算是个旁观者，好比在徐家庄的练武场边细看一代武学宗师展示他的武学，从而懂得几个招式罢了。以上云云，也就算是旁观者不知轻重的说话。今年是徐先生逝世的周年，我这个旁观者特有的感觉就是，这位丹心一片，好抱不平的文化义士离去了，武场上从此再听不到裂人心魄的叱喝，看不到上下翻飞的拳影，使人感觉有无边的寂寞！

悼念徐复观先生

陈耀南

徐先生真的离开了。离开了绝症的苦缠，在先生是一种解脱；离开了病中的祖国，在先生，恐怕有无穷的眷恋。

祖国，仍在病中。祖国需要有意识、有勇气、有爱心的医者。徐先生便是一位这样的医者。因了那不容自己的一腔热诚，仗着那由戎而笔的一贯勇毅，徐先生指出了我们文化生命的根源，鼓舞了民主自由的元气，也毫不姑息地针破了传统的和新染的病疾。于是，讳疾忌医的人，被冒犯了；刚愎鄙陋的庸医、伪医，也被触怒了。"岂好辩哉？不得已也！"先生见道之真，信道之诚，和卫道之勇，其实更像孟子。

当然，徐先生也像撰述宏富的朱熹和谋国忠诚的陆贽，许多人早已这样说。可惜我自己一向愚陋，很迟才对先生的伟大，有约略的认识。六六年秋退出了新办的中大哲学研究院，错过了拜识即将来港代课的徐先生。几年后，助编《华侨日报》、《中国文学》副刊，也没有向主编徐先生多多请教。良师当前，而失诸交臂，每次想起，都十分悔恨。

后来，终于偶然地读到香港翻印先生的《学术与政治之间》，和其他论学、论政、论文的著作，特别是一九七六神州巨变和此后的余波中，徐先生发表在《华侨日报》、《明报月刊》等的名言谠论，才恍然惊觉：徐先生是何等样的人物！七九年秋，在一次新亚研究所的演讲以后，终于再有机缘，经常向先生请教，并且多蒙赐赠学生书局、中国时报出版的十多本大著，配合了几年来剪贴保存的大文，再三拜读，更钦佩不已了。

真正认识和承教先生，实在太迟了。八〇年夏，先生发现并且立即割治了胃癌。忧患与智慧，更加沉深，文笔的健锐，也不减往昔。先生还吩咐我，承访问京都大学之便，存问了儒雅雍容的木村英一老教授，他的好朋友。去年从休斯顿检验回来，听说结果良好，正在和苏文擢教授等，同相告慰，庆幸先生以坚强的意志，克制了病魔，继续以大海潮音，作唤醒国魂的狮子吼。今年农历年初二，到府上拜年，还蒙赐赠拙著《魏源研究》再版的序，发挥了人所未言的精辟见解。那天先生除了诉说肩背痛楚、腿足乏力之外，还是如常地畅谈国家大事，学术流变，还是坚持走出大门，肃立送客，看着电梯闭门。现在美孚新村的平台，先生的客厅，先生的言论丰采，仍然亲切，仍然熟悉，而先生，却到底离开了。想起来，实在十分负咎，十分难过。

人的躯体，终有一死，死神病魔，或者没有我们所能接受的价值观念；但是，人有真正的读书人，更应当有学术良心，乾坤正气，在徐先生身上，已经作了最好的表现，缜密的考据，因何铺陈？健锐的文笔，为何挥洒？徐先生已经作了最好的示范。"松柏后凋于岁寒，鸡鸣不已于风雨，彼众昏之日，固未尝无独醒之人也"，顾亭林的这句名言，徐先生便是一个例子。甚么是"为天地立心，为生民立命，为往圣继绝学，为万世开太平"我们从徐先生的其人其文，便可一一得到解答，将来一定有更多中国人，以敬重中国文化的世人，眷念徐先生，这位当代的国士、真正的儒者、政府的诤友。

一九八二年五月四日改写于港大中文系

记忆中的徐复观老师

张绮文

　　今天（四月二日）早上十一时许，我回到新亚研究所，告诉赵先生我于下周去台北，是否需要我带信件或其他东西给在台北养病的徐老师。赵先生讲了几句话我都听不清楚，我只知道他在说要看孙所长的意思，什么等大殓出殡之事完毕后等等。立刻我的胸膛像被巨拳重击了一下，站在电梯旁的岑同学亦说："徐先生去世了，今天的《华侨日报》已登载出来啦，他是昨天（四月一日）下午五时许过世的。你没看报纸吗？"我呆了数秒，不肯相信他们的话，马上冲进阅报室，翻开报纸阅读，泪水已泉涌而出。

　　近两年来，我一直很不愿意接受老师罹患绝症这个残酷的事实，今天我更无法面对这已降临的噩耗——徐老师已走了。

　　是日下午，我离开研究所，径踱于嘈闹的旺角街头，在霪雨霏霏的黄昏里，为赶上中大教育学院的课，踉跄地走在那斜坡路上，满脑子里尽是老师那副慈祥、坚强、乐观的笑容，我不断地对自己说："接受这事实吧，接受这事实吧。"我原以为还可以去台大医院探望老师，多见他老人家一面的。如今连这小小的愿望也落空了，内心不禁辛酸起来。

　　老师去世已有两个多月，我仍旧时感哀伤，当我想起老师对学生的关怀，教学的认真，对国族的关心，就既无奈而又伤痛，老师是走得过早了一点，虽然他已是七十多岁的老人了。

我仍旧记得第一次看见徐老师是在一九七五年九月廿四日晚上七时许，我到新亚中学，旁听老师教授《史记》，当我经过那灯光暗淡的走廊，正要举步踏上楼梯，突然背后传来阵阵仓卒的脚步声，回头一望，看见一位身材矮胖，穿着黑色衫裤，戴着眼镜的中年人，他手上提着一个沉重的公事包。因为我不清楚研究所是在哪一层楼，便用国语问他，他用带有浓厚的外省乡音的国语回答我后接着便问我："你是这里的学生吗？"我说："不是，我只是来旁听的。"他又问我是在哪里毕业的，我照实回答了。他面露笑容地说："很好，很好。"抵达四楼后不久，上课铃声响了，教授原来就是刚才与我谈话的那位先生。在长达两小时的课程里，徐老师一面讲解，一面忙碌地把重点抄在黑板上，临下课前他把家里的电话号码告诉我们，并叫我们如有任何问题都可以随时找他。

从七五到七七年，因工作关系，我只是旁听徐老师在晚间讲授的两门课——《史记》和《汉书》。徐老师常常鼓励我们多发问，可以口问或把问题写在纸上。他曾把他在新亚学报（一九七五年九月）第十一卷下册所写的《〈盐铁论〉中的政治社会文化问题》的抽印本派发给我们，并很小心地与我们改正本子上的错漏，然后要求我们回家仔细地阅读，再三叮咛地说如果我们发现或认为有任何问题或错误，应立即通知他。老师于治学之严谨及诚挚的态度，使我肃然起敬。但老师不是一位难以亲近的学者，当我到研究所里念书后，看见他常常提着那沉重的小皮箱，每当下课时，我总是要求替他拿那只箱子，有好几次，他坚持不让我拿，并向我说："老师还未老嘛。"我顿时不禁莞尔而笑，但老师的随和，使我更由衷地佩服。

一九七六年毛泽东死后不久，四人帮被拘捕的消息传至香港。我记在十月十四日晚旁听《汉书》时，老师挂着满脸的喜悦，对我们说这是天大的好消息，很兴奋地谈论中国日后的政治局势与希望。老师的神貌语言皆清晰地流露出他对国族强烈的热爱和那永无完尽的责任感，教我这一无所知的后辈感动惭愧不已。

　　一九七七年九月，我成为新亚研究所的学生，并跟老师学习中国文学，就这样我便很幸运地获得一个我此生中最宝贵的机会去接近老师，由此我更能清楚老师于教学的勤恳。

　　及一九七七年到七九年，老师讲授的"中国文学批评史"与《文心雕龙》两科课程，上课时间都是在星期二上午八时廿分开始。偶然有一次，我在七点半回研究所，看见校工温先生正在忙碌地浇水、泡茶，于是我便问他是否必须要这样早回来工作呢？他答道："这当然是我应该做的事，况且你有所不知，徐先生每次都在六点多或七点便回来了，有好几次，中学部的工友还未返校，大门未开，他就站在外面等哩。……"我想起有一次，我问老师他在早上是否乘的士从美孚新村住所到研究所，他答是乘巴士来的。我说坐巴士是否不方便，且人太挤了？老师说他是从总站上车，早上很少人上车，而且车行迅速，对他来说是十分方便的。温先生所言说明老师一大清早就回研究所了。老师对工作的认真令我这愚笨的小毛头，产生了至大的仰慕及无限的羞愧。

　　上"中国文学批评史"时，徐老师娓娓讲述中国诗歌里的意境，极为精采，引人入胜。他还时常引用以下这几句诗："黄河远上白云间，一片孤城万仞山，羌笛何须怨杨柳，春风不度玉门关。""蝴蝶梦中家万里，杜鹃枝头月三更。"

　　我想这是他至爱的几句诗歌吧。他用至深至诚的情怀去朗读这些诗句，与诗中意境融而为一，我仿佛便看见诗人在唱着自己哀怨的诗歌。

从七七到七九年，老师于每周四晚还任教《后汉书》与《论语》、《孟子》。在连续不息的两小时里，他以洪亮的声音讲述，偶尔会坐下来吃茶，可是他常常忘记把杯盖放好，擦黑板时，白灰轻轻飘落在那杯冰冷的茶里。老师讲书已达忘我之境，当然不会理会茶水的冷暖，至于里面是否有粉笔灰，他更是无所觉，我唯有焦虑地望着老师一口一口地连茶带灰都喝下去，心中混着不忍、无助与深深的感动。

老师除在研究所辛勤地教书和担任论文导师外，在一九七八年九月十六日至十二月下旬，他还在珠海文史研究所为博士班开了一科"周秦汉政治社会结构研究"，这科的上课时间是在周六上午十点四十分到十二点。老师曾把他在新亚学报（一九七七年三月）第十二卷所写的《原史——由宗教通向人文的史学的成立》①之抽印本派发给我们，娓娓不倦地讲述中国史学的起源，指引我们认识以史作为桥梁的中国文化。又说明了孔子学问性格系由史与实践的结果所形成的。

徐老师对所有学生一向都是极其爱护的。他常请我们全班十多位同学到乐宫楼喝茶，当我们都坐下后，他总是忙忙碌碌地站起来为我们叫点心、水饺及炒面等，唯恐我们吃不饱。他还常常亲切地询问我们个人的工作与经济情况，以及每日的读书时间。（按因研究所的同学大多是半工半读的。）老师认为如果我们生活都搞不好，那怎样去读书呢。同样，没有健康的身体，也不能好

---

① 编者注：此文收于《全集》《两汉思想史》（卷三）中。

好地念书。老师曾问我以什么东西作早餐，我告诉他我只吃一个面包。他便时常嘱咐我应该多喝牛奶。我记得在一个寒冷的冬日早晨，徐老师看见我，竟很担忧地问："你穿衣服穿得够吗？"我笑着回答："我已经穿了很多衣服啦。"他听后笑容可掬地说："我看你的身体是蛮棒的……"老师对我的关怀不仅使我颇为感动，而他一再注意我们的健康、生活等形而下的问题，更使我体认到老师不是一个把自己关在象牙塔里的读书人。

徐老师是我的论文导师。在七八年年底，与老师商量后，我便决定了论文题目。我搜集之资料中有一本台湾出版的《吕氏杂著》。老师一见此书，认为难得，吩咐我也替他买一本，原因是他未看过这本书。老师并不因他是我的导师而装作懂，其对学问之诚意、勤慎与认真都值得我们作为学习的典范。我的论文资料中尚欠那套与吕氏有关的《黄叶村庄诗集》，由于在中大及研究所的图书馆内均无法找到，我曾到港大的图书馆，可是被拒门外，这使我心里很难受，又感到气馁。我将此事告诉老师。后来在八〇年五月中，有一天早上，老师致电叫我去他家，因他已托朋友从港大图书馆借来该书，并叫我去影印，尽快还给他。我捧着那套书进入电梯时，感极欲泣，对老师给我的恩惠，我真的不知如何去报答了。

由于我国学根基的不足，中文程度的拙劣，此外自己的时间也受到现实生活的限制，所以我在研习方面感到相当吃力，而写论文的速度也极为缓慢。在八〇年三月下旬，很不幸的，我病倒了，我的声带与喉咙同时发炎，数周内完全不能讲话。有一天早上，我亦回研究所，便写了一张字条请教老师与论文有关的问题，当徐老师看完条子后知道我不能说话，他马上大声地告诉我去买罗汉果煮汤可治病，他生怕我不懂他的话，还清清楚楚地写在纸上，然后他才答复我的问题。我听了老师的教导之后，手里仍然紧紧地握着那张条子，却不知怎样向他表示那份铭心不忘的感激。

又有一次，徐老师在下课后经过我的研究室，他走进来把一本我因疏忽而从未查阅过的《香宋诗集》交给我，并告诉我书内有一首很重要的诗，直接关系我论文中一章的立论。由七五年旁听《史记》开始到八〇年，我可说是已跟老师学习了五年，在老师细心的指导和亲切的关怀下，对中国文化兴趣日增，可惜老师亦于此时开始病倒了。

八〇年八月下旬，我获悉徐老师进入台大医院割除胃瘤的消息。老师于十月初回港。我去看他时，发现他消瘦了很多，不过精神颇好，脸上仍然带有往日的容光。到十一月下旬，我把论文的第三章交给老师修改，数日后，他致电叫我去取回稿子。当我抵达他家里，老师亦如常地亲入厨房倒茶，还叫我看看他是否瘦了，我实在看不出来，但他的询问令我惴惴不安，于是我胡乱地说有些医生谓上了年纪的人是不宜发胖的。老师听后只是笑笑，随即便把稿子交还我，并向我说："你这次写的比上次的进步了。"长久以来，我总是觉得自己不配做他的学生。此刻我回忆跟老师学习时，他不停切实地指导我，而且在搜查资料方面，也三番四次地帮助我，可惜我是朽木不可雕，白白浪费老师的时间与教导。但徐老师从来没有说我的不是，反之却经常给予鼓励，指引我及帮助我，使我能学习去认识、去敬爱自己国家的文化。

在八一年二月中，我将第四章交给老师修改，到二月底，他致电叫我去取回稿子，那天早上，我进门时，老师刚好站在书房门口，我抬眼一看，突然发现老师满头尽是如霜的白发，而且身形也比以前更瘦削了，我的胸膛顿时升起了一股凄凉的感觉，恨那可恶可怕的病魔居然把老师折磨成这样的苍老。我坐下不久，老师便问我可否在八月之前把论文写好，因为他将在四月初去美国检查身体，我说我一定可以完成的，心里想着他老人家可能已预料到自己去日无多，故为我的学业忧心。每忆及此，往往感伤不能自已。

徐老师在三月下旬离港赴美。在四月初，我把第五章的前部寄去美国，到四月底，我收到老师替我修改好的稿件，由于疏懒之故，我没有回信。到了五月底六月初，老师曾寄数信来研究所托其他人来询问我有否收到那份稿件。当我发现因自己的怠慢而令远在美国治病的老师操心不已时，羞愧无地，不能原谅自己。

徐老师在九月十一日回港。不久，研究所致函通知我将在九月廿六日上午参加论文口试。我记得那天是星期六，我要回工作的学校，当我抵达研究所大门时已快接近十点了，一下车，就看见赵先生陪着老师迎面走过来，见到老师，我内心有说不出的惊喜，向他行礼后便马上解释迟到的原因，老师点点头，赵先生向我说："快上楼去，教授们都正在等着你。"在口试获得通过后，当天下午，我留在研究室里做整理的工作，一面在想：这几年来，徐老师时时刻刻尽心竭力教导我、帮助我及爱护我。为了我的论文口试，他还不辞劳苦地扶病回来研究所，这一切的恩德都是我终身难忘也无法图报的。

在研究知识方面，在现实人生的领域上，徐老师给我的指导与鼓励，都是我一生用之不竭的。在课堂里，他常常劝我们必须要读熟及彻底读通几部大部头的古典书籍，如《论语》、《孟子》、《老子》、《庄子》、《左传》、《史记》、《诗经》、《楚辞》等，为自己在学问上立根基。老师常以自己不懂英文为憾事。有一次他叫我替他看一封英文信，并很严肃地劝告我千万不要因为现时的学业而放弃了英文。他还叮嘱我必须时常以阅读书籍来改善自己的英文程度。老师的宏儒远智与其客观、审慎、谦虚的治学精神都值得我们努力去效法的。

虽然，我踏进社会工作将近九年，可是对自己亲身所体验的现实工作环境，我常怀愤慨。记得去年十月廿三日的下午，我再度向徐老师提及这些问题，并表示非常的不满，老师将古人的两句话"穷则独善其身，达则兼善天下"讲解一番后，他很感慨地向我说："你做好自己的本分就算了。……"但愿我日后能遵守老师的教训及指示，减少急躁。

中国的传统文人都懂书画，徐老师在这方面的学养亦颇深。从七八至八〇年萧立声教授在研究所开国画班。徐老师曾问我有没有兴趣绘画，我说我只喜欢画公仔。他表示很欣赏萧教授的画，还叫我有空时应该学习绘画。

老师的《中国艺术精神》一书可见他对中国艺术的欣赏，深刻的认识和独特的见解。此书的成就，无论在学术上，在美学上，都是极富深远意义的，而其重大之价值也是有目共睹的。

在七九年的一个夏天，我把家里藏有的数卷明清字画拿给老师鉴赏。那是一个非常炎热的下午，老师戴着眼镜，坐在小木凳上，手里握着一个放大镜，他很有耐性地，慢慢地，仔细地看画上的每一个字和每一个印章，片刻后他告诉我有些印他看得懂，但有几个印他看不懂，随即他叫我把小几上的拍纸簿和笔递给他，他很审慎地、一笔一笔地照着那些印画下来，还告诉我为了解这些印的意义他要查阅一些资料。不久，他将那些画又重新地看一次，一边看时，一边告诉我哪一张画得好，有时候他停下来，沉思一刻后，便很肯定地告诉我明代刘伯温的那幅《七子度关图》字画是真的，而赵子昂那幅虽是伪造的，但亦具有其时代价值。徐老师非常欣赏那幅《渊明菊》。最后，他很高兴地表示这些民间私人的收藏确实是十分难得，并要我把这些画拍摄下来。

虽然我向来对艺术是一窍不通的，但在这下午短短的数小时，我好奇地注视着老师，觉得自己的兴趣就仿佛随着他的一举一动而渐渐地产生了，同时，我那急躁的情绪也被他沉醉于艺术中的那番专注热诚所融化及散消掉了。

我因论文一事常常往徐老师家，发现徐老师的起居生活十分简朴。我曾经在美孚新村的街市遇见正在买面包的徐师母，她告诉我老师与她常以一锅汤，数片面包或者几个上海菜包便算是一顿饭了。有一次，我在上午十一时许抵达徐家，恰好两老正准备用膳，老师要我与他们一块吃面包喝汤，我正欲推辞，并说我是在学校搭伙食的。可是老师坚持要我喝点牛肉汤，其时师母亦从厨房端出一大碗汤来，老师则叮嘱师母多夹几块香喷喷的牛肉给我。他还告诉我要多喝有营养的汤，我恭敬师命，饱尝口福后始离去。

徐老师与师母都是相当好客的。每逢我到他们那里，当我一坐下后，师母就忙着把点心、水果、饮料端出来。去年十一月下旬，有一个黄昏，我去探望老师，他叫我吃柑子，我漫不经心地拾了一个，当我抬头准备讲话，却发现坐在我对面的老师正全神贯注地在小几上的那盘柑子挑选了一个大而重的给我，说："你吃这个，这个比较好。"我接过柑子，一面剥皮，一面感动得不知怎样开口说话了。

今年农历新年的年初二，下午一时，我去向徐老师和师母拜年，发现老师的神色不佳，我问他是否觉得很累，他说因为年初一有很多访客，所以觉得很疲倦。我不敢多言，沉默地坐了十分钟后，便带着不安的心情向他告别。没想到这短暂的相聚竟成永诀。写到这里，我已涕零如雨，无法写好这篇杂乱的回忆。今生今世，再也不能见到伟大的徐老师，然而我坚信：徐老师的音容会恒久停留在无数知道他、看过他的文章或著作的人的心中，而他那充满理性、良知的教诲与有识见、有风骨的精神亦将永垂不朽。

写于一九八二年四月二日

完稿于一九八二年六月廿三日

君子曰终

——敬悼徐复观老师

翁文娴

徐老师去世，把他身上带着的这大半个世纪来中国的影像，与及他为了填补这片片断碎了的影像而作出努力，都已停止。他竖了一个定点在那儿，使行走这片大地的人，有些依凭，也有了一点方向的踪迹。

我们对徐老师的逝世并不惊奇，因为他近两年已被病所困扰，何况年事已高。也许令人深感悲恻的，是目睹一个生命现象，果实到时终须萎谢，而这次必须离去的，是一个我们如此亲而敬的老师。

以前读《论语》，有"君子曰终，小人曰死"，这句话，我无意以君子小人来区别徐老师与其他人，但这次老师的离去，我才真正体会到"终"字的意味。我们几个同学，在巴黎得知这消息，既不能在港参加追悼，见一见徐师母，而消息来时，老师已去世了十多天了。我们买了一束花、几个鲜果，也为老师煮上一杯红枣茶，点上一炷香，我的窗可看得很远，而且向着东方。巴黎的四月白天很长，一直到晚上九点还有余晖。香烟袅袅飘外，我们三人在渐渐幽暗的空间里，想念老师的音容，而窗外的天色一片青，仿佛老师就在那儿站着，他看到我们。

我们彼此的面貌模糊了，而老师更其清晰地来至我们之间。我想起了老师写黑板的情景，他的字很肥大，很用力，写不了多少行，黑板就满了，而他在缝隙里继续写，有时忘了下面有字，他就在旧字上再涂画上新的字，整个黑板像"花面猫"，而他是不自觉的，因为他太专注于讲解，他太投入于他要说的课文内了。记得新亚研究所星期四晚上，老师讲《史记》，窗外一片漆黑，大家都屏息静气，他重重的湖北口音，吐着每一个字，由于每一个字所带的感情太浓重，以致他用力的身子随着每一句话而前倾，他得用身体、用手来表达他内心这样深沉的激荡。因为，他所研读的，是他真正喜欢的，而除却喜欢外，又带有诚挚的感情，他要从故书堆的学问里认识中国的根，他要向人说出我们原来的根，但这句话多么难表达！所以他必须用身体、用手来表达他内心这样深沉的激荡，我以前在大学里也上过《史记》的课，但司马迁贯彻正义的气魄，以及他文字里铁铮铮的硬朗，我是通过徐老师才感受到。中国的古老东西这样多，多么需要一个像老师这样的人，用自己的生命来救活那些曾光芒四射的生命。我又记得上《文心雕龙》的课，刘勰用华美艰深的骈体文，描述抽象的文学理论，任谁读了都要掩卷睡觉的，但经老师一解，尤其是他一字一字写在黑板上的那些段落大意，记得我在抄笔记时，是一字一字，抄得惊跳起来。老师笔下转述的那些创作过程、审核文章的标准，以致修辞练句要注意的事项，说得这样透彻。有些我自以为秘密体会到的心得竟被他说出，有些自己一直朦胧不清的，却被他清晰勾勒呈现。人说中国没有文学理论，但在老师诠释下，刘勰这本书是如此丰富又实际，我们即时就可以借用，用来看现代的文学作品。前年春节到老师家拜年，他忽地说起希望有两个学生，帮忙他整理《文心雕龙》的笔记，他说两个学生做一年，一个学生就要做两年，要全职的，最理想自然是研究所养一个文学研究员，但我们都知道所内经济的困难。几天后，我再访老师，说我可以辞掉报馆工作跟他做研究，他笑说："你很有志气嘛！"但是不置可否，也许他是考虑到我的生活，但我也自忖可能是程度不够，所以亦不敢追问。而这个未实现的愿望，隐藏至今，更使我遗憾。老师对学生其实很亲切，但可能是个性关系，我在他面前是较其他人更恭谨的，他令我想起父亲。有一个夏天的午后，我往访他请教李白诗，天气很热，他叫我进入装了冷气的小房间里，他刚在工作，桌上还堆满稿纸，师母则躺在床上，笑眯眯地穿着白睡衣，说："很热哪！来坐。"我于是坐到师母旁，听老师仍用他那全副投入的声调讲解，那时真有份幸福的感觉。因为平日老师请我们同学喝茶吃点心，大家都很开怀，我却不敢言笑，不知为何我认为只有恭谨才足表达出来我对他的敬重。然而那一次，我是可以坐在师母的床沿听老师讲解哩！

他是真正的老师，读了那么多书，他是唯一使我重视分数的老师。记得第一次测验，第一篇报告，我将别人的东西拿来看完又看，研究为何自己达不到老师的标准，那份认真之情，朦胧地有如回到小学那个阶段。终于，我一步一步地，付出的努力，我得到了老师给的最高的分数，而自觉这是求学期间，一段堪称完美的回忆。

老师已去，如今，他的灵魂宿于哪一角落呢？但每一回想，却又那样熟悉，如常地在我左右。庆幸自己曾进入新亚研究所，得见当代一位这样的老师。在香港，生活得迷糊，也许日后所过的，是比香港更其复杂更多冲击令人惶乱，然而，老师在那儿，双脚已与树根生在一起。他使我更坚定，无论天涯海角，我们的内心里，与那片秋海棠叶上布着的人民，与那无数的朴素、勤勉的苦难同胞的命运紧紧连在一起，我们将永远怀念您，请您安息吧！

俯首甘为孺子牛

——复观师逝世周年感言

翟志成

老师：

近半月来，每天由船厂焊铁回家，摊开稿纸，对着孤灯，心头就像塞了一团麻线，乱七八糟的无论如何努力分疏，总清理不出一丝头绪来。结果，不用说您也知道。我连一个字也写不出来。再过几天，便是四月一日，几天前我还在长途电话中拍心口向师母保证，在四月一日前一定赶出一篇文章，作为您逝世周年的纪念；两个月前我就请《中国时报》副刊替我在四月一日留一空间。现在台北长途电话来索稿了……您说，我该怎么办呢？

您常说我行文悍锐而有捷才，我口头上尽管谦虚，心里却暗暗有几分自得。"下笔万言，倚马可待"的能耐，不怕难为情坦白说一句，有时我也有！但这篇文章怎么会这么难写呢？记得去年四月一日您逝世的消息传来，对着来为您的纪念专辑约稿的《中国时报》某先生，我只有痛哭。我连一个字都写不出来。以后一连许多天，我脑际空白而麻木，什么也不能想，什么也不能做。但这毕竟是一年前的事了。一年的时光，理应冲淡和稀薄了哀痛的苦浆，但为什么我还是一个字都写不出呢？

忽然想到，杜维明、洪铭水、梅广、陈文华、杨诚等人，随侍您的时间，都比我更久，而学力天资，又都比我更高，下笔又都比我更快，这一年来，似乎都没有写出什么文字，以志哀思。难道愈是和您亲近的学生，就愈该写不出文章么？

内子见我为作文忧急愁苦，便劝我说：徐先生一代儒宗，道德文章，如日月经天，人皆仰见，你大可不必再来饶舌。你只要把先生对您栽培教诲的恩义，一点一滴地写出来，也就是了。虽是妇人之见，但却把我救出窘境。好吧，我就由一九六九年谈起。

把我从自暴自弃中提升

那一年，我刚从大陆泅水抵港。港九的同胞们，无论识与不识，迎接我的，尽是奚落嘲弄的冷眼。

"大陆仔忘恩负义，脑有反骨！"

"不学无术，只会背诵红皮书！"

"游手好闲，好吃懒飞！"

"人渣"……

所谓人言可畏，积毁销骨，久而久之，有时连自己也不禁伸手往脑后摸摸，看看是否真长出"反骨"来了。

像我们这一辈亲历"文革"大黑暗、大毁灭、大虚无的人，由于人生价值的急剧转换，对法律和道德，本来就没有多少敬意。在香港遭受的种种不公平待遇和无端的凌辱，适足以增加了我们自暴自弃、破罐破摔之心。反正无论我们如何努力，到头来还是要落个猪八戒照镜，里外不是人的下场。你不是说我"反骨"么，我就反给你看看！你骂我"人渣"，我就让你尝尝人渣的厉害。

我不是没有破罐破摔的条件，也不是没有破罐破摔的机缘。

要不是在一次偶然的运遇，让我考进了香港新亚研究所，要不是在研究所中遇见了您，在您的熏陶诲教之下，在您的关怀爱护之下，一点一滴地克服了自暴自弃，一点一滴地重建向道向善的上进之心，今天的我，到底会堕落成什么样子呢？这就连我自己都不敢想象了。

其实，以我当时那一点点可怜的英文，若没有您在国文试卷上给了我一个一百分，我一定进不了研究所。那时您还不认识我，只凭试卷上的文章，一举手就给了我一个研究所历史上的最高分，使我能和英文比我好得太多的念番书出身的香港同学同窗就读，光凭这一点，我就得承认研究所是我在香港第一次碰到的公平讲理的地方，而世上除了视我为"人渣"者外，居然还有赏识我的人存在。

从"红卫兵"到研究生

进了研究所，要请您当我的论文导师。拜师前照例有一面谈。先由导师摸摸底，看看彼此的研究志趣是否相符，然后才决定是否应收归门下。研究所行的是导师制，拜师之后，研究生按规定每周见导师一次，在导师的指导下读书研究，写出论文后由导师通过即可毕业。故新入学的研究生，无不把拜师视为头等大事，至于上不上课，在当时是不甚要紧的。这一面谈，本来是应由研究所主任赵致华先生带着我到府上拜谒的，但您客气，坚持亲到研究所来。那时是在一九七三年一个炎热的夏日，望着您由荔枝角挤巴士到农圃道焗出的一身大汗，以及爬四层研究所大楼的梯级后的连连气喘，我当时心跳得很厉害，竟顾不得研究所中一好心老学长一再叮嘱，结结巴巴地和盘托出自己由大陆泅水抵港的履历。您收不收我是一回事，不说出来对不住您的汗水和气喘啊！

您并没有像老学长预言那样，听到"红卫兵"三字，立刻勃然变色，拂袖而去。相反，您一直和颜悦色，不住点头鼓励我说下去。我的心定下来，话也开始说得流利了。后来接触多了我才知道，原来您对我们这个多灾多难的祖国，感情的专注，真可谓一往情深，因而对像我这种被封建法西斯政体毒化扭曲摧残后的牺牲，心中只有同情和怜悯。为了抢救我的灵魂，您对我的关怀和照顾，要比一般的同学多得多，同学们有背后说您"偏心"的，但普天之下，又有哪个父母对重病的子女，不比平常多付出双倍的爱心与耐心的呢！

十年问道多少事

拜师之前，我对您的认识，只限于报刊上的文章，您似乎很好辩，也很好胜，老在跟别人开笔战。偏偏您的书读得多，融文史哲于一炉，贯百家诸子于一统，既出入于政治与学术之间，手中又有一枝锋快得像龙泉一样的大笔，打笔战有谁是您的对手呢？每读到您那些如飙风，如雷霆，如骇浪惊涛，如雪雨冰雹的文字，即令在南国三伏天，亦使人如坐冬夜。看着您驰突敌阵，宛如猛虎驱羊，斩将搴旗，似入无人之境，快则快矣、壮则壮矣，然总有点如西楚霸王瞋目叱咤，千人皆废，使人多了点敬畏之心，少了点亲近之意。

孺慕亲近之心，产生在拜师之后。在研究所时每周一次到府上问难请益，出国后鱼雁往来不断，再加上一九七七和一九八一年在您路过美西时两次相聚，屈指算来，我追随您，前后恰好十年。我，一个乡村出来的土包子，压根儿不知学问为何物，在您的扶持带引之下，像一个初学走路的小孩，一步一步，趔趔趄趄地走向学术的大门。我在彻底的反人文的环境中长大，对历史文化的敬意本来就十分有限，再加上我这个人又懒又蠢偏又很固执，十年来，从无到有，一点点一滴滴地培养积聚起我对学问的兴趣。对祖国历史文化的尊重，以及对人生价值的重新体认，您耗费了多少精力和心血，付出了多大的爱心和耐心，为了我的懒惰、不长进，以及收束不住的外向旁骛之心，您不是没有恨铁不成钢的叹息，但您从未疾言厉色地申斥过我。

我这人说话不知分寸，也不会看眉高眼低，往往一开口，得罪了人也不知道。我一定也曾多次惹您生气。有一次，我在信中对您的《两汉思想史》提了不少意见。对我这连思想史的门槛也未迈进的人的胡言乱语，您当然不以为然。但为了照顾我那可怜可笑的自尊心，您在复信中反称道我的"直言"。又一次，我在给您的一封复信中，完全不同意您在《文化卖国贼》一文中的基本观点，当时您一定气得厉害，尽管拼命克制，但在您复信的字里行间，仍可隐隐约约看出光火的痕迹。可是，即令如此，您还是没忘了称许我的"直言"，以为这是对学术和对您忠诚的表现。

还有一次，您给我的一封公开信，以"国族无穷愿无极，江山辽阔立多时"为题，在香港的报刊上发表了。读了您这篇传诵一时、脍炙人口的名文，您一肚子一脑子的忧国忧民、感时伤世的高尚情怀，固然令我感佩不止，但对中共的看法，我们还存有分歧。我认为您对以邓小平为代表的中共实务派，还存有一些幻想，对修正主义，还有过高的期许。于是，我和一个大陆出来的朋友，合写了一篇《中共极权政体的本质及民主法制暨现代化诸问题》的长文，算是对您的公开信的间接答复。文章写好后，先把原稿寄给您，由您决定是否该拿去发表。对这篇充满商榷味道的文章，您显然是不满意的，在后来您的来信中，也一再抱怨我不了解您在公开信中的苦心。但您却在收到文稿后，立刻写信给当时尚在《明报月刊》的胡菊人，向他推荐这篇文章。当文稿被胡菊人以"篇幅过长"的理由拒绝了以后，您又去找徐东滨帮忙，几经周折，终于在逯耀东主编的《中国人》登了出来。

您的脾气，老实说是不能算太好的。您也绝不是肯吃哑巴亏的人。但对我的狂妄无礼，您一再宽恕，一再容忍。有时简直到了委曲求全、犯而勿较的地步。为什么？为什么？为来为去，还不仅仅是为了我是您的学生吗！

还不清的学生债

说是缘也罢，说是孽也罢，您上一辈子好像是欠了学生的债，要留到这一辈子来还清。别人不去提了，光说我自己的事：每星期一次到府上晋谒，您一定把会面时间订在下午，以便在解答完我的问题后，留我一道吃晚饭。您和师母可怜我一个人在外零丁孤苦，有一顿没一顿的，要趁吃饭的机会给我补充点营养。师母把好吃的东西摆满一桌，您们不断往我的碗里夹菜，堆得我的碗像小山一样满。一顿饭吃下来，我起码可以饱上好几天。每逢喜庆节日，我一定被请到府上过节。每到过旧历年还要给我一个大红包。一直到了我来美多年后，您还在信上感叹，说可惜今年中秋节我不在香港，不能像以往那样陪您和师母赏月……

我的论文，您给了一个"A加"的成绩，并推荐到《新亚学报》发表，说这样会使我申请外国的学校容易些。我离开香港的前一晚，到府上告辞，您硬塞给我二百元，要我留在路上零花。当时二百元不是一个小数目，新亚研究所又发不起薪水，您只靠《华侨日报》一点点微薄的稿酬过活，这钱我怎能拿呢？趁您不注意时，我把二百元偷偷压在府上的电话机下。事后，我还为自己的机智颇得意过一阵子，一直到最近，我在柏克莱的中文图书馆，无意翻到一本多年前的《民主评论》，上面刊有您的一首小诗。诗前有一简序，大意说您有一个叫萧欣义的学生，最近要出国深造，由于无力在经济上给他更多的帮助，您心中悲苦，痛哭失声，竟至数日……读着读着，不知怎的，我鼻头发酸，也很想哭。老师，我留下那二百元，是一桩多大的错误啊！

来美后，您不断给我寄来书和剪报。每封来信，除了指示读书门径，饮食穿衣，接物待人，无不一一加以指点。师母知道我嘴馋，特给我寄来一大箱好吃的东西。而我，在这十年内好像只给您寄过一包小小的花旗参。为了那一小包不值钱的东西，您一再来信，诉说心中的不安与难过……学生吃您的、用您的、拿您的，在您看来，是天经地义，大可心安理得，而您收下学生一点点微末的心意，倒像做了什么见不得人的亏心事似的，老师，您要我这做学生的怎么办呢？

来美后不久，我在西海岸一家船厂焊铁。慢慢变得不想再念书了。为了说服我重回学校去，您苦口婆心，好说歹说，并以自己由于没有学位，一辈子不知受了文化洋奴买办们多少肮脏气，作为我的殷鉴。您来信说："一个人，必先适应环境，才能有保持自己独立自由之一日，这一点望您随时注意。坚决地念学位，即是适应环境的条件之一。"

终于，我被您说得心动，决定去"适应环境"了。为了我入学的事，您设法拜托在美国学术界的老朋友和老学生。您不通英文，为了要替我写英文推荐信，先用中文起草，然后求人翻译，签名后，怕经别人手不稳当，您亲自把推荐信拿到邮局去寄挂号……入学后，您每次来信，除了解答我在做学问遇到的难题外，还一再提醒我要尊重师长，尤其要注意礼貌。我的疏狂简慢您是素所深知的，天下间，大概也只有您才能容得下，受得了，故您的担心，不是没有理由。多亏您一再提醒，我在柏克莱数年，总算没有闹出什么大乱子来。

八一年我准备学位资格口试，由于心中没有底，事到临头不免畏惧怯场。您一再来信打气，要我学学中共进攻越南的狠劲。为了怕我分心，本来说好您和师母在赴美探亲时要经过三藩市的，也临时改道洛杉矶，以避免我到机场迎送。

考试通过后第二天，您在电话中约我到洛杉矶飞机场见面。那时你刚动过胃癌切除手术，人瘦了好几十磅，精神也大不如前了。那天，您带着我到处拜会洛城的老朋友，并在老朋友面前替我揄扬推介。您这份高兴和得意，就像数年前您在幺女梓琴姐通过博士考试时完全一样。

晚上，您和师母及我三人在市中心的旅店要了一套房住下来。整个晚上，您翻来覆去没睡好。第二天绝早，您爬起来对我说，既然在美国难找教职，为了我的前途，您合计了一晚，决定一回去便向新亚研究所打报告退休，同时推荐我去接替您的位置……

您的好意，我没有接受，一来是我连您的皮毛也没有学到，实在挑不起您的担子。二来我快要结婚，她已一再声明不愿住在香港。您听到我快要结婚，真高兴极了。一迭连声要师母快送礼给准新娘子。原来您看我一直没有成家的意思，心里不知有多么着急。您一直认为，不结婚会影响到学问与生命的正常发展。当然，您也没忘提到康德，但康德终究是例外的例外呀！现在，浪子回头了，野马套上络头了。您也就彻底地放心了。

最后一篇文章

您回港后，我又时时在中文报刊上读到您的文章，再加上您曾在休斯顿一间世界最大的癌症治疗中心检查，医生说检查结果良好，可以完全不吃药了，当时我真高兴，以为您以超人顽强的生命力，终于战胜了癌症这一病魔。恰好时报出版公司要替我出一大书，想来想去，还是找您写序合适，便冒冒失失地求您赐一短序。不久，即接到您的复信：

志成：

前后两信都收到。研究所事，七月初曾写信告辞。九月返港，又写一信告辞，他们要挽留，我不好白拿钱，只得开课，每周三、六学生到家里去。开始两日，极端疲惫，现时又觉得可以支持。工作积压太多，赶写明年朱熹讨论会的文章，有时一天只能写二三百字。每周又只能抽出两或三天。《中国经学家的基础》十多万字即将付印，必须再看一遍，还无时间看。但我决为你写一短序，望来信告知最迟应于何时写成。你的跋还未看，改称"自序"较妥。即祝
愉快

复观

我立刻去信。请您千万千万以身体为重，序千万千万不要写，写了也只会增加我的悔疚与罪过。谁知您还是把序写了出来，当时您的癌病其实已复发，一想起您如何强忍着脊背的剧痛，一字一喘地挣爬在书桌，为我那本不像样的书打开场鼓，怎不叫我悔恨交加，肝肠尽断，我的罪行，真是百死莫赎啊！

　　替我写完序后，您竟一病不起了。那篇题为"文学创作的自由联想"的序文，约有三千字，其实已很不短了。序文曾分别登在台湾的《中国时报》和香港的《明报月刊》，是您一生中亲笔撰写的最后一篇文章。

　　我还有什么好说？父母能替我想到的、做到的，您都替我想到了、做到了。父母没能替我想到的，做到的，您也都替我想到了，一句"鞠躬尽瘁"，写不尽您对我的栽植辛勤；一句"恩重如山"，说不完您对我的再造之德，内子由北一女到台大，由台大到柏克莱，可谓出身名门正派。但她不止一次感叹，惋惜自己从来未能遇到像您这样的老师。真的，能拜在您的门下，不知是前生敲破了多少铁木鱼才修来的福气。我能在您的荫庇下过了十年，今后，即令再时运不济，命途多舛，也决不怨天尤人。因为，天公已待我太厚了。

　　拉杂写来一大堆，您若看见，一定又会说"文字不够简练，意味不够深厚"了。尽管写得不好，但毕竟是肺腑之言，非一般诔墓文字可比，原稿就寄给师母，请她替我在您的骨灰盒前焚化。

　　　　　　　　　　　　一九八三年四月一日《中国时报》

难忘的印象　　　　　　　　　　　　　朱国能

一、和平、奋斗，救中国

清明时节的细雨，勾起了我对先师徐公的忆念。

整整一年了，徐师离我们而去就是整整的一年——去年四月一日下午五时五十分病逝于台北市台大医院。他在二月八日由师母王世高陪伴下飞赴台北，随即住进台大医院接受治疗，由癌病复发之日开始，与病魔挣扎五十二天。弥留前的两个星期，给人的印象却是如此的深刻。

三月十四日下午，我把读书与工作都暂时放下，专程乘搭泰航班机前往台北，就是为了探望徐师，临行的前一天，在研究所碰到叶明媚同学，她说本来也有意与我同行，只是办入台证需时，来不及了，就写了一封信托我带给老师。梁国豪兄本亦有意赴台，也因教学繁忙，未及抽身，至此我才知道，有心去探望老师的大有人在。

当天晚上七时五十分，抵达台大医院九〇七号病房，病房门前挂着一张告示，言探病时间已过（探病时间只限上午），请勿干扰病人。我无意干扰，只想看老师一面，顺把信函留下就走。于是轻轻敲门，走出来开门的是徐师的二公子帅军，道出来意，他即引我走到徐师的病床前，原来徐师已经睡着了，我正要告辞，他却走到床前把老师唤醒，老师睁开睡眼，这时我也不好意思走了，走近点才清楚地看到老师真的消瘦了，脸上颧骨突出，在病房里的灯光照射下，脸色更形清白了，好辛苦才说出一两句话，又把手伸出来握着我的手，足足有两分钟都不放开，我这时真不知要说些甚么，也不想老师说些甚么，因为刚才说了两句已经够辛苦的了。

这时，我拿出了受人所托的信件及慰问函，徐师想躺在床上阅读，我却提议由帅军朗读，让老师多点休息。病房很静，只有帅军清晰的语句，信函不长，却充满了师生间真挚的感情，难忘的是结语中提及老师时常与学生勉励的两句话，那就是国父遗教中的"和平、奋斗，救中国"。

是的，老师的一生不就是尽其所能努力去追求这个目标吗？老师出身湖北省立武昌国学馆院及日本士官学校，早年从军，大陆形势危急之际，曾襄助蒋公整顿党政，基于时局的混乱，国势的安危，使徐师早年投身于戎马生涯。自一九四九年以后，徐师即在台中农学院授课，后转入东海大学出掌中国文学系。一九五八年，徐师与张君劢、唐君毅、牟宗三等共同发表《为中国文化敬告全世界书》，努力扭转全世界对中国文化的误解与偏见，是当代"新儒家"再出发的起点。

徐师对中国文化的态度，可以分为前后两期来说明。由民国十五年（一九二六）至二十九年（一九四〇）期间，对传统文化颇为拒斥；惟自民国三十二年（一九四三）拜熊十力先生为师后，始行抛弃旧时成见，尤其在兴趣转移到学术研究以后，对中国文化的价值遂重新认同。徐师在他最后的遗作中对此有很清楚的自述（此文乃一九八二年二月十四日口述于台湾大学附属医院九〇七病室床上，由曹永洋君纪录，为徐师遗著《中国思想史论集续篇》之自序），谨录片断以见其心迹：

余自八岁受读以来，小有聪明而绝无志气。四十年代，始以国族之忧为忧。恒焦劳心力于无用之地；既自知非用世之才，且常念熊师十力亡国族者常先自亡其文化之言，深以当时学风，言西学者率浅薄无根无实，则转而以"数典诬祖"（不仅忘祖而已）为哗众取宠之资，感愤既深，故入五十年代后，乃于教学之余，奋力摸索前进，一以原始资料逻辑为导引，以人生社会政治问题为征验，传统文化中之丑恶者，抉而去之，惟恐不尽；传统文化中之美善者，表而出之，亦惧有所夸饰。三十年之著作，可能有错误，而决无矫诬；常不免于一时的意气之言，要其基本动心，乃涌出于感世伤时之念，此则可反躬自问，可公言之天下而无所愧怍者。

徐公因常念其师熊十力所言"亡国族者常先自亡其文化"，故四十年代之思想与著作，无不以传统文化之生命智慧，作为其拯苍生救国族之有力工具，故此我说徐师恒与学生共勉之"和平、奋斗，救中国"，乃是立足于中国文化巩固的基石上，要救国救民，徐师不主张以斗争的方式出发，或透过暴力作为手段，他更痛恨那些故意曲解中国文化或有意诬蔑中国文化的洋奴土奴。自一九五一年以后的著述，重点在厘清儒家的真面目，用现代的眼光疏释传统文化，将传统文化与自由民主思想相契合，抨击中国古代专制政治，及对研究思想史方法的重新反省。以上各方面，都说明了徐师对中国文化价值的重新认定，也是以"和平、奋斗，救中国"的一个具体的实践的途径。

徐师于癌症末期，在万般痛楚之际，对终身相与的传统文化，仍旧惦念不已，他希望能够多活两三年，不是为了别的原因，只是他在文化的责任感上面，感到仍有未完成的责任，在脊椎骨以下大半身瘫痪的时候，他充满信心地与病魔搏斗，表示只求"脑子不废，仍可将沉思所得，吐而出之"。这种对文化浓郁深挚的爱恋，竟坚持至病到难回之日，实在令人钦敬不已。

二、我能为你做些甚么

三月十五日上午，台大医院九〇七病室，围满了探望徐师的朋友、学生，甚至是他学生的学生，譬如现任台湾《中国时报》记者的刘黎儿小姐，她的老师郑钦仁（现任台大历史系教授）就是徐师以前的学生。徐师今早的脸色比昨晚好多了，精神也转好了，怎么一夜之间竟有如此的转变？莫非徐师的病情有转机了？

陪伴在侧的徐师的女儿均琴告诉我，徐师在白天的精神比较好，入夜以后的精神就比较差，最近一星期都是这样子。

我很想开口对徐师说："学生能够为你做甚么呢？老师尽管吩咐吧！"话还没有说出口就咽下去了，我想起前年（一九八一）十一月下旬的一个晚上。

那一晚有十多个同学到老师家上"中国文学批评"的课，老师大概讲了一个小时，就感到腰酸背痛，但依然很吃力地讲，一手拿书，一手伸到肩膊不断地按揉，我观察到老师愈来愈辛苦了，于是示意旁边的同学，跟老师说提前下课，好让老师早点休息，老师把书放下来，同学们就起来告退，我与另两位同学在收拾桌椅，故多留了几分钟，老师坐在沙发上，若有所思，然后很感慨地对我们说："我那些书，恐怕再没有翻看的机会了……"说到这里，我看到老师的眼角渗出了一点点的泪水，那是我第一次看到徐师的伤感，也是最后一次了。

当时我未经思索，很自然地、很率直地问了一句："老师，我能够为你做甚么呢？有甚么我可以帮忙的吗？"

老师听了以后，也同样很自然、很率直地反问："你们可以帮我做些甚么呢？"

我也许太不自量力了。

三、病床前的记忆

三月十六日下午七时，我又来到台大医院九〇七号病室。

老师刚吃过晚餐睡了。徐师的女儿均琴告诉我，师母因为连续一个多月的操劳过度，心力交瘁，所以到了下午五点以后，就先离开，回到暂时的住处休息了。原来师母一个多月以来，每晚在病房都不能安睡，现在请了一个姓李的女佣人，与均琴一起陪伴左右。

我与均琴站在病室门口，轻声地谈着老师的病情，大概谈了十五分钟，便听到徐师呻吟叫痛的声音，均琴与我立刻走进去，只听到老师说："药啊！吃药啊！"

那位姓李的女佣人又说："你刚吃过，六点钟才吃过，没那么快，八点钟才到时间。"

我看看腕表，那时是七时三十分。

我又听到徐师说："好痛！好痛啊！怎么那样痛？我真的吃过药吗？"

姓李的又说："等一会儿再吃，八点再拿给你吃。"

均琴告诉我，老师的病愈来愈恶化了。老师现在所吃的药，不是治疗癌症的药，而是减轻痛苦，好让病人可以入睡的止痛药而已。这种止痛药本来是四小时一次，但从前五天开始，改为两小时一次，足见止痛的效用已经降低，也就是癌细胞的扩散愈来愈快，今天晚上老师不断呻吟，足见两小时的止痛效能也不能达到了。

群医束手无策，均琴与我的想法一样，希望透过药物，把病人受痛的程度减到最轻最轻。

三月十七日上午，一群年轻的学生，手持鲜花，脸带忧悒，来到九〇七病室的门口，看到师母，很有礼貌地问：

"我们是师范大学三年级的学生，我们看过徐教授的著作，从报章的消息我们才知道徐教授住院。师母，我们可以进去看徐教授一下吗？我们从未受徐教授教导，但可以叫一声老师吗？"

师母说："当然可以，可以。只要你们想叫就去叫吧！"

那一群学生走了以后，进来几位物理治疗的男护士。

徐师自二月八日开始，先后接受三次钴六十的照射，第二次照射后已发觉行动不便，第三次照射后便下半身瘫痪了，说到照钴六十，师母颇有不同意连照三次之意见，因钴六十太霸道了，不但杀菌，同时杀伤细胞功能，老年人不一定可以负荷。

物理治疗的人员共有三位，把床架倾斜三十度角，轮流把徐师的左右腿上下活动，其目的是使不能行动的双脚，不致因长期不动而硬化。

当初还误以为徐师准备起床活动哩。

三月十八日、十九日，徐师的病情没有好转，而剧痛阵痛的次数增加了。

只是，徐师自始至终都压抑痛楚，尽可能不形于色，因为他不想他的家人、朋友、学生为他的痛楚而分忧，纵然是最难忍的时刻，他也要表现得若无其痛的样子，但这种苦心，还是被终日陪伴左右的女儿与佣人察觉到的。

我看徐师的病愈来愈不行了。那一夜我带着沉重的心情与徐师告别，不敢想象以后有何发展。

三月二十六日收到廖伯源学长在台北的航空邮简，可说是徐师临终前最真实的记录：

> 复观师病况并无好转，而且非常痛苦。我们在此见到，推想不可能康复。……现在不但背部疼痛加剧，又因癌细胞扩散到神经，以至下半身完全无感觉，摄护线又胀大，不能排尿，乃在小肚开一洞插入胶管以透尿；大便因不能控制，一直自排，要工人不时为之抹洗，此种痛苦，真非人所能忍受。师母在旁照顾，精神亦极为痛苦。

四月一日下午五时五十分病逝台大医院，享年八十岁（一九〇三年至一九八二年）。

走笔至此，想起徐均琴小姐在去年由新亚研究所主办的"徐复观教授追悼会"上的致谢词：

> 我们民族真正得以生存的力量，来自大众社会中胼手胝

足、终岁勤苦的儿女，而我们民族在黑暗中一点亮光，该就是父亲一生所代表的一声声"以百姓之心为心"所呼唤出的历史上的真是真非吧！

一九八三年四月一日
恩师复公夫子逝世一周年纪念日朱国能敬撰

《七十年代》怎么样呀?
——回忆徐复观先生

李　怡

前　记

由我来写文章追悼徐复观先生，也许是不适宜的。因为《七十年代》有好几位经常写稿的作者，那是徐先生的得意门生，对徐先生的学问、人格、生平的了解，当然远在我之上。他们如果追忆徐先生而又有话要讲，是不会吝惜笔墨的。至于我，与徐先生相识不到两年，面谈不超过十次，究竟有什么资格配谈徐先生的学问、人生呢?

然而，当三月底从徐先生的长子武军兄口中获悉徐先生将不久人世，而他在台北，我在香港，又无法再谋一面时，我就心中一震，随即想到：也许不久，我该写点什么，来记下这两年来的一些片段印象。虽然两年来相知不深，但这两年却正是《七十年代》遭遇困难、面临转折的重要时间，而这一段遭际不能说是与徐先生完全无关的。读者们在读了我们的文章之后，对文章背后的一些人与事，说不定也想知道一下吧。

不同的言论方向

提起徐复观先生，读者们自然会想到整整一年前（八一年五月）刊登在《七十年代》上的徐先生的访问记。这是一篇在当时及以后都引起了强烈反响的文章。我的追忆徐先生的文字，就以这篇访问记作为中心，讲讲前前后后的事吧。

在《七十年代》上刊登徐复观的访问记，也许在两年前还是一件不可想象的事。徐先生是一九六九年从台湾到香港来的，《七十年代》也就在这一年的年底筹备创刊。在七十年代的差不多整整十年期间，徐先生发表过不少文章，《七十年代》也刊登过不少学者名人的文章，但似乎是两个完全相反的言论方向，不可能走到一起。以我个人的背景来说，由于对文学和对社会的使命感是受鲁迅文集所影响的，鲁迅的反封建、反专制、反旧文化、"打倒孔家店"的意识在我的脑子里留下深深的烙印。因此，对徐先生的言论尽管也常常在其他报刊上阅读，但对他以传统文化的精神来批判现实政治的基本态度，却是长期以来带着抗拒性的。一九七六年唐山大地震后，徐先生在报端发表文章，提到"我们需要科学的，也需要非科学的"，而所谓"非科学的"，就是"由灾异表现天意的古老传统"，读后我就颇为反感。一九七四年中共"批林批孔"以来，徐先生在报刊上发表大量尊孔的文章，当时我在私下里也觉得这些文章颇有"腐儒"的味道。

另一方面，就政治背景而言，当时我也听到有人告诉我，徐先生是蒋介石的人，早年曾在蒋的侍从室工作。因此，更使我对他在报刊上写的批判中共的言论增加"偏颇"之感。一九七五年九月，《七十年代》发表了访问蔡省三的文章，蔡先生在提到一九四八年十二月蒋从大陆撤退前，曾在南京成立了一个名叫"中华人民救国大同盟"的秘密组织，集中所有蒋的嫡系人物，而徐复观是第一任书记。这篇访问记刊出后，引来徐先生在他报写了一篇《垃圾箱外》，详细叙述他个人在政治生活中的小故事，其中也提到一九四八年底曾筹备成立一个"兴师勤王"的组织而终于放弃的事。当时，我一面怀着很大的兴趣读这篇文章，一面也对他在文前提出的"透明的人生"、"事无不可对人言"的态度暗中钦佩。而事实上，那时候，我已开始越来越强烈地感觉到政治现实中，确实存在"前台"、"后台"完全两样的虚伪矫饰的世界了。浑浑噩噩地陷入越来越深的"人生的虚饰"，还是走进"人生的真实"？法国作家萨特的《七十自述》固然影响徐先生写那篇文章，当时也影响我的人生态度。

印象的改变

四人帮倒台后，我因为工作的需要而几乎每个月要写一篇有关中国问题的文章，自然也必须经常参看别人写的评论。于是，对徐先生的文章也注意得较多了。这时候，我不仅越来越觉得他对中共的分析非常透彻和符合事实，而且回想起他过去写的文章，更是感到他的大部分看法都可以经受时间的考验。我又把曾经颇为反感的他所写的关于唐山地震的文章找出来，重读一遍，发现自己根本错看了徐先生的文意。徐先生并非赞成非科学的"由灾异表现天意"的传统，相反的，他认为孔子的道德和合理思想，本已把这种非科学的古老传统淘汰了，只是到了汉武帝，由于把皇权专制压在老百姓的头上，中国知识分子在完全笼罩在"黑不见天"的情形下，只好把这非科学的古老传统搬出来，以灾异作为天意来警告皇帝不得过分地胡作非为。"这种非科学的东西，在黑暗的宫廷专制中，没有方法不承认它有非常重大的意义。"——徐先生的文章，与其说是提倡非科学的古老传说，毋宁说是在四人帮专政的黑暗时期所发出的无可奈何的感怀国是的沉痛呼声。

从徐先生的文章，比对中国的现实，再不断地反省自己的认识与态度，我不能不感到惭愧了。

在这段期间，我又留意着台湾的民主运动。我发现徐先生在他的文章中，毫不含糊地站在民主的一边，对抗着反民主的当权派。在轰动一时的乡土文学大论战中，国民党的文艺党官向乡土文学作家抛出"红帽子"，指他们"与匪隔海唱和"、"匪的第五纵队"、"普罗文学的台湾总代理"，徐先生为文指出："这种红帽子不是普通的帽子，可能是武侠片中的血滴子，血滴子一抛到头上，就会人头落地。"

七八年底，《七十年代》出版了《雷震回忆录》。七九年三月七日，雷震在台北逝世。三月十二日起，接连几天，徐先生在报上写了《"死而后已"的民主斗士》一文，悼念雷震先生。文中提到《雷震回忆录》，表现了雷震"争历史是非的坚强意志"，又提到他从这本书中"了解到许多我所不曾了解的事情"，例如雷震录下的国民党国防部总政治部的"极机密"的"特种指示：向毒素思想总攻击"，其中指斥"好出风头的所谓理论家"，徐先生认为这"分明是指我说的，我在国民党中有这样多的朋友，却没有一个人告诉我，使我有反省的机会"。在这篇悼念文章的结尾，徐先

追 怀

生写道："可以断言，中国不论走哪一条路，必然要通过民主这一关，否则都是死路。而现在的人民，将来的史学家，在评断政治人物的是非功罪时，必然以这些人对民主的态度为最基本的准的；玩弄假民主的，其罪恶必然与公开反民主的人相等。综合我真正认识雷先生以后三十年间，他的情形，正是中国知识分子为民主而奋斗的大标志。我含泪写这篇杂乱的悼念文，要为他的历史地位作证。"

读了这篇文章，完全改变了有人先入为主地告诉我，徐先生"是蒋介石的人"的印象。徐先生在《垃圾箱外》中坦诚地说出了他当蒋介石幕僚的经过，而他在台湾以后的文章，则显示他逐渐成为一个反对"玩弄假民主的"当权者的知识分子。

八〇年的几次接触

就在徐先生发表悼念雷震的文章不久，《七十年代》拟举办一次"中国统一座谈会"，我曾冒昧去信邀徐先生参加，却被他婉却了。

七九年底，《七十年代》选择香港一些有识之士，就《展望八十年》这一命题，函寄询问表格，征求他们的意见与看法。徐先生也包括在我们的函寄名单之内，结果他回答了我们的询问题目，把表格寄回来了。这简短的答问，可以说是与徐先生文字交往的开始。

为《七十年代》写过不少文章的作者渔父、陈耷、秦玄，都是徐先生在台湾东海大学任教时的得意门生。朋友中的杜维明、许达然，也曾在东海上过徐先生的课。他们对徐先生都非常敬重。

尤其是渔父，每次来香港，总是住在徐先生或武军兄的家中。他在我面前也常常谈到徐先生。八〇年春天，有一次他来香港，到天地图书公司买书并找我聊天，近中午的时候，他说约了徐先生吃中饭，问我要不要一道去。于是在九龙乐宫楼，我同徐先生第一次见面。他没有料到我会来，但显然愿意认识我。他的浓重的湖北口音，开始我有点不习惯。但很快就能适应了。那天虽然是说些闲话，但谈得颇为投契。记得当时正是新华社香港分社在左报上"授权辟谣"，声称"近日本港某些报刊刊登的中共中央副主席陈云等负责同志的所谓'内部讲话'，纯系捏造"。因为《七十年代》当时正刊登陈云的所谓内部讲话，我们就谈到这个授权辟谣。不料徐先生斩钉截铁地说："以我过去在国民党联合秘书处看到了数不清的有关文件和情报的经验，想不出世界上有这样的高手，而又具备一种救共党、救国家人民的婆心，能伪造出陈云的两次讲话。"我问他，既如此，新华社又为什么要公开辟谣呢？是不是真的，他们总比我们清楚吧。徐先生认为这个"声明"正反映出华国锋与邓、陈的矛盾，故不能不求一时的妥协。后来，他把这方面的意见写进他的一篇文章中，现已收进《徐复观杂文续篇》，题目是《大家应好好研读陈云的两篇讲话》。文章的结尾，他写道："坚持讲话是假的人，结果是不知不觉地为活包袱煽风助劲，站在国家求生存的立场，何必如此！"

那天茶叙中，他还提到打算那一年稍后，要去台湾检查身体，然后会到中国大陆一行。

八〇年九月以前，我们有过两三次见面，有两次是在别人宴请中遇到的，还有两次又正值渔父过港时约见的。我们的话题常常围绕着台湾海峡两岸的政局。因为都有其他人在场，徐先生的话并不多，但每次开口，都言简意赅，切中要害，给我留下深刻印象。

八〇年六月，我编辑的《中国新写实主义文艺作品选》出版后，我寄了一本给徐先生，他读后写了一篇文章，给我不少鼓励，文中写道：中共目前"只有涤垢除污，才能得到真正的安定团结。这类作品，正是涤垢除污的导引与助力。……政治上与这类作品为仇，这类作品便是政治的丧钟。政治上与这类作品为友，这类作品便是政治新生的启明"。这些话真是语重心长。以后的发展，是可以为这段话作证的。

挖掘不尽的宝库

八〇年八月，他有几木书在台湾出版与重版。五十年代的杂文集以《（新版）学术与政治之间》的书名，出版六十年代的杂文集以《徐复观文录精粹》的书名出版。这两本都是旧版重印的。七十年代写的文章，则按"论中共"、"看世局"、"记所思"、"忆往事"分类，汇集成《徐复观杂文》共四卷面世。这些书，他都签名送我，并成为这一年多以来我生活中的主要读物。其内涵之丰富，简直可以说是挖掘不尽的宝库。

要把我一年多来因阅读徐先生的文集所得的感想写出来，恐怕不是一篇文章能够做到的。但我相信，假如我今后还编杂志、还写文章的话，这一年多来的阅读所得教益，必可在日后我的文化工作中表现出来。其中有两点最深刻的感受，是必须在这篇文章中提到的：第一，是徐先生的民主的思想几乎无处不在，这是在他的文集中涵盖一切的；他提倡传统文化，不过是把传统文化中的"民本"思想与现代的民主思想融合起来，使中国知识分子更能接受民主思想罢了；他决不是一味仰慕往古的"腐儒"。在这方面，我过去的印象显然是错了。萧欣义先生在《徐复观文录精粹》中所写的序言：《一位创新主义的传统观》应是对徐先生的思想的很好的阐释。第二，他的文集批评中共的很多，对国民党的批评是显得少了，而且前者是单刀直入的批评，后者是委婉的批评；但是考虑到他发表文章和出版这些书的背景（都是在台湾出版的），他对国民党的批评仍有相当大胆和毫不含糊的地方，例如他写于一九七二年、收在《徐复观杂文〈记所思〉》中的《我们的中央民意代表》一文，就非常气愤和直接地批评台湾国民党政权的国大代表、立监委等所谓"民意代表"的腐化荒唐，文中借用他的没有指出姓名的朋友的话说："〇先生要自己做皇帝，我拥护。要他的小先生做皇帝，我也拥护。但他还要养一千多个小皇帝，这是使我们吃不消的。"这样尖刻的话，就足以证明，过去有人告诉我说徐先生是蒋介石的人，至少已是一句过时的话。（附带一句：台湾能容忍徐先生这样的书出版，当局的容忍度无疑比过去宽大一些了。）

死前无保留的公开谈话

八〇年九月，我去美国参加爱荷华的"国际写作计划"。十月初到芝加哥，在许达然家中作客时，听到了徐先生在台湾检查身体发现了胃癌并即动手术的消息。七十八岁的老人，动这样的大手术，是使人担忧的。十月中旬到纽约，渔父提到年前徐先生在香港有一次饮食后呕吐，送到医院，被当作肠胃炎诊治，因此把动手术的时间耽误了。癌症早期割治与晚期割治，效果自然大大不同。渔父的消息，等于说明了徐先生的癌症并非早期，因此治愈的可能性是微乎其微了。

坦白说，以那个时候与徐先生的交往来说，我对他得此绝症是只感到惋惜，却还未感到难过。当时，我有一个自私的想法，就是怕回到香港没有机会再见到徐先生。原来我是打算好好地读完他的书，然后向他作一次访问的。真是可惜。

八〇年十月回港后，十二月得悉徐先生已回港的消息，就打电话与他约了时间，到美孚新村他家中看望他。几个月不见，发现他瘦了许多，说话也没有力气，所以我也就不便久坐，匆匆告退，免耽搁他休息。他不大谈自己的病体，只说："还好，还好。"并略微讲讲在香港如何治疗。我跟徐先生谈了一下在美国开会的情形，谈到他的学生许达然在会上评论陈映真的小说，是一篇很有水准的文学评论。徐先生忽然问我："你看过不少陈映真的小说吧，你觉得如何？"我想了一下，说："按个人的浅见，我以为这三十年来，海峡两岸的小说家中，当推陈映真第一。"他听了似有所震愕，随后说："在台湾，也有人跟我讲过这话……"

后来，我在报上看到了徐先生的文章：《海峡东西第一人——读陈映真的小说》，文章开头就提到了我们那天的谈话，不过他没有说我的名字，只说"有位年轻的朋友"。他提到我说那句话，使他"为之震动"，"因为这位朋友与陈映真并无一面之缘，而他的看法，对他个人没有丝毫好处"。

因见徐先生年老体弱，我原打算对他作访问的事，也就觉得不好提出来。这段期间我们很少见面，只是偶尔通通电话。不过，徐先生的文章已陆续在报上出现了。他的顽强的工作热诚，实在使我非常惊讶。

去年春节后不久，有一天傍晚，徐先生出其不意地突然来找我。他说只是路过，要买两本书，顺便找我聊聊。那天，我们谈了约半小时，话题主要围绕着他不久前发表的文章：《正常即伟大》。在这篇文章中，他提出不能要求全国的人去学雷锋，要求大家去做一个非常的人是办不到的，这样要求的结果，只能使社会由非常而跌入反常。我看他精神尚好。他又提到不久要去美国他的子女家中接受检查和治疗，于是我初步提出希望能对他作一次访问。起先他爽快地说："好，你看什么时候派一个人来我家里吧。"但我告诉他，是我自己要作这样的访问，要当面向他讨教。他似乎有点愕然，但随即谦虚地说："好吧，但我希望你访问时不要被动地只是听我说，你自己也要发表意见。"

过了两个星期，我们作好了时间的安排，事实上是在他临离开香港的前两天，作了一次访问。访问的全部内容，几乎都刊登在去年五月的《七十年代》上了。只除了其中他谈中共统战的一段，他说："中共的统战政策有问题。统战，顾名思义应该是团结意见不同的特立独行的人，受社会上尊敬的人，但是，他们的统战却专找一些有财有势的人，善于迎他们意见的人，包括一些品行恶劣的无耻之徒。他们也向我统战。说老实话，'鸡鸣狗盗之辈出其门，则士不至矣！'"发表时我删去这段话，是因为我觉得"出其门"的并非都是"鸡鸣狗盗之辈"。现补充在此，为的是保留这次访问的全豹。

那天，徐先生的精神很好，声音相当大，在谈到中国的局面必须要突破，谈到他对邓小平、胡耀邦所寄予的希望比谁都迫切，谈到他每一次开《论语》课都是以感激的心情来讲课等等话题时，他的声音显得嘶哑，眼里闪着泪光。徐先生对中国文化和国族命运的关怀，对百姓之爱以及官僚特权和没有人格的读书人之憎恶，既使我深受感动，又是对我的人生态度的严峻的策励。两小时的访问结束后，他已显得相当疲倦了，而我的思绪却奔放不羁。回家以后，整个晚上想了好久好久。反省我自己，也想到徐先生，我忽然难过地想到：他年老体衰，是不是自分不久人世，所以要在死前作这样一次毫无保留的公开谈话呢？若是的话，我们的杂志可以说是既捡到了宝，又挖到宝库的底部了。

反响与厄运

访问结束，记得我们还闲聊了几句。我问他："究竟哪一天离开？"他硬梆梆地回答："不告诉你。"我知道他是不想我送行，所以也不追问。那时他似乎听到一些对我不利的消息，一再问我究竟如何？我为了不想惹他生气，以及增加他的精神负担，只是简单地告诉他："处境有点困难。不过，我一定会忠于自己的认识与良知，该做的事还是会去做。"他说："你看来相当固执。有些人可能就因为这一点，认为你太骄傲。这是我听到的左派对你的意见。"我说："我希望我的固执是择善固执。至于骄傲嘛，唉，我真不知道该怎么说了。"

五月号《七十年代》出版的那天，我应邀参加"庆祝五一劳动节"的酒会（那时候，我还未被下令从所有邀请名单中剔除），会上见到一位香港左派中上层的干部，他跟我大谈这篇访问记，盛赞徐先生的见地，并说："我认为，国内的领导人应该好好读这篇文章。"旁边的一位"觉悟"较高的左派人士则不以为然地说："你们登这样的访问，不一定好吧。"他的"不一定好"，是是非判断呢，还是功利判断？这就耐人寻味了。

究竟还是"觉悟"较高的左派人士看得透彻一些，这篇访问记尽管在海外知识分子中引起震动，反应之佳是近年来《七十年代》的文章中少有的；但同时也给《七十年代》和我个人带来厄运。去年五月以来所受的压力据说是同我们刊登这篇访问记有关。我也诚恳地问过一些人：究竟这篇文章有什么地方说得不对呢？是否可以公开讨论一下呢？回答是："你不应该访问徐复观这个人。他是蒋介石的人，是国民党右派，是最热衷封建文化的。"这种了解与徐先生的所有著作中所反映的情形不一样，是完全过时的、与事实不符的观点。但中共最重视一个人的政治历史，有多少人会细读徐先生的文章呢？

从美国寄来的信

徐先生去美国以后，我们通过几次信。他是有信必复，而且都很认真诚挚。对比起来，我倒是疏懒一些了。下面这封信，颇能反映他平日谈吐的风格，故虽然有把我称为"人才"的使我惭愧万分的一句，我还是厚颜把它刊出来。

怡兄：（一个单字的名称很不方便称呼）

您三月三十日的航空快信，今天下午才收到。美国邮政效率远不及香港，香港又不及台湾，大陆的也应当比美国好。您对我的谦虚而恳切的态度，只增加我的感愧。我过去在国民党统治下，感到许多有希望而可以成为人才的人，被各种不正常不光明的方法糟蹋掉了。到台湾后决心追求一点知识，更感到虚浮诈伪的学术风气，败坏人心，邪曲士气，把人才之源堵塞了。中共取得政权后，敌我的划分太严太刻，把国民党中较为有用的一部分人，不分青红皂白地除掉了。但同时也做了若干发掘人才和开辟学术新方面的工作。经过反右而党外的人才以尽，经过"文化大革命"而党内的人才亦摧毁无余，加以对知识的仇视，对教育的扼杀，使中国今日成为人才最缺乏的时代。"美籍华人"中在科技方面，有很大的成就，美国每一尖端的科学部门，都有出色的中国人参加。但他们参加美国生活的格式后，即使不受到国内政治歧视，也难安心为自己的国家服务。国家没有人才，还谈得了什么呢？年来我留心观察，发现您是一位难得的人才，应特别加以珍惜。我没有爱才的能力，只有希望您自己爱惜自己，避免可以避免的挫折。我想向您表达的千言万语，可以集中在这一点。

我在洛杉矶住了一周后来到休士顿小儿帅军处。他参与的工作，只有大公司才使用得上。先是发展电脑的方程式，现改为以电脑方程式分析海洋工程的结构。他的太太每天五时半起来，六时二十分便出门，作很单调的打卡工作。以两人之力，维持他们靠分期付款的洋房汽车。我不懂英文等于与外界隔绝，整天翻点古典。体重减轻了一些（五磅），这当然是不太好的现象，精神还可以维持。大概月底可以检查。若是太贵，便只有转到台大医院。预定六月半离此赴新泽西小女处住一两个月，希望九月返港。前两天知道海陆丰渔民集体公开阖港的消息后，心里万分难过；我们的国家，好像是纸扎的一样。《七十年代》今天也收到

了，感谢之至。专此敬祝

撰祺

徐复观敬上

八一、四、八

　　这封信使我沉吟了好久。我当然领会到他所说的"避免可以避免的挫折"是什么意思。然而，一来我自知不是什么"人才"，二来那时的"挫折"不仅已无可避免，而且也已在朋友们、读者们的支持下，逐渐在克服中了。不过，我还是为徐先生的发自内心的关怀，而深深感动。

　　七月初我给徐先生打了一个长途电话。接通以后，我问他身体如何，他说："还好，《七十年代》还在出版吗？"我告诉他，还在出版。他说，那就好。我问他能不能给《七十年代》写一篇关于六中全会的文章。他一口应承："我写，我写，我要帮你们写文章。"随后又说，"我还没有看过详细的文件呢！明天纽约有些朋友要来，他们也许会把文件带来。我也可以叫他们写。"不过，后来只是寄来了他自己的一篇，他附信说其他朋友对政局彻底失望，根本不想动笔了。我完全了解他所说的"其他朋友"的心情，但因此也就对他永不灰心的关怀国是的热诚，更感钦佩，而他关怀《七十年代》的态度，也使我受到鼓励。在这篇文章中，他批评六中全会以神来之笔，对毛的错误创造出"终究是一个伟大的无产阶级革命家所犯的错误"这样"石破天惊的一句话"。徐先生严正地指出："假定把这句话理解为毛泽东一贯的错误，是与马列主义有必然性的关系，则这句话可为历史作证，而千万不要把它当作历史的'笑话'。"——他的这个评价，实在震撼人心，值得深思。

向廖承志提的四点意见

九月底，陈鼓应先生到香港来。他给我电话，说他晚上去徐先生家中，问我要不要去，在哪儿见面聊聊。那时候，十月号的工作刚忙完，我也正想去探望徐先生，于是那天晚上就去拜望他了。

这是徐先生从美国回来后，我第一次见他，不幸也是最后一次见他。

他更瘦了。精神还好，大概是硬挺着。我去时陈鼓应先生还未到，我们谈到别后的情形，他告诉我在美国看病的经过，又说在台湾的时候来看他的人多，反而累倒了。我向他大致上说了《七十年代》筹集资金的情形。他忽然说："我那篇访问记，让你受到不幸的对待，实在过意不去。"我一时不知怎么回答他。但当他听我说，《七十年代》的财政难关大致上已过去，继续出版应不会有问题时，他开心地笑了。这时我发现他在老成中还有童真的一面，这是我过去没有注意到的。

稍晚，陈鼓应先生与何步正先生来了。坐了一会，徐先生就带我们到美孚新村的一个西餐厅吃晚饭。那天晚上，他谈兴很好。

告诉我们在一九八〇年五月二十九日，廖承志去美国治病后经港返国，在香港与徐先生见面的经过。在座的还有新华社香港分社的王匡长和《新晚报》总编辑罗孚先生。

徐先生说："廖承志知道我不愿意谈台湾问题。他跟我讲话聊天绕圈子谈。以后，我就笑着说：'廖先生我想提点意见出来好不好？'他当时一惊，说：'那太好了。'我说：'我觉得聊天没有什么话好谈。'我说：'第一点，希望你们目前不要积极谈统一问题。统不统一主要是决定于你们自己民主与法制进步的情形。民主与法制有基础。你们做得可以使外面人相信，任何人不能阻止国家的统一。民主与法制进步得这么慢——我不好意思说他们没有——你要谈统一，这不只国民党不赞成，就我知道，台湾的老百姓也不会接受的。台湾老百姓不接受，那你们只有用武力了。在我的了解，国际情势在可预见的将来，你们是不能对台湾用武力的。既然如此，你们拼命谈统一，只是给台湾一种刺激。在过年过节的时候，找过去和国民党有关系的人作作打油诗，在我看来，未免肉麻。这个问题还没有到时机的时候，你们何必谈呢？我的第一个意见是希望你们目前不必谈统一问题。以免引起彼此感情上的刺激。'廖承志听了这个话之后，说：'过去也有人跟我讲过这话，美国政治局势又是如此——政治局势又是如此是什么意思，我就不知道了——徐先生这个意见是值得考虑的意见。'这是我当面和他谈的。"

"第二点意见，"徐先生接着说，"我跟廖承志说，我觉得你们中共党员的人数太多了，二千八百万人，对老百姓是一个负担，对党的组织工作也是一个负担。如果能去掉一半，对党，对国家，对人民，都好得多。"

"第三点意见，我说私有制是人类文明的起源。我不是反对社会主义，但我觉得应该恢复一点私有。人总得自己掌握自己的一点什么，才能够有创造能力。如果连生存权利、生活条件都受支配的话，社会就很难进步了。"

"这三点意见，廖承志都像还听得进的样子。第四点意见，就似乎不表同意了。我的第四点意见是，马列主义是外来的东西，虽然也有合理的成分，但比之中国传统文化中的合理部分，后者讲得更清楚，更易被中国人接受。因此，我希望中共能发扬传统文化中的民主主义思想说，我们国家的封建意识已经太浓了，再要多讲传统文化，那岂不是更封建？"

说到这里，徐先生不加评价地笑了。

我想，徐先生提出的这四点意见，是经过深思熟虑的老成谋国之言。他大概是想了好久，等着与中共领导人会见时当面说的。

永　诀

以后两个多月，我因为忙于搬家和搬办公室，竟没有再去拜望徐先生，只是偶尔通一次电话。春节以后，我想去他家坐坐，打电话去时无人接。后来，我读到他在报上写的《文化上的代沟和异域》，又发现了我在他的其他文集中还没有读到的新意。他确实是一位至死前一刻仍不停地探索思想新领域的大思想家。我又给他打了一次电话，仍无人接。不久以后，菊人兄从台北回来，告诉我徐先生已在台大医院，进入垂危状态了。我意识到几个月前的会面，竟要成为永诀了。

我后悔这几个月因为公私两忙，而没有抽出时间去探望徐先生，失去了与他接近的最后机会。我又感到万分歉疚，没有好好地回报他这两年来对我和我的事业的关心。

从菊人兄那儿得悉他的房号，我就给他挂了一个长途电话（这是我第一次打电话到台湾，竟是打给一位垂危的病人）。徐太太接的电话，跟我讲了徐先生的一般病情。其后，徐先生接听，声音非常弱。我不想他多讲，只是告诉他，我挂念着他的病体，希望他早日康复，回香港再详谈。他在电话中用挣扎的声音只问了一句："《七十年代》怎么样呀？"我告诉他景况尚好，请他放心，我一定会把杂志好好办下去的。我还说我已写了一封信，在打这个电话之前寄出了。

"《七十年代》怎么样呀？"这是他跟我说的最后一句话。我应该在此强调，并传达给我们的读者、作者、朋友。

这篇回忆文章写得太长了。在这里，也许就以我给徐先生的信的最后几段作结束吧！

复观老师：

……

去年您访美前，我们所作的访问，在当时确引起读者群中巨大的共鸣。这以后，我的遭遇相信您也知道了。回港后，您曾说过大意是这么的一句话："这篇访问，让你受到不幸的对待，实在过意不去。"我也忘了当时怎么回答您。不过现在倒是非常清楚也非常清醒地回顾了一年多的往事，那么我要告诉您的是：因这篇访问而受到的任何不幸的对待，我都毫不后悔；莫说现在我的难关已大致上渡过，即使事业无法挽救，个人生活难以维持，困顿潦倒也在所不惜。一个人最重要的是要忠于自己的良知，忠于客观事实，也要对得起国家民族，倘在这些大事上都不能尽一个知识分子的本分，那么声名再显赫、生活更奢华，又有什么意义呢？

日前读您在《八十年代》上的大作，其中提到韩道诚先生给您的信："是非不分，正义荡然，人情如此，夫复何言。

先生之遭遇乃必然之下场，使人感慨万千。"这段一九六九年的话，也许一九八一年适用于我的身上矣。然而正如您不会后悔当时说了真话的后果一样，我也绝不会后悔开始说了一点点极有限的真话。

我想，人的寿命总是有限的。但"以真人说真话"之"道"，自可以开启来者。只要这香烟不绝，中国知识分子总有一天可以大胆摆脱虚伪个性，为国家民族说应说的话，做该做之事。

我的景况尚好，勿以我为念。您也不必给我回信，只盼静养病体，一切待您回港时再详谈。

专此 并颂

康健

晚 李怡拜

三月二日

这封信有一句不是真话，即最后一句。我事实上知道他已不可能回港了。但是，这句话也许可以作为一种愿望来解释吧。这封信以空邮寄出，想不到三个星期后他才收到。他在去年的信中称赞台湾邮政效率的话，看来不适用于我与他的通信上了。武军兄告诉我，徐先生在神志还清醒时看到我的信。也希望，这封信在他临终前能带给他点滴的安慰。

徐先生是四月一日下午五时四十分去世的。去世后一星期，我开始写这篇文章。原来只打算写三千字，以为很快可以写完，结果断断续续写了一个多星期，成了如此长文。主要原因是一边写一边重翻徐先生的著作，有时翻阅到凌晨而仍未能动笔写一个字。这篇文章也许是我的文章中最琐碎也最杂乱的一篇。如果它还有一点价值，那是徐先生的真实言行所构成的。本文所叙，尽管仍会为一些人所不喜，但全部是以真人说真话，其中容有小节上记错，但绝无半点"创作"。尽管徐先生已无法作证，而我又不信神不信鬼，但我在心中，是要以这篇东西奉献在这位耿直儒者的灵前的。

完稿的当天，接到武军兄"奉先严命奉寄"的徐先生的新著——《中国文学论集续篇》。大约是他去世前出版的。到我的手上，成为遗著了。我得赶快看，也要赶快工作。……

"《七十年代》怎么样呀？"天空中回荡着徐先生病危时微弱的声音。

一九八二年四月十六日晨四时

古道照颜色
——徐复观师逝世三周年祭

王孝廉

一九八二年二月十九日，我从机场直接赶到台大医院，病房中的老师已经下半身整个麻痹，正是他在病床上利用每天断断续续的一点清醒的时间，由学长记录写下他对读书和治学的最后意见的时候。

二月、三月，老师挣扎于死亡边缘，我经常是星期一、二在中兴上课，星期三下午赶到成大上完一个晚上的课，再搭最后一班夜车北上，到达医院的时候，通常是星期四的清晨，清晨的台大医院一片静寂，病房中看到的是徐师日渐清瘦的身体和如银的白发，以及陈淑女学姐的哀伤无助的眼神。天亮以后，来探病的人也就多了起来，有老师的老友、学生以及一些敬爱他的年轻朋友。记得有一次文工会的周应龙先生送来了五万块钱，说是代表蒋秘书长的意思，老师无论如何也不肯收下这笔钱，要在场的谢先生退回这笔钱，可是周先生留下这笔钱以后就走了。这五万块钱也就是老师去世以后，他的长子徐武军博士捐回文工会的那五万块钱。

一九八二年四月一日，下午五时，老师去世。

老师从住台大医院检查身体，发现癌症而开刀到他去世，一共经过了一年八个月。其实他开刀的时候，医生已经发现太晚了，结果只是打开了胸腔再重新缝回去而已，这一年八个月的时间，老师是凭着他的信心和毅力而活的。

一九八〇年的八月，中央研究院开"世界汉学会议"，八月十六日的上午，哲学组的论文发表是三位先生，日本的冈田武彦先生、金谷治先生和老师，老师发表《先汉经学的形成》。论文发表以后，由严灵峰先生讲评，曾经起了热烈的讨论。上午的会议结束，老师说他有些累，所以我就送他回了青年会他和师母住的地方，当时参加会议的各国学者，是由主办单位招待住在圆山饭店的，老师说他是"乡下人"，住不惯高级饭店，所以还是自己出钱住每次回台北住惯了的青年会。

当天下午，我提着老师的行李，送老师和师母到台大医院，进医院原是回台北例行的身体检查。是第三天的上午，老师打电话来，要我接他出院，他说都检查完毕了，下午出院。我去的时候师母正在收拾东西准备回青年会，这时候一个年轻的医生，进来说：

"徐先生您现在还不能出院，我们还有一些检查要做。"

"是什么呢？不是都做完了吗？"师母有些着急地问。

"没有什么大关系，只是胃部还得再进一步地检查一下。"

医生说完就走了，我跟着医生走出病房，到了廊下，医生回头对我说：

"你是徐先生的什么人？"

"学生。"

"哦！徐先生的儿女在台湾吗？"

"不在，在香港或在美国，徐先生到底怎么啦？"

年轻的医生沉默了一会儿，好像考虑该不该对我说，最后还是说了：

"既然徐先生的儿女不在，那么就对你说吧，但是最好不要让他本人和他太太知道，其实徐先生是很严重的胃癌，恐怕最多也只有半年了，最好是让他的家人接他回去，他喜欢吃什么就给他吃什么，他喜欢做什么就让他做什么……"

我不知道该不该告诉老师实况，不知道该如何告诉他，尤其是不知道该如何对师母说。在走廊下抽完了几根烟以后，我擦干了眼泪，装着没事的样子回到了病房。告诉老师医生要他办理延长住院的手续，老师穿着睡衣和我到前面住院挂号的地方，在走廊上问我：

"医生怎么说？"

"没有说什么，只是说最好再住几天，做比较精密的检查……"

"哦！"

又走了一段路，老师突然停下来对我说：

"不要告诉师母，她受不了。"

"没事呀！为什么不能告诉师母？老师的身体又没怎么样？"

老师突然笑了，说了一句"小孩子"，然后就走到电话边打电话给他的朋友，电话中老师说：

"……既然还要再检查，总不外是'那玩意儿'的，可能短时间是出不去的了……今天晚上的吃饭就不去了……顺便告诉×公……"

办完继续住院的手续，在回病房的走廊上，老师一面走着一面对我说：

"我父亲过世时是没有开吊的，所以我也不要开吊，不举行任何仪式，只要火葬就好了。唉！倒不是对死有什么怕，只是想再有几年时间，让我完成正在写的几部书……"

接着是照胃镜、切片以及进手术房开刀。二十二日，老师开完刀推回病房，仍未醒过来的时候，我因为这边学校有事，那天下午的飞机回了日本。老师出院回到香港后，写了一封信给我，信的内容是：

> 病中承你多方照顾，师弟之情，有增无减，感念诚难为怀，完全清醒后，知你已去日，当时怅惘良久，我希望你还是设法在台湾立足，少说话、慎交游，向文学方面发展。
>
> 我于十月十一日返港，体重减去四十六磅，现已恢复二十磅。教书事已辞去，现正整理一部分旧稿，拟印一册《中国文学论集续篇》。唯此病须继续医治，而此间水准甚低，故今后行止，颇难决定，但不论天涯海角，在我未死之前，希望不失去联络。
>
> 复观　八〇、十一、八

老师开刀、出院以后，回香港住了五个月，第二年的三月底赴美国继续治疗，九月又回香港。这时候我在日本书店看到一本日本人写的胃癌开刀以后，能够继续生存的一本现身说法的书，于是买了寄到香港。十一月收到老师的信说：

> 胃病书及来信都收到，谢谢，我初回香港，体重又减轻，现在好多了，每周在家上两次课，还写些东西。
>
> ……

我始终不赞成你继续弄中国神话的东西，许多人这类工作，已走火入魔了。

复观　八一、十一、十一

这是老师的最后一封信。

一九七七年的年底，台湾文坛大有"山雨欲来"的气氛。正在这时候，老师回了台湾，记得是当他到青年会的当天下午，有多位先生去拜访他，楼下西餐厅还有一位某报的女记者约好了访问他，临下电梯的时候，师母还拉着我低声说："看着老师，叫他少说得罪人的话。"下楼以后，老师先和女记者谈了些儒家、《论语》、孔子、他的治学方法等问题。然后话题就转到当时热门的乡土文学上，在当时，老师只是听几位先生的说法和看法，并没有说太多的话。可是事后我才知道老师为乡土文学的作家，做过一些声援的事，这就是他在这封信上所说的这些话：

乡土文学的问题，我完全同意年轻人这一方面，在通讯中，我写了一段，《中华杂志》已转载。因又怕他们受到打击，所以在台北与黄少谷先生谈天时，曾特别和他提到此事，希望千万不可使用政治手段去干涉。

曾在台大哲学系教书，现在美国教哲学的傅伟勋先生很推重《人性论史》。见到冈田先生时代我问候，他是纯朴的汉学家的典型，令人肃然起敬。

记住，读书一定要有计划地读，计划包括目的、方向、方法、时间。

复观　七七、十、十一

我去日本旅游的事，大概也只是说说而已。

我离开东京而去广岛大学，主要的是因为池田末利先生，池田先生是老师认为"天资极高，思辨力极强，为日本有数之汉学家，且热情豪迈，不愧为豪杰之士"（一九七〇年十月二十日的信）的一位师长。

我初到广岛大学，因为人地生疏，又没有朋友，精神上很苦闷，加上日文程度不好，上课觉得吃力，当时也真的怀疑自己到底是不是可以做学问的料子。那时候老师不断地写信给我，信上总是强调要我先读好日文，他在一九七〇年十月二十日的信上说：

> 你能到池田先生的门下，实在是很幸运的，人生治学，以能否遇到良师益友为最大的机缘，万万不可轻易放过，我希望你①先读好日文，②在池田先生指导下先念完硕士学位，③池田先生退休后你再转到京都或者东京，池田先生都可以帮你的忙。再不可三心二意，迟疑不定。我在日时，若遇到这样有学问而又这样亲切的先生，便不会进士官学校，学问上也早就成名了。郭沫若的东西我早看过，他很有天分，学问在胡适之上，但他的西周奴隶制度的说法是站不住脚的，大陆上也有人反对他，我有一篇文章也是反驳他，他在金文上有贡献，但立说太随便。你当然要看他的东西，但不必先存"我喜欢什么，不喜欢什么"的主见。
>
> 　　　　　　　　　　　　　复观　七〇、十、二十

我在广岛大学开始的那段时间，像个营养失调的孩子，贪心

地吞食着各种食物似的读了许多杂七杂八的书，尤其是大陆方面出版的一些书，这似乎也是台湾出国的留学生所必经的一个阶段。那时候大陆正是掀天动地闹"文化大革命"的时候，"批林批孔"的旗帜之下，一些御用学者如蔡尚思、杨荣国的反传统的书纷纷出笼，而我也读得津津有味，那时候老师写给我的信特别多，现在回想起来，老师对我是多少有些担心的，深怕我因为认识不够而在学问上随波逐流地让人牵着鼻子走的。老师在信上说：

> 你能先把日文学好就不错了，由《说文》上推金文，由金文上推甲骨文，是研究中国古代神话的必须工具，你应受这种训练。顾颉刚已经是打胡说，蔡尚思简直打胡说得十分幼稚，我看你的信，只使我抱愧，太没有让你们学到一点什么，既不记得原始文献，也缺乏基本理解能力。闻一多我与他相识，他对古史的研究我没有看到，但我去年先看他的一部东西，程度和蔡尚思差不多，不过他的天分和写作能力都比蔡尚思高明。大陆也有不少的人比你所提的有成就，譬如郭沫若的奴隶社会说，有的人相信，有的人便反驳。大陆上所出的好的文史杂志，很难看到蔡尚思们的文章，因为他太不够格。传统不是可不可以反的问题。反、不反，是态度，不是学问，主要是在说得对、说得不对的问题。研究古代的东西，还是要对先秦的典籍下一番工夫，有一番思想训练，自己能从原典上去批判他人说法的得失。
>
> 复观　七〇、十一、十二

对于当时"批林批孔"的代表学者杨荣国，老师在信上说："杨荣国那样打胡说的东西，你看得起劲，也真不是一件容易的事。"而对顾颉刚，老师似乎始终不能赞成，他不止一次在信上批评他，有一次说"顾颉刚乃一妄人，我不了解何以在日本发生这大的影响"。(一九七三年四月二十三日)而我的硕士论文即是以顾颉刚为代表的古史辨的学者为中心写的:《从古史到神话——以古史辨为中心的中国神话研究》。硕士论文通过以后，我进了广岛大学的博士班，老师曾在信上无限感慨地说:

> 来信及《出伊甸记》收到，写得很好。
>
> 在混乱彷徨中能进博士班，也是一种万幸。大陆以外的青年苦闷，大陆青年的绝大多数也是苦闷。在香港，见闻比较广，每年浮水逃出几百人，还有回去观光的辗转可以了解不少情形。总之，各人只要能在海洋中抓住一支木板，都是难得的，无是非可言。王××先生早靠拢了，有次我们闲聊，我说"我写的乱七八糟的东西，只有港台两地可以印，有人看"，他听后叹息了半天，说:"谈到思想，简直没有办法……"……我早说日本研究中国神话的人所使用的方法，简直是胡闹。
>
> 复观 七四、六、二四

从我开始弄中国古代神话，十多年来老师始终是不赞成的，主要是他不喜欢日本学者的"简直是胡闹"的研究方法，对于中国研究古代神话的学者如顾颉刚、闻一多，老师也是极不喜欢，认为他们是"打胡说"。老师不赞成我弄神话，也许是像他死前最后信上所说怕我像许多人一样地"走火入魔"吧？

一九六九年，老师因为梁先生的"汉奸问题"，被迫离开教了十四年书的东海大学，离开东海以后，有段时间，老师是完全失业的。那时候台大哲学系曾经安排了三小时的兼课给老师，可是也被反对掉了。辅仁大学的哲学系也曾想找老师兼课，也没成。那时新亚要找老师去香港，起初也是有人从中破坏。一九七〇年八月，我和陈文华兄来日本，当时两个人住在东京池袋的一个三叠大的小房子中，那时老师在台北写给我们两个人的信，足以说明在台北失业中的老师情形：

　　到了东京后，希望你两人咬紧牙关，先把日文彻底弄通，并准备好明年春季的考试，做学问不可爱热闹。三席的房间太小，最好留心租一间六叠的房间共住。日本人读书风气之盛及生活的清洁条理，这是他们能追上时代的基本因素，任何阶层的人一有空便看书，他们对外文的训练，重翻译不重讲话，比我们实际得多些。我赴香港事已作罢，所以一个多星期以来，已开始了正式的研究工作，现正着手写《中国姓氏的演变与社会形式的形成》一文，自觉有不少新的发现。一个人要站起来，常要靠外力的帮助，去年他们打破我的饭碗及今年不能赴港，我都认为对我是一种大帮助，我要好好利用这种帮忙，以庄严我的晚年，但是否贯彻下去，却难讲。

　　　　　　　　　　　　　　复观　七〇、九、十二

　　你来信说初到东京很难过，使我非常失望，因为这流露出缺乏一种丈夫气概和冒险家精神，无论如何你要拼命地把日文学好，你缺乏忍耐力，我觉得你应该悬梁刺股一番才对。

第二年，老师到香港中文大学新亚去教书，初到香港，生活很苦，同时来自台湾的中伤和破坏也并没有因为老师离开台湾而减少。同时又有"面对大陆上翻天覆地的反孔情形，真不知身在何处"的感觉。那时期老师除了教书以外，所有的时间是闭门写书，并且因为教书兼课不能维持起码的生活，所以也写一些批评时局的文章。这些文章有的因为批评到台湾，而为当局所厌。有的因为批评大陆及毛、江个人，而为左派人士所怒。有的因为批评台独的问题，又为台独人士所怨。在诋毁积恨、攻击像浓雾一般从四面八方笼罩而来的环境中，老师犹如兀自峥嵘的大木，顽强地屹立在这团浓雾之中，以下所摘录的一些信，都是老师这段时间所写的：

> 当局对我的态度，你是知道的，许多朋友也为我担心，同时年老了，更不愿落到中共手上去，所以原来返台后不出来的计划，在精神上已破产……住在台湾，不外乎勉强能生活，来港后便不行，中大港大，只能兼课，兼课并不能够吃饭，所以这一个月来，为此相当苦恼，师母的病，不能根治，只能拖时间，她来住了一个月，新亚的女生告诉我"徐师母是新亚最漂亮的师母"，我听后非常高兴。这里的学生对我非常好，但也引起其他先生的嫉妒，也和东海一样。……

> 复观 七一、五、二十一

我在新亚研究所有一研究员兼导师的名义，但无一文钱的待遇，进中大研究所的机会不大，甚至不可能，因为年龄的关系。我每月为《华侨日报》写两篇文章，上三小时课，还要常常讲演，常耽搁了我的研究工作，但已经是忙个不了。三年以来，蜷伏在一间小房子里，连转身的地方也没有，今后算有了三房一厅的自己的房子，分十二年付款，比租钱便宜，今天又有一讲演。

复观　七三、一、二十六、早

　　知识青年的苦闷，到处都一样，现在大家不仅是站在歧途，而且真像漂浮在茫茫大海中，连东西南北都辨不清楚……我对台湾，不敢置一词，去年双十节不给我请帖，我打电话要了来，今年又不给我，我又打电话要了，人不可以没有国籍……

复观　七三、十、十三

　　今天此间报上转载伦敦的消息，说毛泽东中风了，此讯如确，则共党和国家都好了，他的确是中国的斯大林，……这一日到来，国家的问题便迎刃而解了，但这消息恐怕又是人的心理造出来的。我写了《吕氏春秋》、《淮南子》、《春秋繁露》、《扬雄》、《王充》等五篇文章，约三十万字，中大答应负责印行，不知何时能出版。现正写《盐铁论》，大陆上完全在打胡说，做学问必需自己直接从原典着手，你现时懂到这一点，算慢慢走进去了。

复观　七四、十、十四

我在本月六日写了一篇《谁是中国的皇帝》的文章，痛骂了毛泽东一次，应当在今天《华侨日报》上刊出，可能是《华侨》不敢登，所以今天未见报。有人晚上来看我，可能是为了这篇文章。我的看法，毛死得越早越快越好。我两年没有上课，今天第一次到新亚研究所上课，讲中国文学批评史，每星期三次，写书的工作大受影响……

　　　　　　　　　　　　　　　复观　七五、九、九

　　老师在"亲者痛、仇者快"的情形下死了三年了，当年老师在台湾教了十四年的大学，却有当年老师把他从中学拉到大学教书的先生，反对学生为老师开追悼会。也有当年在老师生前对老师阿谀谄媚的同事，在老师去世之后，才敢说些无聊的话去诋毁老师。暗夜之中，林间的鹰睡了，正也是蝙蝠可以无所顾忌地乱飞的时候。

　　两封信：

　　有一年的春初时，我陪着即将毕业的中文系同学到阿里山旅行，大雾中樱花盛开，我做了一首七律的打油诗，中间有一联是"雾里樱花如梦寐，劫中神木自峥嵘"，正是由心坎里的淡淡哀愁所浮出的，春雪飘在樱花上面，使过于艳丽的春光，镶上冰肌玉骨，真是天下绝色了。

　　　　　　　　　　　　　　　复观　七一、二、十七

　　有二十多年没有看到红叶了，提到红叶，便有些莫名其妙的怅惘，以前远远地望到一大片红叶时，不是悲、不是喜，而是只有红叶，红叶以外的一切都忘掉了。

我每周五天写书，两天写篇时论文章混饭吃，我和师母的身体都不行，万一病倒了怎么办？

我希望明年能来日本一游，但今天又能料明天的事吗？现时我的生活也很苦，不是我这种年龄的人所应当过的日子。

复观　七三、十、十三

雾里的樱花，开时如雪，落时也如雪，是一种干净，一种俐落，一种无常，劫中的神木，千年前峥嵘，千年后也峥嵘，是一种信念，一种执著，一种不屈。日本古话说"人是武士，花是樱花"，回顾老师的一生，或许可以用他的"雾里樱花如梦寐，劫中神木自峥嵘"两句诗来形容的吧？晚年的老师，或许也会怀念起青年时代在日本读士官学校时所看过的樱花和红叶，老师生前时有带师母重游日本的希望，这个希望在他后来的现实中却成了"只是说说而已"而永远无法实现的了。

春雪，点点落在点点的落樱上。

一九八五年四月一日、四月二日《中国时报》

徐复观先生抱憾天不假年

卢蕙馨

　　有人谈起徐复观先生，说他是文化界兴风作浪的人物；但是也有人却赞叹他是敢言之士，是一介书生。

　　在讲究"人和"的中国社会，徐复观常以逆流而上的姿态，放言批评，讲起理来绝不饶人，连老友都不放过，为了争个是非曲直，他不知打了多少笔墨官司。

　　套句俗话，这位思想史学者也是个"传奇"人物。依中国人的算法，他活了八十岁，前半生投身军旅，大陆沦陷后便脱离公职，从此成为完完全全的书生，到香港创办《民主评论》，和唐君毅、牟宗三、张君劢等一群"新儒家"，大力阐扬中国文化，在这块思想上龙蛇杂处的弹丸之地，自成一股不可忽视的清流。

　　曾在这份刊物担任编辑的政大教授金达凯回忆道："《民主评论》是香港第一份反共刊物，登人不敢登的文章，多位国学大师都在此发表著述。内容除文史哲外，也探讨大陆问题和国际关系，对当时海外的知识分子，发生很大的团结作用。"

　　《民主评论》持续了十七年，因左派势力捣乱而停办。徐复观回国任省立农学院（中兴大学前身）教授，然后进东海大学中文系教书，几年后因检举梁容若曾是日本汉奸，造成轩然大波，于一九七二年移居香港，受聘为香港中文大学新亚书院客

　　　　　　　　　　　　　　　　　　　追　怀

座教授，现在是新亚研究所教授兼导师。

徐教授对中国古代学术思想，沉潜至深，以早年在湖北省立国学馆，跟着满清举人念书打下的基础，竟能生衍出今日的繁花绿叶：《两汉思想史》、《中国人性论史》、《中国思想史论集》……精微处俱见扎实的功力。而对艺术也广事涉猎，写成《中国艺术精神》、《黄大痴两山水长卷的真伪问题》等书，不能不说是今日已难见的"典范"。

而他并不仅是一介书生，"写点不识时务的书"而已（大陆沦陷后他因政治思想未被了解，感叹地说此后的计划）。徐复观所以被称为"怪人"，所以"毁誉参半"（朋友们说总是诽谤的成分多），是因他有超乎常人的道德勇气。

他曾说，他并不曾想建立自己的思想体系，他只是要为遭受诬蔑的中国文化打抱不平，这纯粹是出于对中国文化的责任感。他致力于对中国文化做"现代的疏释"，即把传统思想拿来跟现代接榫，要受时代经验的推动与考验。

这方面，他赋予中国的民主运动最强烈的关怀，他热望海峡两岸都实施民主政治，都为全体老百姓的利益着想。与大陆邻近的香港，能高度感受大陆的动乱，政治气候十分复杂，徐复观无所惧畏，在报章杂志上奋笔不懈。

一位和他相交三十年的学者说，徐复观的政论文章，在海外很有影响力，中共怕他，极力争取他回去，而他无动于衷，因为他深知共产党的本质。因为民国三十二年，国共一度合作时，军令部曾派他任驻延安的联络参谋。

有个朋友说："很少看到这样真性情的人！"徐复观和许多文化界的大人物都唱过反调，他曾抨击胡适的一场贬抑中国文化的演讲，是"中国人的耻辱，东方人的耻辱"，但他也给胡适"在民主自由之前从未变节过"的肯定；殷海光过世后，他写了"痛悼吾敌，痛悼吾友"的纪念文章。

他看不起知识分子，曾慨叹"历史上最不讲理的是秀才，最能讲理的莫过于大兵"，他形容绝对多数的知识分子渐渐变成了软体动物。

现在，这位生龙活虎的文化壮士倒下了，从不肯认输的他，在癌症病魔面前无言地服输了。今年暑假，他原预备出席在夏威夷举行的"朱子学会议"，要宣读的论文《程朱异同》已经写就。他缠绵病榻的这两个月，旁人避着提学问事，倒是他主动提起过，对来探望的老作家杨逵抱憾地说："真想再活几年，把想讲的话讲完，好对自己有交代！"

然而，当时他尽管脑袋清楚，下半身已经瘫痪，朋友和学生（感戴他，同亲人一样地照料他）每次进病房，越来越不敢久留，怕徐教授说话吃力，怕给已经心力交瘁、七十多岁的"徐师母"（这一对恩爱的伴侣互以"老公公"、"老太婆"昵称）和他的儿女加重感情负担。

三月二十二日晚，徐复观开始靠打针止痛。第二天午后，记者去看他，看他苍白瘦小的脸，沉沉地睡着，手背上贴了许多条白色胶带，点滴筒在旁边无声无息地把什么滴进他的体内。

其实，大家都已束手无策，因为已不能巴望有任何治疗效果，只求减轻他的痛楚而已。学术与政治论坛上飞跃几十年的生命，正在一点一滴地消逝，毫不理会窗外逐渐喧闹起来的春的气息。

徐复观离开东海大学后，他的言行在该校年年被转述，一位

东海的毕业生说，感觉上好像他并未离开，现在，许多敬爱他的
人宁愿感觉：他仍然存在！

一九八二年四月十二日《民生报》

徐复观老师病中记事

刘黎儿

前　言

徐老师走了，昨日我在本报三版写特稿时，只能称徐老师为"徐先生"，好像把徐老师厚蔼的人性全部去掉一样，我很恨自己是个记者，无法用全心来敬悼一位这样时代性的文化、道德与良知的长者之逝世，无法静默地责刻自己更深的传承责任。但是在另一方面，我也庆幸自己能将徐老师临去前的音貌传播给他所关怀的人士知道。

徐老师是我的"太老师"，虽然隔了一代，徐老师待我和一般学生无二。二月八日，徐老师住进台大医院九〇七病房，我去看徐老师几次，有一段时间，为他读报纸、说新闻。每次去看徐老师，回来内心总有抑不住的激荡，随手记下，有时徐老师也要我拿纸和笔记下他的话，但是癌痛不饶人，说的不多。每个人都知道他的话还没说完。

三月十日

早上十时去看徐老师。徐老师精神很不错，我人还没有走到他床前，他就知觉到了。东吴大学的廖伯源先生正在读报纸给他听，读的是有关中共国务院机构改革的文章。这就是徐老师，连一刻都停滞不得地前进，在病榻上躺了这些日子，大概让他十万心急吧！

十一时，一位年轻的曾鸿良医师来为徐老师作复健。大概是上次医师求好心切，作了一次，让徐老师背痛又加剧了许多，所以徐师母就很不忍心地希望医师不要太勉强了，医师一直解释，让徐老师坐在有靠背的椅子，不会太吃力的。

徐师母和侄女王女十一旁商量，徐老师说："一切听医生的，你们不要说了！"生病的徐老师也还是他自称的"讲理的大兵"呢！

这是徐老师入院以后第一次坐着，卅几天以来都是躺着，所以一下子改变久已习惯的姿势，便觉昏眩，加上背部的疼痛，二分多钟便皱眉了，医师安慰他："正常人躺久了再坐起来也会不舒服，这是自然现象。"徐老师便把最长的三分半钟撑持了过去。

徐老师指指背悄悄地问医师："是不是癌细胞跑到这里来了！"医生说："现在检查还不是，还没有找到原因！"

台大医院的好医师怎么可能找不到原因呢？徐老师却也不去抗拒医师的话，就当真是这么回事吧！徐师母急着要医师让老师躺回床上，好像老师的身体是师母的心一般，当它舒坦时，她的心也才舒坦。

十二时，大家都走了，徐师母弄面给老师吃，床上的桌台已摆好半天，徐师母还在炉子边，我凑近看，原来徐师母是在把面条捣烂，让老师好下口，这是每次一进门，便深深感受到的夫妻爱。徐师母是真正只为老师而活的传统女性，朝夕面对面的聚守，谱出半世纪的爱与情。此刻，她的动作仿佛是在喂食她的爱子，而徐老师也称师母是"养了一个最难长大的孩子"。

徐老师一边吃饭，一边听我说最近一些政治上的动态。他很专注，偶尔还问一两个题。他问我："关于女垒赛，今天《中国时报》说可以挂国旗、唱国歌，是真的吗？"女垒赛一直是老师入院后极关心的问题，来看徐老师有许多位的政要，他总是想打听出一些端倪，希望整个事件有令人觉得乐观的发展。

一碗吃完了，他很有兴致，便再把剩下的半碗又全吃了，胃口真好，精神真好。

我突然觉得徐老师还会再好起来呢！

三月十一日

早上九时去，徐老师有学生来看他。

下午三时去，天已经阴暗，病房里也阴郁了些。徐老师只对我说：

你拿纸、笔来，我有些话，你记着。

首先，我不赞成目前所盛行的一些口号。在我们与中共对峙的情况下，我们用的那些口号与世界并无关系。

我认为应该说"保卫自由社会体制"才对，因为这种说法，才能加强自由世界的责任感及普遍性的认同，向北可以推之于日、韩，向南则及于香港、新加坡、马来西亚等，而得以影响大陆的人民。

自由社会体制之可贵，是用民主自由力量自己调整自

　　　　　　　　　　　　　　　　　追　怀

己，不需要假借外力。而就此体制来看，我们与中共的对峙是个世界性的问题，而不仅只是两个政权的对立而已。

徐老师表示"我很奇怪，为什么有些人不走正路，而尽力气走歪曲的路"，他想了想说："这话可能又要伤人了。"

徐老师在床上作运动，自己把双手放到腹部，再举到床头后，想了两下又说："其次，有人喜欢说，我们社会比东南亚的若干国家进步，这种口号哪能喊？简直是侮辱自己。"

徐老师又说："我不赞成有权的人，讲起话来跟别人分量不同。……"

徐师母一旁翻译，因为徐老师有时说的是家乡土话，说到这里，她要徐老师不要再说这类话了。徐老师过去因为说话率直，不知吃了多少亏，至今却仍不改本色。徐老师自己也把话停了，他说："你回去吧！"

此时，我抬起头，才发现疼痛已经使徐老师涨红了脸。

三月十二日

今天上午九点就到医院，主要是因为今天有重大的新闻——台北县议长陈万富因涉嫌行贿买票被收押，我很急切地想把这则新闻读给他听。

一进门，徐老师口中的"幺少爷"徐帅军已经在读报纸了，但是读的不是这桩新闻，我便迫不及待地把报纸拿过来，读三版上的每一条新闻，因为每一条他都关心，徐老师一面听一面叫好，或许是台湾社会的光怪陆离，变化太大，徐老师一直不能相信金钱介入选举到这个程度。

念完了报纸，徐老师又问起一些文化界的情况，我把许多事活泼地说了，徐老师一直在笑。

聊了一阵子，我便离开了，去监察院采访，结果监察院没有什么事，后悔刚才应该在病房里多留一会儿。

本来昨日应该继续作复健，但是徐师母心疼老师，便说"我还没有准备好男生，所以没有办法帮医师移动徐老师"，便让徐老师偷得一日闲。

来客总是担心伤了徐老师的元气，问了两声话便走，徐老师也都和大家握握手。

三月十三日

今天下午六点才去看徐老师，入院以来，徐老师一直都是在黄昏时刻便疼痛的厉害，今天也不例外，所以没让徐老师知道我来了。

徐师母问老师要不要吃止痛药，徐老师坚持不吃，在这个当头，他仍打算用意志力来克服呢！照顾他的李太太帮他塞了块棉，他说："谢谢你哟！"李太太说："你这么痛，还这么有礼貌！"

徐老师住了一个多月医院，七十多岁的徐师母在一旁搭了一个床，等于也入了一个月院，也觉得撑持不住。朋友劝她晚上住到侄女家去，白天再到医院来。但是说归说，徐师母还是只出去住过一两次，原因是徐师母舍不得老师。

有一次，徐帅军问徐老师说："妈妈今晚不睡这儿吧？"徐老师说："你自己去问她吧！我看她舍不得。"

三月十八日

今天早上来看徐老师的人很多。

徐老师的身体是完全瘫痪了，但是脑子却很少停过，眼睛总是不减一分深邃的力量。

徐老师已经很少说话了。大女儿均琴说起徐老师昨夜梦呓时一直喊着："大……大……"，"大"是徐老师对母亲的昵称。

一九八二年四月三日《中国时报》

先生去矣！香火存乎？

徐复观先生走了！他罹患癌症，重来重生了一次，但是这一次，每个人心里都明白，除了梦中偶尔得之，他是不会再来了。

徐先生今年八十岁，前年回国参加汉学会议时，感觉健康上似乎有些困扰，遂入台大医院检查，发现胃有肿瘤，立刻割除，因系初期，情形良好，医师亲朋，均深庆幸，先生的心情，也甚为宽朗。

"重生"的徐先生并没有因为老与病为理由，予自己丝毫的松懈。在他左右的亲人都劝他，可以休息了，但是徐先生却从来没有停下一刻，即令他躺在病榻上也一样。徐先生的"重生"只是使他像一盏重新上了油的灯，更加旺盛与灿烂地燃烧。他每天工作至深夜，矢志把中国文化作一套完整的"现代的疏释"，然而，从先秦到西汉，《两汉思想史》到《两汉经学》，徐先生却因自己生命的停止而不得不停止了，以后还有魏晋，还有隋唐、宋明乃至近代、现代呢，徐先生何尝忍心呢！

徐先生的思考因"重生"而更加深邃，而他对整个民族的关切，也更加深刻，在台大手术后的两年中，他偶尔看到报纸上有什么样的讯息或不妥的作法，他还是要提笔指评一番，火气或许不下于青发少年，而识见却也果然高超独到。也正因为这股刚正之气，使徐先生在风雨如晦之世，得以闪烁着知识分子良知的光芒。

徐先生在今年二月八日入院，经过初步的检查，家里的人都知道"这次再也不能出院了"，因为可怕的癌细胞到处蔓延了，家人因爱心与不忍，没有将此事告诉徐先生，但是先生何等的智慧，又何尝不知道侵蚀他的是癌细胞呢，为了怕家人生友操烦，他也故作不知，但是忍不住时，总要问问医生："是不是癌细胞上来了？"这种两相不忍的"两相欺瞒"，蕴藏了人间极致深刻的温馨，在旁的人，总要暗暗掬住一鼻子酸泪。

徐先生在生命最后几周日子中，癌细胞已经侵染到脊椎了，第四根肋骨以下，已经完全瘫痪，动弹不得了。尽管是如此，病魔再厉害，也夺不去徐先生一分的气势，天下还是徐先生终生所关心的天下，学生来了，他要学生读报纸，说新闻给他听，遇有事件，他还是要评论一番。

当时女垒赛的主办与否正举棋未定之时，徐先生便曾一再表示："不能再退缩了！"他并举许多证明驳斥当时反对者的顾虑，他说："处理国际事务的人一定要有世界眼光，那些反对理由在国际上看来都是不成理由的理由！"后来宣布要办，徐先生还为此高兴了一阵子。

报纸上几千字的专论，他也不惮其烦，一字字地听着，恨不得自己能够坐起来，再拿起纸和笔，抒发自己的看法。那种对世事、人民、社会、国运的专注神态，使人无法想象他是一位垂危的癌症患者，或许就是这份对民族与文化无尽的关怀，使徐先生一次又一次地克服癌症，用精神的生命超越生理的生命吧！

三月十日，徐先生第一次在医生的帮助下，在椅子上坐了三分半钟，当三分钟时，身体的不适与久卧的昏眩，使徐先生几乎撑持不住，但是徐先生只是皱着眉，听从医生的话又撑持了半分钟。平常时分，癌细胞也会猖獗地吞噬徐先生，那种苦痛，已非常人所能忍受，但是徐先生总是期待自己不要倚赖药物来止痛，只有在极不得已才吃止痛药。这种对自己生命的信心与抵抗的意志力，或许只有一位有深湛修养的人格者才凝聚得来！

其实从徐先生住院以来，几位台大医师虽然极认真地治疗，但总认为先生的去世或许就是十天八天的事吧！而徐先生却撑持了一个多月，是家人在哀凄中的一些喜悦，也可以看出徐先生的生命和意志之间竟有这么密切不可分的关系！但是，令人担忧的是，是不是徐先生还有一些未尽的期待或问题，使他觉得他不能就此撒手不管，弃他所关怀的人世而去呢？

或许是的，三月十一日，徐先生在病痛中稍得喘息间的舒泰，他便急着要在一旁照料的学生拿出纸与笔来，记录他对一些问题的看法，他认为在目前与中共对峙的局面之下，应该打出的口号，是"保护自由社会体制"。

他认为自由社会体制问题，是用民主自由的力量，自己调整自己，完全不需假借外力，这是自由社会体制可贵的地方。他并认为对抗中共及其他共产主义，是一个世界性的问题，而不是两个政权的对立而已，当我们呼唤"保卫自由世界体制"时，也同时昭明了我们真正的用心与立场，也易于使世界了解。

徐先生的这一番话是相当令人感慨的，他深爱中国文化而生的民族主义，与过去奉苏俄为首的国际主义对立，使得中共绝不会宽恕他，而另一方面，他一生致力于维护中国文化，又使部分主张全盘西化的自由主义者对他深为误解，然而在双方的排斥、打击之下，徐先生从未因此改变初衷，不因他人的批评与误解，而离开自由民主阵容，也不因赤色气焰的高张而有所屈服。

几位徐先生在香港的知友学生，便能深深了解这些年来，徐先生在海外的处境下，竭尽心力保持一个有守有为中国知识分子的本色。

他们指出，在一九六六年毛泽东发动"文革"，次年香港左派大暴动，自此以后，海外中国知识分子的心态受到很大的扭曲，有些人成为变形虫，压抑自己，默不作声；有些人成为应声虫，一下成为中共政治、思想主张的俘虏，有些人则静观待变，徐先生所指斥明代知识分子无所守为的形状全出现了，而唯独徐先生还本自己的良知与道德的勇气，为全民族与文化发言，权势压抑不了他，而利益更诱惑不了他，任何人不能使他不说话，任何人也不能使他说他不能说的话。

民族与文化的责任感，使徐先生从早年的武人生涯转变成一位比文人还文人的知识分子，他有关中国思想的几部著作，自成一家之言，在学术界已有定论，而其于文化维系的地位，自非一般论著所可比拟。

徐先生的一生是部鲜活的历史，是一位顶天立地的军人，为此他将儿子取名为武军、帅军。他是一位有良心血性的书生，为此，他从不停止他对文化的系念与天下安危的关怀。去探望徐先生的一位人士便表示："如果徐先生走了，再也难见内心这么严肃的人了！"

胡适过世之时，徐先生抛开所有的溢美之辞，独到地触及了胡适内心时代性的落寞，而今徐先生自己过世了，身旁的人不禁都发问："谁再来点出徐先生自己的落寞呢！"

先生去矣！香火存乎？

徐先生卸下戎装后，几乎都在大学里担任教职，他的学生遍及台、港、美等文化界，学生的学生也都一个个开始卓尔独立了，他最担忧的就是台湾年轻的一代，认为这是台湾社会最大的问题，但是看到他的"孙弟子"，他似乎觉得可以稍稍安心一点，擎了半个世纪的香火，总没有传不下去的道理吧，所以徐先生急切的心，总是超越的，超越地关怀到每一个年轻人。

徐先生一向认为自己的工作是受到时代经验的推动与考验，现在他走了，他所关怀的下一代或下下一代，是不是禁得起徐先生的推动与期许考验呢？

一九八二年四月二日《中国时报》

裹创再扶天倾
——敬悼徐复观先生

高　达

昨夜忽忽不乐　心头如压大石
今朝闻讯始知　先生忽已云逝

一生杀鬼打鬼　颇似今之钟馗
人人恶其疏慢　谁怜魏徵妩媚

世乱人心无主　劫余多少德贼
都向软滑中去　谁肯崎崛中来

西风吹时向西　东风吹时向东
岂止江山无主　直是中国无人

夫子见此大惧　乃奋《春秋》之笔
要为一代脊梁　傲彼风雨猖狂

执笔为国伸冤　时时鞭挞洋鬼
攘夷有时而非　仍比是者可贵

学术政治之间　　先生巍坐两楹
遥见九州一统　　终赖道统是兴

年来硕果飘坠　　检点又少一枚
信有落花之约　　化泥仍许回馈

昨夜无风无雨　　先生去得干净
所恨华夏之癌　　未能一扫而尽

先生一生刚强　　后生勉为忍泪
裹创再扶天倾　　看看轮到我辈

最后的火车站   吴连芳

我好似一个夜行人，总希望能在黑暗中标出一条可以回到自己
家里的路，尽管现实上我并没有家。

——徐复观

巡逻的猫头鹰睡了
贪逸的老鼠不再出勤
没有月亮
星眼疲垂
盲目失明的夜空下
一个少年　提灯奔驰
于一路辘辘的旷野
找一个驻足的

家
这一亘古的长梦
总梦见少年
像头戴煤灯的矿工
入山洞

钻探一座山啊!
　　万座山
像行走钢索的演员
越铁桥
横渡一条河啊!
　　万条河
而山山之外
　水水之湄　门牌
恒是爬满青苔的石碑

最后
嘟嘟的挽歌声起
夜快车缓缓进站
古迹陈列室里
少年正以额角铺陈
一条崭新的
铁轨

　　附注：从未与徐教授谋面。衷心佩服乃深受其杂文中所流露
出的真诚与良知所感召。愿以此诗做为晚辈对徐复观教授最忠诚
的献礼。

一九八二年四月十二日《台湾时报》

　　　　　　　　　　　　　　　　　　　　　　追 怀

引航者

杨　泽

　　我曾探索那人文体

　　如何在固执事实的白话中投出

　　热烈的光芒

　　火辣辣的文字照彻了多少国人

　　阅读的"此刻"，也强烈焊接了中国

　　不易把捉的过去与未来

　　去与来之间，风檐展书

　　在文字背后，目见了

　　一比文字更庞大的引航。

　　怒而飞，其翼若垂天之云……

　　我也曾追究光芒的来源

　　发现那人的传奇坎坷

　　乱世飘荡，与其文章隐隐

　　有一呼之即出的关系

　　以意逆志不料触着了一被疯狂打造

　　忧国的核心……

　　在过去已去，未来还来之前我也曾偶然际会

望见灯火阑珊处

啊，一位起人孤愤的中国老人

笔秉春秋，血泪凝成真精神……

千载下，乱世中

那寂寞的老人已去

但他雄健的文章正哭笑着来日

疾乱的秋风！

附记：谨以此诗纪念徐复观先生

追 怀

悼徐复观教授

爱国平生耿耿心，霸才无主倍怜君。

著书自见虞卿志，剪纸空招屈子魂。

犹望骨灰归故宅，忍衔杯酒读雄文。

难忘尺幅殷勤意，为说长安执戟人。

春节后，接复观兄复信，云：右臂关节痛，愈后将详函。又云：将于五月间赴美出席朱熹学术讨论会。窃料其癌患，已转险为安。不意竟成永诀矣。附纸云：扬子云执戟之臣，所以恋恋长安不忍去者，以长安为中华文化之所汇集也。又云：多年欲归隐故乡，现仅望能将骨灰归葬故宅旁。人之将死，其言也悲！呜呼哀哉！阔别三十余年，晚年不得一面。呜呼痛哉！书至此，不觉老泪之纵横也。

一九八二年四月

复观兄"卧病台大医院"　　　　　　　　小　弟

前问康复祝馨香，去岁约归频扫床。

细读长书谂厚爱，端详俪影费时光。

我知斯病心如捣，夜和此诗泪斗量。

回首当年无数事，金陵握别最难忘！

一九八二年三月十三日

　　　　　　　　　　　　　　　追　怀

挽徐复观教授

明允中

肝胆轮囷八十年，訚訚谔谔亦天全。
贾生报国初陈策，祖子忧时早着鞭。
论士沃闻崇两汉，灯犀真欲照重泉。
从来楚客多孤直，惆怅江乡耆旧编。

明允中先生，国立中兴大学中文系教授，与徐复观先生有同乡同事之谊，日前惠函以挽诗见示，觉其出语皆如其分，而情怀恳挚，寄慨遥深。谨特送请《鹅湖》发表，以为纪念。

蔡仁厚谨识　四、廿三

香港二士，善积善用

——悼徐复观、董浩云两位先生

四月上旬，香港有两位重要人物逝世，都令人感到十分惋惜。一位是儒者徐复观先生，四月一日在台北逝世，他一向以香港为家，近数十年来在香港做学问、教书、写作，是香港最重要的学者之一。另一位是航运家董浩云先生，于四月十五日在香港逝世。

徐、董两位先生所从事的业务完全不同，但两位都是香港非常杰出的人才，是世界性的重要人物。董先生是全世界最大的独资船东，拥有船只一百五十余艘，共达一千一百万余吨，他的财富与地位，人们是很容易了解的。然而在知识界与文化界，徐先生所得到的敬重，或许并不在董先生在企业界所享有的地位之下。董先生所积贮的是船舶与财富，徐先生所积贮的是学问和思想。两人的积贮都很庞大。值得人们敬重的，不在于财力之雄厚或学问之深邃，而在于他两位都善于运用自己宏大的积贮，不单是为积贮而积贮，而是使用于十分有价值、有意义的目标之上。

徐复观对于史学、哲学、思想史、艺术史各有深厚的修养，精到的见解，发表在他许多专门著作之中。他长期来为《明报月刊》撰稿，所论述的范围极广。数年之前，又曾为《明报》副刊写过一段短时期的短文，其他文字，散见于香港、台湾的许多重要报刊。徐先生文如其人，有时火气甚大，然而耿直坦率，从来不作违心之论。他对世人影响最大的，恐怕不是他的学术著作，而是时论式的文字，对于当世之务，有不平则鸣，数十年来如一日。他是当世重要的儒者，深信儒者对于世道人心负有责任，对于国运政局负有责任。而从不懈怠地尽其责任，直至于死。他以自己的行为与文章，显示中国的知识分子应当怎样处世做人，怎样为学立言。像这样气节凛然、人品方正的士人，可说是东汉时代的人物，当世实在是不多的。

董浩云先生在发展航运事业之余，热心提倡国际性的高等教育。他对"伊利沙白皇后号"与"宇宙学府"的努力是众所周知的了。他以世界性的远大眼光，认为各族人民应当互相合作、互相了解，海上学府这个创举不但显示了他的魄力，也表示他对学术文化长期持续的贡献。他每年花费巨额款项来支持音乐、歌剧、电影、舞蹈等等文化活动。董先生自己十几岁就投身航运，没有受过多少正规教育，但对于教育与文化艺术，却作出了巨大的贡献。徐、董两位先生还有一个共同之点，那是待人谦虚诚恳，和任何人相交都没有丝毫高高在上的神态。这种高贵的品格，是许多有地位、有成就之人所不能企及的。香港在半个月中损失了两位杰出的人才，也是损失了两个好人。

一九八二年四月十七日《明报》社评

挽联集录

复观先生千古

政治学术之间自有雄文传后世

赍志幽忧以殁忍看游水尽交期

弟　台静农拜挽

复观兄千古

崇圣尊儒，精诚相感，巨著自流徽，辣手文章辨义利；

辟邪显正，忧患同经，说论真警世，通身肝胆照天人。

弟　牟宗三拜挽

挽徐复观教授

君去竟何之，可有溪山留胜迹；

我生亦靡骋，且随云月伴归舟！

程沧波敬挽

敬悼徐复观先生

忧患见形容，情伪率由自我；

文词多疾世，得失当听后人。

严灵峰

论学不尽相同。然以孔孟为国脉所系，则吾人一致信念。
死生是天命，唯心血未尽而去，遂使圣贤文士多长恨。

乱世长相睽隔，每遇小人逞奸佞之谋，必不约同张挞伐。
祸福本难言，懔弘道在人之语，毕竟无畏护义是真儒。

胡秋原

复观吾兄千古

才德早崇钦共尊一代鸿儒声应气求订车笠

人琴今遽杳长忆西窗剪烛心伤泪涟洒黄炉

弟　张研田拜挽

复观学长千古

敢说敢为一身硬骨撑天地

何失何得百卷遗书贯古今

弟　涂寿眉敬挽

复观尊兄千古

作诔难成不尽平生知己感

旋乾未得无穷悲愿救民心

弟　张佛千拜挽

复观师千古

复显天地灵心亲沐在春风及冬阳以内

观察古今大道献身于学术与政治之间

受业　侯家驹敬挽

复观前辈灵右

贯精诚争世运嶙峋劲挺励志一生留型则

尊孔孟振人文正大刚方抗怀千古是真儒

后学　蔡仁厚敬挽

复观前辈先生千古

风骨嶙峋一片丹心存宇宙

谠论严正等身名著于春秋

后学　周群振拜挽

复观教授千古

为寒夜中的传统生火大寂寞要一人来承当

为铁砧上的民族裹伤真性情是百世所崇仰

晚　高信疆、柯元馨拜挽

复公教授前辈千古

长往真儒日月昏，弘谟健笔两间存。

港台且作新民地，楚鄂终归故国魂。

元晦撰笺多慧识，敬舆议奏尽忠言。

声闻犹憾趋陪晚，谁析今文论魏源。

横流沧海禹州昏，阅识孤怀浩气存。
笔挟风雷惊醉魄，道崇孔孟复华魂。
人天五福无遗憾，家国一衷多苦言。
木坏山颓洙泗在，先生不负导清源。

后学　陈耀南拜挽

复观教授尊兄千古
留得缁林姓字香，
等身述作满经床。
程朱以后新儒学，
日月当前万古光。
遥念毗耶真示疾，
进维硕德叹难量。
美孚我记同邻里，
吹笛山阳永不忘。

上次徐先生作卧病台大医院韵以志哀悼

何敬群拜挽

复观教授千古
说孔孟讲老庄一片丹心春风化雨
真乃书生本色
立人文兴儒学毕生精力志挽狂澜

不愧侠士心肠。

晚　洪名侠敬挽

复观教授前辈主怀安息

学贯东西春风拂拂三千外

才兼文武国士栖栖一代中

后学　李缵铮、朱仿文敬挽

复观先生千古

文章纵横笔锋锐利惊鬼神，

性情流露血气翻腾念邦家。

晚　刘述先、安云敬挽

复观老师千古

传史学授真言有所取必有所弃，

入耳惊心刚启后生痴迷，惘惘然顿成绝响。

解老庄谈道理是经师也是人师，

徒游恨晚方窥学问堂奥号咷兮痛失良师。

受业　权波泣挽

恩师复公大人千古

南天世尊刘勰北斗众

仰新儒反省国破家亡可叹人心遭禁锢，

三年形役蹉跎正月

追　怀

辞职追伴何遽山颓梁坏长教孺子恨吞声。

门生　朱国能泣挽

复观先生千古

集史哲艺文大成高山仰止每遇创发欣记取
兼师友手足情谊平生过从饶有真趣常契心

后学　赵聪敬挽

复观先生千古

宜公怀抱
象山精神

后学　唐端正敬挽

徐复观教授千古

报界精英博古通今，笔挟风雷宏撼谠论
儒林山斗敦诗道学，歌传蒿蕙痛失斯文

后学　徐应瀚敬挽

复观先生千古

论学术博通义理考据词章明体达用
议政治深究自由民主法制守经行权

后学　李杜敬挽

复观先生千古

挽复观先生

（其一）

文星一夜掩雄光，目极东云百断肠。

早向高衢骧绝足，晚于行路惜迷阳。

狂澜待拯人终溺，国士投闲世可伤。

寥落乾坤悲后死，为谁独立问苍茫。

（其二）

纵横光岳降奇才，独抱儒宗世并猜。

经济文章通内翰，明夷心迹付南雷。

溟鹏振翮蜩应笑，火凤成丹羽未灰。

静对遗书吊冥漠，九原随会起沉哀。

（其三）

寻常语默成悲悯，辨析深微涉爱憎。

撒手定知魑魅笑，哀歌宜有鬼神凭。

冷烟魂断春三月，雾海光沉夜一灯。

化鹤归来定何处，乡关遥隔浪千层。

（其四）

十载萍逢未觉迟，交情小友与严师。

曾叨左题赋皇甫（拙集蒙作序），常恐牙弦负子期。

直笔论心缘内热，激泉洒泪有余悲。

百年精爽回长夜，犹是亲承杖履时。

追 怀

壬戌清明　晚　苏文擢顿首拜挽

徐复观教授千古

一代推儒学大师鸣铎港台共仰起衰振废

十年作声闻弟子方亲謦欬遽惊驾鹤乘云

后学　韦金满敬挽

复公夫子千古

弘扬孔孟妙解老庄天下学人齐景仰

哲贤已逝德范长存灯前孺子哭吾师

受业　毛炳生痛挽

复观先生千古

忆当年联处同工陪都百级天阶应留足迹

悼此日哲人其萎乱世千篇遗著永放光芒

弟　林伯雅敬挽

复观教授兄千古

业绩著千秋，述史论文，广大精微，先生之学。

芬馨流百代，惇行达节，高明俊达，唯楚之雄。

王韶生敬挽

哭复观

斯人斯疾倍辛酸，病榻几曾忍涕看。

屈子情怀司马笔，董生论议伏胜冠，

等身著作声光在，忧国尽思血泪殚。

欲托楚些招羁魄，人天何处话胆肝。

涂公遂初稿

复公老师千古

挽狂澜新儒学破混沌醒痴迷运笔如刀斥奸若神

国族无穷愿无极

究史实论文心其思微其理达半载聆教一生受用

仪型常在气常存

受业 柯万成拜挽

复观老师千古

侠士、行谊永垂典范

著述重义理，精考据，擅辞章，既清新，又隽永，文采
千古长青。

生 赵潜敬挽

徐复观老师冥右

一代学人创《民主评论》古道热肠承传儒统

百世师范持学术报国鞠躬尽瘁化沐三千

受业 黄兆强跪挽

敬悼徐老师

独立苍茫，

系心故国。

老师，

你真的去了么？

举世混浊，

正义无存。

而逝人逝矣，

哲人逝矣。

半生从政，

半生治学，

先生诚古之志士，

埋首古卷，

而无忘生民之忧患，

古道热肠，

今尚几人哉，

今尚几人哉！

梁国豪敬挽

理　念

《东亚儒学视域中的徐复观
及其思想》自序 *

黄俊杰

　　《东亚儒学视域中的徐复观及其思想》这部书，对我自己来说，是情理交融的作品。我在理性而客观地分析徐复观思想之时，不免怀念昔日感性的情怀。一九六五年九月，我从高雄乡下来到台北，进入台大历史系读书，那个时代的大学校园弥漫着浓烈的西化的氛围，大学同学读的是卡缪、沙特的存在主义小说，写的是意识流的散文，我虽然艳羡这些来自欧洲的新思潮，但终不能忘情于儒学与中国文化。在大学时代，我开始阅读钱穆先生的《国史大纲》，并经由熊十力先生的《十力语要》、《读经示要》，而接上马一浮先生、唐君毅先生、牟宗三先生及徐复观先生等"当代新儒家"的著作，钱、唐、牟、徐等先生笔下所流露的传统的情怀与民族文化的悲愿，对于大学时代的我发出强烈的精神的"召唤"（韦伯所谓的"calling"），使我走上中国思想史研究的道路。

　　我初谒徐复观先生是在一九六七年十二月二十二日下午六时廿分，在台北市许昌街的女青年会餐厅。当时是经由先父挚友湖北黄梅涂以仁叔叔的介绍安排，向徐先生请教为学之道。记得徐先生从

---

* 台大出版社，2009 年。

《史记·伯夷列传》一路讲到中国哲学的特质，声如洪钟，双目炯炯有神，虽已阅四十二寒暑，徐先生墓木已拱，但当时徐先生亲切开示的场景，至今仍记忆犹新，历历在目。这次面谒之后，徐先生回信时说："中国哲学非出于思辩而出于功夫所得之体验。以西方哲学为标准来看中国哲学，则中国哲学非常幼稚，且与中国哲学之中心论题无关。"这些意见与当天面谈时的主要内容一脉相承，使我对"当代新儒家"的基本学术立场有第一手的认识。

在中国"当代新儒家"之中，徐复观先生生命力极为强韧，正是殷海光先生所说"他（徐复观）凶咆起来像狮虎，驯服起来像绵羊"，对于现代中国掌握权力的政治人物与践踏中国文化的知识分子，徐复观以狮虎之声对他们发出怒吼；对于备受欺凌哀苦无告的劳农群众，他像绵羊一样地抚慰他们心灵的创伤。几十年来，我从徐先生著作的字里行间，读出了他的一颗"感愤之心"，和这颗"感愤之心"为二十世纪苦难的中国所留下来的文字见证。

这部书并不是通论性质的"思想传记"（所谓 intellectual biography），而是我进入徐先生的思想世界、探索徐先生的"感愤之心"的学习心得。本书聚焦在徐复观先生对"中国文化何处去"这个问题的探索，尤其集中在他融合"民族的"与"民主的"思考。全书各章写作时间前后历经十余年，但各章在收入本书时均经过大幅增删改写，以与全书论述融为一体，第一及第七章则是最近在全书主体完成后所写。我以虔诚感恩之心，敬献本书于徐先生之灵前，并衷心期待读友诸君子的指正。

二〇〇九年七月一日

自序于日本大阪关西大学旅次

《徐复观杂文》跋

杨乃藩

　　去年十月二十四日，《徐复观杂文》定稿的时候，复观先生写信给我，说："拙著从未麻烦朋友写序，惟此次费先生很多精力，如肯赐一短序，至所欢迎。"复观先生给我这样大的荣誉，真使我受宠若惊。继而一想，以复观先生的齿尊德崇、学问渊博，要我在他的著作上写序，又如何能相配。而况真正的序，已由复观先生门人萧欣义博士十精慎整理之后撰写。我如果再写，未免画蛇添足。而复观先生的盛意雅命，又不可违拂，所以作此短跋——虽然复观先生其后来信仍然命我以序的方式出之。

　　复观先生精攻文、史、哲之学，其许多专门著作，我因为是门外汉，涉猎不多。但是其在报纸上发表的杂文，或评时论政，或记事抒情，范围广泛，无所不包；词锋凌厉，锐不可当；立论又复严正，有千军辟易之慨。心仪其人，却缘悭一面。十余年前，复观先生在东海大学任教，我在彰化溪州工作，每次从彰化坐火车回台北，经过台中站，常有东海的一些教授上车。我常注意观察，希望能发现徐先生，有缘识荆。但终未能如愿。其后徐先生赴港，当然更难谋面了。

　　直到去年春天，复观先生来台，由《中国时报》余董事长纪忠先生陪同参观报馆，我才获得一面之缘，也只是短短的几分钟。

我当时的感受是："望之俨然，即之也温，听其言也厉"，正是先生的写照。也正因这一机缘，先生决定把杂文集交时报文化出版公司出版，而由我任联络之职。

当时先生的杂文集正由其门人萧欣义博士整理中。萧博士在哈佛专攻历史，为人温文儒雅。大概在六月间，他抱着一大堆稿件来看我。这百多篇文章，都是曾在报章杂志上发表过的，讹夺之处甚多，均经复观先生亲自整理，并由萧博士详细校勘，可以说已经十分详备。只是这些文章，实在"杂"得可以（这也足证复观先生学问之博、兴趣之广）。如按发表时间排比，则内容参差，阅读不便；如欲分类，又难以下手。我在将题材浏览一过之后，建议把全部文字分为四大类，即：（一）论中共，（二）看世局，（三）记所思，（四）忆往事。大体上把各文容纳进去，分为四册，而各册的篇幅又不致相差过巨。当蒙复观先生及萧博士首肯。另外，文中有一二篇因剪报不全而残缺，也经我向中央图书馆查出原文补入。这就算是我对这部大著的小小的贡献了。

我为我能为一位素所敬佩的前辈士人略效绵薄而感到荣幸，我也为在这本大著上附骥尾而感到惭愧。谨跋。

一九八○年元旦在台北

《徐复观杂文续集》序

杨乃藩

　　两年前，我受命编次《徐复观杂文》:《论中共》、《看世局》、《记所思》、《忆往事》四帙，得与复观先生订文字之交。书札往还，不下百通。去年八月，复观先生来台参加中央研究院国际汉学会议，会后入台大医院割治胃肿瘤。出院后又休养匝月。乃得数数亲承謦欬（前此只一面之缘而已）。对于先生律己之严、守道之笃、治学之博、写作之勤、正气热肠、清风亮节，既多亲炙，益深钦佩。

　　返港后，先生又整理两年来发表的杂文，凡六十余篇，交时报出版公司付印，作为《徐复观杂文》的续集。《杂文》出版时，先生曾来信说，他的著作，从来不曾请人作序，因我为杂文的出版，颇费心力，嘱写一文刊书首。余何人斯，焉敢班门弄斧，但又不欲违命，乃作了一篇短跋。这一次，先生再度命我撰序，并说他自己不另写，那我就非写不可了。不得已，谨将我所认识于先生的一鳞片爪，加以叙述，以略助读者对先生的一些了解。

　　本质上，近年以来，先生精力所瘁、志趣所钟的，在于中国古代学术思想的研究。先生给我的信中说："一九六九年秋离台来港后，曾自拟一对联'入世每思千日酒，闭门犹著十年书'。弟初到港，僦居不到百尺的小房间内，除上课外，未能安心执笔。第二年感到不能如此混过，《两汉思想史》卷一即在此一小房间内写成。以后再写成卷二卷三，书之传不传不可知，但闭门犹著十年书之宿愿则已勉强达到。"他如在这次汉学会议中提出的论文:《周官成立的时代及其思想性格》、《先汉经学的形成》等，都是先生钻研学问的成果。这些著作，完全属于学术思想的层次，非有大智慧、大功力莫办。对于累积深厚的中华文化，抉微发隐，真正尽了番心力。如果先生能有较好的环境，专心致志于此，那么其成就又岂能限量。而先生也可达成"岂向椿灵争寿算，名飘青史是长年"（先生和黄少谷先生诗）的愿望了。

至于这些杂文，则并非先生的志趣所在。先生来信说:"观为维持基本生活，每周须为《华侨日报》写约二千字之时论文字，此乃事非得已。"但先生也常向熟朋友说:"我的从事学术工作，盖出于对族类不忍之心。执笔写许多杂文时，虽对象有古今之殊，其出于对族类不忍之心则无二致。"并曾公开谓"若孔孟生于今日，亦必奋笔写时论政论的文章"。先生之学术不同于学究，其杂文亦未必同于时流，原因大概在此。

先生虽年逾七旬，一向体力强健，精神矍铄。但自去年初夏起，在健康上似乎有些困扰。五月间曾因腹疾住医院诊治。其后又怀疑摄护腺有毛病。给我的信中说:"除授课写文外，每日所作古典研究工作必在八小时以上，精疲力尽，将书笔放下时，全身为之瘫软，内人常骂弟为一条不知死活的老牛。"一位硕学宿儒，乐其所乐，岂仅是忘老之将至，而且也忘病之将至呢。

先生在台大医院健康检查结果，发现胃有肿瘤，立即割除。因系初期，情形良好，医师亲朋，都以此庆幸。先生心情，也十分宽朗。创未复，又执笔为文。《重来与重生》，就是手术后刚满一月在病榻上写的。朋友到林肯大厦去探视，只谈学问，不及病情。这种坚强的意志力，盖完全从他的深湛学术和人格修养中凝聚而来。

先生乃一标准的中国读书人，有为有守的知识分子。立场坚定，人格卓荦，在任何逆境下，刚毅不屈，令人肃然起敬。他常说："我一贯坚持'中国人'的立场，坚持在自己文化上生根的立场，而决不采取取悦于任何权贵的立场。"有一次，一位朋友告诉我几种治癌草药，很多人都曾服之有效，我乃写信给先生，要不要买些寄来试服。他回信来说："至草药方面，在台时即有朋友介绍两种，返港时亦有一位老护士小姐送来白花蛇草十包，弟皆搁置未用。盖平生不反对中医中药，但自己不轻服中医中药，加以殷海光、唐君毅两先生在死前几于无方不试、无药不吃，而效果皆未显著。治癌之药皆系以毒攻毒，凡草木等之有征候可取者，无不受到专家之注意。弟意与其乱碰而死，不如信科学而死之心安理得。亦有朋友谓大陆中西结合，颇著效果，若肯前往，必受到特殊之照顾。弟亦笑谢而已。"

所幸先生病体，在遵医服药下，日见康复。去年圣诞节来信说："近来健康恢复颇快，昨日起早上六时左右又开始爬山，爬至七时半左右休息。"近接先生信，谓将按原定计划，于三月下旬赴美国休士顿检查休养，八、九月间返港，以完成他未完成的写作计划，则先生之杂文集，又岂止此一续而已耶。

后学杨乃藩谨序

一九八一年三月八日

《儒家政治思想与民主自由人权》
代序：重回故土

徐王世高

　　执笔的此刻，时光又把我带回六年前台大医院九〇七病房，在那个房间，您度过生涯中最后的五十二个白昼与夜晚。之后，您昔日的故旧、门生表现了他们对您恒久不变的情谊，把您送上俗世旅程里最后的脚程。这五年间，我的足迹飘泊在美国、香港、台湾三地，因为儿女当时都在异域，所以滞留在美国期间，我便住在纽泽西的咪儿家，或者住在新墨西哥的蒙儿家。纽泽西气候冷彻，新墨西哥气温干燥燠热。看到孙儿、孙女日渐成长，心中感到十分快慰。可是美国生活节奏快，年轻人忙于研究工作，而我由于语言上的隔阂，心里还是有难以抹拭的索寞之感。

　　然而滞留美国的那一段日子，我也有多次机会与您昔日的门生相聚，在许多场合里我听到素昧平生的朋友提到您的著作。当我听到他们说起您是这个时代知识分子的典范，这个世纪中国人最有力的声音，一个不计毁誉只尊重真理，执笔时心中只有国族、文化，没有个人利害的谏诤之士，在人前我只有强忍着喜悦的泪光——此时此际，在厮守的战乱岁月中，第一个浮现在眼前的是您在小小的书房中伏案执笔的形象……老爸，您那些发自肺腑的文字果真在历史的长流中留下了有力的见证，他们说许多年轻人也在研究钻研您留下的那些学术论著，许多当年固定在《华侨日报》阅读您那些时论、杂文的读者，在得知您辞世之后，心中都有一股莫名的失落感。他们知道您真的热爱国家，关心我们民族文化的前途，以及这个世纪我们遭受到的浩劫……

这六年间，只要我在台湾，您的生日和忌日我总要到您骨灰停厝的地方，看看那镶嵌有您的照片的大理石盒。而在这里我每次都会看到您那些老朋友、您的学生，他们在您辞世之后所表现的风义与友情，带给我多大的温暖！三周年忌辰，我本来打算从美国赶回来的，所以提前住在您的门生洪铭水家。因为平日大家忙于工作，没有见面相聚的时间，铭水约来了几位老同学陈文华、杨诚、叶俊成、耿黔、端木俪民……在一块欢聚。那天晚上，看到那么多朋友，我兴奋过度，在踏楼梯时踩空摔了一跤，跌伤了左脚踝骨，微血管破裂瘀血。那一次耽误了行程，在美休养半年，未能赶回。四周年忌，由于蒙儿住处新墨西哥较为偏僻，加上手续繁琐，入境须先办妥证件，只得转到香港签办，也未能及时赶回来。好在新亚书院有您昔日的同事、门生，帅儿现在也住在香港，因此在那里住了半年，您知道武儿现在也回来台北工作——在这飘泊的五年岁月中，我想回到台湾定居的意念日益炽烈，因为这里毕竟是您八十年俗世生涯中最重要的转折点。我们家人是民国三十八年来台，落脚在台中。在这里结交了许多肝胆相照、风骨嶙峋的生死之交。一九五二年您开始在台中农学院教书，翌年进入东海大学教书，您在这里度过了十四年教书与论著的研究生活。生命中的最后十二个年头，您给了新亚书院；在这整整三十年来不眠不休的学术生涯中，您留下了三百多万言的著作。您的论著，甚至您的时论、杂文我未必能懂多少，我也知道您由于禀性刚烈、耿直，得罪了不少学者、时贤。争千秋、不争一时是您一向的倔强脾气。您在世时常说："心中的话只要发自真诚，朋友最后也会谅解的。至于历史的是非谁也逃不过时间的论断，我愿意等待时间的裁决，如果经由时间而证实我的判断是错误的，我相信我有这个度量接受真理的公断。"

当然，您在三十年的论著、讲学生涯中，您确实受了不少冤屈。您晚年困居香江，环境和写作的客观条件都不理想，但是我从未听到您为自己的处境有过任何怨辞。您总是谦虚地说："我半途出家，我必须加倍努力才能在学术上有所成就。"一九八〇年，您应钱思亮院长之邀，回国参加"国际汉学会议"，在台大医院检查时发现胃癌，旋即接受手术。罹此恶疾之后，您自知来日无多，更加紧脚程，仍然写作不辍。连生活中仅有的一点娱乐：偶尔看看电影，参加文化小活动的节目也一概摒弃了。我知道您心中焦急着要把全盘的大工程——《两汉思想史》五卷写完，这套大书您只写完三卷，未能得偿宿愿。但是在香江的十二年间，您基于内心对国族、文化、民族命运的热切关怀，在《华侨日报》陆续写下了好几册的时论、杂文。学术论著承学生书局的美意，都集中在那里刊行。时论、杂文都经过余纪忠先生伉俪的安排，在杨乃藩社长及您昔日门生的合力编纂之下，陆续刊行了六册。我心里想：您如果不离开东海，《两汉思想史》应该可以如期写完。可是没有香江十二年的困心衡虑，便没有时报文化公司刊行的六本杂文集——我知道这些作品虽然是您一个字一个字辛勤工作的成果，但也是经由许多人的美意和多方策划才能和读者见面。我知道这是您最看重的心血，所以在您辞世之后，对于这些著作的刊布，成了我最重要的工作，这也是我活下来的原由之一。可是像我这样一个无用的老朽又能做些什么呢？所幸，您的老友、学生、很多识与不识的读者提供了难忘的情谊，帮助我一步一步实现这项工作，我不知道该怎样来表达内心的感激。

今年初在余先生、杨社长的帮忙之下，我回到这个睽违一段时日的故土，踏上这芳香的家园。我在心里对自己说："我要结束这趟飘泊的羁旅生涯，回到这里定居。这里有我爱的朋友、学生，有亲切的景物、语言，有属于自己的天空……"一月卅一日（农历初三）您的生日和四月一日五周年忌，您的朋友和学生都从远地赶来善导寺，他们对您所表达的思念、挚情，使我午夜思维，时时感念在心，不能或忘。

回来的这些日子，叨扰仲莹侄女、堂弟振威不少，我也分别到您昔日的门生那里小住几天，他们都像您在世之日一样照顾我，去台大医院检查时，我还是麻烦老朋友李丰医师，这次在余纪忠先生、余夫人、杨社长多方奔走协助，谷正纲先生鼎力帮忙之下，我终于在翠柏新村定居下来。这煞费朋友们多少苦心，我借这个机会向大家表示心中的谢意。离美返台前几次叨扰过他们的夏友平、陈廷美伉俪，一路上扶持我这个老朽，直到把我送上飞机，他们两人的细心照顾，带给我多少温慰，也使我想起他（她）们就读东海时的往事，他们都是东海第一届的高材生……

在您离开五年的时光，我的身边始终带着这帧照片，这是民国二十六年十一月您在临汾征程中寄给我的，当时您尚在三十五岁英年。抗战已揭开序幕，您远赴山西，躬身参与娘子关等战役——这帧富有纪念意义的照片，可能是我手中保存的最早照片之一。还有我手边也留着您在台大医院九〇七病床上写下的最后笔迹，我知道您只要留下一口气，脑子不废，您一定要像春蚕一样吐尽最后一根含着生命血液的银丝!

这五年里,您没来得及看到的著作,学生书局刊行了《中国经学史的基础》(由您的门生廖伯源教授校对),志文出版社刊行《论战与译述》,时报文化公司印行《徐复观最后杂文集》、《徐复观教授纪念文集》、乐炳南教授编纂的《徐复观先生纪念论文集》(学生书局印行)及《无惭尺布裹头归/徐复观最后日记》(翟志成、冯耀明校注,收入允晨丛刊印行),还有《儒家政治思想与民主自由人权》由八十年代社收回版权,两本翻译论著:《诗的原理》(萩原朔太郎著)由正中书局取回版权。《中国人之思维方法》(中村元著)一九五三年由中华文化出版事业印行,早已绝版。这三本书全部收回,交由学生书局重新刊行。日文译品曾由淡江大学日文系陈淑女教授根据日原著仔细校对。另一本书则由曹永洋负责校对工作。学生书局的老友对您生前、身后所表达的风义,我永远铭感在心。著作的整理刊布,原是写作人最大的心愿。这些工作我们尽量做了,愿您在天之灵安息。在此我借这个机会向他们表示诚恳的谢意,没有他们从头到尾一贯的协助,这三本书恐怕会散落,终至被人遗忘。如今您的学术著作全部集中在学生书局。时论、杂文均交由中国时报刊行——这样读者如果有意阅读您的著作,在寻索上就方便多了。您的这些新书以及旧作的一再印行新版,都在印证您思想的生命还继续留存人间,谁说过:有些人是离开世界的那一刻才开始活的,这是真的吗?我这个老太太,什么也不懂,究竟什么是血沫谱成的音符、什么是恶毒的狼嗥、什么是硕大无朋的巨石、什么是随风飘散的细砂,历史自有公断,何劳您跟永恒拔河呢?

一九八八年四月一日

无惭尺布裹头归

翟志成

——《徐复观最后日记》代序

> 谁教失足下渔矶，心迹年年处处违。
> 雅集图中衣帽改，党人碑里姓名非。
> 苟全始识谈何易，饿死今知事最微。
> 醒便行吟埋亦可，无惭尺布裹头归。
>
> ——吕留良

一六六三年，明末遗民吕晚村先生，痛感于民族沦亡，文化命脉悬于一线，而我神明华胄，将有万世为奴之痛，决心革功名，弃学业，隐居林泉，从事著述讲学，企为天地留一分正气，为中国文化保存几粒读书种籽，为华夏立一典型。其忠愤勃郁之气，发为歌吟，虽不曾掷地，然亦必金声玉振、响彻人寰。三百年后，浠水徐复观先生读到晚村先生的诗，尤其是读到"无惭尺布裹头归"之句，引起了无限的感动以及经久不息的共鸣。

数千年来，无数的先圣先贤、仁人志士、义夫节妇以及忠良孝子，用他们生命中抽出的真丝，才编织成这一尺布。它不仅是五千年文化精华的积累，不仅是中华民族守故开新的依据，不仅是中国人之所以成为中国人的凭借，它简直就是每个中国人良知的标尺。每个中国人的周旋进退，都得在"尺布"面前接受严格的检验，每个中国人的一生功罪，都得在"尺布"面前接受最后的审判。

三百年前，吕晚村先生以著述和讲学，在夷狄文化专制政策的屠刀之下，大讲民族气节与华夷之防。三百年后，徐复观先生也是以著述和讲学，在全盘西化派的明枪和顽固保守派的暗箭的前后夹攻之下，大讲如何在继承传统文化精华的基础上，引进西方的民主制度和科学精神。吕晚村先生的结局，是戮尸兼灭族。徐复观先生则在洋奴们和土奴们的逼迫侮辱之下，被勒令强迫退休于东海大学，以至生计无着，衣食不周，赖卖文以糊口，终其一生，饱尝明枪冷箭，几至体无完肤，最后竟在困苦寂寞中含恨以殁。徐先生不是没有过短暂的犹豫和彷徨，但"无惭"于"尺布"的悲愿，又恒让他克服和转化了人性的软弱，使他能动心忍性，造次必于是，颠沛必于是，为中国文化的存亡续绝，为中华民族的继往开来而鞠躬尽瘁，孜孜矻矻，至死方休。徐先生在学术上的创获，远非吕晚村所能企及，徐先生对专制政体的鞭挞及对民主政制的拥戴，更非吕晚村所能想见。然而，历史的局限并没有阻绝了两个伟大的人格在精神上的感通；而把两个不朽的灵魂紧紧联系在一起的纽带，正是吕徐二先生始终不能忘情的"尺布"。他们在终其一生的最后评审中，都能"无惭"于裹头归的"尺布"。孟子把俗世的功名富贵称为"人爵"，把德性的创获称为"天爵"。人爵是及身而止的过目浮云，天爵是万古弥新的纪功丰碑。只有在"人爵"和"天爵"的区分之中，我们才能辨别出谁是真正的强者。以吕晚村和徐先生为例，他们在从政的活动中，

追 怀

并没有什么显赫的成就。换句话说，他们都是"人爵"竞逐中的落荒者。他们的成就，是建树在著述和讲学之中，在道德人格的修成之上。他们是真正的胜利者，因为，"无惭尺布裹头归"，正是获取最荣耀"天爵"的代名。

徐先生由政坛急流勇退，决心以学术为安身立命之所时，已近不惑之年。由于起步较迟，且无正式的大学学位，徐先生在治学之始，并没有少受势利者的冷眼及毫无理由的侮蔑。侮蔑和冷眼，并没有消沮了徐先生探求真理的志气。相反地，它们适足以挑激起徐先生不服输的倔强和百折不回的固执。憋着一口气，徐先生一头扎进中国和西方的经典中。台中大度山的圆月，东海教员宿舍中整夜不灭的孤灯，伴随着徐先生度过了无数个不眠的读书和著述的暗夜。大凡有创发性的大学问家，都需要具备聪明、努力，以及足够的专业训练这三种要素，作为其成功的必要条件。徐先生出生在一农村塾师的家庭，孩童时代的耳濡目染，中学及师范学院的埋头苦读，更重要是在湖北国学院为期三年接受黄季刚等国学大师的严格训练，使徐先生在文、史、哲三方面都打下了极坚实深厚的底子，义理、辞章、考据样样皆能。在日本留学时，徐先生深受河上肇的影响，通过日文译本徐先生大量研读了西方的政治经济学理论，从而掌握了现代学人特别擅长的逻辑和架构的思维方式。传统型的学者或许有着和徐先生同样深厚的国学根底，但由于缺乏现代的理论和方法，难以站得高、看得远，在学问上有所突破而更上一层楼。现代型的学者又大都缺乏像徐先生那种深厚的国学根底，故虽空有理论和方法，却难免不捕风捉影，买椟还珠，甚至会削中国经典史料之足，以适西方理论和架构之履。徐先生一身兼领传统型和现代型两类学者之长，而无二家之短，更兼辅以不世出的聪明（徐先生的绝顶聪明，就连他的论敌殷海光先生也不能不为之惊羡），以及"人一己百，人百己千"的水磨石穿的勤勉功夫，在当代中国学者中，实在是罕有其匹。难怪他能在治学的极短时间之内，便能脱颖而出，在中国艺术史和秦汉思想史方面独步一时、卓然大家。

徐先生与唐君毅先生、牟宗三先生鼎足而三，被当世推尊为海外新儒学最重要的三位大思想家。新儒学三先生都矢志恢复和发扬中国传统文化中的道德主体和艺术主体，企以此为基础，以接引吸纳西方的政治主体（民主）和知性主体（科学），并在更高层次上达成东西文化的融汇和综合。三先生的职志，都和大儒黄冈熊十力氏的敦诲和启迪有密切关系。但徐先生除了和熊、唐、牟诸先生在精神上相通外，在学术上却另辟蹊径。熊、唐、牟诸先生均以哲学名家，而徐先生的专长却在思想史方面。徐先生舍纯哲学而专攻思想史，实出于以下二方面的考虑。第一，思想史在哲学和历史之间，在义理和考据之间，以徐先生的学养和训练，最易在其中发挥自己的特长。第二，自乾嘉以来，戴震、阎若璩倡导于前，胡适、顾颉刚扬波于后，天下风靡，均以为舍考据外别无真学问。然而戴、阎诸师之考据，支离饾饤，致使民族精神，屈抑而不伸，而疑古派诸人又专门以破坏和毁灭中国文化为其考据之主要目标，虽有以熊十力氏为首之新儒家为中国文化的慧命奔走号呼，无奈熊、唐、牟诸人皆不谙考据，他们的言论著作，大都被流俗目为无根游谈。故空有言者谆谆，而结果还是听者邈邈，依然动摇不了反中国文化的森严壁垒。徐先生有鉴于此，决心入室操戈，拔赵帜、插汉帜，以义理为先导，以更精严更缜密的考据，去破斥疑古派披着"科学"假皮，装腔作势以吓唬别人为能事的伪考据。真是一着占先，全盘皆活。在徐先生的著述中，材料不再是杂乱无章的散漫堆砌，而是为义理所贯通，一一从属于义理，服务于义理；义理也不再是"六经注我"式的信口开河，而是立足于充分的材料、坚实的证据，故能挺立如山而不可动摇。这才是真学问，这才是真考据：不仅胡适们不足以语此，就连乾嘉诸大师也难以企及。宋学和汉学漫长的纠结和纷争，经过徐先生的大力董理疏通，才能取长补短、合二而一。徐先生在治思想史上筚路蓝缕之功，是继承，也是发展；是守故，也是创新。他的《中国艺术精神》和《两汉思想史》，已成为任何有志治中国思想史的人必读的经典。

徐先生的著述和讲学精神直承先秦儒家。先秦儒家是由一群自觉承担国族文化命运的知识分子组成的压力集团。他们通过讲学、著述、从政等各种渠道，企图借文化和道德的力量，以移风易俗，改造社会，并在改造社会的同时促成现实政治的转化。先秦儒家对现实政治，从来没有放弃过批判和抗争。孔子修《春秋》，是对乱臣贼子的批判和抗争。孟子见大人则藐之，是对权势的批判和抗争。荀子倡言对暴君"夺而后义，杀而后仁"，是对独夫民贼的批判和抗争。不妥协的批判和抗议精神，构成了先秦儒家的显著特色。批判和抗议必须有抛头颅、洒热血的心理准备，所以孔子宣扬"杀身成仁"，孟子倡言"舍生取义"，而发强刚毅，"富贵不能淫，贫贱不能移，威武不能屈"的铮铮铁骨，是先秦儒家共同称许的大丈夫所必须具备的品格。一直到了秦汉之际，中国的大一统专制政体得以确立，儒家经过专制政治的长期压迫和歪曲，其精神面貌不可避免地产生了深刻的异化。批判和抗议精神的减弱以至几乎完全消失，是儒家异化的重要标识之一。在汉以后，尽管偶然还有敢于批逆龙鳞、犯颜强谏的大丈夫，但他们毕竟是少数中的少数，在头顶儒冠的群体中，最多见的是胁肩谄笑、奔走豪门、身体力行着"以顺为正"之道的妾妇；最多见的是明哲保身、打马虎眼、和稀泥、胆小怕事、闭口不说人过的乡愿。如何恢复和弘扬先秦儒家的真精神，是当代新儒家的首要任务。在当代新儒家中，真正能完全凸显先秦儒家的批判和抗议精神的人，据我们所知，只有徐复观先生。

徐先生在戎马战阵中，是勇敢的战士，由沙场转移到捍卫中国文化的新阵线，徐先生仍不失其战士的本色。在他的眼中，容不下半点虚伪和邪恶。他绝少人情的牵扯和利害的计较，义之所在，即使明知是刀山，是陷阱，是龙潭虎穴，他也要去碰，也要去闯。老虎屁股摸不得吗？偏要摸！徐先生留下数百万言的政论和杂文，几乎每一篇都是匕首，是投枪，刺向政治的黑暗和人间的不平，而儒家的批判和抗议精神，也在徐先生的文章中，得以伸张到前所未有的高度和广度。

为了捍卫和弘扬中国文化，徐先生真正做到了"鞠躬尽瘁，死而后已"，但他绝不赞同凡"国货"就是好的，这是他和一切形形式式的新旧国粹派最大不同之处。国粹派看见传统的痈疽，也可以大赞"红肿之处，艳胜桃花；鲜明之处，皎愈奶酪"，而徐先生则断言不切除痈疽则不能救活传统。经过五千年文化浸润的传统，是培养圣贤豪杰、仁人义士的沃土；而经历了二千多年专制政治的钳制，这传统又渗入了许多剧毒的元素。这种精华和糟粕的糅合，养分和毒素的混和，是我们祖先留给我们的精神财富，也是我们祖先留给我们的精神病累。没有人能割断历史，那些彻底抛弃传统的全盘西化高论，只是一厢情愿的空想，因为传统就活在我们每个人的生命之中，已融入了我们每个人的血和肉。试问有哪个活人能抛弃自己的血肉和生命呢？传统不能抛弃，而只能在剔除其糟粕、保有其精华的同时，引进其他文化的优良因素，以达成传统内的改造和创造性的转化。切除传统的痼疾需用批判的手术刀，而徐先生正是医术最佳的刀手。

徐先生首先把批判的手术刀切向中国的专制政治。在徐先生看来，由秦以来的中国专制政体，其施设的基本目的，是为了确保独夫民贼把天下据为私产。它是传统病毒的总根，是万恶之源。在它的控制和压抑之下，中华民族的精神，受到了极大的阉割和歪曲，先秦儒家不绝如缕的民本主义思想，几成断潢绝港。现代中国人的民主根器不深，现代中国的政治不上轨道，都无不和传统的专制政治思想的毒害有着密不可分的关系。徐先生从政时曾参预最高机密，出于亲身的体验，使他对中国专制政治的批判，有惊人的真实和入骨的深刻，而绝非那些由理论到理论的皮相空谈所能企及万一。他的三大册《两汉思想史》，其中对专制政治的揭露和鞭挞，和反传统的西化论者相比，要深入和严酷了不知多少倍。徐先生从不认为在中国的专制政治中，有什么正面意义的因素，值得我们今天的中国人去继承和发扬。他确信，只有在彻底割除了专制政治这一毒瘤后，中国文化才会再现生机。他坚决反对对专制政治作任何形式的美化。为此，他曾写过一篇题为《良知的迷惘》的著名檄文，向一个刻意替专制政治涂抹金粉的历史家提出规劝和谏诤，即令是扯碎数十年的交情也在所不惜。

徐先生身为知识分子，但他绝不认为知识分子在批判面前应享有豁免权，他那批判的手术刀，也常用来解剖知识分子。在某种意义上说，也等于在解剖自己。徐先生认为，中国知识分子由于经济上不能独立，且又不屑于从事生产劳动，只能把入仕作为谋生之途，久而久之，便培养出一种对政权依附和寄生的性格。经济不独立，便难言人格的独立，再加上专制政治的长期毒害和压迫，知识分子献媚工谀，习为无耻，自觉或不自觉地成为专制政治的缘饰，成为独夫民贼的帮闲或帮凶。知识分子的道德水平，就一般而言，要远在目不识丁的劳苦大众之下。人必先糟蹋、侮辱他自己，然后别人才敢于糟蹋、侮辱他。二千多年来中国知识分子身受的种种屈辱，新旧独夫民贼当然罪大恶极，而知识分子的自轻自贱，亦不可不谓咎由自取。徐先生认为，现代知识分子若要摆脱卑贱屈辱的困境，首先得掌握一门专业技能，作为谋生的资具。只有经济上取得独立，知识分子才有可能和现实政权保持足够的距离，一反以往对权势依附和寄生的性格。亦只有能真正做到这一点，知识分子才能真正代表社会良心，对现实政权行使自己监督和批判的职责。

徐先生矢志要恢复先秦儒家的真精神，但他并不认为先秦儒家完全没有值得批判的地方。先秦儒家的欠缺和不足，除了上文已提及的由经济不独立而孳生出汉以降的儒者种种流弊之外，主要还表现在：先秦儒家只强调通过礼乐教化以规范和转化统治者，却没有强调人民对政治的直接参预。先秦儒家要求统治者都成为尧舜式的圣君，而统治者毕竟只是俗子凡夫，过严的道德要求和过重的政治责任，极易使其由不胜负荷而萌自暴自弃之心，而在社会和民间，又由于缺乏政治参预而无法予统治者以任何限制，再加上先秦儒家极少在政制建构中用心，因而亦无法在制度上规范和制约统治者。统治者手中握有无限制的权力，他们若不肯效法尧舜而愿意做桀纣，儒家几乎拿他们一点办法也没有。先秦儒家充其量只能缓和及淡化了专制毒素，却不能从根本上消弭专制毒素。先秦儒家过分强调"正德利用厚生"，却忽略了为知识而知识的纯知性追求。他们不知道，"为知识而知识"那种看似"无用"于"正德利用厚生"的精神，却可以成就科学。反过来大大地促进了"正德利用厚生"，故"无用"之"用"，适足以成其大用。总的说来，把注意力专注在"正德利用厚生"的先秦儒家并不反对民主，也不反对科学。若他们能明白民主和科学能大有助于"正德利用厚生"，他们也一定欢迎和拥抱民主和科学，但顺着先秦儒家的传统，若无西方的刺激，却不能开出民主和科学。不能在自己的胚胎内引育出德先生和赛先生，虽说只是儒家的"无心之失"，但"无心之失"毕竟也是一种错失。先秦儒家对这一错失是要承担责任的。

徐先生终身为民主而奋斗。民主——在徐先生看来——不是一种夸夸其谈的空理论，不是观念上的游戏，也不是标语和口号，民主其实是一种生活方式，是一套亟需知行合一的身体力行。在今天的中国，几乎所有著名的民主斗士，都在行为上显出强烈的独裁性格。这是中国最大的不幸。正因如此，徐先生一面肯定他们的民主理想，一面又严厉地批判了他们以真理化身自居，以救世主自命，绝对不能听取不同意见，不能容忍异端，以及在受批评后狂暴非理性的过当反应。徐先生特别批判了胡适和殷海光。徐先生不客气地指出：胡适对中国文化的践踏和糟蹋，殷海光对中国文化热爱者的谩骂和污蔑，其实都是他们反民主的独裁性格自觉或不自觉的大暴露。由这种人领导的民主运动，不会有什么前途，因为即使他们成功，也只不过是取代了老独裁者的权位，让自己成为新的独裁者，而民主政治，依旧还是可望而不可即的水中之月、镜中之花。

徐先生是当代新儒学运动五位最重要的思想家之一。其他四位新儒学大师，即梁漱溟、熊十力、唐君毅、牟宗三，与徐先生非师即友。他们在寒风透骨的全盘西化横逆中同声相应、同气相求，共同赤手搏龙蛇，以图挽狂澜于既倒。这种并肩战斗的患难真情，可谓深如渊海，但徐先生绝不因为顾念交情而对当代新儒家内部的缺失不加批判。徐先生认为：当代新儒家过分醉心于驰骋其形上思辨哲学的精彩，却忽略了发掘儒学传统中平实的一面。中国文化当然不乏形上思辨的精彩，然而，平实却是中国文化的基线。"极高明"原自"道中庸"始，而离开了匹夫匹妇日常生活的庸言庸行，便无以陶铸圣贤的伟大人格。忽略了平实基础的形上思辨追求，极易流入概念游戏，以至玩弄光影、逐物而不返。为了纠正这一偏向，徐先生治学锐意于平实，锐意于彰显平凡中的伟大。由于太注重中国文化中平实的一面，徐先生晚年渐有反形上思辨哲学，以至反宗教的偏向。其实，形下与形上、中庸与高明、入世与超越，构成了中国文化的有机整体。太过强调一个侧面，因而忽略，以至压抑了另一个侧面，都是容易产生流弊的。

徐先生还着重批判了当代新儒家在治学处理材料时"六经注我"的态度，对于熊十力在一九四九年后的著作，尤其不能同情。熊先生晚年出于某种需要（牟宗三先生认为是出于保住孔子的需要），把连孟子在内二千多年来中国的所有儒者，全部丑诋为"奴儒"，把作为中国文化之源的"六经"，统统丑诋为"伪经"。熊先生提出这一严重指控，其根据竟然纯是他个人想当然耳的浪漫联想。徐先生拍案而起，本着"吾爱吾师，吾更爱真理"的态度，要发起对熊十力的批判。但由于唐君毅、牟宗三等先生的劝阻，批熊运动终于引而未发。但徐先生个人对熊十力的批评，仍散见在徐先生的文章中。《日记》中徐先生竟直斥熊十力为"疯狂"。熊十力是徐先生的恩师，徐先生又是一个非常念旧且特重感情的人，为了保卫中国文化不得已和老师意见相左，徐先生心中的沉痛和歉疚，是不难想见的。儒家虽提倡师友间责善，但朋友之间的责善，尚且千难万难；而在儒家传统中，作为弟子为了真理敢于公开批判老师，古往今来，能真做到这一点者能有几人？这是徐先生的伟大处和不可及处。

徐先生素无写日记的习惯。大约在去年春天，我们在一偶然机会，始获悉徐复观先生在逝世前的一年半，开始撰写他的日记。去年夏天，冯耀明借赴美开会之便，到新泽西拜谒了徐师母，并蒙徐先生次女徐均琴博士惠赐徐先生日记手稿拷贝一份，嘱咐带回新加坡和笔者商议，看看是否适宜出版。我们都是徐先生晚年在香港收录的学生。冯耀明在香港中文大学攻读硕士学位时，曾当过徐先生的研究助理；笔者曾在新亚研究所攻读两年，硕士论文即由徐先生亲自指导。徐先生高深淹博的学识，洋洋如万顷之波，澄之不清，扰之不浊，实非我们这两个在学术界学步的新丁所能蠡测，但徐先生悲天悯人的怀抱，却足以化顽起懦，开拓万古心胸，永远鞭策和激励着我们为国族为人生为真理向前不息地求索。在新加坡捧读徐先生的《最后日记》，我们面前仿佛再现一个处处由平凡中透显出伟大的整全人格。徐先生不是一个"望之俨然"、规行矩步、动不动就板着面孔训人的道学先生。他和我们一样，有血、有肉、有脾气，甚至有缺点。他的主观有时或许过强，性子有时不免狷急，而嫉恶有时恐怕过甚。故他有时也会犯错，譬如他在一九八一年七月十五日日记中，把陈胜长批评他的文章，误以为是潘重规先生托名，即是其中之一例。但他敢爱敢恨敢悲敢怒敢哭敢笑，喜怒哀乐率性而行，兼以良知主宰其中，故能高视阔步而不失其矩矱纲维。徐先生不是谨小慎微的中行君子，若以儒家的礼的外在形式作为判准，徐先生可能并不合格。但他却比我们惯见的儒者更能显透儒门的内在精神。他不能在形式，却能在内容上显凸出当代儒家的真正典范。这种传神而不拘虚文的豁达大度，构成徐先生人格的最主要特色，在日记中真是彰彰可见。

徐先生自视甚高，在思想史、艺术史、文学批评史，以至政论等许多领域，徐先生的创获都超越前人，而徐先生对自己的成就也非常自负，常不作第二人之想。他在一九八〇年十一月一日日记中，曾写了这么一段话："今日校阅《宋诗特征试论》稿完毕，其中析论之精、综贯之力，来者不可知，古人与今人，谁能企及于一二乎？为之叹息。"真理的进路如地狱的入口，是非黑白，容不得半点假借及口是心非的假谦逊。我们读了徐先生这段日记，莞尔之余，只觉其坦白真率，狂得可爱，也狂得可佩。

狂者的世界，唯大才者能出入其间，亦唯有真正的大才者能欣赏到别人的长处。徐先生最爱才。别人有一长处，他总是拳拳服膺，宣传揄扬惟恐不及，对自己的朋友和学生如此，对自己的宿敌和不同政见者也是如此。殷海光进台大，鲁实先进东海，徐先生都曾出过大力，其后殷鲁二人攻击徐先生，言辞之毒，实非常人所能堪，然而徐先生对殷海光宣扬民主的功绩，对鲁实先小学考据的成就，却从不失其敬意。"人之有善，若己有之"，对有才者徐先生总能想到对方的长处，而常忘却自己曾身受的践踏和戕害。徐先生最惜才，最不能容忍人才的浪费或毁弃。徐先生对台湾乡土文学的声援，对陈映真、胡菊人等人的支持，都发自这一动机。日记中记录了他对李怡的爱惜。李怡的政治观点，原与徐先生相左。但徐先生却认定李怡是不可多得的人才；对李怡及其主编的《七十年代》（现改名为《九十年代》）的前途，徐先生时时流露出来的那种不容已的关切之情，已超越了政治上的利害和好恶，读之尤其令人感动。

儒家由于长期偏重内在的道德修养，精神过度内敛，不免压抑了原始生命力的创造和扩张。熊十力早就一再指出"滞寂"和"偏枯"，是宋明以来新儒学家的共同病累。当代海外新儒家三大师中，唐君毅先生中道而行，牟宗三先生有所不为，惟徐先生最有开拓和进取的雄心以及知其不可而为之的豪迈之气。徐先生学究天人，在学问上卓然大家。但他绝不是自限于象牙塔内的书斋学者。救世救民是他终其一生信守不忘的奋斗目标。他早年直接参预实际政治，为的是救世救民。在看透了现实政治运作的黑暗与卑贱，他毅然决然地从政坛中抽身却步，中年以后即从事讲学著述，为的还是救世救民。在徐复观的字典中，根本就没有为学术而学术的那回事。他从政坛转入学府，只不过是要换一更艰苦的战场，拿起更有威力的武器，以便进行更坚忍的搏斗。他坚信中国现代政治不上轨道的根本症结，缘于旧"道统"在西潮冲击下已然解体，而新"道统"却一直未能再立，以致"政统"因缺乏立足点而荡漫无所依归。即是故，他中年以后，即致力于新"道统"的再建，以期为浮游无根的"政统"重新奠定深厚的根基。用更浅白的话来说，徐先生从事学术，是企图以学术净化政治，改造政治，进而指导政治。由救世救民转出的忧患意识，以及伴随着忧患意识的迫切感和危机感，因烈士暮年和身染沉疴而愈加炽烈。在整整一部《最后日记》中，我们可看到徐先生是如何争分夺秒，和死神赛跑，一段路程接一段路程，一个回合连一个回合；我们可以听见徐先生在每次胜利后短暂的欢笑，以及愈来愈沉重的足音，还有那令人揪心的如雷气喘……我们会和他一道分享终于写完《西汉经学史》的欣幸，我们更会因《东汉经学史》最后未能完成，体会到徐先生时不我待、天丧斯文的无限悲凉和凄苦。

徐先生身在书斋，心忧天下。儿时在农村中的贫苦生活，使徐先生对中国农民的纯真厚重的品格，以及他们的困辱与辛酸，有最深切的实感。徐先生从农村中匹夫匹妇的庸言庸行中，时时发现人性的辉光。这种由平凡中显现的伟大，常使徐先生吟哦低徊，赞叹不已，既感佩于数千年文化陶冶浸润之功，复确认中国文化真有不可磨灭的价值。全凭这一见证，徐先生在欧风西雨的冲刷之中，在举世士风习为无耻的刺激之下，仍能对中国文化一往情深，不流于荡越，不堕入虚无。中国人民的伟大品格加深了徐先生对中国文化的爱慕，对中国文化的爱慕又使徐先生对中国人民有永恒的感恩。徐先生常自觉地和苦难的中国人民同一呼吸，共一命运。"长太息以掩涕兮，哀民生之多艰"，中国人民在暴政下的憔悴呻吟，最能拨动徐先生的中枢神经。每有客从大陆来，徐先生总不忘询问国情及民生疾苦，然后嗟叹良久，意甚难平。这些事实，具见于徐先生的日记中。徐先生也曾千方百计，通过各种渠道用金钱衣物救济大陆乡间的亲友。他的学生杜维明、杨诚在回大陆讲学或旅行时，都曾帮徐先生捎带过衣物。徐先生的女公子均琴，曾对翟志成说其父对乡间亲友周济之热衷，已超过了奉献的香客。可惜徐先生不愿自伐其功，这些事情在徐先生的日记中，绝大部分均未提及。

徐先生门庭广大，气象恢宏，大关节上不放松，小枝节能不计较。他乐道人之长，乐见人之善，又天生爱交朋友，除了文化汉奸之外，无论是权贵士夫、贩夫走卒，抑或是政治上的"左"、"中"、"右"，均乐出入其门。无论在家居、在旅舍或在儿女家中作客，只要有徐先生在，立刻就形成了一个以徐先生为中心的文化社团。在日记中，徐先生几乎每天都有复不完的书信，见不完的朋友，而徐先生似乎也有用不完的精力。我们在开始读日记时，都颇怪徐先生不善保养病体。有限的时间和精力，陷入无尽的世俗牵累中，不啻是生命的浪费。但日记读到后来，我们才慢慢明白，原来徐先生正通过和各色人等的对话和交往，一方面善于从中汲取血肉营养，以深化和丰富自己的思想体系；在另一方面，徐先生也以自己整个挺立的人格和生命，替儒家作证。在徐先生的精神感召下，不少人抛弃了五四以来全盘否定中国文化的虚无主义心态，开始以同情和开放的态度，对中国的文化遗产进行反思。

读徐先生的书，可以窥见徐先生思想和生命的某一侧面。读徐先生的日记，却可以和徐先生元气淋漓的大生命和整全的人格直接睹面。《徐复观最后日记》的公开出版，是中国当代思想史和学术史的一大盛事。这《日记》能顺利出版，首先得感谢徐先生的夫人王世高女士及徐先生的女公子徐均琴博士提供《日记》手稿及徐先生各种生活照片。黄进兴教授代为奔走引荐出版社，允晨文化实业股份有限公司慨允出版《日记》以及该公司的工作人员为出版《日记》所付出的辛劳，都是令人感念不已的。徐先生生前的好友苏文擢教授以及徐先生的老学生曹永洋先生，都曾帮忙辨认《日记》手稿中某些难以认读的笔迹；余英时教授在百忙中抽空为《日记》赐题书名，尚此一并申谢。《日记》由冯耀明负责校订，翟志成加入了一些必要的注释，若能因此而增进了读者对《日记》的理解，我们的劳动便不算白费。若其中尚有任何简脱误谬，当然由我们二人负全责。

一九八六年八月廿九日

门人翟志成敬序于新加坡东亚哲学研究所

附记：本文蒙戴琏璋教授审阅原稿并提出许多宝贵的改进意见，谨此致谢。

忧患意识与儒家精神之再生
——《徐复观最后日记》序二

冯耀明

一、前言

徐复观先生一生在学术、文化上的贡献，归结来说，便是他自始至终全力以赴地为中国文化作奋斗。徐先生的贡献不一定见诸其奋斗所得的目前成果，而在于其奋斗过程所能提供给未来的启示。

作为徐先生门墙之外的一个学生，我只能就自己读了徐先生的书后，将点滴的心得呈示出来，尽量以徐先生的话展示他在学术、文化上的一些抱负、使命、基本观念，以及探索的方向。如有任何误解，那只好自叹读书不精，理解不够，还望大家多多指正。

二、新儒家之定位

儒学是一种为己之学、自得之教，孔、孟这些原始儒家之所以要建立儒家学说，为的不是要满足知性上的欲求，而是为了解决实际的人生问题。借用劳思光教授的话说，儒学是一种"主张的哲学"（philosophy as proposal）而不是一种"认知的哲学"（philosophy of cognition）。儒学作为一种主张的哲学，向内面讲便涉及心性的工夫、意志的磨练，往外开展便是礼教的建立、制度的形成。这就是儒学的内圣与外王两面。在内圣方面，儒学最能显示其对人性深刻的体悟，具有较普通的意义，乃是儒学的开放部分；在外王方面，儒学显示其社会性、历史性之具体性格，受到一定时空条件的制约，这是儒学的封闭部分。儒学之变化或发展，往往都是由于其封闭部分或特殊性的成分不能适时顺变而需有所更革，以及其开放部分或普遍性的成分因吸收新的养分以不断滋长、拓展而促成的。

汉代儒学之所以异于原始儒学，正因为时代已由封建式的专制演变为集权式的专制，周文的一套礼乐教化已不足以用来缓和专制的毒素，以及一成不变地作为社会教化的资具，于是董仲舒等人的天人感应学说应运而生，冀望于皇权之上有一超自然而又感应于人事世界的力量制限之。于是儒学开放部分的心性论成分减弱，本体宇宙论的成分加强，而其封闭部分的变革就更为巨大。

到了宋明时期，儒学又发生了另一次的巨变。自从佛教传入中土之后，由佛教中细密的概念语言所引发出来的许多哲理性的问题，都不是传统儒家指点式的语言所能涉及的，因此儒学为了应付佛教的挑战，不得不作出内部的调整。宋明新儒学的产生，一方面是与佛、道二家互相激荡，另一方面却使自汉以来隐没的原始儒家精神，在更丰富、细密的语言概念下显发出来，并使那些隐而未发的义蕴在新的诠释之下发展开来。于是在宋明一阶段内，便有周张、二程、朱子及陆王等各别不同的义理系统产生。

清末以来，在西方文化的冲激下，儒学的封闭部分几至全部瓦解：家族伦理随着大家庭之解体而逐渐失去其规范功能；君臣之义开发不出民主政治；而重德精神在具体表现上的偏向产生轻智的流弊，也使科学知识在传统文化的土壤中萌芽不起来。假如儒学的开放部分仍有其普遍意义的话，面向西方文化的挑战而使传统文化主流的儒学作自我反省、批判，从而调整、革汰，以及与西方文化接头、融摄，乃是刻不容缓之事。这是儒学的另一新发展。而摄取西方学术上具有普通意义的概念作为接通中西文化的桥梁，作究天人之际的哲学工作；或从典籍材料与历史事实中探寻传统文化之轨迹与真象，作通古今之变的思想史工作；从而以新语言、新概念对儒学内部作更细密的诠释、考察，以及作更审慎的融通淘汰的工作，这便是当代新儒家的急切任务。熊十力、梁漱溟、唐君毅、牟宗三、钱穆及徐复观诸先生之所以被称为新儒家，便是在此一意义上确立的。

　　作为一个新儒家的代表人物，徐先生由其忧患意识而开展出他的强烈的历史文化意识，并由此历史文化意识而衍发儒学内部的真精神。他一再强调"正常即伟大"的观念，紧握着儒家寻常伦理的内部性格，并一再在其生命与学术上彰显儒家的批判精神，扭转一般人所误解的奴顺的儒家形象；他在文化上不断努力探索，企图为中西文化找一通路，建立一种人文的自由主义，为未来的中国及世界创造新机；他在思想史上的工作，熔合义理与考据于一炉，给儒学以及其他传统文化的研究开创一新的路向。这些都是徐先生作为一个新儒家的实质贡献，其实也正是他所说的"圣贤志业之所存"。我们相信，作为一个当代新儒家，徐先生一生的努力及其所作出的贡献，可说对历史已有所交待了。

三、忧患意识

徐复观先生在学术、文化方面之努力，与其对政治、社会方面之关切，无不是基于他内心深处一股不容自已的忧患意识而生发出来的。他之所以要拿起笔来写文章，以至开罪了不少时人，逆抗着当时的潮流与势力，甚至使自己身陷困境而在所不惜，都不过是希望我们从他的文章中"接触到大时代所浮出时若干片断面影，及听到身心都充满了乡土气的一个中国人在忧患中所发出的沉重的呼声"。然而，在徐先生看来，"我国历史中，政治势力，才是最动人的东西；担当一个与现实政治势力经常处于危疑状态的人类责任，独来独往，这并不是讨便宜的勾当。因此，时代假定依然需要顾亭林、黄梨洲，这将是与人无竞、与世无争的一条人生道路"。

徐先生这话看似矛盾：好像一方面由其忧患意识而生发出一股力量与现实政治势力及社会潮流作抗争；另一方面又以此抗争之精神可开展一与人无竞、与世无争的人生大道。其实这话并不矛盾。徐先生确信"良知是中国文化的根源，是每个人所以成其为人的立足点"，当"任何人在摆脱私利私见的一念之间，即可在自己生命内得到证明的最真实的存在"。由此良知之扩充，便使忧深、情迫的忧患意识显发为一种道德的责任感，以至于如陆宣公所谓"不恤其他"而"上下与天地同流"的殉道精神。由此道德文化精神而勇往直前，根本容不下个人的利害得失，即使是有竞有争，也只是道德与不道德的抗争，理性与反理性的对反，对个人而言，这仍然够得上是争而无争的一条人生坦途。

徐先生写了许多"学术与政治之间"的文章，对他来说，实际上就是古圣先贤努力之所在。"中国古圣先贤，有如孔子、孟子，他们对当时君臣们的谆谆告诫，实际就是他们的时论文章。"所以他认为："凡是以自己的良心、理性，通过时代的具体问题，以呼唤时代的良心、理性的时论文章，这都是圣贤志业之所存，亦即国家命运之所系。"作为一个现代的中国知识分子，他有一股强烈的无力感，以及由之而来的一股深切的挫折感；但"在渺小中依然无法抑压住发自良心的呼吁"，由其忧患意识而发为盛壮的历史文化精神，在此一精神底下，一方面贯彻他批判历史文化的任务，而另一方面却在批判之后重新认定传统文化的价值。他一再地强调："人格尊严的自觉，是解决中国政治问题的起点，也是解决中国文化问题的起点。"一个忘本而数典诬祖的人，决不能真正地吸收西方文化从而革新自己的传统文化。因为，只有人格尊严的自觉，而不是向盛背衰的殖民心态，才能真切地面对文化的问题，为自己的社会文化作出贡献。

此种强烈的无力感与挫折感，来自徐先生所深切地感到生命的有限性之上；而他所表现之精旺的道德勇气和生命热力，以及对未来家国文化的审慎乐观之态度，则来自他那由忧患意识而衍发出来对中国文化的基本信念。他确信"良知是中国文化的根源，是每个人所以成其为人的立足点"，而"人同此心"一语，正是就此一共同立足点来说。他指出："人民是'愚而神'的。人民所以在愚蠢中能发出不可测度的神智，以判断政治社会上的大是大非、大利大害，就是因为人民在自己生命之中能发出他随生命以俱来的良知的作用。"对徐先生个人来说，由忧患意识而显发出来的道德责任感、历史文化意识，使徐先生的一生也由有限中发出无限的光辉，在挫折之下显出大无畏的精神。

四、"正常即伟大"之观念

徐先生经常在言谈与文章上强调"正常即伟大"或"平凡中的伟大"之观念。他分析"正常"一词之义时说:"正是正派;常是寻常。因此,所谓正常,是指正派而又极寻常的人所过的正当而又极寻常的生活。在正常以上的是'非常',在正常以下的是'反常'……因为是寻常的,所以在时间上有较久的安定性,在空间上有较大的普遍性,动植物都是在安定稳定的基盘中,向上向前生长,人也是一样。"然而"正常"的判准在哪里呢?徐先生的答复是:"在许多不同的(人生)态度和(生活)方式中,何者是正常,何者不是正常,乃决定于大多数人心的所安,及生存的需要。而所安与需要,常须接受历史的考验。所以提出者常是一二人,而判决者则是社会和历史。因此,正常必具备有社会性、传统性。就中国说,只能以孔子之教为代表。而孔子之教,应以《论语》为代表。"

在非常时机底下,才会有非常之人以及非常之功出现。一般人在大多数情况下,都是过着平淡、正常的生活,亦即能满足基本生存需要和求得心之所安的平凡生活。在正常生活底下,不必强调非常而伟大的人和事。正如大多数不知道雷锋是什么人的美国人,"不仅扫的是'门前',而是把门前马路上的雪都扫干净,早视为寻常生活中的细节了"。徐先生认为:"在一个正常生活占优势的国家,雷锋根本无用武之地。有什么'新风'可言。"

过分地强调正常上限之上的非常、超凡,势必导致正常之下的反常、歪谬。因为在正常情况下突出非常,讲的话必是大话,大话由于在正常情况下无用武之地，便会演变为虚伪的空话，再而便是反常了。所以徐先生认为："孔子不是为了满足'知的喜悦'而发心，是为了解决'吾非斯人之徒与而谁与'的人类生存问题，为解决一切问题的基础而发心。人类生存问题很多，但为每一个人所需要，并且又为每一个人自己可以做到的，是正常的生活。由孔子之教所开辟的世界，是现实生活中的'正常人'的世界；是任何人应当进入、也可以进入的平安的世界。"而徐先生之所以提倡孔子之教，之所以要批判地继承儒学的真精神而为传统文化创造新的契机，正因为他对可开敞出"无限的多样性"的普遍人性之常抱有绝大的信心，对儒家寻常伦理之"上达"即在"下学"之中，即在日常生活的实践之中的性格怀有极真切的信念之故。

对于儒家寻常伦理的性格，朱子有一段话说得很好，他说："圣人言语甚实。且即吾身日用常行之间可见。……不必求之太高也。今如所论，却只于渺渺茫茫处，想见一物悬空在，更无捉摸处。……何缘得有诸己。"徐先生的自身经验是："我读《论语》，常常是在他生命的转化中所自然流露出的'平凡中的伟大'的现实生活上受到感动。"

儒家的寻常伦理是解决人生问题的常道，然此常道却不得不挂搭在现实具体情况和特殊条件之上。寻常伦理的基本精神在常而有普遍性，其所挂搭的特殊条件则表现为变而有具体性。但当精神之常一落入局格之变中，"一方面因可以由此而现实化，但一方面亦将因此而渐成僵化，不能适时顺变"。儒家的基本精神是要把人当人，强调人禽之辨，以兴发人之精神向上努力，这本是极寻常的道理。但当面对权原在君之独裁专制政治，儒家千辛万苦地以虚己、改过、纳谏等君德以期许独裁之君成为圣君，或以吊民伐罪、天人相应、革君心之非等想法以求在专制下开出治道，这都是非常之举。然而，"在今日民主政治之下，一切都经常化、平凡化了"。所以徐先生认为："凡是真正了解中国文化、尊重中国文化的人，必可相信今日为民主政治所努力，正是把中国'圣人有时而穷'的一条路将其接通，这是中国文化自身所必需的发展。若于此而仍有所致疑，恐非所以'通古今之变'了。"我们也可以说，从"变以体常，常以御变"之不二关系看，这正是当代新儒家致力于使传统之常与现代之变结合而开创新机之理想。而今日中国知识分子所需要的努力，乃是"体常以尽变"。今天中国并不需要迈古超今的大英雄大人物，也不需要什么伟大的思辩体系，能实事求是地体传统之常而尽现代之变，才是今日中国知识分子的当务之急。

五、文化之探索

徐先生也和许多反对传统文化的西化论者一样，很早就了解到中国传统文化，尤其是主导的儒家思想，有其根本的限定与极大的流弊。他与一般西化论者以至一般传统论者的不同之处，是在于他深彻地了解到：痛切的反省与深刻的批判并不涵蕴胡乱的诬蔑与盲目的夸大。把一个人所生的毒疮和一个人的整体生命等同起来的西化论者，以及把毒疮美化为身体上的装饰品的传统论者，同样是对文化缺乏真正的关切和了解。所以，徐先生指出：对一般西化论者来说，不能尊重自己的民族文化，便也很难真正去了解西方的文化；反之，对于传统论者来说，不能掌握西方文化有关的东西，便也很难真正地了解自己的传统。殖民式西化论者所表现的独裁心态、排斥心态，与缺乏自我反省、批判的传统论者所表现的封锁心态、僵化心态，同样是在一民族主义之暗流情绪激荡下作盲目的文化反应，而此反应适与西方智性文化之开放心灵冲突，亦与儒家自作主宰之自觉精神相违。因此，徐先生认为对传统文化的反省必须是现代的，而对西方文化的吸收也必须在此一理性反省的基础之上进行。

中国文化发展到现阶段，已充分地暴露其不足与缺陷。徐先生认为中国文化的漏洞与流弊至少有下列几项：

（一）儒家之春秋精神强调理性、良知之批判的一面，却由于缺乏理性架构之思考及由之而建构成的法制的一面，主观的批判精神在缺乏客观的制衡力量的配合之下，只能在政治上缓和专制之毒，未能发展出一套近似西方的民主政治。徐先生指出："人不一定都要做圣人；但硬要把人君绑架上圣人的神龛上去，作一个无欲无为的圣人，这对人君而言，也的确是一种虐待。所以纳谏是中国政治思想上妇孺皆知的大经；而杀谏臣、杀忠臣，也是中国政治现实中的家常便饭。以唐德宗对陆贽知遇之深，中途也几乎借口把他杀掉……我不仅同情陆贽，也未尝不同情德宗。但政治上二重主体性的矛盾不解除，此悲剧即永远无法解脱。"对于权原在君与权原归民之矛盾，传统的办法是要从"格君心之非"方面着手，从道德上去消解此一政治矛盾；而近代民主政治则从制度上、法制上设想，以民意代替了君心。中国文化之一大缺陷，即在于缺乏此种由理性架构之思考而展开的法制精神及其客观制度之建立。

（二）由于"儒家的智，是心的灵明向内在的道德主体的烛照。……与西方之所谓智，有其基本性格上之区别"。因此，儒家精神也和希伯来精神一样，其中都没有科学的成分，虽然也没有反科学的成分在内。徐先生指出："儒家精神中之所以没有科学，只是由道德实践限制了思索的自由发展；由道德的主体之重视不知不觉地减轻了事与物的客观性之重视。但是这种限制与减轻，并非出于道德本身之必然性，而只是由开端时精神所向之重点不同，遂由人性一面发展之偏而来的，不自觉科学的成就，是人性另一方面的成就。"因此，中国知识分子缺乏"为知识而知识"的意识，也缺乏对客观知识负责的习性，以及缺乏概念性思维的习惯。这无疑是重德文化缺乏智性关切的一大毛病，也正是中国文化之一大缺陷。

（三）儒家的精神，本强调人之自作主宰；但此"精神一落入局格之中，一方面因可以由此而现实化，但一方面亦将因此而渐成僵化，不能适时顺变"。徐先生肯定任何文化均有常与变、普遍性与特殊性两部分。由于中国传统知识分子在现实生活中缺乏反省的精神；并因理想过高不易落实，往往一转而为以自我为中心；加上他们严重的寄生性格，遂使儒家精神日渐剥落，传统文化的常或普通性的部分逐渐亡失，而变或特殊性的部分则日趋僵化。传统文化发展至此，已渐失人伦本意而有时竟成为人性抑压之具，加上政治势力之扭曲，知识分子之自甘堕落，传统文化之不足以适时顺变而亡失其本，乃是理所当然的。

中国传统文化尽管在精神本源处有其精彩之处，历史上也确实出现过一些能表现这些精神的伟大人物；然而，"亭亭之柏，郁郁之松，其本身并不就是春天"。仅靠中国文化自身的力量，并不能转换中国的历史条件。因此，徐先生认为，中国文化必须从其限定中转出新生，与西方文化作真正的接触，一种不亢不卑的对话。"代表西方文化的科学与民主，一方面可以把中国文化精神从主观状态中迎接出来，使道德客观化而为法治，使动机具体化而为能力；并以可视的可量的知识，补不可视不可量的道德文化所缺少的一面。"徐先生进一步指出："我们的基本困难，不仅在于我们文化中缺少了知性的一面，而更在于连儒家所成就的仁性之一面，也并未能保持。所以我才提出儒家精神的新生来，为现代的人'先立其大本'。但仅立其大本并不算完事，这里须要我们作一面新生、一面转进的双重努力，即仁智双成的努力。"

依照徐先生的看法，仁性与知性、道德与科学，"不仅看不出不能相携并进的理由，而且是合之双美、离之两伤的人性的整体"。所以他以西方文化之转进，在于"摄智归仁"；而中国文化之新生，在于"转仁成智"。然而，仁性与知性之关系，如何可以互相涵融、归摄，乃是一大问题。徐先生并不认为仁性比知性在人性上居于更高的层位，并不以道德比知识在价值上更为重要。徐先生认为儒家重视人之所以为人之特质，乃是如何成就人生之起点，并不是终成。因此，单只有德，绝不能保证得福，虽然我们可以福为德之圆满发展。道德若不守住此人生之起点意义，而泛滥到人生之终成意义上去，逾越其本位，必至自我否定之地。徐先生一再强调政、教要分立，修己与治人之标准要分开，其用意即在指出德性价值并非人性价值之全，而须与以适当的分位。

道德与知识或仁性与知性之间并无必然的关系，而所谓涵融、归摄也只是在价值要求上的应然关系而已。因此，中西文化之涵摄关系也不是必然的。徐先生认为，中国文化的仁性与西方文化的知性之互相涵摄，彼此间并无充分条件或必要条件之形式关系，更没有因果或其他主从的实质关系可言。他指出："民主政治之诞生，可由各种因缘凑合，而不是谁的独生子。所以理想主义或经验主义对民主政治的影响，都是可能性，而不是必然性。"他又认为仁性与知性是"人性之整体"，"合之双美，离之两伤"，二者各安其位而不泛滥，则"在人类历史文化两大纲维提撕之下，自觉于人性之全，使仁性、知性，互转互忘而互相成"。

西方知性文化的科学、民主和中国仁性文化的人文精神，二者并无互相排斥之必然性，而只有互相补足之可能性。徐先生说："科学民主，是我们历史文化自身向前伸展的要求，而历史文化则是培养科学民主的土壤。"传统文化与西方科学民主之关系，就好像土壤与移植的种子之间的关系，种子能否在土壤上萌芽，并进而开花结果，其间存有一种实质的可能性，而并无任何必然性可言。徐先生一方面以中国传统人文精神之向前发展，吸收西方文化的科学民主，为一价值之要求，以使人性更趋圆满；另一方面以文化移植必须在适当的土壤上进行，而标示仁智并育而不相害的道理。我们今天要汲取西方文化的精华，必须把自己文化土壤上的杂质、毒素（例如在现实历史条件下形成的价值偏向、闭锁心灵等）清除，好让文化土壤中的养分（例如中国传统的人文精神）发挥功能，培育西方文化的种子（例如科学、民主），以期开花结果。徐先生一生坚信：儒家所强调的把人当作人的基本精神，乃是了解并吸收任何其他文化的动力根源。虽然作为文化土壤中的养分之儒家人文精神，与西方文化的成果并无必然关系，这却是使文化移植的种子得以成长茁壮之可能因素。

归结来说，徐先生一生的奋斗，即循此方向而不断努力探索，希望为中国文化、民族带来新机。

一位不畏权势的当代儒者对民主自由的探索

——《儒家政治思想与民主自由人权》编序　　萧欣义

　　本书所收录的廿二篇文章，其中心主题是：儒家思想的基本精神和民主政治及自由人权的关系。这是一个复杂的问题。数十年来，反对民主自由的人，常常借助于儒家文化，把它当成专制政治的护符；提倡民主自由的人，有的发现儒家思想中含有民主、自由、人权的精神，有的则觉得儒家是一个死敌；提倡儒家文化的人，有的向民主、自由和人权认同，有的则向反民主自由的团体靠拢。

儒家思想与民主自由人权的关系有四派不同的看法

　　时下对于儒家思想和民主自由人权之关系的看法，大致有下列几大派：第一派主张儒家思想根本上是反民主、反自由、反人权的，唯有彻底打倒孔家店，才可能建立民主宪政。目前民主宪政一再受挫，是由于当局提倡儒家传统的缘故。第二派则认为民主、自由、人权是西洋人的玩意儿，不合东方国情；而目前民主、自由、人权泛滥为害，必须借重儒家或法家的照妖镜来彰显其邪恶的面貌。第三派强调儒家思想完全符合民主、科学、伦理，要实行民主，必须从根源处推行儒家精神教育。第四派则觉得儒家有其符合民主自由与人权精神的地方，但在长期专制政治压制之下，儒家渗入了反民主自由反人权的成分。

第一派在五四时代最为风行。当时以《新青年》为中心，剖析儒家思想何以违背民主、自由与人权。鲁迅的礼教吃人说，很火辣地塑造了儒家违反人道、惨酷不仁的形象。陈独秀指出儒家形态的人格，是被动而不敢冒犯长辈及政治领袖，埋没个性，忽略个人权益。由于个性不张，个人主义受到抑压，民主政治就无从发展了。陈氏又指出，现代精神的特点是人格的平等与独立，而儒家的伦理却是基于不平等以及缺乏独立人格的三纲五常，因此儒家是不符合现代生活的。吴虞及他的同伴也指出在孝道思想影响下，个人浸淫于孝亲忠君的思想，曲意服从父母君主，而造成没有骨气的人。

外国学者研究中国人的性格，过去也多和这一派的看法互相印证。韦伯（Max Weber）在《中国的宗教》一书中，认为儒家讲究天、地、人和谐的宇宙观，个人与外界太亲和而缺紧张感，而且儒家相信性善，不像基督徒相信原罪而欲在精神上与原罪斗争，以克服原罪。没有这种内在的紧张冲突，则缺乏一种要克服原罪及外界而引生的自我控制的系统。这样一来就不会有道德的自主感及内在的自我改进的契机。儒家讲究和谐不争，于是对统治者、长辈，以及世俗，只是一味随顺服从，自己不担当起道德的责任，而把一切推诿给在上位者。韦伯对中国文化一知半解，上面的分析当然错得太离谱了。近来，白鲁恂（Lucian W. Pye）在其《中国政治精神》*The Spirit of Chinese Politics*（Cambridge: The MIT Press, 1968）从政治文化心理逻辑取向的研究，而主张儒家型的人格，注重顺服权威及统治者，倚赖长辈及官僚，以及重集体而轻个人。他的学生所罗门（Richard H. Solomon）在其《毛的革命和中国政治文化》*Mao's Revolution and the Chinese Political Culture*（Berkeleg : University of California Press, 1971）这本巨著里也指出：中国儿童在学习过程中，凡是自己的意见、情绪、主张、反抗性、侵犯性等等，都得压抑下去。儿童必须乖乖接受父母、师长、长官等的教导，不得违背。于是在生活上并没有培养出一个正当的途径，用以表达自己的情绪、反抗性及侵犯性。结果造成了下述种种相关连的性格：厌恶侵犯性的行为，讨厌捣蛋造反；欠自尊，不信任自己的独立判断；依赖上级和长辈指导自己的德行；集体利益重于个人利益；自己不自尊，也认为平辈的人不自尊，所以平辈之间不能互信；尊敬权威，在权威之前屈服无骨气，缺乏一套向权威主管合法抗议的管道。儒家这种人格是不合乎民主政治的。

上述这类分析，加上过去在帝制时代儒家曾经成为官学，支持帝制，民初袁世凯又利用儒家为帝制运动辩护，康有为的孔教运动又与君主立宪制息息相关。于是儒家与帝制的关系更显得密切，难怪民主自由运动者那么敌视儒家。

第二派人物的主要理论是：民主、自由、人权泛滥，将使社会国家无法集中意志，以致万众万心，一盘散沙，终于亡国。他们又指陈外国野心家企图借用人权外交而干涉我国内政，必须警戒。他们对于批评时政及基本国策的党外人士以及被开除党籍的叛党人士，深恶痛绝。于是有人提出孔子杀少正卯的故事，希望当局学孔子的果决严格镇压当代乱政治的少正卯。他们慨叹人民向心力不够，因此鼓励人人敬爱顺从父母，进而移孝作忠，忠顺于国家的大家长。提倡孝道有此妙用，难怪儒家孝道的法宝要走红了。这一派人物，对于自由、民主、人权的价值，虽与第一派采取完全相反的态度，但两派都认定儒家思想和自由民主人权是不相容的。

这个结论和第三派的信念完全相反。到底儒家思想和民主自由人权是否相容，上述各派各有所见，但犯了以偏概全的毛病。第一派丑化了儒家。第二派敬服儒家，可惜其所看重的往往是儒家的糟粕，甚或法家化了的变相，所以也把儒家丑化了。第三派则一厢情愿地美化儒家，而无视儒家在二千年帝制中被迫变相变质。第四派认为先秦儒家思想中有浓厚的民主自由人权的精神，秦汉帝制以后的儒家，在逆境中委曲求全，放弃了不少先秦儒家的民主自由精神，有的甚至变质而成为专制的护符，但还是有些儒者保存先秦时代的精神。当今谈儒家，不能笼统反对或接受，而要厘清种种混淆。国内学者在这方面做了不少工作。海外学者，如狄百瑞（Wm. Theodore de Bary）《新儒学的展开》*The Unfolding of Neo-Confucianism*（New York : Columbia University Press, 1915），傅乐斯（Charlotte Furth）编：《改变的限度》*The Limits of Change: Essays on Conservative Alternatives in Republican China*（Cambridge: Harvard University Press, 1976），梅兹格（Thomas A. Metzger），《脱出困境》*Escape from Predicament : Neo-Confucianism and China's Evolving Political Culture*（New York: Columbia University Press, 1977），以及林毓生 Lin Yu-sheng《中国意识的危机》*The Crisis of Chinese Consciousness-Radical Antitraditionalism in the May Fourth Era*（Madison: The University of Wisconsin Press, 1979）

追　怀

等作品，都代表研究儒家思想及政治文化所达到的新境界，正突破了上述前三派的局限，而可以和徐复观教授的论证互相发挥。（关于狄、傅、梅、林诸人的解释，请参看拙作《美国研究儒家思想的几个主流》，将由淡江学院出版。这四本书中，头二本是论文集，是很多人的集体作品。）

徐师复观先生三四十年来苦心探索这些问题，对于儒家思想与民主自由人权这个问题，提出了很多发人深思的观察。我们从他数百篇政论中选录了廿二篇，从各方面检讨儒家的政治思想，并举出实例，说明伟大儒者如何把理想实现。

信赖人性，反对外在权威来规划人的精神生活

《儒家精神之基本性格及其限定与新生》这一篇长文，说明儒家思想中的民主精神，并检讨其缺点，指出儒家为什么没有开出民主政治的花朵来。这篇文章有几点值得在这里提一提。第一，儒家主张价值内在于人心，信赖人性，鼓励人人自觉向上，而不需外在的神或僧侣或政治领袖去规划他的精神生活。像军政、训政或改造运动之类的东西，借重外在强制性的权威来改造人性，而忽略人人发挥内在理性，所以和儒家基于内在论的政治思想是不相容的。短期的非常性紧急措施，是可以谅解的。可是如果把这些措施制度化而变成长远的常态，一个真正的儒家是难于安心接受的。

此外，从价值内在论的立场来说，人人为自己的职务尽责，为社会、国家服务之时，虽然要讲究外在的技术、方法和规矩，可是责任心的来源是自己良心理性的自觉，而不是服从上级。《青

年守则》说"服从为负责之本",这是不符合儒家思想的。国民党在民国十三年改组时,向苏联学习;民国二十年后,又学习德、意的领袖至上论,因而未免过分强调服从。适度的服从是必要的,但须受自己良心理性的指导。凡是严重违背理性的事,为自己良心所不安,即不应该盲目服从。儒家对于政治上的上司及领袖,一向主张"事君有犯而无隐",也即是说,当领袖违背情理时,就应该向他提出来,不要隐讳,宁可冒犯他的尊严,也不可曲意谀从。这个意思,在《国史中人君尊严问题的商讨》一文,也说得很切要。

第二,儒家的价值内在论,应该归结于民主政治。可是过去儒家对于国家大事,总是站在统治者的立场,想由"格君心之非"而督促他实施仁政,却缺欠站在被统治者的立场,来组织压力团体,以争取仁政的实施。因此,政治主体始终没有建立起来。所以过去儒家只能减轻统治的毒素,而不能根本解决专制政治本身的问题。今日真正儒家,一定要在政治民主化、培养民间力量这一方面,寻求出路。

政统之外,另立教统,以培养社会的是非标准

第三,徐教授指出,儒家的教化精神是一种社会思想运动,可以在朝廷之外,另树立一个是非的标准;在政治领导中心之外,在社会另外形成一股理性的力量。过去不少学者常常忽略这一点。有些御用儒者甚至挟儒家以反对民间讲学,想把儒家的教化功能收归政治中心来运用,把理性及是非标准,尽都纳入统治者控制之下,以打击社会上独立于执政者之外的是非标准。过去专制者

追 怀

和嬖佞之臣，无不以民间讲学为大禁。孔、孟、荀都树立了民间自由讲学的型范，宋、明儒的书院讲学，也形成了民间的理性力量。总之，他们都想在政治系统之外，另行建立教化系统。今日，我们应发挥儒家这个传统，发展社会的自由讲学，以激发人心，形成社会的文化力量，以推动社会上其他种种经济、康乐、福利、公共事务等等活动。

政府首务是养民而非教民

时下提倡儒学的人，常说儒学确立了中华民族立国的思想、精神、主义；说孔子认为教民重于养民，孟子认为仁义比生命重要，应该舍生以完成仁义；又说宋儒主张饿死事小，失节事大。因此，儒家政治思想之首要，在于教化人民；政府的基本任务，在于教育人民，培养民族气节，为国家社会而牺牲自己的生命。

这种论调，歪曲了儒家政治思想中的一个基本精神。儒家重视教化，这是没错的。儒家希望士人能够培养顶天立地的浩然正气，不畏强暴，宁死不屈，这也是不错的。可是儒家并不主张统治者及官僚把教化当作政治的首务。在政治之外的社会，儒者的教化把人格修养当作比自然生命更重要，可是在政治上，第一义是养民而不是教民。政治上的价值，首先是安置在人民的自然生命的要求之上。其他的价值，必附丽于此一价值而始有其价值。

徐教授在讨论孔子及孟子的政治思想等篇文章里面，指出了这个意思。在《儒家在修己与治人上的区别及其意义》和《释〈论语〉"民无信不立"》两篇文章，更把这个意思发挥得淋漓尽致。这是儒家政治思想阐释上，极其重要的论文。他很正确地指出，儒家的修己与治人的标准不同。在修己方面，是要把自己的自然生命向德性上提界，而不在自然生命上立足。可是在治人方面，德性只居第二位，而人民的自然生命的要求居第一位。不然，如以修己的标准治人，则势将演变成要求人民为仁义而死，为主义而牺牲。孔孟这种养先教后的政治思想，徐教授指出，它实在含有"天赋人权"的意思。有人可以批评说人权不是天所赐予，而是人自己争取来的。这种评论当然有理，可是天赋人权说的用意不在说明人权的历史起源，而重在表明：人的基本人权也不是统治者所能随便剥削的。人民不接受执政者所信仰的宗教或主义，不赞同他的思想，并不能构成剥夺他的基本人权的充分理由。

基本人权的起点是自然生命的生存权。《孟子》一书反复提到"仁政"。仁政的内容，最首要的是制民之产，使人能够生存下去。政府如果不以人民的物质生活为首务，而想以立教为第一，那么很可能流于极权专制。执政者挟有强制力，以真理与主义来立教时，往往把自己权力意志美化为真理。于是表面上要人民为此真理而牺牲，但实际上却是要人民为其权力意志而牺牲。相反地，立教的事如果由民间自由的力量推行，则人民可选择是否接受，因而比较可以避免真理吃人。

费正清误解了多少孔子的德治思想？

在《孔子德治思想发微》这篇文章，徐教授严正地指斥了费正清之误解孔子的德治思想。徐教授指出费氏在一九四三年曾经向美国驻华大使提到"孔学含有侵略性质"。其后，在五十年代及六十年代，费氏屡屡宣称孔子影响中国至深，连毛泽东也继承了

追　怀

孔子的传统。徐教授对此批驳谓："今日（一九六六年）在反共人士占绝对多数的美国和中国，费氏把反对孔子最彻底的毛泽东，说成是继承了孔子的传统，这是巧妙地告诉美国人士和反共的中国人士，'你们要反对毛泽东，便要先反对孔子'。这是费氏要打倒中国传统文化的一种巧妙策略的运用。"

费正清的看法在外国有很多人附从，所以我对这个问题略为澄清一下。第一，费氏对孔学的了解，多是透过清代死硬派儒家、官方御用儒家，以及执礼而忘仁的腐儒而来了解的。他们结合三纲式的法家尊君思想，朝廷的天朝世界观，中国天子普世王观，以及死守繁文缛节的礼仪派儒家。这是儒家思想中较坏的部分。费氏对这些了解较深，但对孔孟学说较少精深用功，但他了解孔子和官方儒学不同。他在给美国大使的报告中指的并不是孔子，而主要是天朝世界观那一套孔学。

第二，费氏等人说毛泽东继承孔子传统，是出于恭维，而不是为了要打倒孔子。外国研究国际共产党的人，通常觉得中共比其他国家的共产党较不侧重杀灭异己这种恐怖政策。和斯大林的残凶相比，中共较重思想改造而尽量少杀人。毛共看阶级斗争为最重要纲领，斗争中固然有杀人的事，但重点是思想改造。中共的思想改造有很多强制性措施，似比之一任杀人为能事，则是有人道得多了。西方观察家把这一点归功于儒学无形的影响。其次，正统马克思主义把物质看成基础，可是中共在推行种种政治、社会、经济运动时，往往把位居末位的上层建筑看做比物质基础更重要。他们重精神鼓励、团队精神及荣誉感，而轻物质的鼓励。西方观察家说这也是中国文化影响的结果。再其次，中共要求干部以身作则，带头工作服务，牺牲自己的享受，以帮助贫下中农。

虽然很多干部形成了特权阶级，作威作福，压榨人民，而做不到这个理想，可是理想上的干部是要先天下之忧而忧，后天下之乐而乐的。外国学者们看来，这又是儒家精神的影响。从这些地方来说，儒家使中共减轻了极权专制的毒害。所以这个意义的影响，是肯定儒家的价值，而不是为了要攻击儒家。

当然，上述的影响都是在无意识这一层次上发生的。在意识上，毛共极力反孔，儒家的全民和谐仁爱观，和毛共的阶级斗争，根本就完全相反。所以从主导精神来说，孔子和毛共是完全不同的。但构成儒家文化的诸项因素中，有些却无意中影响了毛共。

徐教授对于费正清的批评，在《孔子德治思想发微》这篇文章中，只是一个边际的次题，并不影响徐教授对主题的讨论。徐教授的主题是：孔子的德治思想可通自由和民主精神，但根本不十分稳固，遇到昏暴之君，儒家就无可奈何。所以德治思想除非客观化于民主制度中，是得不到保障的。这个主题，徐教授说明得鞭辟透彻。

忠臣难逃灾祸

德治是儒家政治思想中的一个高明的内容，可是面对暴君之时，它却是一筹莫展。儒家对于政权运用的方式，侧重在"圣君贤相"之治。事实上，君不圣相不贤是历史上的常态。君圣而相不贤，君可撤换相。但如果君昏暴，除了冒死谏争以外，只有退隐一途。忠臣对暴君谏争，是招祸之阶。其实向不算昏暴之君谏争，也是时有灾祸随身。甚至不涉谏争，也难免惹得一身臭，或甚至遗祸全家。本书选录了《中国的治道》和《明代内阁制度与张江陵（居正）的权、奸问题》两文，以见忠直的儒臣事君的实例。前文以陆贽的成功为例，后文以张居正的悲剧为例，说明中国传统政治的一个严重的缺陷。这两篇都是上乘的学术论文，论证严谨，而主旨发人深省。从这两篇，我们可见忠臣如何限制统治者滥施专制权，如何为民请命；也可见尽管有出卖灵魂的小人儒曲学阿君，且为专制帝王推波助澜，但是正直的大人儒无不努力消解君主的主体性，以彰显天下的主体性。

张居正身后的惨祸，象征专制政治下忠臣的难逃灾祸。儒家的德治思想，在过去二千多年来并未能突破这个症结。徐教授在上述两篇文章，以及《为生民立命》、《儒家精神之基本性格及其限定与新生》等篇文章，都检讨了这个问题，而归结出必须施行民主政治的体制，儒家的民主自由精神才能够实现。

儒家对法治的态度

儒家和法家长期对立，争辩该行人治或法治，于是常人以为法家重法治，儒家重人治而反法治。这是一个相当含混的说法。其实，儒家所反的法治并不是现代民主体制下那种意义的法治，而是法家极权专制式的法治。法家的法，是为了巩固统治者绝对权威而定的法。它告诉统治者如何运用术与势来掌握官僚，如何以严酷的刑罚来确保官僚与民众对统治者的绝对顺从与献身。法家的法，对于人民基本权利的保障，是毫不关心的。

那么儒家由于反对这种意义的法，是否会连带反对其他意义的法呢？这种可能性是不能避免的。的确，有些腐儒，不管某一种法制的性质如何，实质内容如何，只要是法制就机械地反对。

可是真正的儒者则欢迎为民制产、为民谋福、保障人民权益的法制。徐教授在《孟子政治思想的基本结构及人治与法治问题》一文，分析孟子政治思想中的法治成分，并旁及先秦儒家的法治思想，很值得参考。一般人常把孟子当作唯心论孝治派。虽然这种说法失之笼统，但孟子较重仁义心性，这一点是没有错的。有这种趋向的人，常被误会为不注重法治，或者甚至反对法治。可是查考孟子"仁政"思想中那样地注重保障人民生活的法制，那么就不难了解正统儒家之注重以保障人民福祉为内容的法治了。这个精神，当然包藏着极浓厚的人治精神，而和现代法治还有一层大距离，但儒家和现代意义的法治之间的距离，是比儒家和法家的法治之间的距离，远较为迩近的。

正名思想原具有革命性

"正名"思想常被误解为一种"守名"思想，以为是要维持习惯上的人君继承法以及君臣名分。司马光把守名和正名混淆，这是由于他在政治上偏于保守的缘故。事实上，孔子的正名思想具有进步性及革命性。在春秋时代，"名"是维持贵族统治的一种工具。"名"的神秘性保持了贵族名分的神秘性。"正名"是为了要打破政治上"名"自身的神秘性，使其成为一种易于了解、易于把握的代表某种"实"的符号，使统治者不能单单靠着一个神秘的名位就达到统治的目的。"名"是否正，其标准不是政治上或伦理上所居的"位"本身，而是这个位所应达成的"任务"和"价值"。居于某种位而不尽该位的任务和价值，则名实不配合，即是名不正。无实的名位，应该加以改变，使名实相符。要不然就解除居于此名位而不能尽其职的人的职位。这就含有革新及革命的意思。儒家之肯定革命权，依照徐教授在《先秦名学与名家》一文中的解释，是和儒家的正名思想有关。

这个革命的含意，在帝制时代自然要受到抑制。"正名"在政治上可循二个线索发展。第一，在君道和臣道方面正名，把不能尽臣道的臣解除其职务，把不能尽君道的君也解除其职务。后者危及不守君道的统治者，在大一统局势稳固后，自然受到统治者抑压而不能发展。第二个线索是在政事上"正百事之名"。这一方面的正名，过去倒是相当高度地发展了。由于第一个线索的正名思想受到抑压，所以正名思想的革命性就没有彰显了。

《先秦名学与名家》，原文共有七节，头二节解释"正名"在政治思想上的意义，已选录在本书。其余五节，讨论各派名家，对于逻辑和辩者的问题，论析精辟，不过和本书主题无直接关连，所以从略。全文原是徐教授的《公孙龙子讲疏》一书的序（民主评论社出版），以后将收录于《徐复观杂文》一书。

儒家支持自由主义

民主斗士和自由主义者长久以来常被当局视为眼中针，常被斥为"共匪的思想老私"、"共匪的统战分子"。华美断交后，透过青年学生的爱国反共联盟和官方及半官方报刊，这种"义正词严"的斥责，更是到处充斥。到底自由主义者和民主斗士是否真正被中共收买，受中共指挥来破坏反共堡垒，局外人无从置喙。警备总部和调查局近来是非分明，不再随便栽诬良民，所以并没有附和舆论的声伐。因此，这些人的清白是可以确定的。不过，有人会问：他们虽未曾存心破坏，可是他们的论调是否会遗害国家民族、动摇心防呢？在口头讨论上，对这个问题见仁见智，难得有结论。在文字讨论上，由于有害论者控制了舆论界，无害论的说法，很少出现于报刊。我们在此选了徐教授的《为什么要反对自由主义？》和《悲愤的抗议》，替无害论讲几句话。

"民主"之无害，同意的人较多。可是"自由"之无害，反对的人就较多。这大概是受了孙中山先生的中国人自由太多，有如一盘散沙之说的影响吧。官方开明人士中有人说："我们是站在自由世界阵营，提倡民主自由的。可是自由主义过分极端，流于虚无主义，所以我们坚决反对。"儒家中有人赞成这种说法，反对自由主义，似乎自由主义会破坏儒家思想。

我们选录徐教授这二篇文章时，考虑了下列几点：第一，徐教授研究儒家文化多年，颇有心得。第二，徐教授极力反对虚无主义，对它保持高度的警觉。如果自由主义果真是一转手而可变成虚无主义，那么他一定不会替自由主义辩护。第三，有一部分自由主义者把徐教授当作顽固保守派。他们认为凡是讲儒家文化的人都是自由主义的敌人。他们曾经和徐教授打过几场扎扎实实的擂台。徐教授这二篇文章虽写于二十余年前围剿自由主义之际，现在还没失去时效。他肯定自由主义，是经过理性的反省。这二篇到现在还是掷地有声。

徐教授的要点是：

自由主义本身未必就代表人类的前途，因为它只是一种生活底精神状态，而不是精神价值的内容。人不能安顿于自由主义这一个态度，而必须安顿于某种精神价值。然而只有自由主义的精神状态，才能够敞开人类向前向上之门，对人类前途，赋与以无限的可能性。自由主义的生活底精神状态，就是"我的自觉"，也即是"自作主宰"。人在既成的传统与社会中，往往随波逐流，失去自我的主宰性。然而，人如能挺身站立，追问传统及世俗许多观念与事实的是非，以自己的理性，作为衡断是非的依据。这即是"我的自觉"，即是自由主义。

从传统和社会中解放出来，并不是要根本否定它们，而是要澄清洗炼它们，以创造更合理的传统，更合理的社会。能够这样，则自由主义不是虚无主义，也不是极端的个人主义。一个健全的自由主义者，既超越僵硬的传统，又要创造更合理的新传统；既成就个人，同时又要成就团体。

儒家的"为仁由己"，"当仁不让于师"，都是要人自作主宰的意思；"刚""毅""勇"是乘载自由精神的气质，也是自由精神在一个人生活中具体化所自然表现出来的气质；"匹夫不可夺志"，"虽千万人吾往矣"，正是反抗权威，以求理性良心自由的具体说明；"威武不能屈"是"至大至刚"的自由精神的表现。如此，儒家从德性上来建立积极的人生，因而自由精神在这一方面成为积极的表现。道家则从情意上去解脱人生的羁绊，因而自由精神在这一方面成为消极的表现。儒道两家是中国文化的两大主流。若接触不到两者在其思想的基底上所具备的充沛底自由精神，便根本无法接触到他们所留下的文化遗产。假借传统文化来声伐自由主义，那是诐词曲说。至于以为中国在政治上没有发展出来自由人权的明确观念，便以为在中国文化中没有自由主义的精神，这是浅薄无知。

自由精神在知性、德性中跃动之后，必须伸展到政治中去，成为一明确的体系，以对知性、德性的自由提供保证。政治的自由，需要知性、德性的自由作根源。但人类的灾害，常是来自政治，所以要每人在良心理性之下，使政治成为每一个人的工具，而不是使任何人成为政治的工具。这一努力的结果，即是以人权为灵魂，以议会为格架的民主政治。

中国大一统的政治格架，是根据反自由的法家思想所建立。两汉知识分子对法家思想和制度所作的斗争，即是向政治争取自由的斗争。

孙中山先生的民有、民治、民享的三民主义，是把传统开明专制的爱民、养民、教民倒转过来，使被动的民，成为主动的民。这是划分政治的大分水岭。三民主义是以自由主义为基底的。虽然内容不同，但精神基底是相通的。

说自由主义是共产党思想的走私，这是不公正的。事实上，什么口号中共都可加以利用，连三民主义也都利用过。联俄容共时期，以及国共第二次合作时期，中共宣称服膺三民主义。民族主义和民生主义，中共都提倡过。只有自由主义被他们斥为资产阶级的产物，而没有提倡过。

以上这几条摘要，说明自由主义不但不会使社会和国家受害，而且是使社会国家合理化的必要条件。

孔子未曾主张清除反对党

孔子诛少正卯这个历史故事，反映了儒家和法家政治思想的分水岭，也反映了法家化的儒家如何歪曲儒家的一个基本精神。在过去历史上，这个故事常被暴君拿来做为消除异己的借口。在当代历史上，这个故事也出现在二个政治文化大争论里面。可见它到现在还是一个活生生的问题。

最近一次，是中共在七十年代批孔运动中，指斥孔子是伪君子，平时满口仁义，可是一旦当了权，却把批评时政、扰乱民心的少正卯杀掉。整个中国不但一般人这么说，即连道德文章造诣深宏的学者也这么说。海外应声虫也叫个不停。另一次则是五十年代末期在反共的台湾发生的。当时，自由中国的官方学人为了声讨《自由中国》杂志发行人雷震，而提到孔子诛少正卯的例子。他们的论法是：讲究仁义的孔子都把批评时政的少正卯宰掉了，今日提倡孔学，也应该学孔子的果决，把批评时政的反对者整肃掉。

在这批御用学者手里，孔子变成了极权政府的首席政务官兼检察官兼法官。这倒不是他们伪造历史，而是战国时代就伪造了。徐教授在《一个历史故事的形成及其演进——论孔子诛少正卯》一文中，指出孔子主张仁爱，反对用刑，杀戮政敌完全不合孔子思想。少正卯的故事，是法家极权主义精神下的产物，假托孔子之名以倡法家的观念。

这个故事伪托出来后，儒家中虽有人怀疑它，可是也有人接受它。是什么原因使儒家接受一个完全与原始儒家的基本精神完全冲突的思想呢？徐教授的解释是：儒家思想，不是以打倒现实的方法去改造现实，而是进入现实之中，以脱胎换骨的方法去改造现实，在和平中前进。这个方法的短处是，如果界划不清，则容易被利用假借。加以儒家形成后，政治由封建转向专制，凡与专制不相容的成分，例如民主自由的成分，常常得不到解释和发挥。有与专制容易相混的部分，便受到过分的宣扬，以致被专制的要求所渗透而发生变质。

今日要讲儒学，应注意把极权专制的成分挑出。倡导民族精神教育的人，不在这种大关节处辨别是非，却常常把法家的狗挂在儒家羊头下出售。法家思想，自然也有很多积极光明的地方，值得我们倡导。可是在坚持极权、迫害个人在统治者势力范围之外去探讨理性这一点上，我们是应该把它舍弃掉的。可惜有些学人忽视这个问题。《良知的迷惘》一文对这个问题的检讨，尤其值得大家反省。

蒋先生的忠实诤友

徐教授多年来研究儒家思想，他有一个抱负，那就是把儒家从极权专制的纠结中厘清出来，并指出今后儒家自求新生的途径。此外，他并继承传统大儒不畏强权，为民请命，批评当轴的大无畏精神，痛陈时弊。他的批评，听者也许一时不能容忍。可是冷静思考后，可以看出他的言论是建设性的、善意的，而不是破坏性的。他的《我所了解的蒋总统的一面》便是一篇典型的大儒政论。文章刊出后，轰动一时，而他也受到不少压力。幸而蒋先生有泱泱大国领袖的雅量，所以并没有听从手下的建议而施展过分的制裁。

本书选录这篇文章，一面是用来倡导大儒的风骨，另方面也是用来纪念蒋先生容忍批评的风度。

编辑委员中，有人主张删掉这篇文章，以免本书被查禁。我们特地为此请教过出版界一些前辈。虽然很多人提不出主意，不敢置可否，但是每一位细心念过本篇的人，都公认徐教授是以履薄冰的心情，很敬虔地说出诤言，毫无危言哗众的意思。徐教授对蒋先生常存敬意。不论是当蒋先生幕僚之时,或出来主持文化事业及执教大学之时,不论是身居要位之时或是被开除党籍之后,他对蒋先生的态度都可用二句话来概括:敬之愈笃,诤之愈诚。所以我们最后决定选录本文。

以欧美民主国家的标准来看,这篇文章是温柔敦厚,和风吹春水,并没有什么刺激性。以民主初阶的立场来看,这篇文章在民主宪政史上留下了一页美谭,使负责直言的儒德和容忍诤言的君德两个美德交相辉映。

当代儒家对中共应该采取什么态度?

中共有些成就,只要不是故意站在党争的立场,不是为了反对而去反对,则是应该肯定的。站在现代儒家的立场,所要反对的是共产党的(尤其是毛泽东及四人帮式的)阶级专政、阶级斗争,以及教条主义之下,人民所受的惨害。对于减轻或消除这种惨害,过去在"反攻指日可期说"之下,大家认为只有国民党才有资格担负这种大业。可是当反攻成为遥远的目标,或甚至其意义受到检讨时,随着发生了一个问题,那即是中共要员能不能自行修正错误?说得具体一点,如果邓小平、胡耀邦、胡乔木及其他要员实行修正主义,给老百姓生息之时,我们是否应该一口气否定他们?是否要期待极端分子掌政,继续四人帮的暴政,把老百姓逼迫得忍无可忍,起来造反,而使国民党有机会反攻?

徐教授三十几年来曾经写了很多反共的文章,态度都很严肃,对于毛泽东、林彪、江青、张春桥、姚文元之类,更是严格批评。可是稳重派分子,例如周恩来、刘少奇、邓小平、朱德、彭德怀、胡耀邦、胡乔木等人，对于暴政早经反省，曾经多方设法在中共专政的体制内，为人民减轻痛苦。面对这类人，徐教授每多恕词，而寄予过希望。邓小平等人的"解冻"有相当的限度，和民主人权还有一大段距离，这是徐教授明白指出的。可是比起极左派的暴政来，一个有良知的儒家毕竟应该鼓励他们推广仁政。台湾有些反共人士对此表示不满，骂他姑息养奸。海外华侨，除了少数左倾及极右倾以外，大多敬佩徐教授之能够超越党派、政权的囿制，站在老百姓的福利及国家的前途这二个立足点上来考虑问题。徐教授有不少文章，以儒家的立场来讨论这个问题。我们在此选了三篇精彩的论著：《国族无穷愿无极，江山辽阔立多时》、《保持这颗不容自已之心》和《国族与政权》。读者如果对这个问题有兴趣，请参阅《徐复观杂文》。

徐教授的基本信念，可用《国族无穷愿无极》这篇文章里的一段话表明：

长期受儒家思想薰陶的人，他的起心动念，自然直接落在国家人民的身上，而不能被一党之私所束缚。这在把"党"压在"国"的头上而称为"党国"的今天，是无法使人理解的。儒家的理想，是通过现实，涵融现实的理想；所以凡是对国家人民，只要在比较上有点好处，便不惜寄与以同情；而不愿以国家的危机，人民的痛苦，作为渺茫的政治资本。这一点，也难得到掌握权势、依附权势者的了解。

这层意思，《国族与政权》一文中再次强调：

任何政权，任何政权的领导者，只是自己国族历史中的"过客"。……政权的是非利害，并不等于国族的是非利害。负责的作者，便在以国族的是非利害，批评政权的是非利害。若当政权的某种行动，与国族的是非利害相合时，站在国族是非利害的立场，对此种行动加以支持、赞扬，并不等于对政权的全部支持、赞扬。

　　台湾儒家向来坚持反对阶级斗争和阶级专政，这个态度是对的，这也是徐教授的一个基本态度。然而台湾的批评家，对于政权和国族这二个层次，难免混淆为一事，所以徐教授的看法，值得我们参考。

其他参考文献

　　徐教授其他作品中和本书主题有关的还有很多，限于篇幅，无法选录，就把篇名列在下面。此外有些文章虽非政治思想的论著，但对于了解儒家政治思想颇有帮助，也一并列入。

　　一、《学术与政治之间》甲乙集合订本（香港：南山书局，一九七六），本书原由台中中央书局出版，在台湾早已绝版。已由台湾学生书局重印。本书中，下列文章可以参看。

　　1.《中国政治问题的两个层次》

　　2.《儒家政治思想的构造及其转进》

　　3.《学术与政治之间》

　　4.《中国知识分子的历史性格及其历史的命运》

　　5.《三十年来中国的文化思想问题》

6.《儒家对中国历史运命挣扎之一例》

7.《历史文化与自由民主》

8.《释〈论语〉的仁》

二、《中国思想史论集》，第四版（台北：台湾学生书局，一九七五）

9.《中国孝道思想的形成、演变，及其在历史中的诸问题》

10.《心的文化》

11.《中国历史运命的挫折》

12.《在非常变局下中国知识分子的悲剧命运》

三、《周秦汉政治社会结构之研究》（台北：台湾学生书局，一九七四）

13.《西周政治社会的结构性格问题》

14.《封建政治社会的崩溃及典型专制政治的成立》

15.《汉代专制政治下的封建问题》

16.《汉代一人专制政治下的官制演变》

17.《两汉知识分子对专制政治的压力感》

四、《两汉思想史》，卷二（台北：学生书局，一九七六）

五、《中国人性论史》（台中：东海大学，一九六三；再版，台北：商务印书馆）

六、《徐复观文录选粹》（台北，学生书局，一九七九年六月十日于台湾台北，一九八八年五月补订）

七、《徐复观杂文》（合计六册），时报文化公司（一九八〇至一九八四）

追　怀

悲情与良知

——徐复观先生《论战与译述》编后记

曹永洋

　　一九八〇年九月中旬，徐师应钱思亮院长之邀，由香港回国参加"国际汉学会议"之际，在台大医院接受健康检查时发现胃癌，并接受开刀手术，经短期疗养后又返回新亚书院。去年三月徐师、师母计划相偕赴美探视他们的儿女。我在这当口写信向徐师表达我的心愿，希望能把四册文录未选进去的文稿交由志文出版社张清吉先生刊行，结果得到徐师的同意，徐师在赴美行前，清理文稿时，又发现尚有一批未经汇印过的稿件，于是嘱咐他在新亚书院的一位学生冯耀明先生检阅后寄到我手上，就是这册《论战与译述》。稍加整理后，我把编好的文录七十多篇文字和《论战与译述》的目录分别誊好影印一份寄给徐师过目，后来删除其中已经选入《中国文学论集》的文字，合计成为七十五篇，书名依照徐师的意思定为"徐复观文存"。

　　今年年初，徐师常感背部右上方疼痛难当，初以为风湿病发作。二月八日抵台大医院就医，住进九〇七病室。入院检查后发现癌细胞已经转入背骨，台大医院估计照射五次"钴六十"当可控制病情。未料照射时，癌细胞业已扩散，腿部瘫痪麻木。自此卧病床榻，病况迄今犹未起色。师母日夜陪侍在侧，亲奉饮食。

去年初读徐师杂文集《忆往事》中《和妻在一起》一文时曾感动落泪，久久不能自已。如今亲睹此情此景，更深切地体会到老师、师母彼此的依偎情深。月来前往探视的亲朋、故旧、门生、青年学子，不绝于途，社会各界对这位当代思想界的巨擘表达了极深的关切。二月廿三日《中国时报》人间副刊登出了徐师的一首诗，诗曰："中华片土尽含香，隔岁重来再病床。春雨阴阴膏草木，友情默默感时光。沉疴未死神医力，圣学虚悬寸管量。莫计平生伤往事，江湖烟雾好相忘。"此诗细致传达了徐师卧病台大医院期间的感受。徐师有子女四人，武军、均琴、梓琴、帅军皆卓然有成，分别先后在美国得到博士学位。

目前正由时报文化公司排印中的《中国思想史论集续篇》由学姊陈淑女、学长乐炳南、蓝吉富三人负责校对工作。交给学生书局排印的《中国经学史的基础》则由徐师在新亚书院昔日的学生——现在执教东吴大学历史系的廖伯源教授负校对之劳。对于多年来承印徐师著作的《中国时报》董事长余纪忠先生，学生书局主持人冯爱群先生、丁文治先生也在此一并表示敬意和谢意。

二月十四日清晨七时徐师口述，要我笔录《中国思想史论集续篇》一书未完稿的序文，并要我抄录预立的遗嘱。遗言如下："余自四十五岁以后，乃渐悟孔孟思想为中华文化命脉所寄，今以未能赴曲阜亲谒孔陵为大恨也。死后立即火化，决不开吊。骨灰移于何处，由世高及子女决定。望子女善养其母也。"徐师的风范自始至终皆与他卓荦的人格如实相应，走笔至此，悲怆之情，曷可言宣。

徐师前年在《文录选集》一书原来序文的补志上这样写着："其中的文章，多写于六十年代的初期，这正是世界性的反传统、反道德、反理性的高潮时代，许多知识分子，在激流中呈现心理变态。日本、台湾正被此激流所淹没，所以我根据'人应生存于正常状态之下'的认定，对中日的知识分子提出不少的批评。从七十年代去看这些批评，连我自己也感到有些过分。因为进入到七十年代，整个文化动向，又接上传统而渐归于正常了。但在我写这些文章时，全处于孤立无援的挨打状态。"而《论战与译述》一书的文字也多半成稿于五○、六○年代，论学的对象全是当代知名的学者。我想在徐师所有的著作中，此书可能是遭受误解最深的作品之一。事实上，从五○年代末开始，徐师的时间精力完全转到学术研究方面去了。二十年来，他完成的专著总数在几百万字以上。每一部都是立论精辟、抉微发隐的巨著。就是由时报文化公司发行激起极大回响的五册杂文集，也无一不是徐师发自肺腑的诤言，在在映显出徐师无畏权势、是非鲜明的崇高人格。这些文字充满洋溢深刻的睿智，家国、人类命运的关怀以及对民主、自由的向往与热爱。

徐师身处在这样一个时代，他无法在虚假的学风中保持缄默毋宁是必然的。他之作狮子吼，除了表征他对真知的执拗，原则的坚持，同时也是一位伟大的书生对这个苦难的时代所怀抱的悲情和良知吧。

我深信尘埃落定，历史将会给徐师一个确切的地位，这是无庸置疑的。

总之，徐师的论著是他留给这一代苦难的中国人最佳的献礼，每一篇文字都代表了他的心路历程。凡是渴盼认识、了解他步迹和心灵的人，应该直接通过他的作品去寻索，那么我们将会惊奇地发现：真诚的声音纵然有时不免于孤独，但是一定会被接受。除非封闭的心灵全然麻木，否则阳光终必会穿越阴霾密布的乌云放射出人性的光辉，引起广大人群的共鸣，这点我从来没有怀疑过。

一九八二年四月二日《中国时报》

追　怀

《徐复观文存》刊行缘起　　　　　曹永洋

一九八二年二月十四日徐师胃疾复发，再度由香江回台，住进台大医院。与我相识多年的志文出版社发行人张清吉先生有意印行徐师的著作。当时以新台币十二万元购下徐师的两本著作：《论战与译述》（此书于一九八二年六月印行初版）、《徐复观文存》（此书一九七一年由环宇书局以《徐复观文录》书名，共分四册付梓。当时主其事的何步正先生并未支付分文版税，加以排版错落甚多，一九八○年由徐师门生萧欣义教授由四册中编选成《徐复观文录选粹》，交由学生书局印行。经过这么一番周折，徐师写于六○年代初期的文章，遂无法窥其全豹）。

有鉴于徐师的作品，学术论著多集中于学生书局印行，时论、杂文则多由时报文化公司刊行。这个夏天（一九八九年七月十九日至八月五日）张清吉先生招待我去日本旅游，并在东京各大书店购买书籍。我跟他提到徐师那本仍未刊印的《徐复观文存》，张先生当下就答应无条件交给学生书局印行，以便于想研读徐师著作的读者能完整地听到他老人家的心声与卓见。

此次畅游日本归来，重新细读《徐复观文录选粹》中日本东京旅行通讯十一篇（另有《日本的天女》一稿当年徐师由日本邮寄香港《华侨日报》时遗失，惜哉）。这些文字徐师写于一九六○

年东京旅次，时间虽然隔了将近三十年，但是我认为这十一篇精辟的文字仍是我所读到的有关日本民族、文化及社会观察作品中最深刻、精密的文字。三十年的岁月，其实业已使日本这个国家有了全盘性惊人的改变，何以徐师的文字还是那么锐利地穿越时空，未曾失去它的时效性呢？此无他，因为这些文字并非出于一个走马看花的旅客。徐师二十八岁赴日本留学，先在明治大学攻读经济，因无公费挹注，改读日本陆军士官学校。其后一九五〇年、一九五一年、一九六〇年他曾先后三次重游旧地——一九六〇年的停留时间较长。当时徐师执教于东海大学，他在旅次中写下这十一篇脍炙人口、见识精辟的文字。终其一生，徐师对日本怀着一种复杂、难以言宣的感情。他赴日留学以前，在国学上已打下扎实的根柢。东瀛留学，使他学会了另一种文字。英年在日本两年游学期间，使他前半生在沙场军旅生涯中度过。未料及他五十岁脱离政治，走入学术生涯中，日文在治学岁月中带给他莫大的帮助。日后他常鼓励学生，想要在学术上有所成就，单靠自家的文字，在视野及吸收方面无形中受到致命的囿限；一定要学好另一种语言，才能有所突破。由于徐师与日本这个国家有这样一段曲折的渊源，加上他在史学、文学、艺术及思想史上卓越而精湛的学养，我认为他老人家在六〇年代发表的这些文字，不但没有失去其时效性，而且不断地能提供我们以深刻的省思与警觉。

物质上表象的繁荣与安定，很多时候，往往只是一种欺罔的假相。如果我们对国家未来的前程，缺乏前瞻性，很快地便会在日新月异、角逐激烈的世界舞台中遭到淘汰。等到发现自己是在原地踏步，甚至陷于泥淖不克自拔时，已经为时晚矣！

近十年来，台湾在文化、政治、经济、教育层面上产生极大

追 怀

的变革。我常想：如果徐师仍然健在，基于他对国家、民族的那一份热爱，他必然不甘于保持缄默——他一定会以那风动人心的健笔，不断地给这个社会发自肺腑的针砭，这是无庸置疑的。在这样一个迷惘、徬徨、道德沦落、人心隳坏，丧失理想与人生目标的时代，人类最需要的是思想上的诤友。可是培育一个思想家的土壤与客观条件要比有形的硬体建设远为艰难。倘非如此，何以自负的法国人，在读到康德大师的著作时，肯公开承认："德国有大思想家了！"

岁月倏忽，徐师辞世转眼已经七年多，徐师母定居内湖翠柏新村也已四年。每一次到那儿去探望她时，往日徐师、师母对待学生有如自己子女的情景，就会清晰浮现眼前。前尘往事，宛然如昨。在夕暮中坐上车子，与师母挥别时，心中总感到在师母背后，带着慈蔼微笑的徐师的形影，还是依偎着她……

徐师杰出的弟子如今散布在全球各地，我深信他们在学术的领域里一寸一寸地攻顶、推进时，一定不会忘记这位教诲过他们的思想家。他在每一个学生心中深处播下的种子！

这本书的校对工作，曾得学姊陈淑女及好友陈昭瑛分劳，谨此向她们表示由衷的谢意。徐师生前的文字，除了书札，大体都尽量搜集了。做为徐师不成器的一个门生，这是我所能尽的一点微薄的心意。我知道这无法酬偿我想表达的那份感谢。

又本书的书名是徐师生前在书简里交代的，从已绝版的环宇书局印行的《徐复观文录》中抽掉的几篇也是徐师的意思，因为在徐师的著作中或已收录不愿重复的。《溥心畬先生的人格与画格》一文是徐师寓居香江时为溥心畬先生的一次画展所写，有一次去翠柏新村探望师母时，她亲自交给我的。徐师和溥先生保持着一段真挚的友谊。徐师的代表作《中国艺术精神》付梓时，溥先生已辞世，徐师为此怅惘良久。附录部分收了王孝廉、陈昭瑛的文字，从这些文字中我们可以看出徐师的人格、学问所发生的影响。尽管这本书的刊行在时间上已经相隔二十多年，然而从这些文字中读者依然可以看到晚年的徐师，始终在吸收新知上保持着炽热的、敏锐的心灵，他那锲而不舍探索学问的毅力，对人类文化和未来命运所怀抱的关心，在在足以作为青年学子的榜样。因为一位深刻的思想家，他的著作往往会随着时间的消逝，更凸显出其卓识与锐见。相反的，哗众取宠的浅薄之辈，很快地与草木同朽，时间永远是公平而严肃的审判者。

这三十年间台湾的社会架构在各个层面都有巨大的改变，二十世纪也只剩下短暂的"十年"，然而徐师六〇年代发表的文字却更彰显他的睿智和密察。他生存的时代，无论在政治立场或学术圈里都遭到相当程度的抑压、孤立，不过他很清楚地了解国家与个人的命运。在他那笔力万钧、锐利无比的文字背后，我们发现他拥有一颗宽容的世界心灵。一般人误以为他是"中国文化至上论"的捍卫者，这是极大的谬误。他老人家生命中最后的三十年从政治的权力核心遁入学术领域的研究。他又在时论中对当代的学术、文学、政治、教育、经济提出严正的批评，这不是一时的意气之争。个中端倪、真伪，现在回过头去看，应该是很清楚了。罗马一位史学家有云："上帝的筛子筛得很慢，但却汰筛得很细。"这真是智者的名言！

时间对于有价值的著作，是确切不移的试金石。倘若是烟雾烘托的假相或动听的口号，时过境迁，便沦为糟粕，毫无生命可言。但是发自肺腑，从心血中产生的作品结晶，总是闪烁其朴质的原色的光辉。读者无论隔着不同的时空，这些文字照样能撼动你的心弦。尼采在三十岁、四十岁阅读《罪与罚》、《红与黑》时如遭电击，也许就是这种切身的体验和观照，当然一味地麻木不仁之辈，不在论列之内。

末了，要感谢学生书局历任主持人，也要向志文出版社张清吉先生的气度表示敬意。徐师著作的刊行，印证这个苦难时代坎坷、曲折的全盘历程。人类向往光明，憧憬的心总是无法用各种方法手段加以扭曲的。尘埃落定之际，它必还归其本来的面目，徐师的著作在很多有心的读者心中，已经赢得了肯定的评价，这是无庸赘言的。封面题墨请书法家李金昌兄赐笔，并此申致谢忱。

一九九○年十二月二十五日

台北市石牌

《徐复观杂文补编》前言

黎汉基

　　徐复观先生，原名秉常，字佛观，"复观"一名乃业师熊十力所赐之号。湖北省浠水县琯坳人。一九〇四年二月十八日出生。家世清贫，八岁发蒙读书，就学于浠水县立高等小学、湖北武昌第一师范学校、湖北省立国学馆。一九二六年参加国民革命军第七军，两年后东渡日本留学，入日本士官学校步兵科第二十三期学习。九一八事变后，因发动抗日示威而被捕系狱，遭革除学籍。返国后，历任广西警卫团第一营上尉营副、南京上新河保卫团主任兼上新河区长、浙江省政府上校参谋、湖北省保安处第一科科长、团长。抗日战争爆发，参与娘子关战役、武汉保卫战，任荆宜师管区司令、中央训练团兵役班少将教官。一九四三年，承康泽之荐，与郭仲容以军令部联络参谋名义，派驻延安。回渝述职，深得蒋中正赏识，以军委会高参名义，调至参谋总长办公室，任联合秘书处秘书长随从秘书、侍从室第六组、党政军联席会报秘书处副秘书长。一九四六年春复员南京，以陆军少将退役，后与上海商务印书馆合办纯学术性刊物《学原》月刊。一九四九年五月迁台，另在香港创办《民主评论》半月刊。一九五二年，担任台中省立农学院兼任教授。三年后，获东海大学聘为中文系教授，兼系主任。一九六九年六月，因与梁容若之争，被东海校方强迫

　　　　　　　　　　　　　　　　　　　　　　　　　追　怀

退休。旋即移居香港，任新亚书院、新亚研究所教授，另专任《华侨日报》主笔。一九八二年四月一日病逝，享年七十九岁。发妻王世高，育有二子二女。

徐先生后半生潜心学术，乃海外新儒家公认的三大宗师之一。著述闳富，已有三十部专著行世。然此尚不足以穷其全貌。据编者七年来的搜集和考订，在两岸三地各报刊上，发现大量未结集成册的诗文，共有六百三十六篇之多，约二百万字。言其体裁，多属时论杂文，一本徐先生特有的批判精神，或讥弹权奸，或商榷辩难，或怀旧抒情，莫不有可观可感之处。倘能重新刊布面世，将不只深化世人对徐先生和当代儒学的认识，且为战后两岸三地的社会发展提供了最生动的历史见证。

正因如此，编者不揣浅陋，勉力承担了编校本书的任务。编例如次：

（一）底本：多采首刊本。若再刊本有所添加，则改采再刊本。因政治压力或其他理由，徐先生以前刊行的文集，或有删节改动，与首刊本差异颇大；对此，则据首刊本，复其原貌，并以中黑体文字，标示曾被删节的部分。

（二）分卷：按文章的内容性质，分为三卷六册。第一册《思想文化卷（上）》包括文学、艺术、文化类的文章，附有十篇序言、六十一则按语、二十首诗联。第二册《思想文化卷（下）》包括教育、交谊、论争、回忆类的文章。第三册《国际政治卷（上）》和第四册《国际政治卷（下）》，环绕国际政治的题材，前者的时段是由一九五〇年至一九七二年，后者由一九七三年至一九八〇年。第五册《两岸三地卷（上）》收入专论中共的文章。第六册《两岸

三地卷（下）》则是专论国民政府与香港社会的文章。^①

（三）篇名：凡欠缺篇名的文章，按其内容，冠以篇名。用笔名者，另作注明。^②匿名者，参照其他旁证，以鉴别是否徐氏手笔。

（四）引文：凡有引文舛误，查原文复核。

（五）分段：依照原文。若有段落编排陋谬，则予重分。

（六）标点：由旧式标点统一为新式标点，如书名号、篇名号由「」改为《》〈〉，顿号由，改为、等等。

（七）译名：因写作年代和报刊编例的不同，若干中文译名常有两三种译法；^③为保留作品原貌，悉予保留，盼读者自行注意。至于外文原名，除英文外，请教专家后校正。

（八）注释：若有校勘问题必须澄清，则以脚注略加说明。

（九）版式：一律直排。引文统用现行学术论文格式，低三格，采用楷书体。标题文字则用中黑体，以兹醒目。至于插图，从原刊本影印复制。

（十）系年：第六册附有《徐复观先生出版著作系年表》，列举徐氏文章的刊行年期及其版本差异。

在漫长的编校过程中，获得了不少前辈朋友的帮忙。徐先生

---

① 不消说，徐先生不少文章跨越数类，难以确言其性质之归属。这个问题，早在萧欣义编辑《徐复观杂文》时便已碰上，当时徐先生曾指示"按时间而排，不必性质分类"［参萧欣义，《致徐复观〈一九七九年一月十七日〉》（东海大学徐复观纪念室本）］。这也许是最切实的办法；但为了迎合文化市场的不同口味，分卷分类在所难免，特此申明。

② 现时可考的徐氏笔名，计有浮鸥、余天鹏、斯图噶、徐天行、徐天顺、髯翁、王世高、王世禄、李实、戚十肖等。

③ 例如苏联统治者 Joseph Stalin，有"斯大林"、"史丹林"、"史达林"等译法；又如美国国务卿 Henry Kissinger，则有"季辛吉"、"季辛格"、"基辛格"等译法。

追　怀

的四位贤嗣，鼎力支持出版事宜；其中，武军先生拨冗作序，均琴女士借出珍藏的生活照片，令本书生辉不少。徐先生门下的多位高弟，包括曹永洋先生、杜维明先生、洪铭水先生、翟志成先生、廖伯源先生等人，对编辑工作之进展，关怀备至；而曹先生更不辞烦劳，审阅了大部分稿件，校出不少手民之误。此外，刘述先先生、林庆彰先生、蒋秋华先生、杨晋龙先生、彭文本先生、陈璋芬女士、陈永发先生、李淑珍女士、蔡方鹿先生、邹重华先生、张文先生、金达凯先生、张荣芳先生、黄文兴先生、欧阳志英先生、何伟杰先生，或促成出版，或释疑解惑，或代觅资料，各有惠赠。陈彦颖先生、王又仕先生、杨士奇先生、施文蓓小姐、罗名珍小姐五位助理，以及文汇印刷公司的同人，在校对印刷工作上齐心协力，助益匪浅。还有，香港中文大学图书馆、香港大学冯屏山图书馆、新亚研究所图书馆、北京图书馆、重庆北碚图书馆、东海大学图书馆、中央研究院近代史研究所图书馆、台北国家图书馆、台湾学生书局等单位的支援。在此一并致谢。

　　囿于编者水平，不妥之处在所难免，敬希读者批评指正。

黎汉基

二〇〇〇年十二月十日

徐复观先生百年诞辰献辞证解
——兼述儒家能为新世纪提供甚么　　　　　蔡仁厚

甲、献辞证解

一、性情肝胆，抗怀千古

二、风骨嶙峋，头角峥嵘

三、学术器识，超时拔俗

四、刚方正大，当代真儒

乙、儒家能为新世纪提供甚么

一、天人合一的人生向往

（消解天人交战的紧张与焦虑）

二、仁智双彰的哲学模型

（调和过于重仁与过于重智的文化走向）

三、心知之用与上达下开

（上达以合天德，下开以成知识）

四、时中原则与日新又新

（承先以启后，慧命相续流）

一九八二年四月，徐复观先生在台北逝世。他的遗命是不开吊，不公祭。但他的家属与门生故人，还是为他举行了简单而隆重的丧礼。牟宗三先生也从香港来电话，嘱我代制挽联，以申哀悼。联曰：

> 崇圣尊儒，精诚相感，巨著自流徽，辣手文章辨义利；
> 辟邪显正，忧患同经，谠言真警世，通身肝胆照天人。

联语所述，应该是对徐先生最为相知相应的一份诔辞。

徐先生逝世十周年时，我正担任东海大学哲学研究所所长职务。乃发起筹备"徐复观学术思想国际研讨会"，于一九九二年六月下旬，在东海大学举行三天。研讨重点分为三个范域：（一）学术与思想。（二）文学与艺术。（三）历史与社会。开幕式中，请牟宗三先生做主题演讲，海内外学者宣读论文计二十四篇，并于当年十二月，编印为会议论文集，由东海大学发行。

今年，适逢徐先生百年诞辰，武汉大学与哈佛大学燕京学社特为举办学术会议，意义非常重大。会议原定在六月间，我无法出席，特撰四言八句献辞，寄呈大会。后以时疫流行，会议改期到十二月，仍蒙大会特邀出席，并托徐先生长公子武军教授促行。我不敢再违雅命，特偕内子杨德英女士一同出席。由于未曾正式写文，爰就所作献辞，再加证解，以表对徐先生之钦敬与仰念。我所谓证解，只是举述一些相关的片断话语和简单行事，希望能够"以言证行，以事证理"。这样可能比较亲切，比较能感发人心。（证解文后，兼述"儒家能为新世纪提供甚么"，分四点加以说明，以呼应大会探讨新世纪儒学发展之雅意。）

甲、献辞证解

一、性情肝胆，抗怀千古

徐先生的肝胆性情，是随时流露的。他对朋友，真切肫恳，热烈炙人，牟宗三先生在悼念文中曾说："吾只身流浪，居无定所，多蒙友人如徐先生者照顾，终身不敢忘。"又说："民国四十至五十年，十余年间是《民主评论》之时代。吾与唐君毅先生许多有关中国文化之文字皆在《民主评论》发表。去障去蔽，抗御谤议，皆徐先生之力。那时新亚书院初成，极度艰难，亦多赖民主评论社资助，此亦徐先生之力。"

徐先生关切民族文化，所以他无法容忍东海校园里的文化汉奸。但流俗之辈，不分是非黑白，将文化汉奸与揭发文化汉奸的人各打五十大板，强制一同提早退休。徐先生义愤填膺，发表《无惭尺布裹头归》（借吕晚村诗句）以明志，从大度山头萧然走回人间。他的行事，不关乎个人恩怨，纯是为了中国文化的尊严。因此对于值得尊重的敌人，徐先生并不吝于待之以道义，煦之以温情。当殷海光先生晚年患癌症，开始从反中国文化而肯定中国文化，徐先生便邀请他到东海大学小住。二人亦敌亦友，肝胆相照。后来殷先生过世，徐先生的悼念文字，题为《痛悼吾敌，痛悼吾友》，显露出奇特的"抗怀千古，睥睨时流"的真性情。

二、风骨嶙峋，头角峥嵘

对于一个有所成就、有所表现的人，我们或者称道他的风范，或者钦仰他的风骨。徐先生当然建立了他的风范，但从他八十年的生命"一直是元气淋漓、虎虎有生气"这方面看来，他的风骨尤其是嶙峋特显的。他天资高，才气大，傲岸磊落，劲挺不群。是一个不平凡的生命。

从他年轻时以榜首考上武昌国学馆，到他在日本学经济，因学费无着而改入士官学校学军事，又因九一八事变挺身抗日而被驱逐回国，从此投身军旅，参加抗日圣战。由于头角峥嵘、锋颖显露，特由军令部派为驻延安联络参谋，而有机会与中共的首领们觌体相见，多所接触。返回重庆，又见知于蒋委员长，同时并拜谒当代大儒熊十力先生，熊先生给了一句评语，说"这个人可以读书"。对一位将军，说他"可以读书"，这不是很奇怪吗？其实，在熊先生的眼里，说谁能读书，就是肯定这个人可以做中国文化的传人，这是一句高评价的话，而且这句话也为徐先生后来走上学术之路开启了先机。

抗战胜利，他以少将志愿退伍，随即与商务印书馆合办纯学术的刊物《学原》。之后，又在香港办《民主评论》。同时，他还发愿要"由救国民党来救中国"。结果遭逢许多曲折，未遂大愿。将近五十之年，乃正式走上学术之路。

三、学术器识，超时拔俗

转入学界，第一步是到台中农学院（中兴大学前身）教书。三年后，东海大学创立，应曾约农校长（曾国藩之曾孙）之约，就任中文系教授。次年，出版《学术与政治之间》甲、乙集，从书名可以看出徐先生初入学界，那种摆荡于学术与政治之间的心情。

二年后，《中国思想史论集》出版，这就进入纯学术了。又三四年，他的学术成名作《中国人性论史·先秦篇》出版，而奠定了徐先生卓越的地位。接下来，又出版《中国艺术精神》与《中国文学论集》。而晚年完成的《两汉思想史》三大卷，更显示出他超拔时俗的学术器识与学问功力。

一九九五年，武汉大学举办"徐复观与现代新儒学研讨会"。我提的论文是《徐先生的学术通识与专家研究》，文中举示五点以说明徐先生的学术通识：

（一）对人性论的大分别；

（二）对中国艺术精神的特识；

（三）对古代社会结构与姓氏之辨察；

（四）衡定两汉学术在历史上的地位；

（五）"忧患意识"与"为己之学"。

这五点的意指，请参阅那一次的会议论文集，拙文的论述，乃是对一个大知识分子作出相应的评价，我相信是很平允而公正的。

四、刚方正大、当代真儒

天地之美与人文、人品之美，都可以概略区分为阳刚、阴柔二型。历来对儒家的君子圣贤，也似乎多从温文儒雅、温柔敦厚方面去理解，去称赏。其实《礼记·儒行》所列举的人品性情，却多半不属于温厚温文一面，反而大半是方正刚直、强毅勇悍、高狂疏放、坚忍不移的人物。

而孔子、孟子，更特别看中狂者狷者。孟子说，当孔子"不得中行而与之"的时候，他一定选择狂者。狂者"进取有为"，能开拓，可以"行道"。不过，现实社会可能连个狂者也不可得，此时，孔子便退而求其次，选择狷者。狷者"有所不为"，守得住，可以"守道"。以是，狂者狷者皆为孔、孟所重。

熊十力先生讲孔子的"仁"，特重"生生、刚健、焙明、通畅"之德。他认为讲圣人之学，应以"敦仁日新"为主。而涵养心性，要在"日进弘实"，不当"专以日损"为务。这一条血脉，正承孔、孟而来，而且也是徐先生持守甚紧的地方。他的刚方正大，正显示儒家"大人"、"大丈夫"的典型。二十年前，我在敬献徐先生的挽联中，一方面说他"嶙峋劲挺，励志一生留型则"，一方面更称颂他"正大刚方，抗怀千古是真儒"。这几句话，很真诚，也很写实。

我常说，二十世纪是中国文化起死回生的时代，也是真儒相继出世的时节。熊十力先生和他门下三贤"唐君毅、牟宗三、徐复观"，同为并世之大儒。我想象，千百年后的人来回溯我们这个时代，如果认为还有甚么可资称道、可堪欣慰之处，那便是：上述几位前辈先生，业已为儒学第三期的学术发展，奠立了根基，开显了理想，确定了方向。当然，此时此地，我们还没有资格欣喜自满。不过，我们可以从此"起信"，站稳脚跟，并以坚定的步伐，奋励向前。

今天非常荣幸，有机会在徐先生的百年诞辰纪念会上，吐露我的心声。让我们异地同心，分工合作，来开创光明的未来。谢谢。

乙、儒家能为新世纪提供甚么

儒家以常理常道为主，理上超越时生，事上顺时制宜。所以万古无新旧，慧命相续流。当然，针对现时代人类社会的忧念，必须就几个要点作一说明。

一、天人合一的人生向往（消解天人交战的紧张与焦虑）

天人关系的紧张对立或和谐合一，是道德与宗教的两个面相。有的要靠天人关系的紧张，来衬显宗教信仰的力量。有的则将天人关系松开放平，以期感应和洽，融通合德。世界各大宗教，大体是前者；而儒家则不走宗教的路，属于后者。

依儒家的义理，生生之仁，不息之诚，无私之公，乃是天道与人道、天德与人德的共同内涵。顺这一系义理而展开实践，自然可以使"人生与宇宙相通，道德与宗教相通"，以获致生命心灵的大贞定与大安顿。

这时候，不但天人和合融通，人与人之间，族群与族群之间，教团与教团之间，也都可以设身处地，将心比心，视人如己，存异求同。因此，人与天、人与神（上帝、真主）之间的紧张性也可以松开而放平下来。进一步，由于种族不同、宗教信仰不同而造成的对抗性，也将从"势不两立"而转为"互相承认、互相信任"而相悦以解，相融和合。

因此从儒家看来，中东、巴尔干、爱尔兰等处的宗教冲突与种族冲突，都是可以化解的（但如果只依西方世界的文化真理去想，便将永世难以化解）。

二、仁智双彰的哲学模型
（调和过于重仁与过于重智的文化走向）

哲学与文化，是人类创造出来的。因此，有各种各类的系统。每一个哲学系统或文化系统，都有专重与特色。因而，每一个哲学系统或文化系统，原则上都不可避免地会有它或多或少的偏向。

追 怀

有偏向，才有特色，这是从正面说，有偏向，就会有拘蔽，就会有误失，这是从负面看。

中国文化或哲学，是以儒家为主流。儒家讲求中正通达，应该极少有偏差。不过，极少有也还是有。譬如中国文化重德，德当然好，但德的对立面的"力"，是否有所虚歉？西方文化偏显智，智的对立面"仁"，又将如何存养充扩，是否有所轻忽？这都是应该做深细之省察的。

如以孔子为准，则儒家哲学实以"仁智双彰"为模型。仁，可以通内外；智，足以周万物（周，谓周遍、遍及）。由仁的感润通化，而成己、成人、成物，这是从"体"上显发出来的普遍善意；它可以感通于人类，通化于万物，而达于"民胞，物与"的境界。由智的明觉朗照，而知人明理，而开物成务，而利用厚生，这都是"智周于物"而显示的大用。所以，儒家仁智双彰的哲学模型，可以调和"过于重德"与"过于重智"的文化走向。值得其他哲学系统作为观摩反省的借镜。

三、心知之用与上达下开（上达以合天德，下开以成知识）

心，可以分为德性层、知性层、感性层。感性层的心理活动，非哲学之所重，哲学家或注意"我思故我在"，这是知性层的认知心之发用。或重视心的不安不忍，感通无隔，这是德性层的实体性的道德本心。

人类的心知，可以"上达"，也可以"下开"。上达的路，是通过良知明觉以成就圣德，以达于"天人合德"的境界。在上达这方面，心知的表现是"与物无对"，是消融了主客对待，而与天地万物为一体的。

而心知的下开之路，则是通过良知的"自我坎陷"，转而为认知心，使心知之明"与物为对"，而形成主客对列之局；以主观面的"能知"，来认知客观面的"所知"，如此则可以成就科学知识。这下开一面，便是今天中国文化必须面对，而且必须完成的时代使命。

由此可知，传统的儒家没有开出科学知识，只是外缘时机和外缘条件之不充备，并非本质上开不出。三百年前的中国文化，不太会感受到科技的迫切需要。等到西方世界先做出来，中国文化心灵受到冲激而觉醒，今后便自能调整文化心灵的表现形态，一面上达，一面下开，而科技问题自然可以渐次解决。

四、时中原则与日新又新（承先以启后，慧命相续流）

儒家的中道，不是固定不变、固执不通的"死中"，而是顺时而"因、革、损、益"以制其宜的"时中"。所以孟子特别称孔子为"圣之时者"。

孔子是时中大圣，所以自世界各大文化系统之中，唯独儒家圣贤，能真正不偏不倚，免于教条主义，而"唯理是从，义之与比"。西方之学，喜欢张己之说，标榜主义，所以常常偏执一边而带来"观念的灾害"。儒家圣贤以"当位、安立"为心，宇宙万物，人间百姓，都使之"各当其位，各得其所，各适其性，各遂其生"。在因应事宜上，儒家主张"因袭其当因者，革除其当革者，减损其当损者，增益其当益者"，故能顺应"时、地、人、事"之宜，各当其可。

《礼记》有二句话说得好，一是"礼，以义起"，一是"礼，时为大"。义者，宜也。无论静态的典制规范，或动态的视听言动，

　　　　　　　　　　　　　　　　　追 怀

都要使之合乎时宜。这种"与时变应，日新又新"的时中大道，将永远是人类行事的准则。一切归于正，一切归于常，大道平平，履道坦坦，岂不美哉？

附　录

徐复观教授的军政生涯事略 *
（一九三二至一九五一年）

杨诚　徐武军

　　本文依照徐复观先生追忆性文章的内容、国史馆中已开放的档案及其他资讯，将徐复观教授一九三二至一九五一年的生命历程区分为：一九三二至一九三八年、一九三九至一九四二年、一九四三至一九四五年、一九四六至一九四八年和一九四九至一九五一年五个时段，陈述徐复观教授在这二十年间的军、政经历和志业。徐复观教授个人的经历在二十年之间，起伏变化极大，持续不变的是他对人民、民族和国家的热爱和付出，以及不"屈志"的风骨。他曾在一九四四至一九五〇年间进入国民党的核心，期望国民党能透过"耕者有其田"的过程来解决贫、佃农问题和农村问题，向下扎根，走向民主化。在民主化上，徐教授的愿望落了空。而国史馆的数据明确显示：国民党在台湾施行的"耕者有其田"方案源自徐复观教授；徐复观教授的努力，没有完全落空。

---

* 原载 2017 年 7 月《鹅湖月刊》43 卷 1 期，收入郭齐勇主编《当代新儒家与当代中国和世界》（孔学堂书局，2017 年 9 月）。内容略有修正。

徐复观教授的军政生涯事略　　　　　　　　　　　*517*

一九三二至一九三七年

一九三一年九月十八日，日本策划了"九一八"事件，展开掠夺我国东北的军事行动。当时在日本士官军校就读的徐复观教授（二十三期）发起罢课抗议，遭日本宪兵单独拘留三日，全班辍学返国。北伐之后，以国民党为中心的国民政府是以统一军、政为施政重点。军队的干部以黄埔军校和陆军大学的毕业生为主，要将返国投军的士官军校学生编入黄埔军校就学，毕业后再分发工作，未被这批返国的士官生接受而各自寻出路。

一九三二年五月，经刘为章先生介绍，徐复观教授在广西先后任白崇禧将军的警卫团上尉副营长、少校副团长及柳州空军学校学生队队长。广西桂系（李宗仁、白崇禧、黄绍竑等）和中央政府分治，徐复观教授认为国家应走向统一，而且警卫团是保护个人的，空军学校不涉及真正的"军事"，对要"报国"的人来说，二者都是"闲差"，因而辞职离开广西。①

在一九三四至一九三八年间，除了曾短暂担任南京市保卫团主任兼上新河区长之外，徐复观教授追随桂系在中央政府任职的黄绍竑先生工作。于一九三四年五月，由时任内政部长的黄绍竑指派带队考察由归绥至新疆的行军路线。一九三五年，黄任浙江省主席，徐教授任上校参谋；五月，黄兼任沪杭甬指挥官，徐教授参与准备抗日战争的防卫工作和作战计划。一九三六年夏，黄调任湖北省主席，徐复观教授任保安处第一科科长。一九三七年"七七"抗日战

---

① 徐复观：《军队与学校》，收于《全集》《无惭尺布裹头归·生平》。《时代的悲怨》，收于《全集》《无惭尺布裹头归·交往集》。

争爆发，黄兼任第二战区副司令，徐复观教授随同参与娘子关战役（一九三七年十月）。①

在这一段时间中，徐复观教授是以做一个保国卫民的军人为志业，他在广西翻译日文的《战术讲授录》；一九三五年规划沪杭甬地区防卫规划：一九三七年十月在娘子关，"我也一天两晚地当了副司令官"②。

在军事的专业上，徐复观教授不能屈志忍受黄绍竑的低能："我和黄先生在军事上抬过两次相当厉害的杠。一次是民国二十五年在浙江平湖金山卫浦一带规划国防工事时，我认为明代倭寇，常由金山卫浦的海上登陆，所以主张也应顾虑到将来有这种可能性，尤其主张在'独山'应有对海的工事。黄认为由上海向杭州前进，有一条铁路和两条公路，敌人绝无由海上登陆的可能。不幸……敌人果然从金山卫浦的海上登陆，绕到国防工事的后面，前功尽弃。……第二次是这次娘子关战役。……娘子关的右前方，有个'旧关'。……敌人攻娘子关正面挫折后，我判断敌人有由旧关绕到娘子关右方的可能，曾再三主张留一小部分队，例如一个营，到旧关隘口去负防守并监视之责，黄怎样也不肯接受。……敌人果然从旧关钻进来……"他对黄绍竑军事能力上的评价是："黄以在广西打滥仗的经验，冒然接受国际战争中的大军指挥，我实在没有一次发现他运用过指挥的能力。"③

在娘子关战役之后，徐复观教授至武汉另谋出路。

---

① 徐复观：《抗日往事》《垃圾箱外》《娘子关战役的回忆》，收于《全集》《无惭尺布裹头归·生平》。
② 徐复观：《娘子关战役的回忆》，收于《全集》《无惭尺布裹头归·生平》。
③ 徐复观：《娘子关战役的回忆》，收于《全集》《无惭尺布裹头归·生平》。

一九三八至一九四二年

这是徐复观教授生命中动荡很大的四年：

一九三八年，在和黄绍竑分手后回到武汉市，没有接受担任大冶县（黄石市）县长的派任，接受何雪竹先生派任为八十二师的团长，驻防老河口。八十二师不隶属于国民党的黄埔军系，人员及装备均不足，是"杂牌军"。徐教授在任内清剿土匪、安定地方有成。七月将妻子及长子送返浠水家乡，受命防守武汉下游的田家镇。九月，田家镇失守，徐教授被军法判死刑，经各方营救得免。[①]

一九三九年，任第六战区（司令官程潜）党政委员会政治指导员，于下半年检阅冀察战区游击部队。直接接触到共产党控制下的老区，了解相关情况，以及为战争所做的准备工作，并经历了共产党的一些军事行动。[②]

一九四〇年经朱怀冰先生的推荐，任荆宜师管区司令，任内历经黄埔系统打击。[③]

一九四二年师管区解散，派任重庆中央训练团兵役训练班教官。[④]

---

① 徐复观：《烧在何公雪竹墓前的一篇寿文》《我对何雪公性格的点滴了解》，收于《全集》《无惭尺布裹头归·交往集》。陶一贞：《徐复观与陶子钦、熊十力交往的点滴回忆》，收于《全集》《追怀》。

② 徐复观：《战地旧事》，收于《全集》《无惭尺布裹头归·生平》。另参见国史馆档案序号 002-090300-00208-075，1940 年 1 月 21 日，程潜的电报："军委会校阅第五组…本组主任徐佛观…被十八集团军支部队约四千人围袭……"

③ 徐复观：《曾家岩的友谊》，收于《全集》《无惭尺布裹头归·生平》。

④ 徐复观：《曾家岩的友谊》，收于《全集》《无惭尺布裹头归·生平》。

在这四年中，徐复观教授受到黄埔和陆大毕业生的排挤①，漂泊不定。（按，在抗日战争期间，军、公、教待遇不好是普遍的现象。师管区负责征兵、粮，主事者在下任后多不缺衣、食，而徐教授在重庆贫不能自存。）

一九四三至一九四五年

一九四三年是徐教授从要退隐故乡转而成为蒋介石先生的核心幕僚的转折年。年中，由康泽推荐为军令部驻延安八路军总部联络参谋②，在延安约六个月。返回重庆后经蒋介石召见、慰留，撰写《中共最新动态》，受知于蒋介石，③兼任军委会党政军联合会报秘书处（简称联秘处）秘书，后任副秘书长；本职先为参谋总长（何应钦）办公室高参，一九四四年调侍从室第六组（组长唐乃建）。开始参与由蒋介石主持的"官邸会报"。一九四五年五月国民党第六次全国代表大会，任总裁（蒋介石）随从秘书，书面呈报"观察所得的现象、危机，及如何彻底改造党和政权的性格、基础等问题"④，得到蒋介石先生的认同。徐复观教授开始接触到国民党中的高层党、政、军人物，参与机要。

---

① 徐复观：《垃圾箱外》《娘子关战役的回忆》，收于《全集》《无惭尺布裹头归·生平》。
② 徐复观：《曾家岩的友谊》，收于《全集》《无惭尺布裹头归·生平》。另参见《康泽自述及其下场》，台北：传记文学出版社，1998年，页119。
③ 叶慧芬编：《蒋中正总统档案：事略稿本》，第55卷，页179—180，1944年1月20日，"审核徐复观对共产党批评与观察报告，公（蒋介石）称其吾党中最正确之报告与最有力之文字也，三时赴黄山、继阅徐佛观之报告，至八时后方毕。"第59卷，页541，1945年1月，"手谕讲蒋育长经国曰：'平日对共产党问题，可与徐佛观互相探侚研究……'"
④ 徐复观：《曾家岩的友谊》《末光碎影》，收于《全集》《无惭尺布裹头归·生平》。

在国、共联合抗日的时代，中央政府（国民党）先后派出五批共十人驻延安。徐教授是最后一批，在延安曾和毛泽东在军事、民族的前途，以及如何发展国家的力量以救中国等各方面深入交换意见。在回到重庆之后，经何应钦先生的引荐，得以和蒋介石先生第一次单独见面，向蒋介石报告对共产党的目标、做法和执行能力的看法，得到蒋介石先生的赞赏，进而积极地将徐教授留在重庆，并给予参与决策的机会。这是影响到徐教授后半生的"不世之遇"。

在国共的对比上，基于对中共的意志力和组织能力的了解，徐教授认为"国民党像目前这种情形,共产党会夺取全面政权的"①。这种观点完全不能为在重庆的党、政、军人士所接受。

在政治上，徐复观教授："我了解书本上的政治和政治人物，尤其是我常常留心历史上的治乱兴衰之际的许多征候，和决定性的因素。这便引起我有轻视朝廷之心,加强改造国民党的妄念。"②"我重方向，重原则，要先确定方向、原则……我的观点，也可能是受到我的军事知识的影响。中国能彻底了解克罗塞维兹的《战争论》及鲁登道夫的《全民战争》，大概只有我一个人吧！"③

"我当时认为国民党的组成分子，完全是传统的脱离了广大社会群众的知识分子。这种知识分子，只有争权夺利才是真的，口头上所说的一切道理都是假的。……要以广大的农民农村为民主的基础，以免民主成为知识分子争权夺利的工具。一切政治措施，应以解决农民问题、土地问题为总方向、总归结。"④

---

① 徐复观：《曾家岩的友谊》，收于《全集》《无惭尺布裹头归·生平》。
② 徐复观：《曾家岩的友谊》，收于《全集》《无惭尺布裹头归·生平》。
③ 徐复观：《曾家岩的友谊》，收于《全集》《无惭尺布裹头归·生平》。
④ 徐复观：《曾家岩的友谊》，收于《全集》《无惭尺布裹头归·生平》。

徐复观教授提出"民主"和"解决农民和土地问题"为改进国民党的目标，国民党内的人士并不能理解。陈布雷先生即认为："至于说到要建立以自耕农为基础的民主政治，和解决土地问题，我都不很懂。"[1] 但是从面对面讨论的过程中，徐教授认为蒋介石理解、同情他的论点和看法。[2] 即是在"知遇"之外，徐教授认为通过蒋介石，有实现自身的抱负和理念的可能。

一九四六至一九四八年

一九四五年八月抗日战争胜利结束，中央政府在一九四六年迁回南京。由于国共战争，联秘处恢复并扩大运作，成为国民党中央党部的联合秘书处。徐复观教授仍任副秘书长（秘书长先后是谷正鼎和萧赞育），参与高层会报及筹划应对时局变化方略的机会很多，是徐教授在国民党内影响力最显著的时段。

"当我以一个无名小卒，向他（蒋介石）陈述党政危机及中共有能力夺取整个政权时，似乎都能给他以深刻的印象。于是我几次向他进言，希望把国民党能改造成为代表自耕农及工人利益的党，实行土地改革，把集中在地主手上的土地，转到佃农贫农手上，建立以勤劳大众为主体的民主政党。"[3] 如果没有这种"妄念"，他便对所做的工作毫无兴趣。

但是大的局势已不可为。"有四件事，已决定了政权的命运，不是地位低微的我所能为力的。第一，由疯狂劫（接）收更进一步为

---

① 徐复观：《曾家岩的友谊》，收于《全集》《无惭尺布裹头归·生平》。
② 徐复观：《垃圾箱外》，收于《全集》《无惭尺布裹头归·生平》。
③ 徐复观：《垃圾箱外》，收于《全集》《无惭尺布裹头归·生平》。

徐复观教授的军政生涯事略

疯狂的物质享受的追逐。第二，由顽固而又非常自私的整编政策，变成无可用之将，无可用之兵。当时硬性遣散游杂部队的口号是要'让这些东西去害死共产党'，山东、东北的共产党，就是这样'害'大了的。……第三，'三个月消灭共匪'、'六个月消灭共匪'的作战指导方针，轻突盲进，军力受到大量的消耗。第四，党内疯狂地选举竞争，在生死关头，选到了从中央地方的虚脱状态。"[①]

日本人占领的"沦陷区"，是抗日战争结束时经济情况比较好的地区。国民政府的"接收"人员，如果能以"同胞"的身分和态度来进行"沦陷区"的政权和治权转移，则中国就可能平顺地走上复兴的道路。而事实上"接收"人员是以"胜利者"的心态进入"沦陷区"，"先抢汉奸的财产，继抢敌人留下的物资……这批'劫收'闯将，从工厂、交通机关等抢入私囊者不过百分之二三，但是工厂、交通机关的百分之九十七八皆随百分之二三的抽筋折骨而残废。"[②]这便制造出更多、更大的经济、社会和民生问题。这是徐教授所说的第一件事。

徐教授说的第二件事是"顽固而又非常自私的整编政策"，指的是在抗日胜利之后，国民党一方面将非黄埔系统的"杂牌军"解散，另一方面拒绝收编日本留下的关东军和伪军；于是林彪接收了关东军，刘伯承接收了大部分的伪军，成为了共军的主力部队。

前两件事说的，是国民党在抗日战争所得到胜利之后，即丧失了整体的民族和国家意识，用"自私"的心态和做法来处理战后国家的"复原"工作，造成经济不振、民生困苦的后果，同时壮大了

---

① 徐复观：《垃圾箱外》，收于《全集》《无惭尺布裹头归·生平》。
② 徐复观：《五十年来的中国》，收于《全集》《论智识分子》。

共军。第三件事是国民党用"自大"和"自私"的态度来处理和共产党的武力战争。

第四件事指的是自一九四七年开始，为了由"训政"走到"宪政"的各种"委员"和"代表"的选举："当时风云已非常紧急，全国抢选举，却如醉如狂，自中央以至地方，各种实际工作皆废弃一旁，使全国成瘫痪虚脱状态。"① 在总统和副总统的选举过程中，更造成了和桂系的分裂；即是，反共力量的彻底分裂。在国民党自中央至地方，各种实际工作皆废弃一旁，全力投入选举的同时，共军在稳定地加强控制力和扩充军力，以便决战。

一九四八年五月二十日第一任总统就职，随之而来的是金元券的崩溃，和经济及社会的全面失控。在军事上，一九四八年秋，林彪在东北发动全面攻势，栗裕的华东野战军进攻济南，邓小平和刘伯承的中原野战军在河南发动攻势，会合栗裕发动了决定性的淮海战役。一九四八年底，共军取得了胜利，蒋介石被迫下野而由桂系的李宗仁代总统。共军在一九四九年五月渡过长江，中华人民共和国在一九四九年十月一日宣告成立。

即是在现实上，国民党的心态和做法，和徐教授希望能将国民党改造成为"以大众为主体的民主政党"来"救中国"的"妄念"是全不相容的。

在工作上，蒋介石在培育蒋经国为接班人，要求徐复观教授全力配合蒋经国。有徐教授提出的规划，交由蒋经国执行得面目全非的，有徐教授的计划由蒋经国具名上签的，也有蒋经国提出计划加

① 徐复观：《五十年来的中国》，收于《全集》《论智识分子》。

上徐教授署名的。^① 徐复观教授要改造国民党的目标，是要国民党在基层扎根、民主化，以接地气，进而改造中国。蒋介石则是要用党的改造来排除异己，为蒋经国全面掌权开路。这是徐教授要离开蒋介石和国民党的原因。终其生，徐教授决不认同蒋氏父子"传子"的做法。"决心离开他（蒋介石），决定于民国三十七年（一九四八）之夏。"^②

是以"我从三十七年（一九四八）春起，实际上已摆脱了我的工作"，"布雷先生当时的确是处于'宣传总参谋长'的地位……当我为形势所迫，不能不接受布雷先生加给我的主任秘书头衔……"^③"不久，布雷先生死去，我无官守言责，也携眷移居广州。"^④

是以在一九四八年初，由于徐教授对国民党致全力在选举而忽视社会民生问题、忽视整军备战等问题的严厉批评，他和蒋介石之间的关系已开始转淡，工作的内容由第一线的策划性的工作转为第二线的宣传；同时徐教授的"妄念"消失，在一九四八年十一月底已离开南京。在这一段时间内，他在一九四八年中解决了《华侨日报》不能内销的问题，结下了三十余年的文字缘。

一九四九至一九五一年

一九四九年初，徐复观教授奉召去溪口^⑤，是时蒋介石已下野。

---

① 徐复观：《垃圾箱外》，收于《全集》《无惭尺布裹头归·生平》。
② 徐复观：《对蒋总统的悲怀》，收于《全集》《无惭尺布裹头归·交往集》。
③ 徐复观：《"宣传小组"补记》，收于《全集》《无惭尺布裹头归·生平》。
④ 徐复观：《曾家岩的友谊》，收于《全集》《无惭尺布裹头归·生平》。
⑤ 国史馆档案序号 002-070200-00024-062，1949 年 2 月 22 日："奉旨电报，广州郑秘书长彦棻，密请约徐佛观同志来溪一晤，过沪时可与希圣同志同行前来并望塾旅费为盼望中。"

"蒋公此时有决心改造国民党。策划的责任，落在经国先生身上。"最初徐复观教授列名在改造核心小组名单中。"推我当副书记，我当场拒绝"，"我由广州到台湾，住在台中；有一天袁守谦先生来……小组迁到广州，要我到广州去主持，我更不会接受。""要我帮着筹办革命实践研究院，我没有接受。""后来又给了我一种组织性的任务，拖了三四个月，也完全摆脱了。"① 说明如后。

　　蒋介石在冷落徐教授一年之后，再召唤徐教授至溪口的原因，应该是借重徐教授的规划能力，借以再起。而徐教授在已无"妄念"之后仍奉召至溪口，应是回报"知遇"之恩，在态度上从主动转为被动，他的底线有二：一是国民党改造的大方向是要向下扎根，民主化；二是不能"屈志"于蒋经国。为了守住底线，他选择离开国民党的"核心"，以至于离开国民党。

　　在《蒋中正总统档案——事略稿本》第七十九卷第二百六十八页中，载有一九四九年三月十八日"下午，研究徐佛观同志所拟重新革命方案"。同卷第二百七十三页，一九四九年三月十九日："接见徐佛观同志，研讨其所拟定重新革命意见书，并与指示。"是以徐教授的确拟定了一份国民党的改造计划，徐教授拟定的改造计划和日后通过的改造计划差异极大。

　　万大钛先生曾与徐教授共事、交往，且长期为蒋经国工作，他指出："国民党的改进方案，是徐复观兄一手起草的，但后来发表的改造委员名单却没有他，……经国要复观兄以对待老先生的态度对

---

① 徐复观：《垃圾箱外》，收于《全集》《无惭尺布裹头归·生平》。

待他，复观兄不肯，二人就此闹僵，复观兄从此退出政治圈子。"[1]

根据国史馆的档案，徐教授在一九四九年四月二十八日提出辞呈[2]："职参加联秘书处职务，前后将及四年，竭智尽忠，无惮艰巨，拟恳准辞去副秘书长职务，以新闻记者名义派赴东北、日本朝鲜等地考察半年，或准办刊物，借得自修机会。"蒋批示：慰留。同时蒋介石同意徐教授开办杂志的建议，《民主评论》在一九四九年六月十六日在香港创刊。前文中提到的组织性的任务，是维护长江以南的国民党力量的工作。徐复观教授举家迁至香港，住在红墈芜湖街，负责组织，陈大庆负责行动，蒋经国负责情报。徐教授拒绝蒋经国的组织兼营情报的要求，决裂引辞，于一九五〇年中举家迁回台中。台北是台湾的政治中心，将家设在台中，是表明不参与政治活动的决心。

一九五〇年八月十六日，徐复观教授用余天鹏的名字，在《民主评论》上发表了《党与党化——献给台湾国民党的改造诸公》。略引内容如下，或可说明徐复观教授不愿也不能参与国民党改造的原因：

……国民党的改造，首应从这个潜伏的"党化"意识中把自己解放出来。

《民族主义》的第一句话是："三民主义，就是救国主义。"由此可见孙先生对国家的虔诚悲悯；很显然的，他是以他的主义、他的党，作为救国的手段。他的党是包含在国

---

① 国史馆档案序号 002-070200-00024-062，1949 年 2 月 22 日："奉旨电报，广州郑秘书长彦棻，密请约徐佛观同志来溪一晤，过沪时可与希圣同志同行前来并望塾旅费为盼望中。"

② 万大鋐：《国共斗争的见闻》，台北：李敖出版社，1985 年，页 165—166。

家之下，而不是超出于国家之上。

国民党只是国家之内的一个党。

此次的改进方案中，民主的气氛，已增加不少。但从许多人的文章上、谈话里，不断流露出国民党是"唯一"的口气。既是唯一，便只有党化，便自然极权。须知只有在现实界以上的东西，才可用上"唯一"的字样，如神、上帝。①

作为国民党改造的起手式，国民党要求国民党员办理"党员归队"登记。徐教授没有登记归队，因而被蒋介石找去训斥了一次，这也是二人最后一次的会面。徐教授在《对蒋总统的悲怀》文中，对会面的过程，有如下的描述："在一九五一年，我当面说他所作的党的改造，是表面的，没有实质的意义时，他才拍桌大骂一顿，但骂完后，还是和颜悦色地握手而别。"②

面对最高的权势，徐教授不"屈志"。

徐复观教授在一九五一年初赴日本访问，九月开始在台中农学院兼课，一九五一年十二月十六日在《民主评论》发表《儒家政治思想的构造及其转进》，开始了他的学术人生。

徐复观教授的遗产

在徐复观教授的著作中，找不到徐教授二十年军、政生涯中的事功。在国史馆的资料中有下列纪载：

---

① 徐复观：《党与党化——献给台湾国民党的改造诸公》，收于《全集》《学术与政治之间续篇（一）》。
② 徐复观：《对蒋总统的悲怀》，收于《全集》《无惭尺布裹头归·交往集》。

国史馆档案序号001-016142-0013，一九四八年三月十八日徐佛观教授提出"遵谕拟定'耕者有其田初步办法'的签呈"："查'战士授田'之决议已经四年，而政府毫无实行诚意。……职此处所提出者，乃最小限度之要求，而农民银行主管处黄处长，并认为事属必要，且为可行，但须迅速推动。……"

徐教授的签呈，政务局在同年三月十九日会签，蒋经国以代名"方见"于三月二十四日会签。

国史馆档案序号001-056230-01156，一九四九年五月二十八日，由蒋经国以代名签发的签呈，其结论为："……拟将徐佛观拟案交由国防地政两部与战士授田案并案研究，拟定办法施行。"

《事略稿本》第七十四卷第六百一十九至六百二十页，一九四八年五月二十八日："薛岳参军长呈报：徐佛观所拟'配合役政，推行耕者有其田办法'案，系公家贷款购赎田地、采债券方式还本利息，仍由田产中收益支付，公家并无重大负担，且按士兵家属人口增减，于提高士气之效用颇宏，拟将该案交国防地政两部与战士授田案合并研讨。公（蒋介石）批后许之。"

要解决农业社会中由土地所有权集中所造成的贫富不均及相关的社会问题，就必须推行重新分配土地的土地改革政策；用和平的手段来推行的土地改革的最大困难在于执政者的意志力和资金。徐教授所提出的"公家贷款购赎田地，采债券方式还本息，仍由田产中收益支付，公家并无重大负担"，在实务上解决了推行土地改革所需资金的问题。台湾在二十世纪五十年代推行的"耕者有其田"政策，即是以此为蓝本。

徐复观教授在七年的从政生涯中，一再提醒国民党农民的重要，提出了解决土地改革的可行方案，应该是促成国民党在台湾推行土

地改革的重要因素。在二十年的军政生涯中，他从不"屈志"，无愧
于这块土地和土地上的人民。

父亲的时代 *

徐武军

　　这篇追忆性的文章，是试图说明先父徐复观教授的理念和所面对的现实。对我们这一代，先父是希望我们能把握住一些扎实的智识和技能，并尽可能地送我们出国，基本上是以能在乱世中生存为目标。他从不对我们提及他的际遇和面临的压力，希望我们能生存于不同的、和现实政治无涉的环境中。由于自身的愚昧，要到二〇〇〇年之后，我才能从回忆和从先父的文章中，勉强地拼凑出比较全面的情境。

　　"我的政治思想，是要把儒家精神，与民主政体，融合为一的。"①即是，先父的理念是：传承民族的血脉，将先儒的人生理念和民本思维，与现代民主政体结合，开创中华民族的未来。先父的志业是择菁去芜地宣扬中华文化，作为民族和社会安身立命的基础，学习西方的科学精神和智识，建立能代表多数人意志的政治制度，改善人民的生活，使得中华民族的生命得以永续发展。

　　先父没有担任过国民党或国民政府中常设性机构的正式的职务。他在国民党系统中最后的工作，是一九四九年底至一九五〇年初，

---

* 原载 2015 年 5 月《鹅湖月刊》41 卷 11 期，内容有增补。
①《保持这颗不容自已之心——对另一位老友的答复》，《华侨日报》1979 年 3 月 6 日。收于《全集》《论智识分子》。

参与试图在长江以南保存国民党势力的工作①。在这个组织中，蒋经国先生负责情报，陈大庆先生负责行动，先父负责组织；而在工作的过程中，先父和蒋经国先生曾在工作的内容和方法上有极大的分歧。

是时，陈诚先生是台湾明定的第二号人物，先父极不为陈先生所容；而蒋经国先生是最具潜力的接班人。如果继续留在国民党系统之中，先父势必要协助蒋经国先生走向接班之路。先父不乐见父子相传，即便认为"就能力与正义感来说，在国民党中，我认为无一人能赶得上经国"②，但是"就他（蒋中正）把权力移交给经国先生一事，当然有若干人不以为然，连我也在内"③。这是先父选择脱离国民党的原因。

一九五二年十月三十一日成立的"青年反共救国团"，是国民党全面控制教育，以及蒋经国先生扩充影响力的一大步。先父发表了《青年反共救国团的健全发展的商榷》④，是台湾唯一公开表达不同意见的文章。一九七二年，先父在《毛泽东与斯大林的同异之间》一文中，有如下的文字："不过，自中国长期专制中，传太子是大经，传皇后是变局。蒋先生对于蒋经国，出之于长期培养之后，得之于

---

① "后来又给了我一个组织性的任务，拖了三四个月，也就完全摆脱了。"《垃圾箱外》，《快报》，1978 年 12 月 5 日。收于《全集》《无惭尺布裹头归·生平》。是时，我们全家自台中市模范西巷 44-1 号，迁至香港红墈芜湖街，又复迁回至台中市向上路 20 号。

②《对蒋总统的悲怀》，《华侨日报》1975 年 4 月 7 日。收于《全集》《无惭尺布裹头归·交往集》。

③《对蒋总统的悲怀》，《华侨日报》1975 年 4 月 7 日。收于《全集》《无惭尺布裹头归·交往集》。

④《自由中国》，第七卷第八期，1952 年 10 月 16 日。收于《全集》《学术与政治之间续篇》（一）。

从容揖让之间。"①

即使在蒋经国先生治绩已显，台湾经济开始起飞之后， 先父仍不改其台湾要"民主化"的信念。一九八〇年第一次胃癌手术之后，在《台湾瓜果》一文中，盛赞台湾农、工业的进步，而不及政治。②在《民主是可以走得通的一条路——看台湾这次的补选》的文章中，鼓励台湾大步走向"民主"。③先父没有接受蒋经国先生的安排以退役军人的身份，免费在荣民总医院治疗的好意。其后，遗言不开丧以避免纠纷。至终，先父秉持理念，不沾国民党的光，不占国民党的便宜。

一九八二年二月先父最后一次赴台大医院就医，蒋经国先生在国民党的中常会上要与会的人士到医院探视先父。身后，国民党中央党部重新印行《中共最新动态》④。日后亦听说撤销了开除先父党籍的决定。我们并不真正完全了解先父和蒋经国先生的交往过程和内容。

一九五一年，先父没有参与国民党的党员归队，因而被蒋中正先生叫去骂了一次，这是先父最后一次与蒋中正先生见面，在过程中："我当面说他所作的党的改造，是表面的，没有实质的意义时，他才拍桌大骂一顿。但是骂完后，还是和颜悦色地握手而别。"⑤ 是

---

① 《明报·集思录》，1972 年 6 月 5 日，署名王世高（先母）。
② 《华侨日报》，1980 年 10 月 24、25 日。收于《全集》《无惭尺布裹头归·生平》。是时先父手术后在台北疗养，尚未决定日后能定居何处。本文出自友人们的建议，希望先父能善言台湾的进步，以消除或减少留居台湾的阻力。蒋经国先生没有释放出先父可回台度余生的信息。1981 年先父二度赴美，是要决定是否移居美国。
③ 《华侨日报》，1980 年 12 月 16 日。收于《全集》《学术与政治之间续篇》（一）。
④ 我拿到的《中共最新动态》，间接得之于裘孔渊先生。裘先生时任职于国民党中央党部，为先父联秘处旧识。
⑤ 《对蒋总统的悲怀》，《华侨日报》1975 年 4 月 7 日。收于《全集》《无惭尺布裹头归·交往集》。

时，脱离国民党的形势已明，而安身立命何处未定①，先父秉持中国智识分子的良知和器识，坦白而真诚无惧地面对最高的权势。

在《末光碎影》一文中，先父曾提及在延安曾为抗议中共领导在会议中批判蒋中正先生而绝食抗议的事。②在保存于延安的档案中，有先父和毛泽东先单独会面的谈话纪录，内容中包含拍桌以对的场景（我没有看到原纪录的内容）。在二十世纪的中国智识分子中，面对最具权势的人物，一本智识分子的良知和尊严，而"吵架"、"拍桌子"的人，只有先父一人。

可以确定的是，在先父参与国民党决策的过程中，他从没有自个人的立场表达意见，更未谋取任何的私利。这一点是蒋中正父子均理解的。同时，蒋家父子的器庹量应不同于常人，即使极端不悦，也应能"容忍"先父。③在脱离国民党核心之后，先父所要面对的是一群具"聪明的奴才"特质④，以陶希圣先生为首，包含秦孝仪等的"内臣"们。一九五三年在《中国知识分子的历史性格及其历史的命运》一文中，先父对在国民党内，以及围绕在国民党周围的知识分子，有如下的评价：

"概观近二十年多年来知识分子的性格，其形态可略举以三：一

---

① 在抗战胜利之后，先父在北京收集了一些线装书，1949 年将这批书以五万元台币买给了高雄市政府，是为我们的全部家当。是时的高雄市长是刘翔先生，爱河之名，始自刘市长。
②《中国时报》，1980 年 4 月 5 日。时值蒋介石先生逝世 5 周年。收于《全集》《无惭尺布裹头归·生平》。
③ 如果"整"先父是出于蒋介石或蒋经国之手，规格会高很多，例如《民主评论》会立刻停刊，禁止先父去日本或香港等。但是两位蒋先生亦未阻止这批"内臣"们的行动。
④ 引自《中国的治道》，《民主评论》第四卷第九期，1953 年 5 月 1 日。收于《全集》《学术与政治之间》及《中国思想史论集续篇》。

是以个人小利小害为中心的便宜主义。……一是貌为恭顺……实则一事不办……一是捕捉机会，肆行敲诈，获取报酬。……力之所及，真是'杀百万生灵，亡数百年社稷'亦所不惜，更何有于礼义廉耻。"[1]

即是，先父极不齿国民党内的"知识分子"，而且会清楚地、直接地表达出他对这些人的看法，这应该是"内臣"们持续迫害先父的原因。

一九五○年之后的国民党是以"巩固领导中心"为基调，施行比在中国大陆时更内化的控制。这批"内臣"的任务是制造理论，控制宣传，以达到"一言"的境界。"内臣"们有两个导向极为不能为先父所接受：一个导向是曲解中国文化来为领导人服务；另一个导向是打击所有非出自于"内臣"们之口的官方言论，包括倡导民主、人权和自由的言论，以及未经"内臣"们认可的反共言论。在一九五二至一九五八年之间，先父针对"内臣"的文章有：

一九五二年

《与程天放先生谈道德教育》[2]

《反共应驱逐自由主义吗？》[3]

一九五四年

《懒惰才是妨碍中国科学化的最大原因》[4]

《从宣传问题看我们的前途》[5]

一九五五年

---

[1] 《民主评论》第五卷第八期，1954年4月16日。收于《全集》《学术与政治之间》及《论智识分子》。

[2] 收于《全集》《学术与政治之间》。

[3] 收于《全集》《学术与政治之间续篇》（一）。

[4] 收于《全集》《论智识分子》。

[5] 收于《全集》《学术与政治之间续篇》（一）。

《释〈论语〉"民无信不立"》①

一九五六年

《为什么要反对自由主义》②

一九五七年

《悲愤的抗议》③

一九五八年

《一个历史故事的形成及其演进——论孔子诛少正卯》④

　　四篇是反驳对中国文化的扭曲，四篇保卫思想自由。在国民党的内部文件《向毒素思想总攻击》中，将先父列为"毒素思想产生的原因"⑤。在东海大学的首任校长曾约农先生聘请先父于一九五五年至东海大学任教的过程中，时任"教育部"部长的张晓峰先生二度打电话给曾校长阻止未果。同时，国民党的知青党部已开始规划"整"先父的工作。⑥一九五六年中，在时任总统府秘书长的王世杰先生的配合下，将《民主评论》的补助单位，由总统府移至由"内

---

① 收于《全集》《学术与政治之间》及《中国思想史论集续篇》。

② 收于《全集》《学术与政治之间》。

③ 收于《全集》《学术与政治之间》。

④ 收于《全集》《中国思想史论集》。

⑤《"死而后已"的民主斗士——敬悼雷儆寰（震）先生》，《华侨日报》，1979 年 3 月 13—15 日。收于《全集》《无惭尺布裹头归·交往集》。

⑥ 1954 年我是大一的新生，教授"三民主义"的教师曾主动邀约我加入国民党。1955 年的秋天，土木系的李大印兄告诉我，国民党的成大区党部通告各级党干部不得吸收我为党员。大印兄是军人遗属，时为国民党成大区党部委员。即是，自 1955 年开始，由教育部主导的国民党知青党部，已通知各级学校要"整"先父的决定。

臣"控制的"教育部",而导致《民主评论》日益萎缩、停刊。[1]一九五七年三月,开除先父的党籍。[2]

开除党籍的理由,应该是"反蒋"和"亲共"。由于先父不赞同蒋介石先生集中权力和传子的作法,同时先父在一九五二至一九六二年间没有写过批评中国共产党的文章,借此以编织出"反蒋"和"亲共"的罪名,以陶希圣和张晓峰等"内臣"们的聪明,是绝对可以做到的;而一九五六年十月三十一日发表在《自由中国——祝寿专号》上的《我所了解的蒋总统》[3]一文,就成为了开除党籍的引发点。至今我所不能理解的是:这些"内臣"在一九五七年为何不尽全功于一役,即做到使《民主评论》即刻关门?我更不能想象的是:这批"内臣"为什么要对一位已完全不能影响他们权势的老人,连续追杀达十五年之久?他们是具什么样人格特质的"人"?

东海大学创校时的校歌的歌词是先父撰写的,中有"神圣本同功"一辞不能为东海大学董事会接受。在首任校长曾约农先生去职之后,歌词即被更改,用了三届。在一九五八年八月十五日致唐君毅先生的信中,先父说明他辞中文系主任的原因:"教会学校实际系

---

[1]《民主评论》是经过蒋介石先生的同意,由国民党补助的半月刊,在香港发行。将资助单位由总统府转移至教育部之后,所能得到的帮助是可以将在台湾的销售所得用官价购买美元,取得官价和市价的差额来贴补费用。可购买官价美元的金额由教育部核定。

[2] 我不认为蒋经国先生参与了"整"先父的过程,原因如下:在罗织孙立人案时,上报的情资中有先父和孙立人将军往来的纪录,而蒋经国先生刻意全部略去。坊间出版有对谷正文先生的访谈和回忆,文中即有对相关情事的叙述。(谷正文先生是军统系统的少将高级干部)其次,《民主评论》停刊后,负责编务的金达凯先生,曾专任政战学校的教职。1970年我取得学位申请成功大学教职时,时任省主席的陈大庆先生,和任教育厅长的潘振球先生,均曾帮忙向成功大学查询进度。

[3] 收于《全集》《学术与政治之间》。

有一文化殖民主义在其中，弟看破此点后精神深感不安，故将系主任辞去，此事实对学生不起，因为有几个好学生，实因弟及宗三兄而始转入中文系，学生闻弟辞去系务，有的哭了，有的要转出去，正力加安慰中。"是时，在先父和牟宗三先生之外，刘述先先生亦任教于东海大学，杜维明先生自外文系转入中文系就读，实集二、三代新儒家之盛。东海大学的校史上对此无一字纪录。一九六九年六月底，东海大学不续聘先父。在一九七〇年十二月十八日致刘殿爵先生的信中，先父说明东海大学的吴德耀校长及教会，与国民党的知青党部，"他们想把我逼得在台湾饿死之心，比教会更深更毒"，而迫使先父退休。对在东海大学中的经历，先父在《再论"古为今用"》①一文中有如下的叙述：

> 我在教会学校教了十四年书，体认到文化侵略与精神占领的严酷性，是如此的巧妙，是如此的深刻，是如此的毒辣。

知青党部在东海大学的负责人是萧继宗先生②。

在一九七〇年之后，蒋孝武先生开始涉入情治事务。他缺少蒋经国先生的历练和训练，经由蒋孝武先生处理过的和先父相关的信

---

① 《华侨日报》，1972年5月2、3日。收于《全集》《论文化》（二）。
② 萧继宗先生原任职嘉义中学，由先父延聘至东海大学中文系任教，善诗、词、字、画。他在东海大学内所做的工作，应包含制造先父与东海大学校方及同仁之间的矛盾在内。在成功地逼退先父之后，萧继宗先生获聘为中国国民党中央党部副秘书长，是时此一职位的任用必须得到蒋介石先生的同意。其后，萧先生任正中书局董事长至终，"整"先父所得赏赐之丰，在国民党史上是空前绝后的。

息，应是掺合了他个人的喜恶①。我曾不只一次地深思，如果蒋介石先生没有将先父留在重庆，没有资助出版《民主评论》，或是先父没有和《华侨日报》结缘，先父后半生的境遇该会是如何？我们这一代又在哪里？

先父跨入学术界的第一步是一九五二年在台中农学院（今日的中兴大学）担任兼任教授，讲授"国际组织与现势"。是时，"三民主义"、"中国近代史"和"国际组织与现势"是大一的必修课，授课的教师多半是有点政治经历的人，张研田和林一民等先生是基于友谊而邀约赋闲在台中的先父到农学院兼课的。由兼任转为专任，并改授大一国文，均得到这些朋友的帮助。能在一九五五年开始任教于新设立的东海大学，是出自于沈刚伯先生的推荐，和曾约农校长对中国文化的重视和坚持。

先父在武昌高等师范和国学馆中所接受到的，是全面的、扎实的传统中国经典训练，包含文字表达能力。"从民国十五年以后，到二十九止，我唾弃了线装书，追求'科学的社会主义'。"②"西方的哲学著作，在结论上多感到贫乏，但在批判他人、分析现象和事实时，则极尽深锐条理之能事。人的头脑，好比一把刀。看这类的书，好比一把刀在极细腻的砥石上磨洗。"③在问学于熊十力先生时，真正受益的是读线装书的态度、方向和方法，而不同于今日的学位论文指导教授。先父走向学术的基础是扎实、全面的国学基础，思考和分

---

① 我个人的看法是：如果蒋经国先生没有传子的想法，蒋孝武先生即无缘介入及主导台湾的情治系统，他在1976年告诉工研究院的方贤齐院长"徐复观的儿子不能在工研院工作"，我在1979年底去职。
②《西方文化没有阴影》，《大学杂志》十三期。收于《全集》《论文化》（二）。
③《我的读书生活》，《文星》二十四期，1959年10月。收于《全集》《无惭尺布裹头归·生平》。

析能力和文字表达能力。

在不同的人生经历过程中，先父一贯地保持着发掘问题、分析问题和设法解决问题的习惯和能力。这种能力，是先父能和蒋介石先生和毛泽东先生"谈问题"，及受知于蒋介石先生的原因。也就是这项能力，使得先父能成功地开创出自己的学术之路。必须要指出，在看问题和解决问题的态度和方法上，先父和时贤们有两个显著的区别：

第一个区别，是先父是从宏观的、全面的观点来看问题。[①] 今日训练学者的过程，是自某一特定的点切入，而不包含如何从点扩充到面。

第二项差异是处理问题的态度和过程。先父是自材料中寻找出理路。而时贤们，尤其是接受西方训练的学者们，经常是要在一个固定的、西方的框架中处理材料。

先父深知说明性和讨论性文章的理路和结构，不同于学术性的文章。翻译《诗的原理》和《中国人之思维方法》应是先父训练自己撰写学术论文的过程。《学术与政治之间》所收集的文章，例如从《中国的治道》到《释〈论语〉的"仁"》和《有关中国思想史中一个基题的考察》，文章结构的变化明显可见。

台湾在一九八〇年以前的"中文系"，是中国"文化"系，课程的内涵有诗、词、声韵，以及经、史、子、集等，和时下的中国"文学"系不同。作为系主任，便要在找不到人教课时自己顶上去教。负责任的教师都会编一套授课用的笔记。先父的《中国文学论

---

① 参阅《中国政治问题的两个层次》(《民主评论》第二卷第十八期，1951 年 3 月 12 日）及《儒家政治思想的构造及其转进》(《民主评论》第三卷第一期，1951 年 12 月 16 日）。收于《全集》《学术与政治之间》。

集》和《公孙龙子注疏》都是从授课的笔记发展出来的。中国思想史是先父志趣所在，《中国艺术精神》是中国思想史；而《两汉思想史》卷一和《中国人性论史·先秦篇》两书之间相隔了九年，和先父在东海大学的际遇有关。东海大学和国民党"内臣"对先父的迫害，一方面是浪费了先父至少五年的学术生命，也同时打断了先父培养学生之路。

　　以传统的中国智识分子自居，先父认为中国的文化自有理路："我认为孔子表现在《论语》中的思想性格，合不合希腊系统哲学的格套，完全是不相干的。孔子在人类文化史中的地位，不因其合西方哲学的格套而有所增加，也不因其不合西方哲学的格套而有所减少。"[①]"中国哲学非出于思辨而出于功夫所得之体验。以西方哲学为标准来看中国哲学，则中国哲学非常幼稚，且与中国哲学的中心论题无关。"[②]即是，先父不认同用西方的学术架构和思考模式来研究中国文化。儒家的起源不同于希腊哲学，一定要将儒家的思想套进西方哲学的架构会扭曲了儒家思想的原貌。在解决和"人"相关的问题上，"由孔子之教所开辟的世界，是现实生活中的'正常人'的世界；是任何人应当进入，也可以进入的平安的世界。人能进入到柏拉图的理想型世界中去吗？能进入到黑格尔的绝对精神的世界中去吗？"[③]在为学的方向和方法上，先父和熊十力、牟宗三、唐君毅、钱穆诸先生都不同。先父首尊《论语》，而哲学学者们并不能以《论

---

① 《向孔子思想性格的回归》，《中国人月刊》第一卷第八期，1979 年 9 月 1 日。收于《全集》《中国思想史论集续篇》及《儒家思想与现代社会》。
② 黄俊杰：《东亚儒学视域中的徐复观及其思想》自序，台大出版社，2009 年。收于《全集》《追怀》。
③ 《正常即伟大（之三）》，《华侨日报》，1981 年 2 月 17 日。收于《全集》《青年与教育》。

语》作为出发点，来形成其中国哲学的西方化。先父从不以西方式哲学家自许，更不以不是西方式的哲学家为损，他是真正的儒家。

在当代的学者中，牟宗三先生和先父相知最深，二人秉性刚烈，具强烈的社会责任感。牟先生在纪念先父逝世十周年的"东海大学徐复观学术思想国际研讨会"上所讲的《徐复观先生的学术思想》，说出了二人半生的沧桑。二人对假学术之名行利己之实的时贤的看法相同，先父更形之于文字，直指胡适先生是"由过分的自卑心理，发而为狂悖的言论，想用诬蔑中国文化、东方文化的方法，以掩饰自己的无知，向西方人卖俏，因而得点残羹冷汁，来维持早经掉到厕所里去了的招牌；这未免太脸厚心黑了"。① 在当权的政治人物中尚有先父的朋友，而在当权的学术界中，先父是彻底的局外人。先父在一九五〇年代"骤得大名"（钱穆先生语），大名是来自社会，而不是"学术权威"。

撰写评论性的文章，是出自先父的社会责任心。但在一九六九之后则是为了生活的必要。② 一九四八年，先父设法解除了香港《华侨日报》内销的禁令，因而结下了三十余年的缘分。自一九五一年开始为《华侨日报》撰文，先父在一九五一年和一九六〇年两次访日，均得到《华侨日报》的帮助，自一九六〇年开始持续写稿。一九八〇年秋，先父在台北动手术，余纪忠先生提供了帮助，和长期照顾的规划。自一九五一年以来，长期提供必要的经济协助的，是政治和学术圈外的《华侨日报》的岑才生和欧阳百川两位先生。

---

① 《中国人的耻辱，东方人的耻辱》，《民主评论》第十二卷二十四期，1961年12月20日。收于《全集》《论文化》（一）。

② 《〈杂文〉自序》，《徐复观杂文——忆往事》，台北：时报文化出版事业有限公司，1980年。收于《全集》《无惭尺布裹头归·生平》。

在移居香港之后，先父无可避免地写了大量评论中国大陆时况的文章。他对共产党员的评价，远高于国民党员。从个人的经验中，先父理解共产党的意志力和执行力，是以他在一九四三年即相信共产党可能取代国民党；但是也看到了在共产党统治地区民生的困苦。先父曾在文章中提到，直至一九七〇年止，他曾在梦中和毛泽东先生探讨国事，在唐山大地震时仍相信共产党保有能行动的效率。"我的杂文，包括的范围相当广泛，许多是由各个方面、各种程度的感发才写了出来的。但以受到文化大革命及其遗毒的震荡为最大。"[1] "文化大革命"破坏了先父对毛泽东先生和共产党正面的看法。即使如此，先父站在民生的立场，希望能借由反省和检讨来促成共产党领导人的改变，萧欣义兄在《儒家政治思想与民主自由人权》的书序中，很清楚地表达出这个意思。站在民族的立场，先父认为中国不能再承受全面的战争或是国家的散乱；和平的正向转变，即是极其缓慢的转变，对中华民族和中国人民都是好的。同样的，站在民族的立场，先父赞扬一九七九年的中越战争，因为是时苏联是要自越南来包夹中国。[2]

在国际事务上，他坚持中华民族的和中国的立场。对大陆、港、台，先父对不能同意的，提出批判，以及不同的方向和途径。落实在现实的事务上，先父总结为抛弃任何理论框架的"实事求是"，和

---

①《〈杂文〉自序》，《徐复观杂文——忆往事》，台北：时报文化出版事业有限公司，1980年。收于《全集》《无惭尺布裹头归·生平》。
②《终于要打这一仗！》，《华侨日报》，1979年2月19日。收于《全集》《学术与政治之间续篇》（三）。

落实于日常生活伦理的"正常即伟大"两句话。[①] 儒家的学问，原本就是要找出在现实社会中可行的方向。在我的心目中，先父是真正的儒者，是中国智识分子的标杆。

薛顺雄教授补述：

（一）徐师自香港来台时，都会在出发的前一天，来电告知。我也必会依时到其所住的 YMCA 会馆（台北火车站前）瞻望。有一次，恰好逢到蒋彦士先生，代表蒋经国先生去探望徐师，并诚恳告知想安排家师到台北荣总医院治疗胃癌，完全免费，却被徐师加以婉拒。徐师对我说（蒋彦士离去后）："我跟老先生（蒋中正），跟到把整个大陆都失去了！我曾留学日本，却没有'切腹'以告罪世人，自觉惭愧。怎能再花老百姓的钱来治我个人的病，这是件很可耻的事！"

（二）虽然蒋彦士（当时国民党的秘书长）告知徐师可以领退伍金（因为徐师在大陆时，是少将衔），也被徐师婉拒。他说："我跟蒋中正先生，跟到把整个大陆都丢了，还有脸说是'功在党国'，要是如此而不知可耻，真是时代的悲哀！"

由上所述二事，足以补充说明真正儒者的人格，应该是真正有良知的读书人，徐师的这种人格，最是我敬佩的所在。不过，这种真正有人格的读书人，在这个充满势利的现实中，实在是不容易找到了。至今，我还没有遇到过，可叹！

---

①《国族无穷愿无极，江山辽阔立多时——答翟君志成书》，《华侨日报》，1978 年 10 月 10、20 及 21 日。收于《全集》《论智识分子》及《青年与教育》。《正常即伟大》，《华侨日报》，1980 年 1 月 28 日，2 月 3、4、17 及 24 日。收于《全集》《青年与教育》。